# 卓越管理

## MANAGING ORGANIZATIONAL BEHAVIOR
### What Great Managers Know and Do

蒂莫西·鲍德温（Timothy T. Baldwin）
威廉·博默尔（William H. Bommer）
罗伯特·鲁宾（Robert S. Rubin）

—·著·—

穆桂斌　黄小勇

—·译·—

中国人民大学出版社
·北 京·

**图书在版编目（CIP）数据**

卓越管理 /（　）蒂莫西·鲍德温，（　）威廉·博默尔，（　）罗伯特·鲁宾著；穆桂斌，黄小勇译. -- 北京：中国人民大学出版社，2021.10

ISBN 978-7-300-29721-7

Ⅰ. ①卓… Ⅱ. ①蒂… ②威… ③罗… ④穆… ⑤黄… Ⅲ. ①企业管理 Ⅳ. ① F272

中国版本图书馆 CIP 数据核字（2021）第 158472 号

**卓越管理**

蒂莫西·鲍德温
威廉·博默尔　　著
罗伯特·鲁宾
穆桂斌　黄小勇　译

Zhuoyue Guanli

---

| | | | | |
|---|---|---|---|---|
| **出版发行** | 中国人民大学出版社 | | | |
| **社　　址** | 北京中关村大街 31 号 | **邮政编码** | 100080 | |
| **电　　话** | 010－62511242（总编室） | | 010－62511770（质管部） | |
| | 010－82501766（邮购部） | | 010－62514148（门市部） | |
| | 010－62515195（发行公司） | | 010－62515275（盗版举报） | |
| **网　　址** | http://www.crup.com.cn | | | |
| **经　　销** | 新华书店 | | | |
| **印　　刷** | 北京联兴盛业印刷股份有限公司 | | | |
| **规　　格** | 170 mm × 240 mm　16 开本 | **版　　次** | 2021 年 10 月第 1 版 | |
| **印　　张** | 28.25 | **印　　次** | 2021 年 10 月第 1 次印刷 | |
| **字　　数** | 422 000 | **定　　价** | 128.00 元 | |


---

# 前言

在这个充斥着各类分析性课程（如金融学、会计学、计算机科学等）的世界中，读者很快会错误地将组织行为学、管理学视为“柔性的”或“常识性的”课程，或者视其为“纯粹的纸上谈兵”。遗憾的是，现在许多图书也从侧面印证了这些错误观点。与现在许多图书明显不同的是，《卓越管理》旨在满足当代读者的需求，专注于当今企业的管理者应该掌握哪些能够促进企业有效运转的技能与决策方法。与其他图书的不同之处还在于：作者对最佳的组织行为学理论与模型加以运用，阐述如何开发合适的技能以及这些技能如何在当代环境中运用。本书具有如下特点。

## 克服知行差距

管理所面临的挑战不在于“知”而在于“行”，本书的关注点在于如何运用相关理论解决实际问题。换言之，谈及如何在公司中实施有效行为时，我们不仅要有一定的知识，更重要的是要有行动。本书作者想使读者思考个人行为与管理行为两个方面而不仅仅是学习相关的概念。

## 提供当代案例

读者认为理论知识与实际无关或早已过时，这是最令人难以接受的，因为许多具有巨大发展潜力的热门公司是运用组织行为学和管理学的最佳实践案例。

## 内容更贴合实际

读者对于组织行为学和管理学图书的另一种批评是其太过于抽象甚至有些无聊——看看现有的许多图书，我们不难理解读者得出此结论的原因所在。本书旨在通过每一章的案例来吸引读者的注意力，激发读者的想象力，为读者提供真实的案例与相应指导。

## 包含实用的管理工具

应用型技能的一个固有特征是包含一系列工具。绝大多数管理教育课程和公司培训项目就是为参与者提供此类工具，以便参与者在实践中更好地开展工作。本书在每一章都加入了非常实用的管理工具内容。通过自我评估、表格以及检查清单等，管理工具为读者提供了具体的方法。

我们志在编写一本传递信息、澄清原理、激发兴趣的书，并将该志向作为前进的动力。我们希望读者能够了解并掌握当下最有用、最符合时代要求的知识及其在管理中的应用，但不会抛弃或忽略那些关键的理论或模型。我们希望提供既生动又有指导性的案例而不是那些过时的案例（通常来自过时的制造业公司）。我们希望通过分享员工在合作与管理中所面临的挑战、所获得的快乐来激励读者，而不只是讲述枯燥的理论。

# 目 录

## 第1部分 PART 1 个人技能

# 1

| 第 1 部分 |

# 个人技能

第 1 章

# 自我管理

## 建立自知之明，为了爱和利润

 | **eHarmony**

eHarmony 公司由尼尔·沃伦（Neil Warren）博士及其女婿格雷格·福格奇（Greg Forgatch）于 1998 年创立，eHarmony 网站瞄准的是在线约会领域中一部分需求仍未满足的市场：正在寻求严肃的、可持续的伴侣关系的单身人士。也就是说，与当时蓬勃出现的其他在线约会网站不同的是，该网站的关键卖点是根据彼此之间的长期兼容性来对单身人士进行匹配。

为了实现单身人士之间的这种长期匹配，沃伦博士和他的团队认为他们必须要比其他配对服务机构收集更多关于单身人士的信息。为了做到这一点，他们在网站开始运营之前对 2 000 多对伴侣进行了调查，以便找出那些对成功实现长期匹配最为关键的个人信息。所获得的成果就是创建了 eHarmony 关系调查问卷，任何想要成为该网站会员的人都必须填写这份调查问卷。该问卷的篇幅最初要长得多，但如今仅包含 258 个问题，需花费大约 45 分钟来完成。

沃伦博士称，该问卷的长度以及会员为完成该问卷需要投入的时间和精力是匹配过程的重要组成部分，因为填写该问卷是如此耗时，所以该网站的会员经过了一道自选程序。也就是说，只有那些愿意通过该复杂流程的人才能最终被接纳为会员。如同沃伦博士所说的那样，“这是一种努力成为 eHarmony 一分子的认同感。完成这份调查问卷实际上就是在说‘我是以非常严肃的态度来对待的……’”

如今，eHarmony 拥有数以百万计的活跃会员，并且声称为数以万计的单身人士实现了成功配对。电视广告经常会鼓吹该配对系统的巨大成功以及由此产生的大量幸福美满的长期伴侣和婚姻。

如果你与大多数初次接触管理学的读者相似，那么你很可能对这本书的内容无动于衷，甚至还会有一点怀疑的态度。经验表明，你看这本书时往往会带着以下几个问题（或者可以说是抱怨）中的至少一个问题。第一，你可能会关注这本书中所包含的知识的总体价值。实际上，你可能听其他人说过管理学只不过是一些常识，是一种夸夸其谈的理论，其本质无非是一种“吹牛”。即使你没有听说过这些言论，你也可能会认为管理学是不能被教导的。举个相反的例子来说，会计学具有明确、具体的规则和原理可以遵循，你可能会认为管理学并不是能够在课堂上被教导的，更不消说用一本书来教导。第二，当你展望未来数十年的职业生涯时，与其他领域（例如金融、营销或者会计）相比，管理似乎显得有些无足轻重。毕竟，刚才所说的那些领域代表着组织中的主要部门或单元，而且它们包含着关键的工作岗位——招聘者努力要填充的工作岗位。第三，你可能认为你的职业生涯将会依仗你的技术技能，管理其他人并不是你想要去做或者将要去做的事情。因此，你可能认为管理学只不过是为了获得学位而不得不修完的一大堆必修课中的一门而已。如果你有这些想法，这并不是很少见的情况，笔者对此也并不感到奇怪——在教每门课程之前都会面对这种质疑。实际上，组织行为学和管理学的价值被商科学生们（任何年级）低估了——相对于这些主题对现实世界成功的重要性来说，这激发了笔者撰写一本新书的热情。具体来说，撰写这本书的想法源自笔者在为大学生和在职管理者教授组织行为学和管理学课程时观察到的 3 个重要事项。

1. 对员工进行管理是一种极其重要的、与众不同的技能集。世界上最有影响力的那些商业领袖始终都明白，管理以及人事技能——而不仅仅是金融知识和技术知识——对个体和组织的成功具有极为重要的作用。然而，如同将简要讨论的那样，这些技能通常在教育界并没有获得它们应当得到的重视。
2. 在你看来，关于管理的重要性的证据可能不那么容易得到，但这种证据实际上是非常丰富和显而易见的。研究证据非常确切地表明，拥有管理技能会给个体和组织带来一种竞争优势。虽然管理技能表面上看是相当简单、浅显的，但大多数高层管理者的最主要抱怨就是他们无法找到足够的称职的管理者。

3. 大多数组织行为学和管理学的图书并没有聚焦于开发最重要的管理技能。遗憾的是，大多数现有的组织行为学和管理学教材及课程并不能够很好地帮助学生开发和改进那些能够真正促使他们成为卓越管理者的技能。大多数图书是精确型的、描述型的和提供信息型的，但是它们缺乏一种以决策为导向的或者以行动为导向的、能够帮助读者开发实际技能的方法。

在观察到这些之后，笔者在撰写本书时秉承了这样一条原则，那就是强调应用组织行为学证据来讲授成为卓越管理者和为组织做出贡献所必需的技能。也就是说，并不是想要你仅仅知道和理解本书当中的所有观点和理念，希望你还能够利用这些知识来做事。

贯穿本书的一条简单原理是组织通过人来获得成功。如果存在一条关于组织的终极真理，那就是：无论组织的规模大或小、公立或私立、营利或非营利，只有当它的人员获得成功时它才会成功。一种卓越的产品并不会自己做好营销——是优秀的营销人员做到这一点的；一种新的会计方法并不会自己实施下去——是优秀的会计师做到这一点的；一个组织的销售额并不会自动增长——是销售人员提高了自己的效率。虽然存在这条简单原理，但是关于如何使人（以及组织）成功的秘诀是非常难以把握的。当然，并不存在某个能够使人在组织中获得成功的方程式或剧本。组织能够使自己的人员获得成功的好办法就是发现和培养卓越管理者。最成功的组织具有这样的工作环境：员工能够实现个人成就，工作具有挑战性并且带来丰厚回报。要创建这种成功的工作环境，最重要的一个因素就是卓越管理者。

当然，并不是所有的管理者都是卓越的，甚至并不都是称职的。实际上，人们在很多文学作品中嘲笑无能的管理者，例如连环漫画《呆伯特》（*Dilbert*）、电影《上班一条虫》（*Office Space*）以及美国电视连续剧《办公室》（*The Office*）。在这些作品以及你自己与糟糕上司打交道的个人经验中，可以看到当管理者以糟糕的方式行事时对员工及公司造成的影响。在现实世界中，这样的管理者对他们自己的职业生涯以及对他们所管理的员工都会造成非常负面的影响，这可不是一件令人发笑的事情。接下来的内容将讨论管理者为了获得成功应该做什么以及组织行为学知识如何帮助管理者获得成功。

## 通过管理获得成功

本书的主角是管理者。考虑到大多数人对“管理者”这个词的反应，你可能会认为这有点奇怪。数十年来，“管理”这个术语具有一种非常负面的含义。思考一下美国管理学会前主席丹尼斯·鲁索（Denise Rousseau）的下列描述：

> 在我的童年时代，管理是一个讨厌的单词，当时家庭中的每个成员都被我父亲就职的那家公司管理员工的方式影响。当主管经常打电话给我父亲要他在每周长时间上班之余再加更多班的时候，我们这些孩子都会替父亲打掩护。当父亲在家时，如果电话铃响起，父亲会让我们去接电话。如果电话是公司打过来的，我们都知道应该如何回答：“父亲不在家。”我父亲以及家庭中的每个成员都不会直接告诉该主管父亲并不想回公司去加班。受到处分或失去工作的威胁如同悬在头上的一把利剑，当全家人在餐桌上讨论各种关于上司滥用职权或者公司实施古怪措施的故事时，这种威胁得到了进一步的验证。

术语“管理者”能够使人们想到这样一种形象：追求权力，不称职，自己并不做实际的工作。近几十年来关于糟糕上司的真实故事强化了管理者滥用职权、压榨下属、只关心自己个人成功和发展的形象。管理者的这种负面形象是很不幸的，因为大量的研究证据和真实事例都表明，当管理者行事正确时，员工、组织、客户以及管理者自己都能够受益。例如，荟萃分析研究（也就是对许多研究进行合成）已经证明，组织的财务绩效与诸如招聘甄选、接班人规划、奖励制度、绩效管理、员工培训和开发之类的管理措施之间存在正相关关系。其他许多研究也表明，管理者是帮助减少高人力成本——例如员工离职和反生产行为（举个例子来说，偷盗和滥用公司资源）——的一项重要因素，同样，管理者在提高员工绩效和团队绩效、促进合作行为、增强员工认同感以及提升员工满意度等方面也发挥着重要作用。另外还有一些研究表明，个人的职业发展，例如晋升速度和领导效力，源自称职的、支持型的管理。最后，非常明确的一点是，糟糕的管理行为（见管理实践 1.1），例如滥用职权和骚扰，对员工个体及组织都具有非常负面的影响，会导致各种反生产行为、低绩效以及心理压力，同样还会导致跳槽和财务损失。

### 管理实践 1.1

#### 一位糟糕的管理者真正的代价是什么

在学习和教育领域，最近有一项研究进展称为增值分析。它使用标准化的测验分数来考察学生们在某个特定教师的课堂上的学习成绩从学年初到学年末发生了多大变化。越来越多的证据显示，由一位非常糟糕的教师来教导，学生们在一个学年当中只能够学到半年的知识量。由一位非常优秀的教师来教导，学生们在一个学年当中能够学到一年半的知识量——为这两位教师花费的成本是大致相同的。此外，虽然美国如今在学生考试成绩方面落后于许多发达国家，但研究者估计，仅仅通过用具备平均水平的教师代替排名最靠后的 6% ～ 10% 的教师就可以消除这种差距。

这种增值分析方法和观念是管理教育领域也应该尽快采用的——这是非常紧迫的需要。考虑到该领域最近进行的一些研究显示的惨淡分数（见管理实践 1.3），可以想象一下所损失的生产力以及在不称职的管理者手下工作的员工数量。一位糟糕的管理者的真正代价是什么？更重要的是，卓越管理者的价值是什么？越来越多的证据显示，组织再也不能忽视对管理者的开发和培养了——由此导致的代价实在太高。

管理技能也是创建健康、舒适的工作环境的关键要素。实际上，对美国的最佳雇主进行研究并且为《财富》杂志撰写“美国最佳雇主 100 强”年度榜单的卓越职场研究所（GPTWI）已经发现，每一位最佳雇主的最重要组成要素就是员工与管理层之间的信任。这种信任源于这些组织中的管理者的技能水平。卓越职场研究所进行的研究已经发现，拥有卓越管理者的雇主在为空缺岗位招募员工时能够获得更合格的求职者，实现更低的离职率和更低的医疗卫生成本，获得更高的顾客满意度和顾客忠诚度。

虽然你或许对这些研究证据并不熟悉，但是希望它们不会让你感到大惊小怪。任何人都希望拥有一名卓越的管理者而不是一位不称职的管理者。你很可能认识某位在技术领域或分析领域非常专业但在人际技能方面乏善可陈、无法激励他人或无法与他人愉快相处的人。很少有人能够否认这一点：需要有称职的管理者来带领团队，才能够使团队付出额外努力以实现高水平的顾客满意度及其他类似结果。

凭借多年来一直教授组织行为学和管理学课程的经验，笔者发现优秀的管理对优秀的企业至关重要。这一点与大多数有抱负的管理者的直觉意识相符。管理常常被描述为“小儿科”或者“基本常识”，但是优秀的管理既不常见也不容易，大量的无效管理者和低效组织都证明了这一点。实际上，虽然管理技能如此重要，但它们又是难以开发的，从而导致卓越管理者非常稀缺。有些评估报告指出，在从事管理岗位的人员当中，将近 50% 的人从本质上来说是失败的。其他一些调查研究也得到了令人沮丧的结论：超过半数的员工说他们对当前的管理者不那么满意，许多员工说工作中最糟糕的就是自己的顶头上司。有些员工对自己的管理者的评价甚至是“相当糟糕”。能够帮助你在职场中获得晋升的技能，往往也是能够帮助一家组织成为良好工作场所的技能。最佳雇主往往也是那些拥有最佳业绩的组织（见管理实践 1.2）。这是好消息。坏消息则是，管理技能之所以能够为员工和组织带来一种竞争优势，其原因在于管理技能是难以掌握的以及仍然并不常见。

## 管理实践 1.2

### 最佳雇主也是业绩最好的公司

独立的金融分析师们已经研究了《美国 100 家最适宜工作的公司》（作者是罗伯特·利弗林（Robert Levering）和米尔顿·莫斯科维茨（Milton Moskowitz），1994 年出版）提出的“美国最佳雇主 100 强”企业的财务业绩，也研究了《财富》杂志自 1998 年以来历届“最佳雇主 100 强”企业的财务业绩。通过采用各种不同的利润指标进行分析，所收集到的这些数据表明，在“最佳雇主 100 强”榜单首次公布以来的 10 多年时间里，“最佳雇主 100 强”上市企业的财务业绩始终优于主要的股票指数。值得指出的是，与那些作为比较的企业相比，“最佳雇主 100 强”上市企业通常在员工福利和服务方面投入更多，也就是说，要想成为最佳雇主，通常要花费更多成本。不过，收集到的数据非常明确地表明这些成本是物有所值的，因为员工最终会全心全意地工作，提高生产力，并且提升企业的业绩。

“最佳雇主100强”企业与总体股市1998—2010年

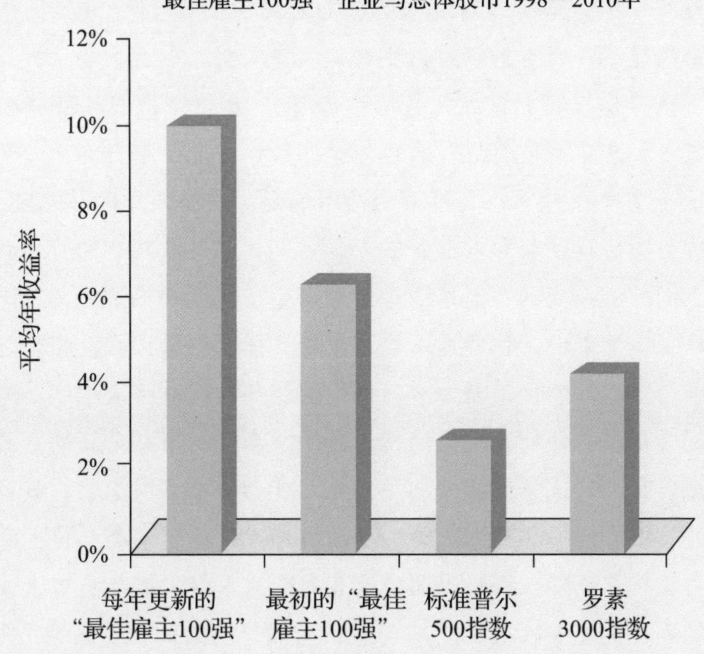


资料来源：2011 Great Place to Work® Institute，Inc. All Rights Reserved.

## 管理在组织中的核心角色

优秀的管理如此难得，其中一个原因就是很少有管理者（尤其是有抱负的管理者）能够在足够早的时候就接触到那些管理事实并且理解它们。

管理员工实际上是一项复杂的工作，要求具备多种多样的能力。这些能力可以大致划分为 3 个范畴：概念能力、技术 / 行政能力以及人际能力。

概念能力。管理类工作要求管理者收集和分析大量的信息。这些信息将会用来诊断问题、制订计划、形成创意以及核查现有措施的效力。

技术 / 行政能力。有效的管理要求管理者具备相应的知识以理解各种商业职能，例如会计、运营或者营销。非常重要的一点是管理者必须利用自己的技术 / 行政能力来协调各种工作活动。

人际能力。管理者需要与其他人进行互动，并且影响和领导其他人。要想做到这一点，管理者必须能够协调各种矛盾，与其他人进行沟通，激励和开发其他人。人际能力使管理者能够管理自己与其他人之间的关系。

最近有一项大型研究对美国劳动力队伍中的 52 种管理类岗位进行了调查，结果显示，所有的管理者岗位，无论具体职位是什么（例如，财务部经理、殡仪馆馆长、首席执行官，等等），要想获得成功都必须精通以上 3 类能力。这并不是说所有的管理类岗位在技能要求方面无差异，它们在这方面确实存在差异。需要特别指出的是，在所要求的技术能力方面，各种管理类岗位存在着非常显著的差异。例如，虽然所有的管理者都必须协调员工们的工作活动，但是销售经理与生产经理并不是协调相同的工作活动。从总体上来说，管理类岗位，无论具体职位是什么，相同之处多于相异之处。这是好消息，因为本书讨论的这些技能在很大程度上适用于你将来可能会从事的任何管理类岗位。当然，当你从事某个新的管理类岗位时，你需要获得与该岗位相关的一些技术能力。本书讨论的这些技能能够帮助你开发概念能力和人际能力，从而为你在新的管理类岗位上获得成功提供有力支持。此外，经验表明，这 3 类能力不仅对那些有志于成为卓越管理者的人至关重要，对那些从事经常与人打交道的工作岗位（例如，护士、销售代表、工程师）的人也同样重要。这 3 类能力是你未来获得成功所不可或缺的助力，同时也可以理直气壮地说，它们同样能够影响你现在的表现。制定决策、团队工作、冲突管理，这些技能对大多数工作都是极为重要的。

## 动真格的：现在就严肃对待组织行为学

坦率地说，作为管理学教师所面临的一个问题就是要竭力帮助学生们了解从现在开始就对管理技能进行开发和培养的重要性。这出于两个方面的原因。第一，学生们现在往往只关注他们大学毕业之后从事的第一份工作，这份工作不太可能会涉及全面的管理职责。因此，当公司的招募人员在校园里主要为诸如会计人员、营销人员或者财务分析师之类的个体职能角色进行招募时，要想使学生们在课堂上重视管理技能开发就很困难了。第二，学生们本身并没有意识到管理技能能够使他们在职场中获得多么大的竞争优势以及缺乏管理技能会给他们早期的职业生涯和以后的职业生涯带来多么不利的影响。为了更加充分地解释第二点原因，需要稍微绕一下弯，看几项关于管理技能与工作成功之间关系的重要研究。

在工作中，所有的管理者都应用他们的技能来管理 6 大类关键的工作活动，具体如下：（1）管理人力资本（例如，招募和安置员工、激励员工、领导员工、管理员工绩效，等等）；（2）管理生产工具和技术（例如，生产、运营、信息技术）；（3）管理决策过程（例如，收集信息、分析数据、进行研究）；（4）管理行政活动（例如，编制预算、管控财务）；（5）管理战略/创新（例如，制定未来规划、开发产品、制定战略决策）；（6）管理任务环境（例如，公共关系、市场营销）。

在这 6 类工作活动中，你认为其中哪几类对一位管理者获得成功最为关键？最近有一项研究对美国劳工部数据库中来自所有管理类职位的 8 633 名管理者进行了分析，埃里克·迪多夫（Erich Dierdorff）、罗伯特·鲁宾（Robert Rubin）以及弗雷德里克·莫格森（Fredrick Morgeson）三位教授在该研究中发现，虽然这 6 类工作活动都被认为是重要的，但管理者们认为管理人力资本和管理决策过程要比其他几类活动重要得多。这意味着要想在管理类岗位上获得成功，你需要特别关注如何管理员工以及如何收集和分析那些有助于有效决策的信息。

在另一项研究中，创新领导力中心的研究者们对一些年轻的专业人员进行了追踪记录，这些年轻人被他们就职的公司评价为非常有潜力晋升到《财富》500 强企业最高层管理岗位。该研究对这些年轻人进行了长达 20 多年的追踪记录，试图了解为什么他们（所有这些人最初都被认为具备很大潜力）当中的一些人并没有成功晋升到所在公司的最高管理层。研究结果发现，有 5 个主要的原因导致了这些管理者在晋升到最高管理层的道路上“脱轨”或者“掉队”了：（1）没有在长期内实现他们的工作目标，也就是说，他们在实现自己的工作目标方面没有做到始终出色；（2）在晋升过程中，他们没有表现出建立和领导一个团队的能力；（3）他们无法根据不断变化的时机和环境来做出相应改变、改进和适应；（4）虽然晋升到管辖范围更广的管理岗位上，但他们仍然拘泥于一种狭隘的职能 / 技术导向；（5）他们在人际关系方面始终存在问题。因此，该研究的结论表明，尽管晋升到《财富》500 强企业最高管理层必然会涉及工作成绩，但要想成功晋升到这些岗位，那些年轻人在很大程度上依仗于他们管理与他人之间关系的能力。

从这两项有力的研究中可以明确看出，要想在管理类岗位上获得长期成功，就必须掌握人际技能，也就是所谓的“人事技能”。那么，学生们为什么不去敲管理学教授的门并且选择那些选修课程来学习这些技能，反而去选择另一门金融课程呢？也许这是由于招募者并不关注这些与人事管理有关的技能，从而导致学生们不去掌握它们，因为这不会带来即时的回报。但是，证据表明了恰恰相反的结果。一项研究对 1 300 名招募者进行了调查，这些招募者将人际技能、领导力、沟通以及适应能力视为当今大学毕业生最重要但最稀缺的技能。这些招募者声称，当今的大学毕业生很少拥有这些技能，招募者会想方设法在人才市场上寻找这些技能。

另外，学生们往往会认为自己能够在将来某个时间掌握这些管理技能，或者能够在工作中学会它们。需要再一次指出的是，证据并不支持这个观点。在一项研究中，研究者向连续 5 届 MBA 校友询问他们使用各种不同技能的频率以及他们认为哪些技能需要额外培训。结果表明，目前 MBA 课程传授的那些技能与在工作中真正需要的技能之间存在显著的不匹配。这些结果显示在图 1－1 的右上象限，它代表 MBA 校友最经常使用并且最需要额外培训的那些技能。无论这些 MBA 校友从事哪个职能领域的工作（包括营销 / 销售、运营 / 物流、咨询、行政管理、金融 / 会计、人力资源、信息技术 / 信息管理系统），皆是如此。因此，即便读完 MBA，MBA 校友声称还需要显著开发自己的人际技能、决策技能、创造性思维以及人力资本管理技能。

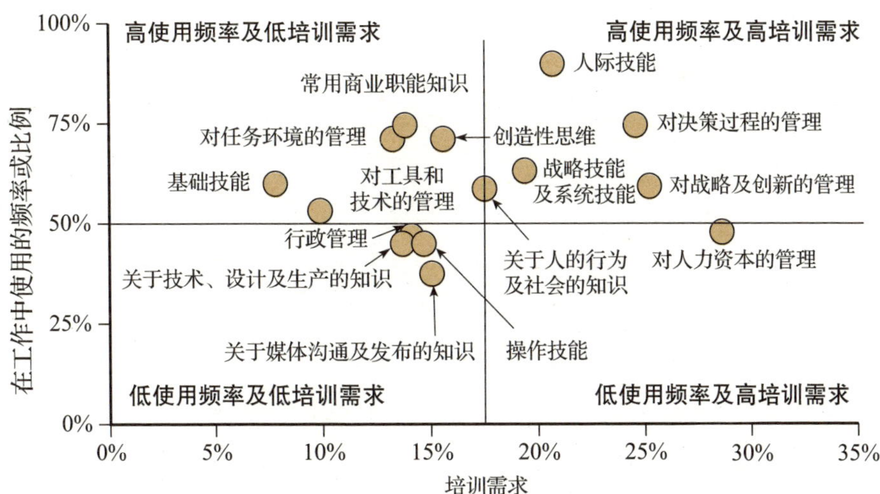


**图 1-1　在 MBA 学校学到的技能以及毕业之后使用的技能：差异分析**

资料来源：2008 MBA Alumni Perspectives Survey（Survey Report）. GMAC®，GMAT® Graduate Management Admission Council® and Graduate Management Admission Test® are registered trademarks of the Graduate Management Admission Council in the United States and other countries.

最重要的一点是，现在就要严肃对待管理技能。如果你想要在劳动力市场有竞争力以及在工作中发挥作用，那么你必须从今天开始学习管理技能。需要指出的是，学习管理技能永远不应该与学习专业技能 / 技术技能相排斥。毫无疑问，你必须成为某个方面的专家。公司不会将那些不是优秀销售人员的员工晋升到销售管理岗位上，也不会将不是合格会计师的会计人员晋升为会计部门经理。因此，请不要误解这一点：技术技能、金融技能、战略技能以及操作技能是工作成功和职业发展的重要因素。不过，越来越多的研究表明，将优秀人员与卓越人员最终区分开来的是他们管理技能的开发和提升。因此，常用的经验法则是这样的：通常来说，优秀的技术技能使你在组织中获得注意，优秀的管理技能使你获得晋升。如果你想有一番作为，现在就要下功夫了。

## 成为一名卓越的管理者

如果管理者和良好的管理如此重要，那么你可能会质疑为什么这类技能没有获得更多关注，以及为什么良好的管理似乎更像是例外情况而不是正常情况。虽然对这些问题存在着各种各样的解释，但一个非常关键的解释是：在学习组织行为管理的过程中充满了陷阱和干扰。例如，虽然有数百本关于领导的书籍，但是很可能其中只有不到 10 本书是根据能够适用于真实管理情境的坚实证据来撰写的。问题是，当你在亚马逊网站上查看冗长的书籍目录时，你如何确定哪些书能够对你有所助益以及哪些书对你毫无助益只是“阅读愉快”？学习管理学首先要深刻理解是什么构成了某个特定管理主题的强有力证据。每个管理咨询人员、每篇管理类期刊文章以及每本管理类图书都使用“研究表明”这个短语。然而，判断这种“研究”是否有用是当今管理者所面临的最苦恼的问题之一。

举个例子。假设你不小心弄伤了背部，你去看医生让医生为你检查。他很快为你开了一个处方。对于该处方，你问了一个非常合情合理的问题：“请问您在这个处方上开了什么药？”他回答说：“这是一种非常棒的药，最近每个病人都在用。”对于医生的这个回答，你继续问道：“好的，这个药有什么用？”医生回答说：“它能够消肿，可以减少肌肉痉挛。”你说道：“好的，我明白了。那么我的问题是肌肉痉挛？”医生回答说：“还不确定，但是这个药对上次那个踝关节疼痛的病人非常有效。”现在你感到有点迷糊，于是你问道：“那么这个药已经被证明对背部疼痛的病人有效吗？”他回答说：“没有专门验证过，但是我之前有两个背部疼痛的病人说它非常有效——我认为它应该对你有效。”

在你走出诊室之前，你就会希望找另一个医生，而且你肯定不会服用这种药。这从逻辑上就说不过去。遇到这种情况时，你应该会想要确定医生已经正确地诊断了你的伤情，为你开的药是专门用来治疗你这种伤情的，这种药之前已经在大样本中进行研究和测验以检验它的功效及潜在的副作用。简而言之，你期望获得更好的证据。

这个简单的例子描述了人们如何过度地应用管理学概念。第一，像这个医生一样，人们因为听到其他人说“行之有效”就直接对问题得出解决方案。然而，这种证据通常只是基于相当有限的数据或信息，或者更有可能是基于半真理（half-truths）——在某些时候和在某些情况下可能正确的概念或措施。第二，人们往往非常宽泛地采用解决方案，无论该方案是否专门针对某种特定的问题。第三，在缺乏可信的信息或证据时，人们会假设该医生（或者其他某位所谓的专家）最有发言权，即便他的建议并不符合常识。

循证管理（evidence-based management）指的是把根据可以获得的最佳的科学证据而得出的理论和原则转化为组织实践，并且通过“认真地、明确地、正确地使用这些证据来制定决策”。更具体地说，循证管理包括以下 5 种关键行为。

1. 了解因果关系。如果你曾经思考过员工满意度与员工离职率之间是否存在关联，那么你就实施了一种基本的循证管理行为：设法了解各种重要的组织因素之间的关系。像那些试图将特定生活方式（例如，高油脂饮食）与身体健康结果（例如，心脏病）联系起来的医生一样，管理学研究者设法研究各种重要的组织因素随着时间推移形成的关系以及在不同环境中的关系，以得出关于有效的管理措施的结论。
2. 隔离那些能够影响理想结果的变量。仅仅了解低工作满意度可能会提高员工离职率还不够。为了实施循证管理，还必须设法了解在什么特定情况下这两者之间的关系可能会加强或削弱。例如，虽然总体来说低工作满意度与更高的员工离职率存在关联，但是在经济萧条期间，这种关系可能会显著削弱。
3. 减少具体措施的过度使用、过少使用以及错误使用。如果可以获得的最佳证据表明笔迹学（笔迹分析）并不能很好地预测谁将成为卓越管理者，那么循证管理就会建议人们不要使用这种方法来甄选管理人才。另外，如果证据明确表明认知能力测验行之有效，那么人们就应该设法增加认知能力测验的使用。需要指出的是，有时候会出现这种情况：有些方法在这种情况下有用，在另一种情况下无用。因此，循证管理主张有效的管理者应该根据具体情况来使用相应的方法。
4. 创建各种支持条件来实施那些获得证据验证的方法。一旦知道某些方法在某些特定条件下比在没有这些特定条件下更有可能发挥作用，那么循证管理建议管理者应该使用工具来创建这些条件，使得管理行为与最佳证据更为相符，从而更顺利地实施该方法。

5. 创建一种根据证据来制定决策和让更多成员参与研究的文化。当管理者采用循证方法时，他们也在帮助创建一个重视和鼓励组织成员在循证过程中积极参与的组织。例如，在许多制造业公司，员工团队每周都举行会议来讨论质量控制事项。这些团队积极参与到寻找问题、收集数据、分析数据、根据所得证据来制定决策等过程之中。

那么，可以为有效的管理行为提供基础的研究证据来自哪里？简而言之，组织行为学是最主要的研究领域，它在很大程度上贡献了那些能够用于循证管理实践的研究证据。具体而言，组织行为学是一门试图对组织环境中的人类行为进行描述、解释和预测的社会科学。因此，组织行为学的研究者们致力于研究以及最终诠释个体、群体和组织如何能够变得最有效。这个定义的关键之处在于组织行为学体现了对组织环境中的人进行研究。换句话说，组织行为学研究关注的是如何实现那些重要的组织结果，例如利润率、生产率、绩效以及那些重要的个体结果，例如员工离职率、员工承诺、员工满意度以及安全感。组织行为学当然并不涵盖所有关于组织的研究。实际上，对组织行为学研究的很大一部分贡献来自其他各门核心的社会科学，例如社会学、心理学、人类学以及政治科学。不过，将其中许多重要的研究成果转化为有效的管理行为，这在组织行为学的研究领域中可以看到。

## 了解组织行为是困难的

遗憾的是，对组织行为进行循证管理并没有获得广泛实施。这并不是因为人们认为循证管理是一种糟糕的理念，而是因为多种限制因素使循证管理实施困难。循证管理之所以没有获得广泛实施的关键原因之一就是了解组织行为并不是一件直截了当的事情。实际上，要想成为一位卓越的管理者，你必须学会变成“斗牛士”，能够辨别出各种各样的经常与有效管理行为混淆在一起的虚假命题和错误概念。毋庸置疑，对组织行为进行管理要求你不只是进行阅读和研究。为了真正了解和掌握各种技能，你必须积极参与实践，并且在你的生活和工作当中真正运用这些技能。当然，掌握管理技能是一件困难的事情，而且学习这些技能的过程远比你想象的更具挑战性。在学习过程中，你很可能会遇到以下 3 种重要挑战（但不仅限于这 3 种挑战）：（1）学习如何评估和使用证据来制定决策；（2）学习如何使用循证框架；（3）学习如何克服在管理开发中相当常见的知行差距（knowing-doing gap）。接下来简要讨论这些内容。

### 评估和使用证据

马克·吐温曾经俏皮地说过，存在三种类型的谎言：谎言、可恶的谎言以及统计数据。这句话非常恰当地描述了管理者在思考他们最重要的人事决策时面临的困境：区分事实和虚构，尤其是那些冠以“研究”之名的虚构。不过，这时的最大限制因素可能并不是其他人而是自己的经验。事实确实如此。可能恰恰就是你自己的经验妨碍你成为一名卓越的管理者。之所以会这样，其中一个原因是人们在这个世界上的经历往往在很大程度上受到观念系统以及如何看待世界的影响。

也就是说，你的世界观——或者说你想要相信的东西——往往会妨碍你采用可以获得的最佳证据。例如，大多数人认为布洛芬（使用于芬必得、美林以及其他药品中）在减轻疼痛方面非常有效。然而，一项大型研究发现布洛芬与疼痛减轻之间的关联极其微弱——几乎低到了对大多数人没什么效用的程度（除非导致你疼痛的原因与炎症有关，在这种情况下布洛芬最有效）。与此类似，大多数人认为心理疗法（也就是心理咨询）从本质上来说是治疗抑郁症的一种无效疗法。需要再次重申的是，这种观点是不准确的，因为大量的研究表明心理疗法能够显著改善抑郁症患者的状况。对于并没有接受心理疗法治疗的大多数人来说，他们了解心理疗法的方式是通过电视、电影以及故事。不过，合格的心理医生很少会认为《以怒制怒》《天才也疯狂》之类的电影以及《黑道家族》之类的电视剧准确描述了心理治疗过程。

举个与自己关系更紧密的例子来说，笔者常常会向学生询问学习成绩对他们在工作中的成功有多重要。大多数学生的回答是“根本不重要”。换句话说，学生们往往认为平均学分绩点（GPA）仅仅是一个学业指标，与工作中的成功没有关联。然而，最近根据 71 项研究得出的证据表明，大学毕业生的平均学分绩点与毕业后头 5 年的工作绩效之间存在高度相关性，也是预测 5 年之后工作绩效的有效指标。研究生院的平均学分绩点（例如，MBA 学员）与研究生毕业之后的工作绩效之间甚至存在更高的相关性。即便展示这个证据之后，学生们仍然不相信。“怎么可能会这样？”他们说道，“我兄弟在大学的平均学分绩点非常低，如今他在一家非常棒的公司是一名销售明星。”遗憾的是，这种结论只是基于非常有限的个案和个人经验（在第 4 章，这种情况称为过度概化），它们通常无法推导出正确的结论。如果你关注未来的工作绩效，那么根据证据得出的正确结论是你应该在学校期间就努力念书。平均学分绩点体现了努力程度和知识积累程度，这两者在工作中立刻就能发挥重要作用。

想要申明的是，在你的整个职业生涯中，你会获得各种信息、观察到各种现象并且遇到各种已经存在的方法，但它们并不都是正确的，甚至并不都是准确的。在很多情况下，人们在这个世界中的经历往往会妨碍他们做出这种判断，因为人们理所当然地相信那些认为存在的关联而忽视那些可信的证据。正是由于这个原因，本书的每一章开头都会讨论一些相当流行的迷思或传统观念，进而展示那些人们“理所当然”认为正确的观点。

要想理解证据的有用性，一个简单的办法就是对 E 证据和 e 证据进行区分。E 证据（big E evidence）指的是能够概化的、与通过科学方法得到的因果关系有关的知识。E 证据是基于多年的深入研究，涵盖许多不同类型的样本或情境，覆盖许多不同类型的工作、人群及组织。最为重要的是，E 证据体现了一种系统的研究方法，也就是说，它具备科学的设计和方法论，从而避免了仅仅根据主观意见或个体案例来得出结论。这种证据通常是根据大规模的科学文献综述或者实证研究综述（也称为荟萃分析或者“对研究的研究”）总结出来的。例如，目标设置就是一个具有充分的 E 证据支持的概念。数十年的研究成果支持这种观点：设置明确的、有挑战性的目标能够提高员工绩效。而且，这个研究发现是能够高度概化的，也就是能够广泛适用于大多数情况。大体而言，当对组织行为进行管理时，E 证据很可能是为管理行为提供指导的最佳来源，因为这类证据是通过多年的研究并且涵盖各种不同情况的大量人员而得出的。就像之前提到过的找医生看病示例一样，当你询问“这种管理措施能够在我的部门行之有效吗？”时，这类证据会提供你想要听到的信息。

与此相对，e 证据（little e evidence）代表那些为给某个具体决策提供指导而在某个特定区域或组织中收集的数据或信息。一些非常流行的质量改进程序（例如六西格玛）提供 e 证据，这类证据是能够给组织带来帮助的重要信息，但是可能无法在其他领域或者其他组织进行概化或推广。经常会发现这样的例子：某种方法在一个组织获得了显著成功，但是另外一个组织想方设法加以实施时无法成功。因此，虽然 e 证据可能会帮助组织改进决策，但必须密切注意它的适用范围。

### 学习和使用循证框架

人们常说，缺乏证据并不意味着证据的缺乏。换言之，并不是你遇到的每一个问题都被深入研究过并且获得了 E 证据或 e 证据。在这种情况下，建议你首先寻找循证框架，因为它们是基于符合逻辑的、获得充分验证的理论。在这本以技能为导向的书中，很多内容用来讨论研究证据和理论，这或许会让你感到惊讶。实际上，本书会尽量找出每一项优秀的学术研究。这看起来似乎与本书所采用的以技能为导向的方法截然对立，但事实上恰恰正是这种方法的核心所在。当今的许多学生受到了误导，他们认为理论分析是无足轻重的、不实用的或者枯燥乏味的，这实在是一件很遗憾的事情。实际上，根据伟大的社会学家库尔特・勒温（Kurt Lewin）的观点，没有什么比一个好理论更实用的了。笔者的目标是根据最新的、最佳的理论和研究来撰写一本实用的技能开发的书。如果缺乏理论分析，任何素材都只能成为某个人的主观观点，或者无法被正确地概化或推广到其他情境。

许多领域的研究都探讨了专业人士如何攻克特定的挑战或实际问题。这些研究通常都发现，专业人士会内化他们的“指导理论”或框架。也就是说，他们并不会在每一种情境中都呆板地采用同一种方式行事。不过，他们确实会根据以往习惯来分析问题和思考解决方案。因此，设计本书时强调的一点就是把那些在理论上合情合理并且在实践中切实可行的管理框架涵盖进来。这些框架可以帮助你分析情况和进行更加深入、全面的思考。希望你能够掌握这些框架，从而在你面临各种崭新的、不同的情况时能够明白从何处着手、收集什么信息以及不要做什么事情。

然而，有时候即便是最精心构造的框架也没有充分证据来予以支撑，而且最近的研究表明，即便管理者有意识地去寻找证据和框架来指导自己的实践，他们也会面临大量的错误信息——其中有些错误信息可能会带来严重后果。例如，研究者萨拉·赖恩斯（Sara Rynes）及其同事分析了主流商业杂志最近 5 年的文章，以了解它们是否讨论三个重要的管理主题：（1）工作场所中的人格；（2）智力；（3）目标的使用。研究结果令人感到震惊。在这 5 年内作为样本的 537 篇文章之中，只有不到 1% 强调了这三个主题。更重要的是，当这几篇文章在讨论这些主题时，文章的作者对主题进行了一番掩饰以便使文章显得新颖或前沿。此外，这几篇文章几乎没有使用任何实证证据来支持它们的观点。正如赖恩斯及其同事指出的那样，他们的研究结果表明，有一种压倒性的倾向是：

> ……强调个体得出的那些未获得实证证据支持的观点和主张。在缺乏实证证据的情况下，读者完全要依靠自己来判断这些观点和主张是否合理或正确。证据表明，在这种情况下，读者很可能会选择那些与他们自己先前所持信念最为相符的观点和主张。如此一来，读者因为阅读这样的期刊文章而真正学到某些新知识或改变自己行为的可能性就非常小了。

如果你对此感到惊讶，那么请你记住这一点：那些希望杂志大卖特卖的人很可能会认为从循证的角度来讨论问题并不会让一篇文章显得新颖或创新。这种不关注证据或者错误使用信息的模式并不仅仅是商业杂志所独有的，在商业书籍中也是相当普遍的现象。在许多商业书籍中，它们提供建议时所依仗的证据往往是站不住脚的。这种普遍现象使得备受尊重的组织行为学者埃德·劳勒（Ed Lawler）做出了以下评论：

> 许多所谓的“最佳（管理）方法”极有可能是名不副实的。在有些情况下，人们找不到一丁点证据来证明这些所谓的最佳方法。在另外一些情况下，有确切证据表明这些所谓的最佳方法实际上却是糟糕的方法。简而言之，大多数组织并没有采用循证（管理）方法。因此，它们的绩效往往对不起它们最主要的利益相关者：员工、投资者以及所在社区。

因此，当某个人说“研究表明”或者“证据明确表明”时，卓越的管理者会挖掘得更深入一点，去了解这些证据的质量。最后需要指出的是，个体案例和先前经验可能会帮助指导决策，但是个体案例被过于滥用了，人们原本可以利用已有的大量科学研究文献来制定更好的决策。

### 克服知行差距

对于大多数管理技能来说，要了解和掌握其概念和原则是相当容易的。大多数的 12 岁儿童经过教导之后都可以通过关于管理技能的理论测验。真正的挑战是在实践中实施管理技能。例如，列出那些与团队中的有效行为有关的管理原则是非常容易的，不过，真正加入一个处于激烈竞争的商业环境中的团队并且为该团队做出真正贡献是一件完全不同的事情。与此类似，激励模型的基本要素是极为简单的，但是要想创建一种能够激励人们尽最大努力去工作的文化则格外棘手。

本书的书名是《卓越管理》，要想彻底掌握一种技能，就必须知识（知）和实际运用（行）兼具。管理技能的成功运用不是生搬硬套、照本宣科，它比开发手工技能（例如焊接）或体育技能（例如打高尔夫球）要复杂得多。这是因为：（1）管理技能与其他类型的技能相比，涉及更加复杂的知识基础；（2）从本质上来说牵涉与他人的沟通和互动（往往是不可预测的）。采用一种标准化的方法来焊接金属、打高尔夫球或者烘焙蛋糕或许是切实可行的，但是采用一种标准化的方法来管理员工则完全行不通。

不过，管理技能的最令人鼓舞的特征之一就是管理技能可以得到改进——人们已经无数次看到这种情况。然而，你不能仅仅通过期盼、直觉或常识就掌握这些管理技能。实际上，这要求人们有意识地付出持之以恒的努力和实践。同时，不以必要的理论知识为指导基础的实践往往会误入歧途，无法采用灵活的、适用的方法来应对各种不同的情境。简而言之，任何想要开发管理技能的严肃努力都必须涵盖理论知识学习和实践运用。它要求人们有意识地进行理论学习，同时采用一种以技能为导向的、针对实际问题的方法来进行实践运用。

因此，在学习管理技能时，人们必然会面临的关键问题之一就是投入时间、金钱、精力或其他任何资源来开发这些与卓越管理有关的技能是否真正值得。你可能会问自己：“考虑到我的各种资源是有限的，完善我的编程技能是更好的选择吗？或者，我应该选择学习如何管理一个团队吗？”“我应该额外选修一门金融课程以便准备国际金融理财师（CFP）考试吗？或者，我应该选择经营一家俱乐部吗？”答案非常简单：“是的。”是的，你应该打磨你的技术技能，你也应该现在就开始寻找每一个机会来锻炼管理组织行为的技能（虽然当前的获益可能相当微小）。本章剩下的内容将讨论两个重要事项：学习如何了解自己，以及管理组织行为。

### 管理实践 1.3

#### 知与行：运用管理效力时的烦恼状态

大量的个体案例和数据表明，虽然有许多书本知识讲述了哪些因素构成有效的管理实践，但管理者往往还是无法在具体情境中运用这些知识。近期的一项大型研究报告支持了这个结论。研究者使用一种被称为管理技能评估测验（MSAT）的管理评估工具在过去 25 年内测量了 20 000 多名管理者的管理技能应用能力。MSAT 包括 8 个常见的、基本的管理情境（例如，分配工作、处理低绩效员工、管理冲突）。在互联网上回答这 8 个情境中的任何一个时，接受该测验的管理者必须按以下步骤应答：（1）识别重要事项；（2）描述将采取哪些最有效的行动；（3）在合适的时机真正实施这些行动（撰写备忘录、事后记录，等等）。这意味着他们必须能够实施行动，并且知道何时实施该行动以及为何实施该行动——所有这些都是在没有任何线索或提示的情况下做出的。

研究结果确切无疑地表明，管理者在实际的管理中存在着明显的知行差距。更具体地说，虽然管理者在认知能力测验以及关于管理原理的多项选择题测验中获得了相对较高的分数，但是在接受 MSAT 时获得的分数往往无法达到中位数。MSAT 分数存在着显著的方差，虽然有些管理者获得的分数非常高，但是总体上的平均分数之低指出了一个相当重要的问题：在管理学教育中强调技能应用和决策能力是非常重要的，是一种迫切的需要，而不应该仅仅强调关于管理原理的概念性知识。

## 学习和个人改进

### 个人效力：卓越管理的基础

有效的管理起始于内部。实际上，当人们被要求描述卓越的管理者时，他们往往侧重于描述管理者个人层面的情况而不是人际层面或组织层面的情况。简单地说，那些能够管理好自己的人成为卓越管理者的可能性要大得多。个人效力是卓越管理的基础，接下来介绍的技能都是卓越管理者应具备的技能。个人效力是由许多要素构成的，我们的关注点是那些行之有效的知识和行为，你能够通过主动学习和运用来提高你的个人能力。没有人生来就是一名卓越的管理者，也没有人一夜之间就成了一名卓越的管理者。个人能力的一个最基本的方面是：清楚地了解自己以及学习新技能的方式，激励自己提高自身的能力。

我们首先从关于学习和自我管理的模型入手。对于卓越管理来说，排除错误观念并避免由此形成的错误行动与巧妙实施一项正确行动同等重要。“迷思 1.1”专栏包含 5 项常见的关于个人效力的迷思。

### 迷思 1.1

#### 个人效力迷思

- 管理知识随着年龄和经验增长。遗憾的是，这个观点并不正确。学习知识是一件艰苦的事情，需要有意识的、持之以恒的意愿去关注那些有效的榜样，学习和记住这些榜样所做的事情，并且坚持不懈地实践新行为。
- 人们了解自己。实际上，许多有启示意义的研究已经表明，人们对自己的看法与他人对自己的看法之间存在着显著差距。人们通常察觉不到这些差距，但它们往往会带来管理问题或失败。自知之明是个人效力的基础。
- 改进机会仅仅在于人们的弱点方面。人们成功是因为在某些方面做得好。然而，很常见的一种现象是人们如此强调改进弱点和缩小差距，以至于忽视了自己的优势。开发新技能固然重要，但是你也应该花时间来搞清楚你真正擅长什么并且努力把自己放在那些能够充分发挥优势从而脱颖而出的位置。
- 个人发展仅仅是积极思维而已。随着《秘密》之类畅销书的不断宣扬，人们可能会认为乐观思维就代表着发展。只要希望它发生，它就会真的发生！乐观态度固然会带来一些益处，但是仅仅希望成为一名卓越的管理者并不能使你真正如愿。要想变成卓越的管理者需要不断实践、全身心投入以及恰到好处的乐观精神。

- 这不是我，这是他们！如果你学到一个管理“真理”，那么该真理应该是：你永远无法完全控制他人的行为，但是你确实能够掌控你自己的行为。要想改变他人，首先改变你自己。

## 学习如何去学习

关于人们在努力学习和改变时的高失败率，已经有太多人讨论过了。例如，只有很少一部分人能够真正履行自己在新年时下定的决心。绝大多数下定决心要“塑身”的人在几个月之内又会变成超重状态。绝大多数声称“在今年要使自己变得有条不紊”的人最终会发现今年又没成功。绝大多数个人改进努力所存在的问题是他们往往只是空想而已，对如何才能真正实现个人改进几乎不了解。也就是说，几乎每个人都希望改进，或者幻想能够提高自己的效力。但是，很少有人能够真正了解自己和约束自己采取必要的行动来学习新技能。

在思考管理技能方面的个人改进时，最有力、最有用的框架来自阿尔伯特·班杜拉（Albert Bandura）的成果以及他的社会学习理论（social learning theory）。班杜拉的理论认为，学习任何新行为都是三项主要因素所导致的结果——个体、环境以及行为，而且这三项因素会相互影响。行为并不仅仅是环境与个体的结果，如同环境并不仅仅是个体与行为的结果一样。这种相互影响称为交互决定论（reciprocal determinism），它是社会学习理论的基础。环境提供了重要的行为榜样让人们学习和效仿。社会学习理论的模型如图 1－2 所示。

个体因素包括个体的内在思维过程，例如激励、注意、自我调节以及自我效能。行为是个体的反应或行动。环境包括个体周围的物理环境和社会环境，包括强化、惩罚以及榜样。

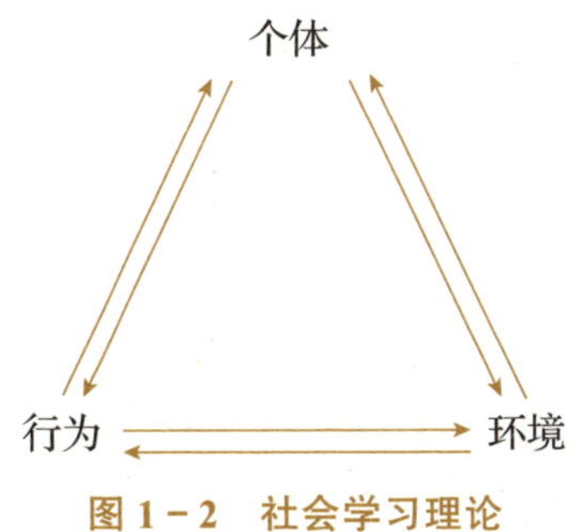


**图 1－2　社会学习理论**

虽然这个概念听起来有些抽象，但是社会学习理论的原理是特别实用的，已经广泛用来帮助实施个人改进，其中包括但不仅限于咨询领域、表演领域、成瘾行为治疗领域以及体育竞技领域。社会学习理论之所以具有如此大的影响力，原因之一就是它驳斥了以前被广泛认可的观点，即认为人们只能通过自己关于奖励和后果的个人经验来学习。例如，传统的学习理论认为你只有通过自己真正触摸火炉才会知道火炉会烧伤人。班杜拉的理论则认为，大多数学习实际上是通过观察和效仿其他人的行为来实现的。也就是说，大多数人通过观察其他人的行为（也许看到他们被火炉烧伤了或者有意避开火炉）来知道火炉会使人烧伤。这种简单的现象有助于解释为什么许多在低效管理者手下干活的人常常也会变成糟糕的管理者。人们通常会按照自己被管理的方式来进行管理。

社会学习理论尤其适用于管理技能的学习。第二个原因是知道与做到之间存在非常显著的差距。对于大多数管理技能来说，概念性的内容是相对容易理解和掌握的。大多数十几岁的青少年经过学习之后都能够通过关于重要管理技能的概念性内容的测验。但是，真正的挑战是在实践中实施管理技能（见管理实践 1.4）。

可喜的是，管理技能的一项最令人鼓舞的特质就是你有可能改进自己实施这些技能的能力——不是简单地通过直觉或常识。毋宁说，要想获得改进，需要有意识的、持之以恒的努力和实践。班杜拉指出，要想通过观察来学习，需要 4 个关键的组成部分。要指出的是，它们也是当今组织所采用的最成功的管理技能培训方法的关键基石。这 4 个关键的组成部分是：注意、保持、再现以及动机。

## 管理实践 1.4

### 才华到底来自哪里

有一群研究者想回答一个重要且古老的问题：当一个人非常擅长做某事时，到底是什么使他变得如此擅长？研究者发现了一些很有吸引力的成果。由佛罗里达州立大学心理学教授、“康拉迪杰出学者”称号获得者安德斯·埃里克森（Anders Ericsson）领衔的这项研究工作非常著名，称为专业绩效运动（expert performance movement）。埃里克森将近 30 年前开展了第一个实验，涉及记忆力——训练一个人听一系列随机的数字，然后复述这些数字。

埃里克森的研究驳斥了之前被广泛认可的观念，即认为认知技能，尤其是诸如记忆力之类的能力，在很大程度上是由基因决定的（例如，“他天生就有照相机一般的记忆力”）。他写道：“从第一个研究对象来看，在接受大约 20 个小时训练之后，他复述的数字范围从 7 个增加到 20 个。他不断保持进步，而且在接受大约 200 个小时训练之后，他能够复述的数字已经超过 80 个。”

该研究以及随后的一些研究表明，记忆力并不是由基因决定的。根据这些研究，埃里克森得出结论认为，记忆过程更像是一个关于投入程度和反复练习的函数，而不是一种基因天赋。换句话说，即便两个人之间存在天赋差异，这些差异也能够通过后天有意识的努力练习来予以克服。有意识的努力练习并不是简单地重复一个任务——例如，演奏 C 小调 100 次，或是不断练习发球（网球）直到你的肩膀脱力，更确切地说，它涉及设置明确的目标、获得即时的反馈以及对技巧和结果的同等强调。

埃里克森及其同事们随后进行了其他实验来研究其他许多领域中的杰出表现者，其中包括足球、高尔夫球、外科、钢琴演奏、拼字游戏、写作、国际象棋、软件设计、股票推荐以及飞镖。基于这些研究，他们提出了一个令人耳目一新的观点，即通常称为天赋的这种特质非常重要，但其重要性往往被高估了。

埃里克森的研究进一步表明，当选择某种生活路径时，你应该做你热爱的事情——因为如果你不热爱它，你就不太可能付出足够多的努力来变得非常优秀。大多数人本能地不喜欢做那些自己不擅长的事情，因此，他们常常会放弃，告诉自己只是不具备数学天赋、滑冰天赋或者小提琴天赋而已。但是，他们真正缺乏的是想要变得优秀的意愿以及有意识地努力练习的意愿。如果他们具备这种意愿并且付诸行动，那么就会变得更好。

资料来源：Dubner，S.J.，and S.D.Levitt.（2006，May 7）.“A Star Is Made.”New York Times Magazine，p.24.

**注意**。并不令人惊讶的是，如果你想要学习某件事情，你必须予以特别的注意。因此，学习的第一个挑战是注意。能够妨碍注意的任何事情都将削弱你的学习能力。如果你并未注意、变得焦虑或者因其他事物转移注意力，那么你的学习效果就会变差。因此，在学习新技能时，一个关键的步骤是找到正确的榜样并且投入全部的注意力。如果你没有对你想要学习的内容赋予最高的优先权并且没有对榜样投入足够多的注意力，那么你不太可能获得成功。

此外，非常关键的一点是你需要尽可能具体地分离出那些你想要学习的行为。这种方法看起来像常识，但是人们常常做不到。许多人尝试一次学习太多内容或者改变太多事情。举篮球领域的一个例子来说，你应该反复观看一个优秀篮球选手在罚球时的动作，而不是努力观看整场篮球比赛来学习罚球动作。在管理实践中，更好的学习方式是分离出一位优秀演讲者的非言语动作而不是尝试模仿一场辩论赛中的各位辩手。

**保持**。你必须能够理解和记住你所观察到的内容。把观察到的内容“编码”成词语、标签或者图像，这会带来比单纯观察更好的保持效果。如果你能够把观察到的内容与某个理论或框架联系起来，并且能够理解你观察到的内容为什么行之有效或者无效，那么你就更有可能在有需要时利用这些内容。学习书面上的榜样和框架，这是最有用的地方。也就是说，仅仅观察一次有效的演讲、决策过程或者团队会议只是一个良好的开端。真正的学习——你最终能够根据自己的具体情况而灵活运用——来自理解这些有效行为背后隐藏的原理并且在合适的时候想起和运用这些原理。

**再现**。社会学习理论对管理技能开发的最重要贡献也许是该理论强调了练习或实际运用一项技能的重要性。也就是说，仅仅通过观察、阅读或者理解概念，你是无法学会管理的。更确切地说，你必须把图像或描述转化为实际行动。研究表明，即便只是在脑海里想象实际行动，人们的能力也会获得提高！例如，许多体育竞技选手在实际比赛之前会在脑海里想象自己的动作。不过，对于想要学习的某项技能，人们在可以运用该技能的场合中实际重复它的次数越多，就越有可能把该技能添加进自己的能力库中。

关于再现过程，另外一个关键点是“熟能生巧”只是半真半假的陈词。“具有反馈的情况下，熟能生巧”，或者说，在具有反馈的情况下练习，这能够使人们更好地学习。在学习或开发任何新技能时，反馈是至关重要的。这是电脑游戏让玩家感到满意的原因之一。电脑游戏使玩家可以在获得即时反馈（你获得的成绩）的情况下重复该行为（玩游戏）。

**动机**。最后，即便拥有良好的注意、保持、再现和反馈，你仍然还没有成功地获得一项新技能，除非你有动机去坚持使用该技能。在学习某项新技能或者改变某个习惯时，如果没有某种清醒的理由去保持努力程度，你注定会失败。你的动机可能来源于过去的强化、你想象中的预期强化（诱因），或者间接强化——看到和想起你所观察的榜样获得强化。当然，你还可以使用失败受到的惩罚来实现你的学习目标。不过，班杜拉发现，惩罚的效果不如强化，有时还会产生适得其反的效果。

班杜拉的理论似乎符合大多数人的直觉，但是观察性的学习既不容易，也不是不证自明的。如果学习只是简单地观察和模仿其他人的有效行为，那么能够成功提高自身能力的人数将会多得多。毋宁说，在应用班杜拉提出的理论和原理时，需要严格的自我管理。

## 一个自我管理框架

使用班杜拉的成果作为基础，查尔斯·曼茨（Charles Manz）及其同事们为自我管理提出了一个简单、实用的框架。他们把自我管理（self-management）定义为：系统地改变人们如何安排生活中的不同线索、如何思考想要改变的事物以及如何把行为与行为结果联系起来，从而改变自己行为的一个过程。这个框架认为，个人改变往往并不是一个孤立的、单独的事件，而是一个存在多重影响的过程。该框架潜在的主题是人们都有能力改变眼前的世界，这有助于人们学习新事物以及以合适的方式行事。

自我管理框架能够在一定程度上帮助人们避免最常见的“希望与行动”陷阱，帮助人们在实践中运用班杜拉的理论和原理。该框架提出了这样的策略：人们既可以直接督促自己改变行为，也可以通过改变外部世界来帮助推动自己的行为改变。虽然查尔斯·曼茨及其同事们通过多种不同的方式、以多种不同的标签（例如，自我管理、自我领导、超级领导）提出该框架，但是可以将其精简为 5 种关键要素，它们对帮助实施个人改进最为有效（见管理工具 1.1）。

**管理工具 1.1**

**用来改进自我管理的 5 种行为导向型策略**

1. 自我观察 / 探索：观察和收集关于你想要改变的具体行为的信息。

2. 自我设定目标：判断什么是更有效的行为（往往通过观察有效的榜样来完成），并且为自己的行为设置具体的目标。

3. 暗示管理：安排你的工作环境来帮助你实施你想要的行为。

4. 积极的自我交谈和演练：在你的脑海里重温这种新行为并且想象它的成功运用。利用各种可以获得的机会来实际演练该行为并且寻求反馈。

5. 自我奖励和惩罚：当你表现出令人满意的行为时，向你提供你所重视的奖励；或者，当你表现不好时，惩罚自己。

需要指出的是，自我管理框架已经在许多不同的情境中获得成功应用，其中包括药物治疗、减重、医疗护理、戏剧以及体育竞技领域。例如，所有成功的高尔夫球训练都是基于该框架中的要素。随着你更深入地阅读本书，你将会发现，有效的自我管理行为也与卓越的管理者在辅导及激励他人时所实施的行为完全一致。这一点并不令人惊异，因为如前所述，有效的管理者首先是成功的自我管理者。

### 自我观察 / 探索

在你对自己当前所做的事情有一定了解之前，你无法启动或发现行为改变。自我观察（self-observation）涉及判断你何时、为什么以及在什么情况下实施某些特定的行为。例如，如果你的个人改进挑战是利用更加专注的学习时间来提高学习成绩，那么很重要的一点是现在就搞清楚你在什么时间和什么地方的学习效果最佳。你当前为每个科目投入多少个小时？哪些科目你表现最好？等等。

自我观察为自我管理奠定基石。最佳的自我观察策略涉及真实记录你所观察到的内容以及密切监督你自己的行为，无论是在你开始实施改变之前还是之后。这种真实记录可以是非常简单的，例如你开会时迟到了多少分钟；也可以是更加复杂的，例如你每天的行为日记。学习一种新技能或新习惯往往会要求人们改变或抛弃其他不好的习惯，这就显著增加了该挑战的难度。

在这种情况下，自我观察的一个重要方面就是从错误或失败中学习。虽然人们都具有一种防卫倾向，喜欢责备他人，或者对失败视而不见，但是把错误视为一种学习机会能够为进一步的学习奠定良好基础。错误能够促使人们进行更深入的思考并且评估自己的局限和缺陷。如果你重复错误或者没有从错误中学习，那么错误就意味着问题。实际上，如果你始终没有犯错，那么就值得询问你在工作岗位上有没有努力拓展你的能力以及承担必要的风险来获得发展。卓越的管理者会犯下许多错误，但是这些错误被视为“建设性的失败”，而且很少出现两次相同的错误。

### 自我设定目标

在设定目标时，第一个任务是确定你想要实现的结果或有效行为是什么。最佳目标通常来自对有效榜样的注意。有些事物会影响人们的注意，其中包括榜样或学习动机的特征。因此，如果榜样与观察者更加相似，或者榜样具有崇高的地位，或者想要学习的行为具有实用价值，那么人们就更有可能效仿该行为。而且，如果榜样非常具有吸引力或者声名显赫，或者显得特别有能力，那么人们会投入更多注意。

举个例子来说，可以考虑一下如何有效地学习某门课程。用来解决该挑战的一个策略是观察那些在该课程中表现优异的学生的学习习惯，以发现你是否可以效仿他们的某些行为。自我设定目标需要注意长期目标和短期目标。短期目标应该在最大程度上与长期目标保持一致。这个过程需要投入努力，而且虽然目标可能会改变，但是非常重要的一点是人们需要为自己的努力设定即时目标。目标设定对卓越管理如此重要，以至于整本书都会强调它。

许多研究已经表明，目标设定之所以行之有效，是因为：

1. 通过承诺实现一个目标，人们会密切注意那些与实现该目标有关的活动，远离那些与实现该目标无关的活动。
2. 目标可以激励人们。与可以轻松实现的目标相比，有挑战性的目标会导致更高的努力程度。
3. 目标会影响毅力。高目标会延长努力，而且紧迫的最后期限比宽松的最后期限导致更快的工作速度。
4. 目标激励人们使用自己的知识来帮助实现目标，并且激励人们找到所需的新知识来实现目标。

最佳目标的特征可以用首字母缩写 SMART 来表示。SMART 代表具体的（specific）、可衡量的（measurable）、可实现的（attainable）、相关的（relevant）和有时限的（time-bound）。具有 SMART 特征的目标会造就更聪明（smarter）的学习者。

### 暗示管理

通过自我观察和自我设定目标，你可以开始改变你的环境。其目的是安排你的生活来帮助你实施你想要表现的行为。例如，如果你想要戒烟并改进你的健康状况，那么你可以扔掉烟灰缸，以喝茶来代替喝咖啡，将冰激凌从冰箱中拿出来并且以低脂食品代替。如果你想要在星期三晚上花更多时间来学习，那么当宿舍里的其他人在该晚都精心打扮参加社交活动（并且怂恿你也一起去）时，你可以离开宿舍去图书馆或者其他某个安静的地方学习。

一个中肯的策略是创建你能够注意到的提醒物和注意力聚焦物并且予以执行。冰箱上的一张便利贴提醒你的减重目标，或者通过电脑屏保或手机短信来提醒自己准备接下来的一次考试，这些都可以提供一种线索来帮助你聚焦于某个重要的改进目标。

### 积极的自我交谈和演练

积极的自我交谈和演练是社会学习理论中“再现”原理的运用。你应该寻找在最切合实际的情境中练习新技能的机会。篮球运动员都知道，仅仅练习 100 次罚球并不能模拟那种在一场激烈比赛打到最后关头时进行一次罚球的巨大压力。因此，最优秀的投手会设法在模拟的紧张局势下（例如，如果罚球不进，全队都被惩罚跑圈；每个队员都围在罚球队员周围模拟嘈杂的噪声，以干扰其注意力）进行练习。有些人把自己的工作视为竞赛（例如销售人员），尝试新的技巧并且观察效果如何。对于想要学习的新技能，你必须不断练习和演练，直到最终成为你能力库中的一件武器。

尤其重要的一点是使用积极的自我交谈。如果你曾经在尝试一项困难的任务之前反复对自己说“我相信我能够做到”，那么你就是在运用一种被证明行之有效的自我管理技巧。当你在学习困难的任务时，许多负面情绪往往会伴随出现，对于积极的自我交谈来说，其思路是创造一种能够赋予你自信并且使你远离不战自败及其他负面情绪的思维框架。如同管理者和教练致力于提高团队士气和动机一样，人们也能够通过“打气”和自我激励来影响自己的行为。

### 自我奖励和惩罚

虽然没有管理者会否认奖励和惩罚对影响员工行为的重要性，但是当人们考虑到自身时总是奇怪地忽略这个概念。事实上，如果人们因为实施了合意的行为而奖励自己，那么就可以显著引导自己的行为。例如，“如果实现了目标，我就在星期六晚上去餐厅犒劳自己。如果没有实现目标，那我就写书面报告来反思”。你只需要在你坚持计划时奖励自己以及在你没做到时惩罚自己。

通常来讲，使用自我奖励比自我惩罚的效果更好。庆祝你的胜利，不要沉湎于你的失败。大量关于学习的研究已经发现，惩罚的效果没有强化那么好。不过，有时候对你来说最有力或最直接的刺激可能是一次惩罚，在这种情况下，它可以成为一种合适的鞭策物。不过，不要因为微小的错误或疏忽而惩罚自己。改变旧习惯和学习新事物永远不会是一条康庄大道，就如同本章末尾关于防止错误再犯的管理工具 1.2 所描述的那样，分析并且改正那些不可避免的小错误才是更加有效的方法。

### 运用于实践之中

在促进个人改进方面，自我管理模型代表着目前可以获得的最佳方法。这些基本的概念非常简单。为了跨越纸上谈兵并且实现持续的个人改进，你需要做到：

1. 明白你现在的行为以及你未来的合意行为。
2. 为你的改变设定 SMART 目标。
3. 安排你的生活，使它能够帮助你集中注意力以及提醒你坚持你的改进计划和目标。
4. 保持积极的态度，并且抓住每次机会来练习你想要表现出的合意行为。
5. 创建自我奖励，以更好地实现你的目标。

虽然许多人已经使用过上述策略中的一部分，而且上述策略看起来也足够简单，可为什么大多数人在自我管理方面做不到更有效呢？这主要是因为人们常常无效地使用它们或者没有持之以恒。也就是说，不完整地使用这些策略往往会降低它们的效力。仔细回想你自己的经历，思考一下你观察到（或者自己实施）其中一项策略被孤立使用的频率有多高，以及它们被整体使用的频率有多低。

例如，许多人通过设定一个目标并且监督自己的饮食行为来开始减重之路——这是一个良好的开端。但是，很常见的一个现象是，他们没有持之以恒地实施暗示管理，或者没有在逛商店及外出用餐时练习新的习惯，或者没有创建足够有力的强化来保持自己的努力程度。因此，他们刚开始表现很好，抱有非常高的希望，但是他们并没有在目标实现之前始终坚持这些策略。仅仅坚持其中一项策略而没有坚持其他策略，就好比在买一杯无糖健怡可乐的同时又买一份油腻的芝士汉堡包以及一份超大号的炸薯条。这可能比买一杯奶昔要好，可是它对帮助你减重并无实际作用。

这里介绍的很多内容在一定程度上验证了你之前已有的一些知识和切身经验。希望它可以帮助你更加系统地学习以及在这个日益复杂的世界中管理好你自己。

## 建立自知之明

### 自知之明：成功学习和成长的关键所在

学习和自我管理（之前已经介绍过）时所效仿的榜样可以显示自知之明

的至关重要性。对于那些想要更好地学习管理技能并且提高个人效力的人来说，自知之明是至为关键的。卓越的管理者不仅持之以恒地寻求反馈以更好地了解自己以及知道自己需要做出哪些改进，而且会辨别出自己的优势和偏好以获得最好的定位并实现成功。自知之明对在管理岗位上学习和成长至关重要，它为人们更好地了解自己以及更好地把自己与他人区分开来奠定了基础。

## 个体差异及其重要性

"人是不同的"，这或许是最明显但总是出人意料地被遗忘的一个事实。认识到人们之间的差异非常重要，因为这些差异会影响到在不同的情境中如何应对和行事。

当今的每种流行杂志似乎都会推出某种自我评估工具来测量某种显著的个体差异。许多文章宣称，通过回答一些问题以及根据所提供的评分表来打分，你可以了解到某种关于你自己的内在真相。诸如《大都会》《GQ》《时尚》之类的流行杂志会定期推出某种"自我评估"。这些"自我评估"看起来似乎对人们有所助益，但往往只是徒有其表，几乎没什么实际作用。不过，你的"冷静指数""热辣指数"或者"婚姻潜力指数"通常并不是管理领域重点关注的事项（至少在绝大部分情况下如此），那么拥有自知之明的管理者应该了解自己的哪些具体方面？

毫无疑问，人们在许多方面存在差异。不过，从管理绩效方面来看，两个重要的差异类型是:（1）能力;（2）人格（包括价值观和动机）。能力（ability）可以简单地定义为一个人能够做什么。这种"能够做什么"的才能会使得有些人可以扣篮，有些人可以心算非常复杂的数学题，有些人可以非常迅速地解读抽象的图案。能力包括多种维度，其中包括认知能力（cognitive ability）、身体能力以及情绪能力。现在，情绪能力通常又称为情绪智力（emotional intelligence），是当前非常引人注目的一个研究领域。

人格（personality）指的是人们在思考和行事时相对持久的模式。人格是由天性（基因）和培育（环境因素）共同决定的，而且往往体现人们"显性的"或者"自然而然的"行为。实际上，并不存在某种"好的"或者"坏的"人格类型，虽然人们经常会情不自禁往这方面去想。尽管有些人格特质与某些职业及兴趣联系得更为密切，但是你的整体人格不会限制你从事某种你感兴趣的职业或者决定你的命运。

你在特定的时间和场合中会如何行事，是你的人格与你所处的环境相互作用的结果。这种相互作用解释了为什么在家里的表现通常不同于在学校或者工作场所中的表现。例如，你最主要的人格特质可能是内向（introversion），但是为了在工作岗位上表现出色，你不得不“鼓足勇气”与顾客及客户交谈——也就是说，表现出外向（extraversion）特质。有时候，与人格相比，所处的场合或环境会更加显著地影响人们如何行事。一个根本性的错误是认为行为仅仅是一个关于人格的函数，因为环境也总是扮演着同样重要的角色。

无论是在工作组织还是在教育机构，关于管理能力与人格的评估都越来越普遍。观察人们在各种不同的量表中所处的位置，是一件很有吸引力甚至很有趣的事情（例如，谁会不好奇自己的“爱情商数”呢？），而且，如果想要弄清楚自己的能力、人格特质、价值观以及偏好，某种形式的评估就是不可或缺的。不过，经验表明，当一个个体清楚地知道“自己需要了解什么”时，评估才是最有用的。换句话说，最能提供帮助的评估过程如同一个研究项目，你就是该项目的重点研究对象。

通过了解这些，笔者设法确定一系列对管理和人际关系方面的自知之明最为重要的基本问题，并且确定那些能够帮助你开始深入探讨这些问题的评估工具。笔者确定了自知之明的 7 个基本要素，并且直截了当地称为“管理评估概述”。自知之明的其他方面（例如，学习方式、模糊容忍度、冲突方式、领导行为）也很重要和不可或缺。如果你通过一种合适的、周密的方式来更加深入地了解你在这 7 个基本要素方面的特质，就可以为你拥有更好的自知之明奠定坚实基础。

最后，希望当你的同事或者你所管理的员工提出“请介绍你自己”时，你能够向他们提供一个有意义的、有参考价值的答案。目标并不是简单地描述你的优势和特征，而是了解你的能力和人格如何影响你的行为和绩效。今天，网上有许多在线资源可以供人们进行自我评估并获得反馈和改进建议。本书的辅助材料也可以帮助你采用合适的自我评估工具来评估你的个人表现（见管理工具 1.2）。

## 与自知之明有关的重要事项

在你向更好的自知之明迈进时，你还应当考虑几个与解读评估结果有关的重要事项。首先，评估结果仅仅是反馈。如前所述，这些评估结果并不是绝对的或者最终的真相，它们也无法显示你的命运。只有当能力（有时候称为才能）得到运用并且具体表现为技能或行为时，能力才是有价值的。这个世界上充满了那种拥有很高能力却没成功的家伙，体育教练常常把这种人称为“人才浪费”。与此类似，仅仅拥有某些特定的人格特质，其重要性不如你试图把自己放在那些能够使这些人格特质获得最充分发挥和最大回报的位置上。

其次，如前所述，这个世界上存在着成千上万种自我评估工具，但其中大部分评估工具的功效都值得质疑。因此，要设法使用那些拥有坚实理论基础的、经过长期检验的评估工具（已经获得大量相关数据）。表 1－1 介绍的那些评估工具就是如此，它们都是基于坚实的研究证据，而且其评估结果已经被证明适用于管理领域。

**表 1－1　管理评估工具**

| 自知之明的维度 | 能力、人格或偏好 | 最主要的评估工具 | 意义 |
|---|---|---|---|
| 认知能力（批判性思维和分析思维） | 能力——快速、准确地发现数量和言语模式的能力，包括获得知识的能力 | • 沃森－格拉泽批判性思维测验<br>• 温德利人事测验 | 认知能力是我的一种优势还是需要别人帮助的一个领域？哪些工作岗位和行业适合发挥我的分析能力？ |
| 情绪智力 | 能力——准确发现和理解自己及他人的情绪并且恰当使用情绪信息的能力 | • MSCEIT | 我能否理解并使用情绪来制定有效决策？我能否准确理解他人的情绪状态从而与他人相处愉快？ |
| 文化智力 | 能力——在存在文化差异的情境中有效应对的能力 | • 文化商数量表（CQS） | 我是否了解重要的文化差异？我的思维方式和应对方式是否尊重了这些文化差异并且使互动双方建立更坚固的关系？ |

续表

| 自知之明的维度 | 能力、人格或偏好 | 最主要的评估工具 | 意义 |
| --- | --- | --- | --- |
| 人格特质 | 人格——在人的一生中保持相对稳定的那些最主要的人格特征 | • 大五人格问卷 | 我最主要的人格特质是什么？我该如何定位以便最好地利用我的人格？ |
| 人格偏好（性格） | 偏好——努力方向、决策、信息获取等方面的偏好以及对待外部世界的态度 | • 迈尔斯－布里格斯类型指标（MBTI） | 我喜欢如何与他人共事以及处理信息？为了满足我的偏好，我希望他人做什么？在不同的团队中，我如何最好地发挥作用？ |
| 个人价值观 | 偏好——对合意结果或目标以及所需路径的偏好 | • 罗克奇价值观调查表<br>• 霍根 MPV 量表 | 我最重视什么？我最希望他人表现哪些特征？我在什么方面不会屈服或妥协？哪些方面对我来说是没有商量余地的？ |
| 职业定位 | 偏好——对某些特定类型的工作环境及职业的偏好 | • 霍兰德职业兴趣量表 | 职业中的哪些要素对我最重要？与哪些类型的人共事会帮助我腾飞？ |

再次，偏好是人们做出的关于如何感知这个世界并实现最佳表现的选择。其中有些“选择”并不必然是深思熟虑的选择，而是根据人们觉得最自然的方式行事。如果你曾经有过表演经历，那么你就会知道设法扮演“一个不是你的人”并不容易，需要投入很多的关注、指导和精力。个人特征，例如核心价值观、人际关系偏好以及职业定位，就是那些让人们感觉最舒适、最自然的特征。你可以选择不按照你的偏好来行事，但是要想做到这一点，你必须投入更高水平的意识力量。

最后，建议你从你的评估结果中寻找模式和一致性。当你发现一致性时，表明存在一种更加显著的特质或偏好。不一致则表明一种不那么明显的特征。或许最重要的是，你应该总是参考你已经获得的其他反馈来解读你的自我评估结果，并且不要沉湎于评估出来的所谓弱点或局限。接下来将讨论这两个事项。

### 借助他人：寻求定期反馈

虽然有足够多的证据无可争辩地表明，更好的自知之明以及寻求反馈是与诸如工作满意度、绩效之类的积极结果联系在一起的，但是许多年轻的管理者并没有积极主动地追求更好的自知之明。为什么会如此呢？

对于这种奇怪的不情愿，一个恰当的类比可以在医疗领域体现。许多疾病都可以治愈，不过前提条件是人们并不害怕去医院进行检查——但是，人们往往过于害怕，导致没有及时发现身体有恙。在人们寻求人际关系和管理方面的反馈时，也是如此。人们都想要保护、维持和美化自我概念及自己在他人心目中的形象，而且人们常常会存在担心和不自信（例如，我讨厌在许多人面前发表演讲，我不善于处理冲突，我在镜头前面显得难看），从而导致宁愿选择不关注或者不正视自己。

可靠的自知之明能够帮助人们更深入了解自己想要改变和提高哪些方面，更重要的是，更深入了解应该在工作岗位及人际关系中更充分发挥自己的哪些优势。你需要始终记住的一点是，你对自己的感知很可能不同于他人对你的感知，人们通常求助的一些人（例如，母亲）并不总是会告知你完全真实、客观的内容。

简单地说，在寻求反馈时最大的障碍是畏惧。因此，要想提高自知之明，第一步（也是最重要的一步）就是使自己愿意搁下这种自然而然的畏惧并且超越自己的心理舒适区。还有非常关键的一点是，除非人们与他人进行互动并且把自己展示给他人，否则不可能显著提高自知之明。也就是说，虽然自我评估是一个良好的开端，但是仅仅依靠自我评估并不足以让你真正了解自己。你可以花费几周时间来分析你自己，或者花费几个月时间来深思熟虑，但是这并不会使你完全了解自己，而只是你的一厢情愿或自娱自乐而已。

要想提高自知之明，目光不能仅仅局限在自己身上。这一点之所以如此重要，是因为人们并不能很好地评判自己的行为和能力。很正常的一种现象是其他人对你的了解超过你对自己的了解，尤其是在判断你的人际关系能力方面。多源反馈（multisource feedback，指的是由你之外的其他多种来源提供的反馈，例如上司、同事、下属以及顾客）可以增强自我了解，从而改进管理行为。实际上，有研究发现，管理者对自己行为的评价与其他人对其行为的评价的更高一致性，是与更高的管理效力和绩效联系在一起的。

简而言之，理想的自我评估不能只依靠一种来源，而是应该来自多个视角。这可以是自我报告，也可以是来自同事、上司和下属的反馈。多源反馈可以成为一种有力的数据来源，便于你全面了解你的优势以及精确定位你需要改进的领域。通过多个视角对你进行评估，能够非常显著地帮助你建立自知之明以及为你实施个人改进奠定坚实基础。

## 管理工具 1.2

### 个人品质清单

根据组织质量改进原理，伯尼·赛格斯特科特（Bernie Sergesteketter）和哈里·罗伯茨（Harry Roberts）设计了一种自我管理评估工具，称为“个人品质清单”（PQC）。使用他们的方法，你可以为个人行为和绩效界定合意的标准，并且记录下你在实现这些标准的过程中出现的失败或“缺陷”。这种方法的具体步骤是：

1. 制定一份标准清单。这是最难的部分。本专栏末尾处提供了这种清单的两个示例（一份清单是由一位管理者制定的，另一份清单是由一位大学生制定的）。在标准清单中，每一条标准都应该与你工作场所或者家庭生活或者朋友圈中的某个“顾客”有密切关系。每一条标准都必须是明确界定的，以便你在出现某个错误时能够轻易发现和记录它。因此，“实现好身材”并不是一条好标准，一条更好的标准或许应该是“每天都出一身汗”。

存在两大类型的标准：（1）减少浪费 / 节约时间（例如，准时上课或参加团队会议）；（2）扩展活动（至少每周给父母打一次电话；完成个人简历）。如果你的标准清单中全部都是扩展活动，那么你需要确保减少浪费和节约时间，以便你有足够多的自由时间来完成这些扩展活动。

2. 记录你每日的缺陷。应该每日记录所出现的缺陷，最终可以按照每周或每月来计算总数。一个非常有意思的方法是请其他人帮助你记录。例如，如果该清单中的一项标准是用一种尊重的口吻和你的配偶交谈，或者是每天至少花半个小时陪你女儿，那么你的配偶或女儿或许是你执行该标准清单的最佳记录者。

3. 评估你的记录和行动计划。有些人发现“缺陷”这个词令人感到不快，但它是这种方法的关键所在。首先，它便于发现和记录；其次，缺陷可以成为你的朋友，因为它们意味着改进机会。为什么会出现缺陷？如何防止它出现？这些问题的答案可以带来解决方法以及可能的改进路径。

不要完全相信下苦功就会实现目标，你很可能已经足够努力。或许，你可以想出一种不同的方法来实现你的目标。正如谚语所说的那样，与其努力成为一条更好的毛毛虫，不如变成一只蝴蝶。

从一般规律来说，你应该坚持10条或更少的标准，否则你会在该过程中过于分散注意力。当然，你的标准清单只是你日常活动中的很小一部分。你的第一份个人品质清单应该聚焦于几项你当前正在做、如果获得改进就可以提高你的“顾客”满意度的事项。一旦你确定已经达到了这些标准并且实现了预期的“顾客”满意度，那么你可以请你的同事和家庭成员帮助你提高原有的标准和增加新的标准。这种方法看起来简单，但非常有效。赛格斯特科特和罗伯茨宣称，通过使用这种个人品质清单，许多顶尖公司的管理者及高层领导都获得了广泛成功。制定你自己的清单并且试着去做吧！

**管理者个人品质清单示例**

- 准时参加会议。
- 保持好的发型。
- 电话铃响两声就接听。
- 办公桌上需要执行的项目不超过1个。
- 皮鞋总是锃亮的。
- 体重低于190磅。
- 每周至少锻炼3次。

**大学生个人品质清单示例**

- 每周看电视的时间不超过10小时。

- 4 楼或以下走楼梯而不是乘电梯。
- 24 小时之内回复招聘信息。
- 在学习时专心于一门课程，不要对每门课程都蜻蜓点水。
- 在每个学习日，晚上 12 点钟之前上床睡觉。
- 及时支付账单。
- 在上床睡觉之前制定一份明天的待办事项清单。

### 关注优势而不仅仅是弱点

获得评估反馈可能会使你尴尬，有时候甚至还会使你气馁，因此尤其重要的一点是你不要仅仅关注自己的差距或弱点。当然，适当关注薄弱领域通常是正确的，但是人们很容易就会因为这些消极反馈而迷失。实际上，最近有些学者发现，这种类似于“减少缺陷”或解决问题的方法实际上可能会妨碍个人效力。因此，他们声称，通过确定和建立自己的优势，并且对自己的弱点予以妥善管理而不是过度执着于改进自己的弱点，个体可以获益更多。

管理某个弱点意味着掌控它，承认它是你的一个弱点和你的一个组成部分。与其想方设法把它改变为一种优势，还不如努力找到办法来使其对你的影响最小化。这类办法包括：尽可能少地实施它；与具备这种特征的人合作，彼此取长补短；开发和使用辅助系统及工具来弥补（例如，如果时间管理是你的一个弱点，那么你可以精心选择某种有实效的时间管理系统来帮助你）。非常关键的一点，而且常常是最有成效的方法之一，就是关注你的优势以及那些你能够切实改变的事项。

## 结语

先前已经说过，虽然管理有时候被认为是很基础的事情或者只是依赖于常识，但实际上，它既不是稀松平常的事情，也不是轻而易举就能够实现的。世界上存在如此多的无效管理者和低效组织，就证明了这一点。

管理的很大一部分内容是管理其他人，但是本书第 1 章的主题是管理自己。最有效的自我管理者是积极学习者，他们了解自己，知道自身的优点和缺点，并且以巧妙的方式来开发和巩固各种强有力的关系。毫无疑问，你会发现自己难以在所有时间都运用这些原则。但是，管理在很大程度上是以身作则，自我管理无效的管理者往往为下属设立错误的榜样。与其说个人效力是一项复杂的学习任务，不如说它是一种自律、一种终身努力。卓越管理始于你的个人效力。把这一点作为你的首要优先事项！

第 2 章

# 管理压力与时间

## 减压是一项企业策略

 | 信诺公司

大多数竞争性的商业组织都认为，工作难免会有压力，管理压力是员工自己的事而不是公司的事。然而像信诺公司（CIGNA）这样的公司就采取了更加负责任的观念来管理其员工的压力。CIGNA 是一家全球卫生健康保险组织，总部位于宾夕法尼亚州费城，员工超过 3 万名。该公司认为劳动力大军正面临着远超过去的压力。压力的来源越来越多，其中包括经济不景气和精简员工所带来的工作时间延长、使得员工 7×24 小时都处于工作状态的新技术以及员工在自己的同事失去工作岗位时所产生的“幸存者愧疚感”。

与指望员工在不良情绪和环境下硬挺着相反，信诺公司投入了相当多的时间和资源来帮助员工应对压力。通过信诺公司的员工帮扶计划（EAP），员工可得到有用的帮助，该帮扶计划向员工提供相当宽泛的个人和工作相关的压力咨询。作为健康福利计划的一部分，信诺公司还向其客户提供员工帮扶项目。

工作的要求与日俱增，组织希望其成员在尽少索取的情况下尽可能多地付出。最近一项对美国员工的调查显示，80% 的雇员认为刚刚过去的一年是他们从事工作以来压力感最大的一年。在某一点或另一点上，所有人都经历过压力。某些人也许恰好正在感受着它。压力是现代生活的一个共同特征。的确，压力对大多数人来说是如此熟悉，以至于准确界定究竟什么是压力似乎没有必要。然而，了解科学家和研究者们关于压力的定义是

有好处的，它有助于贯穿全章使用共同的术语。压力是人们遭遇应激时生理和心理的唤起状态（例如，心跳加速、失眠、焦虑）。压力几乎总是来自你面对一些十分在乎的事项时自己的不确定性。比如：你不确定自己能否按时完成一项非常重要的项目；你担心自己是否有能力处理好被交办的任务；当人们期望你与一个熟练的或能力超强的人竞争时，你感到自己快被压垮了。

紧张是压力的后果。当慢性压力得不到有效缓解时，紧张就会是常见的、长期的后果。如果你患有紧张性头疼、腰痛、沮丧、疲劳等，你的这些症状很可能来自未被管理的压力。有些人常常对压力不屑一顾，认为它们无足轻重，全是你的心理在作祟，然而大量的研究证明事实并非如此。持续的压力会导致疾病的证据是非常清楚的，其范围从心脏病到癌症，并且能削弱肌体的免疫功能，压力会降低人们抵御疾病的能力。此外，压力及与之相伴的紧张还会对组织的生产率和绩效造成影响并耗费资源。

压力经常被误解，迷思 2.1 列出了最为常见的、持久的误解。

**迷思 2.1**

### 压力和时间管理

- 压力是个人的、非工作的问题，不应受到组织关注。这种误读常常大行其道，并且导致了诸如“压力是心理在作祟”“人们应该在私人时间里来处理这些私人问题”等谬论。事实是，压力让组织付出了巨大的成本，它应该成为工作或管理场所中的任何人都优先关注的事项。
- 所有的压力都是有害的。事实上，并不是所有的压力都是有害的，适度的压力对绩效是必要的——甚至有些与好的心理健康还是正相关的。当然，过度的压力对个体和组织来说常常是有害的。
- 压力应激是相同的。压力管理一个最重要的教训是，压力是个人的而且程度不同。很明显，给某人带来压力的事件也许对另外一个人就不构成压力。另外，最好的压力应对策略应该依据个体的具体情境和时间有所调整。很明显，对一个即将上战场的战士的压力管理策略和对照顾身患绝症孩子的父母或者需要应对很多重要事项的经理人的压力管理策略是非常不同的。

- 只有新手才会紧张。对职业足球球员和高尔夫球员的研究发现，即使像他们这样的职业选手，当压力和失败的概率上升时，其表现水平也会显著下滑。紧张源自压力情形和大脑超负荷，即使明星也经常会在压力下喘不过气来。
- 好的时间管理意味着人们要做一个高效的工作狂。恰恰相反，最好的时间管理者工作得聪明而不艰辛，他们把精力聚焦于那些真正重要的事项上。

## 压力对于个人和组织的后果

压力会带来很多不良后果，它会抑制有效的倾听、决策、计划和新想法的产生。例如，几项研究发现，高压力状态下的管理者对信息进行选择性知觉的可能性大大增加，并把问题固着在单一的解决办法上，在处理当下的情形时又转回旧的习惯，表现出低创造性，并且高估时间流逝的速度。

除了对工作绩效的直接影响，长期压力状态下人们的生理和心理也都非常容易出问题。医学研究者估计 50% ～ 70% 的疾病在一定程度上源自长期的压力。常见的压力相关的生理问题包括心脏病、中风、癌症、糖尿病、肺病。压力相关的心理问题包括睡眠障碍、性功能障碍、抑郁、人际关系问题等。有充分证据表明，持续的高强度压力会降低免疫系统在抵御疾病时的活力。

显然，如果对压力不加管理，它将对个体的健康和幸福带来一系列后果，它还会超越个体层面影响到人际、工作和社会，带来一系列后果。从管理的视角来看，工作压力的成本是巨大的，单美国的损失就高达每年 3 000 亿美元。研究者把压力和一系列工作场所结果联系在一起，发现了压力的有害影响，包括减少人们的组织承诺、缺勤率升高和离职倾向，等等。

## 某些压力是有益的

尽管压力被认为是一种负面或不开心的状态，然而，适度的压力对于高绩效来说是必要的。压力研究之父汉斯·塞利（Hans Selye）称其为积极压力（eustress），并将其定义为可控的或有成效的压力。积极压力会赋予人们竞争优势。如果没有来自压力和唤醒的感觉，很多人将无法在清晨从床上起来，因此积极压力代表了理想数量的唤醒。

探索压力正面作用的研究不断增加。一些研究者认为短期压力的增加会增强免疫系统，并且能通过保持脑细胞的高峰容量运转来抵御诸如阿尔茨海默病等疾病的侵扰。与那些承受过高或过低压力的人相比，在外科手术前有适度压力的患者，其术后恢复状况更好。其他一些研究发现，压力可以通过抑制雌性激素的产生来预防乳腺癌，并且相比怀孕期间压力小的母亲，那些在怀孕期间皮质醇较高的母亲所生的孩子发育得更好。在组织中，销售代表常常要面对销售额的业绩压力，客服人员常常需要付出最大的努力来平复怒气冲冲的顾客，这些都揭示了压力不仅能够而且确实带来了更高的绩效和生产率。

因此，压力的悖论就是：压力太大了会遏制绩效，压力太小了绩效也不会高（见图2-1）！每个人都有一个理想的压力水平点，在那个点上，压力通过激发和紧抓人的注意力来提升人们的绩效水平，就好像有个声音在说："别想当然，这事很重要！"因此，真正的挑战不是减少压力，而是弄清楚压力是如何产生的并且管理好压力，不让工作和生活脱离正常的轨道。卓越的管理者能够意识到不同的压力来源，并且能主动地寻求合适的方式应对它，从而避免压力的伤害。

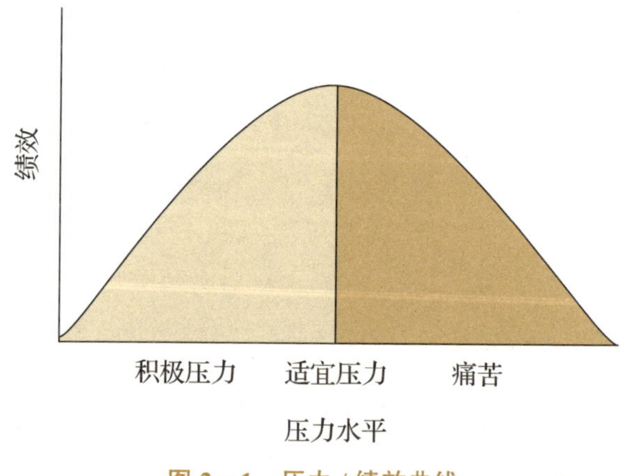


**图2-1　压力/绩效曲线**

## 压力是个人的：压力的个体差异和相互关系

你是否曾经好奇为什么有的人在压力状态下仍然能运转正常、继续向前，有的人却变得压抑、孤僻或者患病？考虑到如此众多的压力源无法避免并且不为人所控，对于压力管理而言，最关键的教训是不要试图去减少生活中的压力，而应建立自身的弹性和个人系统（例如，时间管理）来应对你将面临的压力。通常的事实是，应激事件本身不导致压力，人们在事件中的经历和感受以及面对事件时的弹性程度，决定了压力对人们的影响会到何种地步。

假想你将要在数百名听众面前做一次演讲，你将作何感受？兴奋？害怕？厌倦？如果将演讲换成跳伞你的感受又会怎样？你能想到一些对你来说充满压力感而对别人却没什么压力（甚至是享受）的活动或事情吗？压力的研究者做了同样的观察，并且提出了一个所谓的交易理论（transactional theory），该理论指出，压力对人的消极影响是人和所在环境的交互作用。他们列出了压力的几个主要组成部分：首先，当人们在环境中遇到可能给自己带来压力的事情时，他们会做一个评估，评价这个潜在的压力源会对自身造成的影响。不同的人对于同一个情形很可能会采取不同的认知方式。

某人可能会将看牙医视作压力事件，另外一个人可能对此没有任何问题，但非常害怕在类似电梯那样的封闭空间里待着。如果刺激物不被视作会带来问题的威胁，人们会正常地生活。然而，如果刺激物在最初的评估中被视为威胁，人们将会进行第二次评估，以确定自己应对威胁时能做些什么。个体会从认知和行为方面应对刺激事件。后面的内容将对应对策略进行详细讨论，这些应对策略会因人、因事而差异很大。一些人会有自己常用的特定应对策略，比如回避问题或从其他人那里寻求帮助。不同的压力源需要不同的应对策略。有些时候，人们可以通过改变环境来使自己避开压力源。比如恐高的人常常通过避免置身高处来避开这个压力源。相比之下，害怕拥挤的人就不太能够避开不期而遇的拥挤人群。然而，这些人也许试着运用合理化的方式来提醒自己，那些害怕是莫须有的，或者通过放松、深呼吸来降低压力。

人们除了对什么是压力源或者什么不是压力源观点各异之外，研究者还发现，特定的人格因素会影响人们对可能的压力源的评价和反应。那就是人格特质的不同会影响人们如何体验和应对压力。接下来将描述并阐释三种最重要的人格特征。

**A 型行为模式**。你也许听到过人们将自己描述为“A 型”人格——甚至你也曾这么描述过自己。这个术语是 20 世纪 50 年代由医学博士弗里德曼（Fredman）和罗森鲍姆（Rosenbaum）首先确认和提出来的。作为心脏病专家，弗里德曼和罗森鲍姆对心血管疾病和人们的人格特征间的关系有特别的兴趣。他们描述了一组特征和行为，包括时间紧迫感、对抗性、雄心、不耐烦、完美主义。具体说来，他们把具有 A 型行为模式的人描述为“他们是这样的一些人，长期沉迷于慢性的挣扎，要在最短的时间内从环境中获得足够多的、即使是含混的结果，如果有必要的话，他们甚至会在该环境中对持相反作用的其他人或事予以攻击”。在获取成功与征服环境的冲锋中，A 型人格的人（见管理工具 2.1 来快速测量你的行为类型）快速地做着一切事情，从说话到走路，从吃饭到开车。因为成就对于他们来说是如此重要，A 型人格的人通常喜欢对自己所在的环境能够予以控制，有时候不喜欢在团队中工作或和其他人一起工作。

### 管理工具 2.1

#### A 型人格评价

阅读下列问题，在你同意的描述项前填写一个“√”。

1.______ 我似乎从未有充足的时间来实现自己的目标。

2.______ 我对那些在交通拥堵中不耐烦并按喇叭的人不理解。

3.______ 坦率讲，我对自己能否进入前 10% 并不在乎。

4.______ 我发现信赖某人难度很大并且没什么用处。

5.______ 考取驾照应该更难才对，以避免那些笨蛋上路。

6.______ 当我没能完成当天的计划时，我不会感到不安。

7.______ 即使有重要的事情需要我去做，我也经常选择把时间花在朋友或家人身上。

8.______ 我对自己的成就几乎从没满意过。

9.______ 我从学习事物中感受不到愉悦。

10.______ 表达自己的感受对我来讲很容易。

11.______ 那些不知道自己想要什么的人令我心烦。

12.______ 我认为诸如钓鱼或打保龄球那样的爱好都是在浪费时间。

13.______ 当我完成任务时，我会自我感觉不错。

14.______ 我在压力下表现最好。

15.______ 谈论情感是软弱的信号，会被其他人利用。

16.______ 我的家庭是否收入稳定不重要，重要的是家人能够在一起。

17.______ 如果每个人都能做好他们分内的工作，我的生活将会变得容易。

数一下√的个数，来计算你的得分。

0 ～ 3 分，极端的 B 型人格；14 ～ 17 分，极端的 A 型人格；4 ～ 13 分，混合的 A/B 型人格。

尽管最初的观点认为 A 型行为模式会与冠心病有关，但当下的一些研究显示，A 型行为模式的一个具体方面——对抗性——最有可能预测一个人的健康状况。例如，一项最近的研究发现，对抗性特质以及工作要求能够共同预测个体的医疗服务使用情况。

**控制点**。你相信星象在主导你的命运，而且星象所预示的就是你某一天所驶向的方向吗？或者你认为自己掌控着自己的人生和最终的命运？如果你对后一个问题持肯定回答，你很可能是内控型的人，在面对压力时，你会比那些对第一个问题持肯定回答的人更具有韧性。控制点（locus of control）是人们所认为的自己对自身所处环境和生活的控制程度。内控型意味着你相信自己能够控制自己的环境，外控型意味着你认为自身之外的资源（如运气、命运等）是由环境来决定的。一般来讲，内控型对于工作绩效和压力来讲是有益的，因为这种类型的人更有可能去采取积极行动来应对压力，他们相信自己的行动会产生效果。管理工具 2.2 提供了一个简短的控制点诊断工具。

然而，一个极其强大的内部控制源并不总是有益的。毕竟，人们不能控制生活中的每一种情况，认为自己能够做到这一点则是一种不健康状态。例如，在卡特里娜飓风期间，许多人可能已经撤离了，但仍有人决定坚守，也许是因为他们认为自己对风暴有免疫力，并且能够自己处理局势。许多人最终不得不被紧急救援人员营救，有些人甚至因此失去了生命。研究表明，那些要求极端控制的人，即使在他们无法控制的情况下仍然要求这一点，会承受更大的压力和生理反应。

**自我效能**。如果广受欢迎的儿童书《小火车头做到了》中的那辆小火车接受人格测试的话，它在自我效能方面很可能会获得高分。自我效能（self-efficiency）是对“自己能够多好地实施各种行动方案以处理未来情况”的个人评价。大量的研究表明自我效能的积极影响。相信自己能完成某件事的人有更大的动力，更有可能在困难面前坚持下去。他们认为他们能成功，他们拥有成功所必需的行为，比那些自我效能低的人更有可能成功地完成工作任务。相反，自我效能低被认为与压力过程有关，低自我效能的人认为他们没有足够的资源来应对压力源。例如，一项研究发现，自我效能在一定程度上影响了销售人员是否出现职业倦怠症状。

## 管理工具 2.2

### 控制点

在你同意的每一项前面打“√”。

______ 人们的不幸源于他们所犯的错误。

______ 人们生活中许多不愉快的事情部分是由于运气不好。

______ 从长远来看，人们得到了在这个世界上理应受到的尊重。

______ 不幸的是，无论如何努力，一个人的价值都无法得到认可。

______ 那些有能力的人没有成为领导者是因为他们没有抓住机会。

______ 没有适当的休息，一个人不能成为一个有效的领导者。

______ 不能让别人喜欢人，是不懂得如何与他人相处的。

______ 不管你怎么努力，有些人就是不喜欢你。

______ 对于准备充分的学生来说，很少会有“不公平”的考试。
______ 很多时候考试题往往与课程无关，因而学习是毫无用处的。

______ 成功是一项艰苦的工作，运气和它几乎没有关系。
______ 找到一份好工作主要取决于在正确的时间处于正确的位置。

______ 普通公民在政府决策中会有影响力。
______ 这个世界是由少数掌权的人统治的。

______ 在我看来，得到我想要的东西几乎与运气无关。
______ 很多时候我们可以通过抛硬币来做决定。

______ 发生在我身上的事是我自己的事。
______ 有时我觉得自己对生活的方向没有足够的控制力。

计算你的分数，请计算每组中在第一个选项前打“√”的数量。7～9 分表示高度的内部控制点，0～3 分表示高度的外部控制点。4～6 分表示得分的中间值。

## 常见的压力来源及原因

### 创伤性事件和日常的麻烦

每个人都会遇到各种各样的压力源，压力可以从许多来源获得。压力可能源于人际关系，如与同事或下属的冲突、对某人角色的模糊、不公平感、与他人沟通不畅感；也可能源于工作环境的变化，如责任的改变、公司资源的减少或减薪；又可能源于个人问题，比如离婚、潜在的诉讼或者家庭成员的死亡；还可能源于时间太少而无法处理的工作量、议程冲突或者截止日期。

关于压力来源的一项重要研究发现人们往往高估了生活中的重大事件给自己带来的压力程度，而显著低估了日常麻烦给自己带来的压力程度。当然，重大的生活事件压力源，例如搬家、新工作或所爱之人去世，会给个体带来显著影响。然而，这些压力通常被认为是人们生活中的创伤，因此组织常常为他们提供帮扶。

日常生活所带来的压力通常被低估。日常生活中的麻烦包括在工作日中发生的恼人事件，使完成工作变得更加困难。例如，常见事件包括计算机崩溃无法访问所有电子邮件和工作文件。对于许多人来说，日常麻烦还包括那些想要和你“闲扯”的人，来自老板或同事的需要立即回复的电话或电子邮件，以及其他紧急会议或请求。

研究表明，与那些重大生活事件相比，这些日常麻烦更可能与压力有关。事实上，一些研究发现，日常生活中的麻烦会对情绪、疲劳和感知到的工作负荷产生重要的影响。简而言之，你越需要处理日常麻烦，你就越有压力。竭力去克服日常生活中那些意想不到的意外障碍，往往是真正让你感到烦恼的原因。每天的进步或意想不到的积极结果可能会产生相反的影响，并能给一个人“充电”。

## 角色冲突和模糊

所有人在生活中都扮演着多重角色。例如，你的老板可能也是一位母亲和一位舞蹈教练。你的同事掌管着“人类家园”的当地分会，关心他年迈的叔叔。想想你在生活中扮演的所有角色。可以列出很长一串：员工、经理、志愿者、导师、家长、兄弟姐妹、女儿/儿子、邻居，等等。角色理论（role theory）是一种理解压力的方式，它关注的是人们在生活中所扮演的角色。当不知道如何填补一个角色或者应该做什么时，人们就会经历角色模糊（role ambiguity）。如果员工没有明确的职位描述，或者经理没有给予预期的表现和反馈，那么在工作中就会出现角色模糊。角色模糊对员工来说是有压力的，因为如果他们不知道应该做什么，就不能很好地完成工作。

除了角色的模糊性之外，角色理论还提到了另一个潜在的问题，即角色冲突（role conflict），当人们的多个角色相互冲突时，角色冲突就会发生。在工作中，如果一个员工需要对两位管理者负责，这两位管理者又分别提出不同的期望或要求，那么该员工可能会遇到角色冲突。这样的情况在矩阵组织中很常见，在这类组织中，员工经常向他们的部门负责人和项目经理汇报。当然，这样的安排有其好处，但如果经理们有相互冲突的期望，就可能会导致问题。如果员工扮演了他们的部门角色却无法同时在项目团队中完成他们的角色，你可以理解他们为什么会感到压力：他们处于一个不成功的位置，因为他们不能同时成功地在两个角色中取得成功。

另一个引起压力的常见角色冲突与人们在工作中所扮演的角色有关。工作-家庭冲突（work-family conflict）是"一种形式的角色冲突，在某种程度上，来自工作和家庭的角色压力是不相容的"。在履行自己的工作职责时，人们无法以自己想要的方式扮演家庭角色，从而产生了工作干扰家庭（work interferences with family）。例如，如果一个经理必须在他的孩子参加一项体育赛事的周末去上班，那么这个经理的工作就在干扰家庭角色。家庭干扰工作（family interferences with work）在扮演家庭角色时是常见的，工作角色被忽视了。例如，如果某人正在经历离婚或正在照顾生病的家庭成员，那么这种压力很可能会影响他的工作角色。无论是身体上还是精神上远离工作，家庭责任可以阻止一个人在工作场所百分之百地投入工作。

关于角色理论的研究表明，角色模糊和角色冲突都与许多负面结果有显著的关联：工作满意度降低，减少对组织的承诺，焦点感增加，员工的离职倾向增加。除了这些发现之外，更具体的工作-家庭冲突的研究表明，具有更严重的工作干扰家庭和家庭干扰工作压力的人会增加药物滥用、精神障碍、情绪衰竭和工作绩效下降的风险。事实上，最近对工作-家庭冲突的荟萃分析发现，一个人的工作满意度与他的家庭因素（例如压力、冲突、支持力度）显著相关。

## 耗尽资源和精力枯竭

人们只有那么多的时间、精力、金钱和其他资源可以给别人。一种称为资源保护（COR）的模式认为，压力来自三种对自身资源的可能威胁：

（1）失去个人资源的威胁；（2）个人资源的实际净损失；（3）投入个人精力和资源后缺乏资源收益。

例如，当组织经历大规模裁员时，剩下的员工（“裁员幸存者”）通常被认为会填补空缺岗位的工作任务。他们必须投入更多的时间和精力，而且他们通常不会获得额外的资源。这些时间和情绪上的压力，更不用说在未来裁员中失去工作的威胁，会导致严重的压力。又如，咨询师、社会工作者、护士和其他在“帮助型职业”中工作的人，经常会因为用他们的精力和时间去照顾他人而感到压力。事实上，从事这类职业的人可能特别容易受到一种叫作“倦怠”的严重压力状态的影响。倦怠（burnout）是指“员工在经历了长时间的压力后，可能会经历的情绪衰竭、人格解体和个人成就感降低的症状”。

一些特定的情感因素与倦怠有关。情绪衰竭（emotional exhaustion）是一种心理上的“枯竭”或“被工作耗尽”的状态。例如，一个经历了情绪衰竭的顾问可能会觉得他已经失去了感受必要的情绪来完成工作的能力。人格解体（depersonalization）与愤世嫉俗、心理疏离以及对工作的冷漠相关联。个人成就感降低（reduced personal accomplishment）是一个人觉得自己的工作无足轻重。一个正在经历个人成就感降低的管理者可能会觉得，无论他如何努力，他都无法从员工身上得到积极的结果。他可能觉得自己在工作中没有效率，没有能力。

最初，职业倦怠被概念化为在帮助型职业中发生的事情。然而，现在得知，任何工作的人如果觉得他们的资源枯竭了，都会感到精疲力竭。其他研究表明，某些类型的人可能比其他人更容易倦怠。年龄是最强有力的人口预测因素之一，年轻员工比老员工更容易筋疲力尽。然而，由于年轻员工的工作经验、地位和收入往往较低，很难判断是年龄还是其他因素导致了职业倦怠。尽管职业倦怠最初被认为会影响更多的女性，但研究并没有证实这一假设。唯一的性别差异似乎是男性经历了更多的愤世嫉俗（人格解体）症状，女性则表现出更多的情绪衰竭症状。一些研究显示，教育和职业倦怠之间存在着一种关联，或许是因为受教育程度较高的人的工作要求更高。关于婚姻状况，已婚员工比单身员工表现出更少的倦怠，这可能是因为他们得到了更多的支持。

## 情绪劳动

想象一下，你今天过得很糟糕。你和一个家庭成员发生了争执，你的车在上班的路上车胎爆了，你头痛得厉害。在工作中，你和那些对公司的账目感到不满的客户进行了一次非常重要的会议，他们开始对你大喊大叫。你做什么工作？如果你像大多数人一样，即使你感到痛苦和愤怒，你也会尽力保持专业和愉快。你所做的事情有一个名字，它称为“情绪劳动”。情绪劳动（emotional labor）是为实现组织目标而调节感受和表述的过程。这个词最初是由一位研究空乘现象的研究人员发明的。与职业倦怠一样，情绪劳动在帮助型职业中也很常见，很多员工都经历过，其中包括超市收银员、迪士尼娱乐设施操作员和美容院员工。在很多这样的工作中，即使你不想这样做，工作的一部分也在发挥作用。通过对“工作行动”这一概念进行扩展，可以对实施“表层行动”的员工和从事“深层行动”的员工做出重要区分。表层行动（surface acting）是“管理可观察到的表情”，例如保持愉快的面部表情和声调。深层行动（deep acting）是对感情的实际管理，或者是真正努力做到表里如一。将表面行动与深层行动进行比较，前者就像“伪装”你的情绪，后者是努力管理你的情绪，因而你并不需要伪装你的表情。

显然，组织希望员工的所作所为符合本组织的目标。然而，管理者应该意识到情绪劳动对员工来说是一种负担，尤其是那些不太适应这种要求的员工。一些研究发现，情绪劳动是有压力的，会导致职业倦怠、工作不满，并增加了辞职的可能性。关于预防或减轻情绪劳动相关的问题，管理者有几种策略可以选择。对于那些需要大量情绪劳动的工作（例如，收银员或空勤人员），经理们可能想把招聘和甄选技术聚焦于找出这样的候选人：善于管理自己的情绪，性格适合从事这类工作。除了为工作选择合适的人之外，培训员工如何处理和管理他们的情绪可能还有额外的好处。工作场所的社会支持和积极的群体凝聚力也是有益的，这可以让员工在表达情绪上有一定的自由空间，员工可能会在某种程度上受益，例如，被允许拒绝为一个特别粗鲁或咄咄逼人的顾客提供服务，而不是顽固坚持“顾客永远是正确的”这一信念。

## 高要求和低控制

另一个有充分记录的压力和压力源产生于人们同时经历高工作要求和对任务低控制的时候。这种压力源被贴上了“要求-控制模型”的标签，其基本概念是过度要求和低决策维度的结合（而不仅仅是其中一个因素）导致压力。要求（demands）包括身体、知识和情感要求。控制（control）是指个人在工作中所拥有的个人自由裁量权和自主权。如果有些工作有很高的要求，但给员工很少的控制权，那么这些工作本身就比其他工作更有压力。例如，护士、食品服务人员和客服代表，工作任务通常在时间、情绪劳动和体力劳动方面对他们提出很高的要求，然而，他们通常不会对自己的工作有太多的发言权，而是被要求遵守严格的指导方针或程序。相比之下，像经理、记者和工程师这样的工作可能也会对他们提出很高的要求，但往往会赋予更多的控制权。

对要求-控制模型的研究已经提供了一些支持。例如，一项研究发现，在工作和生活中，报告高要求但低控制的人患病风险明显高于本研究中的其他研究对象。一组研究人员发现，高要求和低控制可以预测高收缩压和低工作满意度。在一项为期五年的纵向研究中，工作要求最高和控制最低的护士比样本中的其他护士更经常生病，医疗费用更高。

一些研究表明，社会支持可以缓冲高要求和低控制的负面影响。然而，其他的研究并不是如此乐观地认为社会支持可以减少与高要求和低控制相关的压力。尽管调查结果喜忧参半，但来自同事和管理者的社会支持很少会对员工产生负面影响！因此，向那些高要求和低控制的员工提供社会支持可能是一种相对简单和廉价的方法，可以减轻你周围同事们的压力。

压力管理从确定你生活中的压力来源开始，这并不像听起来那么容易。你真正的压力来源并不总是显而易见的，而且很容易忽略你自己压力诱导的想法、感觉和行为。当然，你可能一直在担心工作的最后期限，但也许是你的拖延而不是实际的工作要求导致最后期限的压力。要确定你真正的压力来源，仔细想想你的习惯、态度和理由：

- 你是否把压力视为暂时的（“我现在有数不清的事情要做”），即使你不记得你上次休息是什么时候了？

- 你是否把压力视为你工作或家庭生活中不可或缺的一部分（“这里的事情总是很疯狂”），或者视为你人格的一部分（“我总是感到很焦虑”）？
- 你会把你的压力归咎于别人或外界事件，还是认为压力是完全正常和并不意外的？

除非你对自己的压力源有正确的认识，否则你的压力水平将会超出你的控制范围。管理工具 2.3 有助于你了解更好的压力管理方法。

## 管理工具 2.3

### 你的压力来源是什么：开始写压力日记

压力日记可以帮助你确定生活中常见的压力源以及你处理压力的方式。每次你感到压力大时，都要把它记在你的日记里。当你每天写日记时，你将开始看到模式和常见主题。写下来：

- 是什么导致了你的压力（如果不确定的话，可以猜一猜）。
- 你在生理上和情感上的感受如何。
- 你是如何应对的。
- 你做了什么让自己感觉更好。

接下来，考虑一下你目前的管理和应对生活压力的方法。你的压力日记可以帮助你确定它们。你的应对策略健康还是不健康、有益还是徒劳？不幸的是，许多人应对压力的方法反而会让问题变得更加复杂。

例如，以下策略可以暂时缓解压力，但长期而言会造成更大的损害：

- 吸烟
- 过度饮酒
- 过度饮食或厌食
- 在电视机前或电脑前连续工作几个小时
- 远离朋友、家庭和活动
- 用药物、酒精或毒品来放松
- 睡眠太多
- 拖延
- 每天每时每刻都要填满，以避免面对问题
- 把你的压力发泄在别人身上（痛打、愤怒爆发、身体暴力）

你的最终目标是用那些已经被证明行之有效的预防和应对压力的策略取代那些不健康的策略——但是，除非你清楚你的压力来自哪里以及你当前所采取的应对方法，否则你无法做到这一点。

## 压力管理策略

### 使策略与原因相匹配的重要性

似乎你对自己的压力水平无能为力。这份工作或学校的要求始终都存在，你无法找出更多时间来完成你的所有承诺，你的职业或家庭的责任总是很苛刻。但是你的控制力比你想象的要大得多。事实上，意识到自己能够控制自己的生活，这是压力管理的基础。

压力管理的实质就是掌控：掌控你的思想、你的情绪、你的时间安排、你的环境以及你处理问题的方式。最终的目标是生活平衡，有时间进行工作、结交朋友、放松和娱乐——再加上顶住压力、迎接挑战的韧性。此外，在压力管理研讨会和书籍中经常忽略或忽视的一个关键点是，任何策略都不适合所有人。不同的情况需要不同的应对策略。例如，告诉打仗的士兵在他们的饮食中避免过多胆固醇或盐的好处是没有意义的。同样地，对于一个有四个孩子的单亲家长来说，要她养成一种生活爱好的减压策略也是毫无意义的。

不同的时机和偏好也要求不同的压力管理策略。在重大考试之前，努力学习可能是缓解压力的最好方法。如果必要的话，你可以事后告诉自己，一个坏成绩不会毁了你的生活。如果你喜欢运动，那么运动是一个很好的减压方式。如果你碰巧讨厌锻炼，那么你每次进入健身房都会感到压力。同样地，专家总是告诉压力过大的人们寻求社会支持，这在很多情况下已经被证明是一种切实的压力，但并非总是如此。糟糕的婚姻比不结婚更糟糕，也没有人想要和那些对其所做的每一件事情都持批判态度的人建立友谊。

简单而有力的一点是，以下所确定和描述的策略并不是普遍有效的，并不适合每一种情况和每一个人，相反，它们是一种策略，有证据表明在某些情况下，减轻压力及其结果是成功的。有许多有益的方法来管理和应对压力，但它们都需要改变。你可以改变情况（预防）或者改变你的反应（应对）。预防策略旨在消除或改变环境中的压力源。因此，它们是“一线”防御，它们的目的是在压力产生之前就防止它。例如，角色模糊，即在角色理论中确定的一个压力源，可以通过向员工提供明确的工作描述、目标和对目标进展的反馈来予以减少。过度的工作和时间要求经常被认为是压力源，可以通过减轻员工的一部分负担来予以减少。

当然，这些初步的预防策略并不总是可行的，因为它们不可能消除工作环境或生活中的每一个压力源。例如，假设有一名员工，他经历了一位亲密家庭成员的死亡，作为该员工的经理，你显然不能“撤销”这次死亡事件，或者将其作为一个压力源移除。又如，考虑一下与经济不景气有关的问题，企业必须在许多糟糕的方案之间做出选择：裁员、增加现有员工的工作量、减薪或者倒闭。在这种情况下，需要应对策略。

应对策略旨在帮助人们应对压力，并在经历过压力后尽量减少其负面影响。有时，应对策略被称为“创可贴”方法，因为它们并不能真正防止压力源（“伤口”），但希望能减少伤害。有许多辅助性的应对措施，包括锻炼、冥想放松技巧、社会支持、时间管理培训、沟通或人际关系培训。同样，没有一种方法适用于每个人或任何情况，因而可以尝试不同的技巧和策略。请重点关注那些与你（或者你的同事们）所处的情况以及面临的压力类型最匹配的技巧和策略。

## 预防策略

### 加强控制和可预测性

如果你认为你能做一些建设性的事情，那么压力就会小得多。这个观点是顺理成章的。如果你晚上想睡觉，附近有只狗狂吠，主人不在家，倘若你知道你可以通过关窗户来减少噪声，或者你有办法和主人联系的话，你的压力就会小很多。如果狗叫声如此之大，以至于关闭窗户也不能减少噪声，或者如果你不认识主人或没有办法与其联系，那么狗叫声就会给你带来压力。当有人失业时，他们可以很快找到另一份工作。如果他们有这样的自信，他们的心理状态会好得多。如果一个人感到绝望和无能为力，那么他们的身心会受到更大的伤害。

事实上，研究人员发现，压力类型中最重要的变量是个体在特定情况下的控制感。最无害的压力场景是一个人有足够的控制力或认为未来具有可预测性。简单地说，可预见的痛苦意味着更少的压力，因为个人知道什么时候放松（从痛苦中获得解脱和保护自己不受其破坏性影响）。但是当个体没有获得疼痛的提示时，他们就处于持续的压力状态。商业组织的一个常见例子是，最高层管理者所面临的压力与本公司中层管理者所面临的压力之间的区别。前者能够控制自己的命运，后者则无法控制。前者可以自主选择何时进入或参与一个有压力的情况或问题，但后者无法控制或者没有能力预测何时会出现这种情况，因而持续处于警觉状态或焦虑状态。

虽然减少要求并增加对工作的控制并不总是可行或可取的，但管理者可能会从考虑这些可能性中获益。特别是，如果经理们必须对雇员提出更多要求，例如在裁员的时候，给予员工更多的控制来满足他们的要求可能会有帮助。还是以裁员为例，当裁员幸存者被期望承担额外的工作量时，经理们可以考虑允许灵活的工作安排，允许他们在家工作一段时间。

可预测性又以另外一种方式进入了压力方程。如果人们对压力源有足够了解，可以判断出它有多危险，那么压力程度就要显著小于对压力源不甚了解的时候。如果知道狂吠的狗被安全地挡在栅栏之外而无须担心狗会在外面等着或者从窗户闯进房间来攻击自己，那么人们就会感到轻松自在得多。

可预测性的反面，即不可预测性，本身就会带来压力。一项对第二次世界大战期间伦敦轰炸事件幸存者的研究证明了这一点。在轰炸开始时，伦敦市中心每天晚上都被袭击，而在郊区，轰炸是断断续续的，更加不可预测。有这种轰炸经历的郊区居民的胃病发病率明显高于那些生活在每天被轰炸的城市中心的居民。在第三个月的时候，每个人都已经适应了这种经历，他们的胃病发病率又回到了接近正常的水平。

### 社会联系

毫无疑问，对于那些承受着高压力水平的人来说，让他们与某个人分享其经历是最好的减压方法之一。简单地说，压力（或者更重要的是，减轻压力）需要陪伴。罗伯特·萨波尔斯基（Robert Sapolsky）是一项关于压力及其影响的里程碑式研究《为什么斑马不会患溃疡》的作者，花费大量时间研究狒狒的行为。狒狒是高智商的和爱社交的，这些高级灵长类动物在很多方面都有类似于人类的行为。

狒狒通常生活在有 50 ～ 150 个同伴的群体中，并以等级结构来组织它们的社会。雄性狒狒头领是群体中的统治者。萨波尔斯基发现了两类截然不同的雄性狒狒头领——竞争者和合作者。

- 竞争者通过成为本群体中最霸道、最强横的狒狒来占据和维持它在本群体中的最高位置（如果它可以做到）。它需要击败反对者，它不会留下俘虏。
- 合作者建立联盟和关系，花更多时间和年幼的狒狒玩耍，并且以一种非交配的方式讨好年轻的雌性狒狒。

请猜一猜，谁的压力更大、寿命更短？这不是太难。竞争者，在很多方面类似于经典的人类 A 型行为，它必须时刻警惕自己的身后，防备各种偷袭。合作者往往活得更久，以更体面的方式变老。

许多对人类的研究都与对狒狒的研究发现相一致，表明如果人们有社会支持并能与他人良好互动，压力就没有那么严重了。拥有更大、更多样化社交网络的人往往更幸福。在需要帮助自己应对生活压力的时候，有很多类型的支持是其他人可以提供的。萨波尔斯基发现了几种不同类型的支持，包括工具支持、情感支持、信息支持和评价支持。工具支持（instrumental support）是指现实中切实可行的支持，是帮助他人的直接手段。例如，假设你正在承受压力，因为你想准时下班去参加一个重要的家庭活动，但你要在离开之前完成一个工作项目。现在假设一下，你那位富有同情心的同事提出要加班，你可以参加家庭聚会。在这个例子中，你的同事提供了工具支持。

情感支持（emotional support）包括同情、倾听和关心他人。如果你失去了工作，或者你正在经历离婚，一个朋友倾听你的烦恼，告诉你他很关心你，那么他正在提供情感支持。现在假设一下，你和一名员工有一个特别敏感的人力资源问题，你不知道该如何处理。如果你的朋友是人力资源专家或职业律师，那么你的朋友可能会提供信息支持（informational support)，即帮助你解决问题的信息。另一种支持是评价支持（appraisal support），它是那些帮助你建立自尊的反馈。如果你刚刚在工作中搞砸了一次重要演讲，一个同事倾听你的心声，并向你保证不是那么糟糕，而且你通常情况下都表现得非常出色，那么这个同事就是在给你提供评价支持。

关于社会关系（以及缺乏社会关系）的威力，一个最引人注目的例子来自神圣罗马帝国皇帝西西里岛的腓特烈二世，他喜欢各种稀奇古怪的实验。他想要发现人类的“自然”语言，换句话说，如果人们从未听到父母说话，那么他们会说什么（拉丁语似乎很有可能）。国王“获得”了一群婴儿，命令他的仆人喂养孩子，但不抱他们，不和他们玩，最重要的是不和他们说话。实验没进行多久，孩子们都死了。在任何年龄，孤独和隔绝都是最大的压力源。因此，在减轻压力的过程中社会关系是一个关键因素。

## 避免窒息

压力导致的最痛苦的后果之一就是所谓的“窒息”(choking)，它被定义为在压力环境下的性能衰减。之所以如此命名，是因为一个被压力折磨的人就好似无法呼吸。它之所以如此吸引大家注意，是因为它发生在所有人身上——从超级明星运动员（见管理实践 2.1）到高中学生，这是人类最可怕的恐惧之一。

### 管理实践 2.1

#### 在压力下窒息：它甚至发生在超级明星身上

以下是挪威研究人员最近公布的统计数据：在点球大战中，当比赛是平分而罚进点球可以确保本球队获得胜利时，职业球员的罚球成功率是92%。但是当他们需要罚进点球来帮助球队扳平比分而罚失点球则意味着球队输球时，罚球成功率则下降到 60%。

挪威体育科学学院位于奥斯陆，该学院的一名教授盖尔·乔代（Geir Jordet）热衷于分析罚球。乔代发现，每一轮点球的罚球成功率通常是逐渐下降的：第一轮点球的命中率是 86.6%，第二轮是 81.7%，第三轮是 79.3%，等等。在乔代看来，他的数据清楚地证明了压力的影响。

从理论上讲，罚点球对职业球员来说是一项相对简单的任务：在 12 码处进球得分，并且按照自己的节奏进行。然而，罚点球已经成为一种非常艰巨的挑战，它经常使得球星们在国际观众面前丢盔弃甲。

窒息效应不仅仅局限于足球。例如，查克·诺布洛克（Chuck Knoblauch）是美国职业棒球大联盟最好的内野手之一。1999 年，他作为二垒手为纽约洋基队效力，却患上了“易普症”，即一种运动障碍性疾病，他把球扔向第一垒（把球扔出不到 20 英尺——这是比赛中距离最短的扔球），尽管诺布洛克已经在这个位置上比赛 20 多年，但当时他的投球会飞向看台——甚至偶尔会伤到球迷。矛盾的是，这是最简单的抛投，让他有时间去思考，却成为最困难的动作。这种奇怪的心理失误最终结束了他的职业生涯。

## 防止窒息

幸运的是，科学家开始发现窒息的原因和一些预防策略。事件的顺序通常是这样的：当人们对自己的表现感到紧张时，就会变得不自然。他们开始审视自己，试图确保自己没有犯任何错误。这对场上的选手来说可能是致命的。足球运动员踢出的点球可能偏离球门 1 英里；高尔夫球手推杆时用力不足，球无法进入几尺之外的球洞；考生突然记不起怎么做最简单的数学计算。实际上，他们是由于思想包袱而丧失了正常能力，自己被自己摧毁。

现有的研究表明，有两种预防窒息的方法很有前景：压力练习和集中的自动行为。关于压力练习的一个很好的例子来自研究各种高压情况的研究人员拉乌尔·奥德扬斯（Raoul Oudejans），他特别关注警察。他发现，训练在压力下开枪有助于防止警察在重要任务时刻无法击中重要目标。更具体地说，他要求一组警察先练习射击对手，对手也会予以反击——他们不是用真正的子弹。然后，他要求这些警察对纸板做的目标（你在电影中看到的警察正在练习的那种）进行射击。过后，他将警察分成两组。一组警察向现场的对手射击，另一组警察只练习射击硬纸板靶。然后，每个人都回来聚集到一起，进行最后的射击练习——首先射击活生生的对手，然后射击固定靶。

在最初的射击练习中，与射击固定靶相比，所有的警察在射击活生生的对手时都是命中率更低。这并不令人惊讶。在接受训练之后，情况也是如此，但只适用于那些只接受固定靶射击训练的警察。对于那些练习射击活生生对手的警察来说，接受训练后，他们射击固定靶的成绩与射击活生生对手的成绩一样好。因此，有机会在“对手的枪下”练习射击，可以帮助警察在现实生活中更有压力的情况下进行射击。

你可能会想，这种压力练习是否真的有效，因为训练中模拟的压力并不像真正的高风险任务那样让人喘不过气来。试想一下，当警察不得不向那些用真子弹射击的人开枪时，他们会面临怎样的压力？当一名专业足球运动员即将在世界杯决赛中踢出决定性的点球时，他会面临怎样的压力？或者，当高中毕业班的学生坐下来参加 SAT 考试来决定能否实现大学梦时，他们会面临怎样的压力？你能模拟在实际的重大场合中产生的压力源吗？答案是肯定的，因为即使在轻微的压力下进行练习，也能防止人们在压力大的时候成为窒息的受害者。

证据很明确，无论你是在战场上向某个人射击，还是在篮球比赛中投篮，或者是参加 SAT 考试，你都可以从轻微的压力训练中获益。如果人们在一个随意的、无关乎输赢的环境中练习，然后要求他们在压力重重的赛场上表现出色，那么他们通常会在压力下窒息。但是，如果人们是在有轻微压力的情况下（比如说，对良好表现奖励一点点钱，或者是安排几个人观看一场时装秀彩排）练习射击或投篮，甚至是解决问题，那么在面临更沉重的压力时他们的表现也不会受到太多影响。即使你不是一名运动员，也不是在拯救生命或表演英雄壮举的位置上，你也可以通过缩小练习中的表现和重要场合时的表现之间的差距来获益。下次你准备重要演讲的时候，不要独自排练，可以把你认为有价值的同事拉过来听你的演讲。当你的同事盯着你看时，你会感到紧张，这可能有助于你摆脱压力，这种压力将不可避免地出现在现实生活中。模拟低水平的压力有助于防止在压力增加的情况下崩溃，因为这样做的人学会了在面对任何事情的时候保持冷静。

关于窒息的第二类研究阐明了另一种方法。芝加哥大学心理学教授沙恩·贝洛克（Sian Beilock）花费了很多时间来研究高尔夫球比赛——这是发生窒息的一个常见的竞技领域。当人们学习如何推杆的时候，它似乎非常困难。高尔夫球手需要评估球的位置，计算球的线路，并感受一下草皮的纹理。然后他们必须监测击球动作，确保用流畅的直线击球。对于一个没有经验的球员来说，推杆尤其困难，就像一个深奥的三角学问题。有趣的是，贝洛克已经表明，当新手有意识地反思自己的行为时，他们会打出更好的效果。他们花更多时间来思考如何推杆，就越有可能推杆成功。通过全神贯注于比赛，通过注意自己的击球方式，他们可以避免初学者的错误。

然而，一些经验却可以改变一切，在高尔夫球手学会了如何推杆之后——一旦他们记住了必要的动作——分析击球是在浪费时间。事实上，贝洛克的数据证明了在玩一种熟悉的运动时依靠大脑自动反应的好处。她发现，当有经验的高尔夫球手不得不考虑击球时，他们会做出明显更糟糕的击球。当你处于高水平的时候，你的技能会变得有点自动化，这是一件好事，也就是说，你不需要关注你所做的每一个步骤。当你开始关注的时候，你大脑中监控你行为的那部分就开始妨碍你那些通常并不需要思考就可以自动完成的行为。你开始再度怀疑那些你通过多年训练才形成的技能。关于窒息，最糟糕的部分在于它往往是螺旋形的。一次失败会导致下一次失败，有压力的场合会变得更加有压力。

例如，在对足球点球的研究中，研究人员发现，在压力水平最高的情况下，踢球的人往往会盯着守门员，在出脚的时候看着他，并且盯着他的时间更长。结果，他们随后往往更频繁地向他射门，使他们的射门更容易被阻截。处于压力之下的人们倾向于把注意力集中在对所有其他事物的排斥上，这是一个被称为“认知变窄”的既定过程。例如，一个试图避开沟渠的司机，可能会过于专注于它，以至于他会直接开进沟渠里。

事实证明，踢足球的人最好的策略是在球网中找到一个位置，并且不断地朝这个位置练习射门，在这个过程中完全忽视守门员。这一策略的训练很可能建立在眼球运动和后续动作之间的紧密配合上，致力于更精准地射门。换句话说，这种避免窒息的方法是设计某种策略，然后训练、训练、训练。精心训练过的行为，在压力之下要比那些没有完全形成程序记忆的行为表现得更好。如果你想在巨大的压力下做出一些很好的事情，那么你要确保你能自动完成它，从而避免一种引起窒息的关键因素——想得太多。

## 应对策略

### 心理顽强

事实上，能够控制压力的人在生活中也同样经历着糟糕事件和生活烦扰，他们面临着和其他人一样的压力和逆境。然而，有些人确实有一种心理上的弹性或坚韧，可以帮助他们应对压力。在 20 世纪 80 年代美国电话电报公司（AT&T）解体期间，研究人员探索了是什么因素区分了两类管理者：一类管理者最容易受到身体和情绪疾病的影响；另一类管理者则展示了心理顽强（psychological hardiness），这些人在面对巨大压力时，会保持心理上的稳定和健康。其他关于成功应对压力的研究已经在各种苛刻的环境中进行，包括商业、战场、学校和临床医疗机构。这些研究帮助确定了四个反复出现的因素，即好身材、承诺、控制和挑战，这些因素能够把心理顽强的人与其他人区分开来。

**好身材**。对于一本管理类图书来说，讨论好身材似乎有点偏离主题，但是健身可以促进精神健康，对应对压力至关重要。数百项研究表明，运动可以减少压力对身体和心理造成的负面影响。例如，一项关于健身研究的荟萃分析表明，运动可以减轻临床抑郁症，并且与治疗、行为干预和社会接触等更传统的策略一样有效。更具体地说，一项针对大学教授的研究发现，那些体力最充沛的教授处理数据速度更快，并且可以延缓信息处理能力随着年龄增长而下滑的速度。在另一项研究中，参加有氧运动训练计划（每天散步或跑步一次，每周 3 次，连续 12 周）的商业地产经纪人，比没有参加训练计划的赚更多佣金。

身材好的人更不容易患与肥胖相关的病症，更有可能拥有更高能量，更能适应失落、紧张和压力。这种弹性能让你抵御那些无法控制的压力，更有效地处理日常麻烦。在一本名为《胜任领导》的书中，克里斯托弗·内克（Christopher Neck）和他的同事列出了健康的三个基本要素：身体健康、营养健康和心理健康（心理上的坚强）。这里无法深入讲解健身和营养计划的具体内容，只是强调它们对压力管理的影响，因为它们与心理的耐受力直接相关。

在一项对处于极度紧张状态的管理者的研究中，人们发现，那些具有最高心理耐受力的人从事更有规律的体育锻炼。不幸的是，一个常见的压力诱导陷阱是认为自己太忙了，没时间锻炼。这种想法产生了一个恶性循环，在最需要抗压的时候进一步降低了人们应付压力的能力。管理实践 2.2 进一步说明了身体素质好的重要性。

## 管理实践 2.2

### 高管的身体健康和业绩

研究表明，身体健康与管理绩效有关。健康的管理者比不健康的管理者更有可能减少焦虑、紧张和压力。美国有很大比例的疾病是由压力引起的。显然，身体健康状况越糟糕，他越不可能表现出巅峰的业绩水平。一项针对 3 000 家公司的调查显示，许多优秀的高管都明白饮食和锻炼对他们的业绩水平所起的作用。据报道，许多公司的高管每天跑 5 英里，举重 30 分钟，或者在等待航班或转机时在机场通道慢跑。关注自己业绩水平的管理者知道锻炼和饮食是提高他们抵御工作压力的能力和在压力下保持生产力的关键。

运动可以有多种形式，比如瑜伽和举重、跑步、骑自行车、游泳或跳舞等有氧运动。组织可以通过提供工作场所中的健身房或健身房会员卡折扣来鼓励员工寻求锻炼的好处。有些公司采取了创造性的措施，比如让员工记录他们的锻炼时间，以获得各种活动的奖励。或者，在像《超级减肥王》这样的选秀节目受欢迎之后，一些公司甚至开始为员工举办友好竞赛，以使他们保持健康、减肥和锻炼。

**承诺**。承诺指的是克服困难并坚持到底。对结果的承诺使人们即使在挫折、障碍和沮丧的情形中也能坚持下去。致力于一个目标可以帮助人们克服偶尔的动力损失，并继续保持努力程度。承诺也可以指一种超越单一领域的纽带感。

例如，在美国电话电报公司的研究中，尽管心理素质好的经理们显然非常关注公司的重组，但他们并不局限于对工作的兴趣，他们拥有更广阔的生活，他们对家庭、朋友、宗教活动、娱乐和爱好的承诺也促进了他们的生活更丰富多彩。回想一下之前的讨论，研究表明社会支持（朋友、家人和其他人会对你说：“你可以做到这一点”或“我们相信你”）对缓解压力非常重要。社会支持可以帮助你正确看待压力源。

在强烈的压力下，人们通常会从现实世界中退缩回来，专注于解决这个造成压力的问题。有时候这种应对是有用的、合适的，但是更常见的是，向家人和朋友寻求帮助对于应对压力是至关重要的。在工作世界之外建立其他纽带是应对压力的一个特别好的方法。

**控制**。心理顽强的第三个要素是控制感。在艰苦的环境中，坚强的人不会变得不知所措或无助，相反，他们努力通过行动来实现最大限度的掌控。虽然明白危机局势的许多方面无法控制，但他们也了解，通过有意识地保持积极、乐观、充满希望的心理，他们可以决定自己对任何困境的反应。与悲观地认为所发生的事情超出了控制范围、所做的一切努力都不会影响最终结果相比，如果以乐观的态度对待生活及其固有的压力源，那么人们就更有可能轻松应对压力。

一个与控制紧密结合的压力管理策略是寻求步步为赢（small wins）。大型项目的压力很大，很多人面对一个艰巨的任务时会尽量避免，这只会增加压力。然而，如果你把一个大任务分解成小块，然后采取相应的行动步骤，你会发现你已经成功了一大半。细微但有意义的里程碑可以给人们信心和洞察力，让自己知道“自己可以做到”。因此，每次当你以任何方式获得一场小胜利时，赞美和奖励你自己，以增强你的行为。

**挑战**。最后，心理顽强的人会把问题看成一个挑战而不是威胁。这种差异很重要，因为这种人非但没有不知所措或者寻求退路，而是忙于寻找解决方案。视问题为挑战，可以鼓励人们调动资源去处理它，并鼓励人们去追求成功的可能性。快速处理失落的感觉，而不是对未来抱有错误的希望和幻想，使我们能够探索新的选择。坚韧的人把变化看作垫脚石而不是绊脚石。

这里强调的重点是，心理上的顽强不在于实际的压力，而在于人们如何对压力做出反应。从压力管理的角度来看，这是令人鼓舞的。人们永远无法消除压力，但如果能找到方法来帮助应对必然会面对的压力，那么就能更有效地应对生活中的压力。

### 缓解 / 应对当前压力的途径

之前的大部分讨论都集中在有计划的减压方法和长期策略上，但经常遇到的情况是，人们必须能够应对当前的压力。坚韧的人不会惊慌、退缩或挣扎，而是依靠一些技巧来处理压力。也就是说，他们更擅长放松身心，休息一下，知道如何“修复”自己的情绪。下面是一些你可以用来处理当前压力的技巧的例子。

**肌肉放松**。有时候压力太大了，需要暂停一下。肌肉放松只需几分钟，但有助于立即缓解压力。收紧然后放松肌肉群，从你的脚开始，然后沿着你的躯干逐步向上扩展（腿、躯干、手臂、脖子）。最后，摇摇你的头、耸耸你的肩。

**深呼吸**。这个简单的练习可以在短期缓解压力方面起到作用。首先，深呼吸并屏住呼吸 5 秒钟。然后慢慢地呼气（这很重要），直到你把肺里所有的气体呼出为止，试着延长每次呼气的时间长度。重复 5 ～ 10 次。

**情绪修复**。研究表明积极情绪状态下的人对压力的反应更有弹性。此外，人们发现，你可以通过了解什么触发你的积极情绪来抑制或修复你的消极情绪。对一些人来说，可能是一块巧克力或一杯拿铁；对另一些人来说，可能是听一段音乐，和朋友通电话，或者想象给他们带来快乐的场景（他们的“快乐场所”）。当你处于压力或消极情绪时，了解什么让你处于积极情绪并使用它。

## 时间管理的基础

应对压力最重要的方法之一就是有效的时间管理。通过更好地管理时间，大多数人可以避免很多压力导致的问题，而不是把自己置于压力之下。没有能力管理时间是压力最大的来源之一，它能够让最优秀、最有动力和最有责任心的人感到失望。虽然大多数人都同意时间管理和组织是个人效能的最重要因素，但是一个人试图加强他的时间管理，经常被告知要锻炼意志力，更加努力，抵制诱惑，或者寻求神的指引。尽管这个建议的本意是好的，但在可实际操作的方法或技能方面，没什么实质性帮助。记住，时间管理技能的执行仍然是你最大的挑战。因此，要学习时间管理的基本原理，但需要记住的是，运用它们才是你的最终目标。

如今，市场上有成千上万种关于时间管理的书籍和数量惊人的培训计划与“系统”。仔细看看这些令人眼花缭乱的材料，可以发现一些简单而有力的原则。接下来将讨论并阐明四个原则，尽管这些原则被冠以不同的名称，但它们始终存在于时间管理专家的研究和写作中。

## 首先要有成效，然后要有效率

用一种有效方法来管理时间意味着你要真正关注你的目标，并定期回顾对你来说重要的事情——不要焦头烂额于那些随机出现的事情、紧急的事情或者堆在你面前的事情。正如管理大师彼得·德鲁克（Peter Drucker）说的一句名言，在把事情做正确之前，应该先做正确的事情。

### 首先写下目标

大多数人都有一种直觉，认为目标是一种重要的组织机制。《高效能人士的7个习惯》一书的作者斯蒂芬·科维（Stephen Covey）把这称为“以终点为出发点”。这个概念很简单。一套长期的人生目标可以帮助你发现你真正想做的事情，同时激励你去做，并给你所花费的时间赋予意义。它帮助你感觉到能够控制自己的命运，并提供衡量你成功的标尺。书面的目标可以帮助你选择和决定你生活的许多方面。

出于某些原因，令人惊讶的是，很少有人会写下、评论或更新他们的短期或长期目标。这很遗憾，因为研究表明，那些有书面目标的人实际上获得了更高水平的成功。写下个人目标并不是什么神秘的事情，即使可能没有明确地意识到，但是只要你还活着，你可能一直在思考你的人生目标。然而，思考你的目标和写下来是很不一样的。不成文的目标往往是模糊的或乌托邦式的梦想，比如“找到一份好工作”或“变得富有”。写下目标会使它们更具体，并帮助你探索深层次的内涵。因此，首先要确定目标，并且定期回顾。不要把目标仅仅局限于财务或职业发展方面。你有什么样的个人、社会或精神抱负？

### 遵循 80/20 原则

80/20 原则（80/20 rule）通常称为帕累托定律，认为 20% 的工作产生 80% 的价值，80% 的销售额来自 20% 的客户，80% 的文件使用来自 20%

的文件，等等。这个比率有时可能会稍微高一点，有时会低一点，但这条定律通常是正确的。因此，在时间管理方面，如果所有工作任务按照价值高低顺序来排列的话，那么 80% 的价值将来自 20% 的任务，剩下的 20% 则来自 80% 的任务。因此，重要的是分析哪些任务构成了最重要的 20%，并把大部分时间花在这些任务上。

### 使用时间管理矩阵

在 80/20 原则的基础上进行扩展，一些时间管理专家表明了“时间管理矩阵”的有用性。在这个矩阵中，你的活动可以根据它们的相对重要性和紧迫性进行分类。

重要的活动是那些与你的目标息息相关并产生想要的结果的活动。它们有助于你完成一个有价值的目标或实现一个有意义的目标。紧急的活动是那些需要立即引起注意的活动，它们与别人表达的要求有关，或者与一个令人不安的问题或需要尽快解决的情况有关。

当然，你必须做出的最困难的决定之一就是决定什么是重要的、什么是紧急的。没有简单的规则，生活中的事件和要求没有贴上“重要”或“紧急”的标签。事实上，对一个人来说，每个问题或时间要求都很重要。不过，如果你让别人去决定什么是重要的，那么你肯定不会有效地管理你的时间。也许最重要的目标是管理好你的时间，减少你在紧急情况下做事情的数量，并把注意力集中在那些对你的生活和工作真正重要的事情上。

### 学会说不

在你的时间管理词汇中，最有力的词汇应该是“不”。事实上，对你的时间管理改进有一条很好的格言，是耐克的流行标语“只管去做!”的反转，即“不要去做！”。当然，当人们面对来自他人的要求或有吸引力的提议时，这种方法说起来容易，实际做到却困难得多。许多人都有一种与生俱来想让他人愉悦的意愿，并且担心自己会错过一些机会。然而，正如前面提到的，有效的时间管理在很大程度上是学习全身心投入你最重要的任务中，这意味着你选择不做的事情和你做的事情一样重要。因此，学会说“不”。说“不”的三个有效方法是：

- “我很抱歉。这对我来说不是当务之急。”

- “我对别人做出了如此多的承诺；如果我在这一点上再做点什么的话，这对他们和你来说是不公平的。”
- “不要。”

对于更具体的时间管理建议，详见管理实践 2.3。

## 管理实践 2.3

### 不要在早晨查看电子邮件——以及其他令人惊讶的省时窍门

不要一早就看电子邮件，相反，你应该利用早晨的时间专注于你最重要的任务。大多数人的头脑在早上都是最敏锐的，在午餐前完成重要的任务会让你有一种放松感和成就感，可以让你撑过整个下午。如果你早上做的第一件事是检查你的电子邮件，那你很可能会从关键任务转移到处理收件箱为你带来的那些小事情上。电子邮件给人们带来了一种虚假的成就感，因为在一小时左右的时间里，你可能会处理大量不同的问题（可能有一半是私人问题），所以你觉得自己已经完成了很多，但到这时几乎是午餐时间了，你根本没做什么。你觉得自己一直在努力工作，但你可能没有做任何有价值的事情。

避免多任务的冲动。当许多事情需要完成时，试着一次性完成它们是很诱人的，但是多任务处理并不是提高效率的秘诀——这肯定是一种效率低下的方法。最近的证据表明，多任务处理与专注于一项工作相比，大脑需要更长时间来识别和处理每一项任务。其他研究也发现，当人们尝试多任务时，工作质量会受到影响。要完成很多事情，无论是在办公室还是在家里，都应该一次只做一件事。如果突然出现了另外一个任务，或者一个与当前任务不相关的想法突然出现在你脑海，那么你暂停当前任务的时间长度最多就是把新任务或新想法纳入你的计划当中。

缩短你的工作日。如果每天 10 个小时还不够，试着每天 9.5 小时。每天减少半个小时工作时间，可以让你更好地安排时间。你不再容忍被打断工作……在办公室打私人电话……或者在饮水机旁聊天。你的步伐会加快，你的注意力会变得更敏锐，你很快就会发现，尽管工作时间变短了，你还是能做得更多。你每周为自己腾出 2.5 小时的时间，这在工作场所之外同样有效。做家务和做项目的时间要少得多，而且你更有可能全力以赴去完成它们。

休息一下。努力工作的人常常觉得他们没有时间休息。充电不是浪费时间——它能让你保持运转。每天至少 30 分钟或每周几个小时摆脱你的工作。利用这段闲暇时间去做那些最有效地将你从日常职责中转移出去的事情。可能是看小说，在健身房锻炼，或者听音乐。这些闲暇时光让你的思维敏捷，精力充沛。如果你实在找不到时间，就把这段时间更正式地添加到你的日程表中。如果你想在闲暇时光锻炼身体，那么可以与朋友进行一场网球或高尔夫球比赛——这个朋友对你很重要，所以你很难临时放弃这场比赛。如果你想在闲暇时光欣赏音乐，那么你可以购买当地音乐会的季票——如果你已经购买了门票，那么你更有可能去参加。

当重大的截止日期临近时，要心无旁骛。面对一项重要的任务和几个小的、容易的但不那么重要的杂务时，许多人从处理杂务开始。这样做提供了一种感觉，即事情已经取得了进展，其他事情已经处理完毕，从而可以聚焦于重大责任——但这仍然是一个糟糕的策略。

首先要处理最重要的任务，尽管这可能是最困难、最耗时的任务。在企业界，最重要的任务通常是为公司创造或节省最多的资金。如果你推迟了这项关键的任务，不可预见的复杂事项或新的工作任务可能会妨碍你完成重要的任务。

## 计划好工作，然后按照计划工作

### 制定出有效的优先顺序

时间管理矩阵本质上是关于优先事项排序的，实际上，每一个时间管理专家都关注优先事项排序及日程安排的重要性，通常是以每日或每周的“待办事项”列表、“下一步行动”清单或缺陷检查清单的形式出现。好的列表的基础很简单：每天创建并查看它们，最好是在相同的时间内；保持它们的可见性；将它们作为行动指南（见管理工具 2.4 以了解如何制定有效的“待办事项”清单）。其中一个重要的规则就是把你所有的待办事项都放在一个主列表上，而不是分散记录，或者在手机或平板电脑上不加区别地输入。

你可能想把你的清单放在一个单独的计划中，或者在你的手机或电脑里。

## 管理工具 2.4

### 制定有效的任务清单

制定有效的任务清单可以节省时间和精力，甚至能量。一个好的清单可以让你心无旁骛——一旦你有了书面的提醒，你就可以全神贯注于其他事情。一个待办事项清单甚至可以帮助你实现你的目标。

无论是平板电脑、手机或者是电话账单的背面，都是可以的，你可以选择任何一种有效的形式，然后把它们写下来！

创建一份任务清单。把那些碎片从你的口袋、钱包和杂物箱里拿出来，把它们收拢到一起。

- 列表制作者可以探究许多电子选项功能。你的 PDA 是你制作这类清单的一个很好的工具，包括记录你要租借的电影、要购买的礼物，以及那些需要在某天打电话的重要联系人。
- 把你的待办事项分类，把诸如打电话、买东西、跑腿之类的事项放在一起。其他类别可能包括礼物、项目、联系和目标。
- 把你清单上的项目按优先顺序排列，以集中注意力在重要的事情上。定期重新审视你的待办事项列表，以便在情况发生变化时重新调整优先级别，并检查已完成的项目。
- 分解任务清单。再细分一些。不要将待办事项与目标或项目混为一谈。待办事项是一个单独的、具体的行动步骤，它将推动一个项目的完成。这只是第一步。例如，“筹划一次委员会午餐”是一个项目，“给卡伦发电子邮件以获得餐厅联系方式”是一个待办事项。在这种情况下，给凯伦发电子邮件是一件简单的事，两分钟就能搞定——这是一件你可以不加思索就能做到的小而无害的事情。在你完成这个事项之后，午餐计划并没有完成，但是与你完全忽略这个项目相比，你已经离完成该项目更进一步了。在完成一个待办事项之后，将下一个行动步骤添加到你的待办事项清单中。将任务分解为最小的行动步骤，这样就迫使你提前想好每一个行动步骤。有了这样的全盘考虑，你就可以轻松地处理邮件、打电话或者提交报告，并且可以让你的工作遇到更少的阻力。

- 使用具体的动作动词，并涵盖你所需要的尽可能多的细节。你早就该去找牙医清洁牙齿了，但是“和牙医预约”待办事项还没有完成。当你把这个待办事项写下来时，使用一个可操作的动词（电话预约还是发邮件？），并且涵盖尽可能多的细节以便你将来复核。“在 1 月 17 日、18 日或 19 日上午 11 点之前的任何时候，给 M 医生打电话 555-4567 预约洗牙服务”就是一份详细的待办事项。现在它就成了你在堵车时可以通过手机完成预约的一个待办事项。

你的任务清单是你给自己分配任务的方式，它对你的帮助就如同你拥有一名私人助理。让你的待办事项更小、更具体，当你从待办事项清单上划掉它们的时候，你会有美妙的感觉。

也许更困难的挑战是确定清单上的内容以及如何优先排序。畅销书《搞定》的作者戴维·艾伦（David Allen）认为，他所谓的“收集”是有效时间管理的基础。他建议，你要收集所有需要你关注的事项。你需要真正这样去做，而不是脑袋里想想而已。与一些传统的时间管理建议相反，你不希望事情仅仅出现在你的脑海中，除非你正在处理它们。有些人，尤其是学生，通常只是把他们的待办事项记在脑子里。这很少有效果。有效的时间管理者收集和组织他们的任务，并且对它们进行评估，用它们来提醒自己，而不是只把它们存储在自己的脑海里。

一旦制定了你的待办事项清单，大多数专家建议你不仅要回顾日常的事项，还要回顾那些需要在今天优先处理的事项，或者是那些需要特别专注才能够完成的事项。艾伦·莱肯（Alan Lakein）进一步建议你使用他所说的 ABC 法（ABC method）：指定 A 为优先级别高的项目，B 为优先级别中等的项目，C 为优先级别低的项目。要有效地使用 ABC 法，你应该确保你不仅要考虑短期项目，而且要考虑长期项目，即从你的终生目标中分解出的事项。最重要的是，你要从 A 开始而不是 C，即使你只有几分钟的空闲时间。有效时间管理的本质是将你的努力导向优先级别高的事项。这说起来容易，做起来难。要了解拥有一个好列表的重要性，详见管理实践 2.4。

**管理实践 2.4**

### 这个建议值 25 万美元吗

查尔斯·施瓦布（Charles Schwab）在 1903 年被任命掌管伯利恒钢铁公司，该公司是当时规模最大的钢铁生产商。有一天，一个叫艾维·李（Ivy Lee）的效率咨询师找到了施瓦布。与大多数现代顾问不同的是，李同意如果他的技术没有获得收益，他就什么酬劳也不要。过了一段时间之后，李没有获得任何酬劳就离开了。他要求施瓦布给他的技术 90 天时间，并把他的建议所产生的价值寄给他。三个月后，施瓦布慷慨地寄给他 3.5 万美元——大概相当于现在的 25 万美元。

施瓦布认为如此有价值的建议到底是什么？李说，每天写下六件必须完成的事情，然后按优先顺序完成这六件事。着手第一件事情并且完成它，然后着手第二件事情，以此类推。如果你没有完成这个列表，也不要担心，因为你完成了最重要的任务。列一个清单，按照优先顺序排列，然后按照顺序去完成它们。这就是价值 25 万美元的建议。

### 询问“下一步行动是什么？”

对于你所收集的任何待办事项，最关键的问题是：下一步行动是什么？对这一步骤的考虑是有效时间管理的最强大武器之一。许多人认为，当他们写下或记下类似“开会”之类的事项时，他们已经确定了下一步的行动。但是在这个例子中，“开会”并不是下一步行动，因为它没有描述一种具体行为。召开会议的第一步是什么？可能是打电话或发电子邮件，但对象是谁呢？要决定好。如果你不知道，你就推迟了这个决策，在你的工作过程中造成效率低下，因为你不得不重新考虑这个问题，并让它对你产生困扰。

## 了解你自己和你的时间使用

与之前关于自我意识的内容相一致，几乎每一个好的时间管理策略都包含一个原则，那就是你必须了解你自己和你的风格。虽然不建议你每时每刻都要监控，但是一些关于你现在如何花费时间的记录确实是一种有用的练习。一个好的策略是有选择地记录你的时间，记录你感觉消耗了大量时间的特定问题。

每个人都有外在黄金时间和内在黄金时间。内在黄金时间是每天你工作状态最好的时候——早晨、下午或者晚上。外在黄金时间是你去将就别人的最佳时机——你在课堂上、在工作中或者在家庭中必须打交道的那些人。

内在黄金时间是你集中精力的时候。如果你不得不从一天当中选择你认为自己头脑最清晰的两个小时，你会选什么时间？你选择的这两个小时很可能是你的内在黄金时间，你应该把所有的内在黄金时间都留给那些优先级别高的项目。

有趣的是，研究表明，大多数商务人士都选择工作的前几个小时作为自己的内在黄金时间，但这通常是他们阅读报纸、回复日常邮件和昨天未回复的电子邮件和语音邮件、与同事和员工交谈的时间。把这样的日常工作安排在非黄金时间会更好。

## 与拖延作战

可以理直气壮地说，拖延症是每个人在努力实现长期目标和短期目标时所面临的主要障碍。拖延症是一种常见的情况：你写下待办事项，排列出一个关键的A级项目，但是迟迟不去处理它。相反，你可能会转而去处理一些C级项目，比如整理办公桌、查看电子邮件或阅读杂志，以避免把注意力集中在这个A级项目上。

莱肯所称的“瑞士奶酪法”（Swiss cheese method）是解决这一常见问题的策略之一。瑞士奶酪法指的是在一个A级项目中戳小洞，这些洞就是莱肯所说的即时任务。一个即时的任务只需要花费你5分钟或更短的时间，就能够让你的A级项目完成一点点进度。比如，在10分钟里，你有时间做两个即时任务。要想确定应该做什么，可以：（1）列出可能的即时任务清单；（2）设定优先级别。生成即时任务的唯一规则是，它们可以快速、轻松地启动，并且在某种程度上与你的A级项目密切相关。也许瑞士奶酪法最好的一点是，你选择完成哪些即时任务并不重要。一个特定的即时任务给你的A级项目带来的贡献，远不如你已经开始这个项目本身重要。无论你选择什么即时任务，至少你已经开始去完成这个 A 级项目了。

**两分钟原则**

许多有小孩的家庭有着共同的传统，那就是“五秒规则”。五秒规则认为，如果一块食物意外地落到地面上，它仍然可以安全食用，前提是它在五秒内被捡起来。虽然五秒规则实际上是胡言乱语，但两分钟原则是时间管理的一种有用的、理性的方法。两分钟原则认为，任何需要不到两分钟就可以完成的事项，当下就应该完成它。它的逻辑是，如果现在不立即完成它，那么以后可能需要花更多时间来分析和处理它。换句话说，这是对效率原则的正确运用。如果要完成的这件事微不足道，就别去管它。如果你打算做这件事，那么现在就做。养成遵守两分钟原则的习惯可以帮助你避免拖延。如果你想做的话，那么现在就去做。关于如何提高效率的具体指导，详见管理工具 2.5。

### 管理工具 2.5

#### 做事情井然有序：快速入门

大多数人都对如何组织和安排自己的个人生活感到很吃力，主要是因为以下三个方面：技术限制（比如不充足的存储空间）、外部限制（比如工作条件）以及心理障碍（比如对改变你的日常工作流程感到焦虑）。作为新手，如果限制是技术性的，最好的方法通常是尽量减少你不需要使用的东西。如果外部因素是限制条件，那么你可以找一些方法来减少你的工作量，这样你做事情就可以井然有序，可以有效率地处理更多工作。如果限制是心理上的，那就让你自己专注于其他事情，让井然有序成为你的好帮手，而不是焦虑来源。

首先，对于你想变得井然有序的领域，问问你自己以下五个问题：

- 什么因素有效？
- 什么因素无效？
- 什么事项对你来说最重要？
- 你为什么希望做事情井然有序？
- 是什么导致了这些问题？

**对于你的文件和电子邮件，使用 TRAF 系统**

- 删除：打开你的信箱，把那些无用的信件都扔到废纸篓里。对于你的电子邮件也同样处理：与对待纸质信件相同，使用电子邮件系统中的删除键。对于那些你不确定的项目，通常最好是下定决心，把它们扔掉或删除。
- 参考：为你最常处理的少数几个类别或项目创建单独的“推荐文件夹”。使那些文件夹特别容易访问。对于你的私人事务，创建一个“个人”文件夹。
- 行动：一个好团队的一个关键障碍是把文件扔到一边，或者是不经意地快速浏览一遍，这不是紧急事情，我明天再处理它。一个好的原则是：对于收到的每份文件或电子邮件，采取某种行动，无论多么细微。请记住两分钟原则——如果它值得做，并且可以在两分钟内完成，那么现在就开始做吧。
- 归档：一个好的档案系统可以是给你自己和未来的礼物。从现在开始，养成这样一个系统归档的习惯。三个重要的原则是：(1) 选择几个大的文件而不是许多小的文件；(2) 使用容易识别的标签（例如，找工作）给你的文件命名，并将它们按字母顺序存储；(3) 对你使用过的文件做个时间标记。在一年之后，任何你在这一年中没有使用的文件，将其扔掉或存放在一个其他的地方。这是很难做到的，但可以帮助你做事情井井有条。

## 在工作场所培养高绩效、低压力的文化

全球商业和其固有的超强竞争使得组织比以往任何时候都更有压力。最成功的组织是那些能够在保持低压力环境的同时保持竞争优势的组织。不管选择的压力管理策略如何，上司的支持已经被证明可以减少工作压力和提高绩效。那些感受到支持的人也更有可能采取有利于组织的行动和超出既定责任的行动。组织支持、尊重和关心其成员可以显著帮助人们应付那些带来压力的要求。与高绩效和低压力相关的其他组织特征包括以下内

容（每一个都包含了行动策略）。

频繁、开放的沟通。

- 与员工分享信息，减少他们工作和未来的不确定性。
- 清楚地定义员工的角色和职责。
- 让沟通变得友好和高效，而不是无意义的或琐碎的。

员工参与。

- 让员工有机会参与那些影响他们工作的决策。
- 向员工咨询工作安排和工作制度。
- 确保工作负荷适合员工的能力和资源；避免设置不切实际的最后期限。
- 重视员工个体的价值。

鼓励工作-生活平衡。

- 口头上和制度上奖励良好的工作绩效。
- 为职业发展提供机会。
- 提倡一种“创业”的工作氛围，让员工对自己的工作有更多的控制权。

创建友好的社会氛围。

- 为员工之间的社会互动提供机会。
- 建立对骚扰的零容忍政策。
- 使管理行为与组织价值一致。

## 结语

压力会剥夺人们的健康和生产力，因此对于组织行为学和管理学领域的读者来说，这是一个重要的主题。有效的压力控制在很大程度上是一个关于你身体素质、心理顽强程度和时间管理的函数。了解那些对这三个方面有帮助的行为，能够给你的生产力和健康带来巨大回报。

第 3 章

# 解决问题

## 在当今世界，你为何还仅凭一己之力来解决问题？

### 案例 | 利用众包的当代公司：Threadless

美国著名物理学家莱纳斯·鲍林（Linus Pauling）曾经注意到，“获得一个好创意的最佳方法是获得大量的创意”。有一种越来越受欢迎的战略非常符合这种精神，它就是众包。众包（crowdsourcing）被定义为公司或机构把传统上由员工或承包商来完成的工作任务，借助互联网广泛、实时的连接，外包给某个非特定的群体（大众）或社团来完成的做法。

杰夫·豪威（Jeff Howe）是最早采用“众包”这个术语的作者之一，他认为众包行之有效，因为向非特定的一大群人发出公开号召最终会吸引到那些兴趣最浓厚并且能够提供中肯的新鲜创意的人士。在接下来的内容中我们将介绍 Threadless 公司，它创造性地运用众包来实现自己的一些最重要的目标。

Threadless 是一家在线服装商城，由杰克·尼克尔（Jake Nickell）和雅各布·德哈特（Jacob DeHart）在 2000 年共同创建。这两位创始人最初只有 1 000 美元作为种子资金，这 1 000 美元是他们在互联网上的一次 T 恤衫设计竞赛中赢来的。该公司如今已经发展成为一家资产达数百万美元的公司，正在推动产品设计流程发生颠覆性变革。

绝大多数设计公司都是雇用高薪人才来打造它们的产品系列，Threadless 却运用众包理念来实施一种截然不同的方法。具体来讲，该公司邀请感兴趣的网友加入 Threadless 社区，他们可以在线提交 T 恤设计，接下来，他们提交的设计被公之于众并接受投票评选。其中一小部分设计被挑选出来做成T恤衫，然后在该公司的在线商店出售。获奖设计的设计师会获得少量的现金奖励和该商店的一些信用点数。在该公司的开源社区中，该公司通过众包来获得T恤衫的设计图，这些设计图的所有相关权益都属于该公司和相应的设计者。

平均每周有大约1 500件设计被在线提交并进行PK，设计师们上传自己的T恤设计，浏览网页的网友以及Threadless社区的成员则通过一个0～5分的量表来对这些设计图打分。该公司每周挑选出大约10件作品做成T恤，这些T恤往往会热卖，因为通过设计阶段的重重筛选，它们已经被证明是广受欢迎的。该公司的T恤是小批量生产的，当某款T恤全部卖完时，顾客可以要求该公司重新生产该款T恤，但是只有需求量足够大时，公司才会重新生产，是否重新生产的最终决定权在公司手上。

该公司的方法在某种程度上是产品设计模式和成本效率的一次革命，它生动地诠释了众包的威力。

如果你与大多数人相似，那么你每天制定大约100个决策。其中有些是简单决策（例如，早餐吃什么），有些决策则要困难得多（例如，如何分配你的工作时间）。每一天管理职能会使得你制定各种新的决策和解决各种不同的问题。有许多管理者说，在工作的各项职能中，解决问题是自己真正热爱和感兴趣的；另一些管理者则认为解决问题是自己管理生涯中最困难、最有挑战性的方面之一。在行动过程中制定决策，尤其当决策涉及其他人时，往往会使得管理者彻夜难眠。遗憾的是，在当今的组织中，关于解决问题能力不足的例子实在是太普遍了。好消息是，关于解决问题和避免决策陷阱已经产生了相当多的知识。本章将聚焦于这些非常重要的技能。

## 解决问题的挑战

本书介绍的这些技能当中，解决问题很可能是最为复杂的技能，也是你日常工作最为重要的技能之一。由定义可以看出，一个“问题”还没有一个清晰的解决方案，否则的话，它就不会被认为是一个问题。考虑到大多数问题所具有的复杂程度，在对年轻管理者进行评估时发现解决问题的能力是他们最欠缺的技能之一也就不足为奇了。甚至有些研究表明，在组织做出的管理决策中，有高达 50% 的管理决策是失效的或非最优的。既然成功概率只有这么高，那么通过抛硬币来制定决策似乎能够节省时间和精力。然而，真实情况是人们能够实现高得多的决策成功率——但是必须坚持那些已经被证明行之有效的方法来解决问题。

大多数的问题解决框架在形式和概念上都是简单易懂的，但陷阱是认为简单的理解可以代替严格的执行。此外，与其他任何技能相比，有效地解决问题和制定决策在很大程度上是一个关于避免什么陷阱和不要做什么的函数。本章接下来的内容将简要介绍一些妨碍人们制定好决策的最常见的陷阱（见迷思 3.1），以及聪明的人为什么经常会做出一些糟糕的选择。然后，会介绍一种有助于克服偏见并有效解决问题的框架。

**迷思 3.1**

**解决问题**

- 采取行动比静观其变要好。当面临某个问题时，人们想要采取行动，这会使人们认为自己正在完成某件事情。但是采取行动并不总是更好的选择。有时候，错误治疗比疾病本身要严重得多。管理者们今天面临的许多问题就是直接源自昨天实施的解决方案。“静观其变”方案常常会被忽视或忽略，但是当每一次需要解决问题时，它至少应该被视为问题解决方案中的一个选项。
- 相信你的直觉。当然，有时候你的直觉是正确的。但是，除非你全面考察过你的直觉决策的成功率，否则你的直觉很可能不会提供太多帮助。在解决问题时，经验能够扮演重要角色，但是人们需要了解以往决策所产生的效果，进而评估这些经验是否有效。在组织中，直觉被过分夸大为决策成功的一种重要途径。
- 当我正在制定一项糟糕的决策时，我会察觉到。事实上，如果不经过反复训练和实践，很少有人能够做到这一点。研究者已经发现一种偏见盲点的现象，即人们非常善于指出他人决策中的决策陷阱和逻辑错误，却往往难以发现自己所做决策中犯下的相同错误。

- 把一头大象分成两半会产生两头小象。实际上，复杂的问题很难通过简单的办法或者下意识的折中方案来解决。有效的问题解决策略会聚焦于事实，并且认识到问题通常不是它们所表现出来的那样。大多数问题是更复杂事项所表现出来的症状，因而需要采取一种整体的办法来予以有效解决。

## 为什么聪明人制定糟糕的决策

前面已经说过，关于决策的研究表明，糟糕决策出现的频率与好决策相差无几。非常聪明、善良的管理者也会制定出糟糕的决策。实际上，非常聪明的人往往会制定非常糟糕的决策，人们已经发现存在几种不易察觉的判断陷阱会妨碍这些最优秀的人士制定决策。在制定决策时，真正的行家里手必须非常了解那些经常会妨碍正确判断的陷阱。

### 直觉

大力宣扬“跟着你的直觉走”或者宣扬使用你的直觉来指导制定决策的重要性和价值，是当今非常流行的现象。实际上，对《财富》1 000 强企业的高管进行的一项调查发现，45% 的高管在工作过程中更频繁地依赖直觉而不是事实和数据。不过，关于直觉在解决问题时到底有多大用处，各种证据各执一词。虽然有许多宣传报道强调根据直觉来制定决策，但是笔者不建议你在解决问题时仅仅依靠直觉。这并不是说你应该完全放弃直觉，而是说你应该认识到大多数人都难以做到系统性地利用自己的直觉来解决问题（见管理实践 3.1）。

#### 管理实践 3.1

**“第一反应”谬论**

关于直觉智慧如何犯错的一个典型案例涉及这个问题：是否在考试过程中改变答案。大多数人可能都被告知过这样的话：“在考试中回答多选题时，始终相信你自己的第一反应。”它通常包含了这样一种逻辑，即“如果你对某个答案并没有绝对把握，那么就不要改变它，因为你的第一反应很可能是正确的”。

虽然这听起来可能足够合理，但最近的一项荟萃分析（总共涵盖33项研究，时间跨度超过70年）发现，跟着自己的第一反应走事实上可能是一个糟糕的选择。在其中的一项研究中，研究者考察了上同一门课程的1 500多名学生的期中考试答卷（或者答题卡）。通过检查答题卡上的涂改痕迹，研究者记录下了每一次学生把初始答案选项改成另一种答案选项的情况。如果说“相信你的第一反应”论断是成立的，那么希望找到正确答案的学生应该坚守自己的第一反应。然而，实际结果表明，当学生改变某个初始答案选项时，有超过50%的可能性会从中获益！

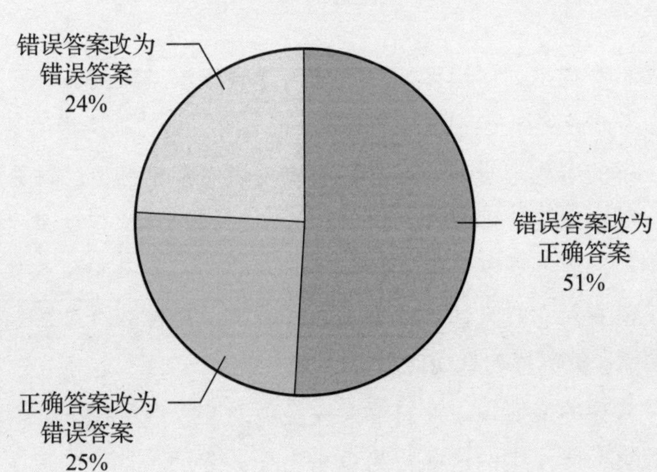


研究者发现，学生们非常担心这种可能性，即把初始的正确答案改成错误答案。因此，他们变得缩手缩脚，对自己的第一反应押上更多筹码。这种第一反应，自己是难以察觉出来的，驱动着人们的行为并常常导致糟糕的决策。

以最简单的方式来讲，直觉（intuition）指的是在并不知道自己实际上已经掌握的情况下人们对世界的了解的总和。如果人们清楚自己已经学到什么知识以及这些知识在什么情况下行之有效，以便在未来复制成功，那么直觉是有用的。此外，有些研究表明，在自动流程中，例如社交互动或者驾驶汽车——不需要予以太多考虑就可以做到的事情——直觉扮演着重要角色。

不过，只是了解而没有真正理解的话，就会给决策制定带来影响。例如，人们以往形成的各种潜意识的偏见通常会影响直觉。这些偏见在某种程度上解释了一种长期以来的现象：被挑选进入专业管弦乐队的男性比例超乎寻常的高。管弦乐队指挥传统上是以面对面的方式对候选人进行试音，而且明显持有一种倾向于男性的潜意识偏见。当通过间接的方式（用一块屏幕把考官和演奏者隔开，他们看不见彼此）进行试音时，女性候选人被选中的比例比之前要高得多。

## 推论阶梯

为了展示直觉是如何运作的以及如何导致错误结果的，有必要向大家介绍一种称为推论阶梯（ladder of inference）的工具。推论指的是人们根据自己确实了解的事物来对某个不了解的事物做出某个结论。每一天人们都很多次进行推论以设法理解这个世界。问题是人们并没有意识到自己在进行这样的推论。为什么呢？因为这个过程发生得如此迅速和不费力，以至于人们几乎没有对它投入认知精力。推论阶梯（见图 3－1）是一个生动的比喻，用来描述推论过程是如何进行的。

在这个阶梯的最底端，人们观察或经历说了和做了什么。即便是由不同的人来观察，所发生的这些行为也是不会改变的，从这个角度来说，这些信息是客观的。例如，你的团队成员鲍勃参加一次团队会议时迟到了 45 分钟。你们都观察到了这个事实——鲍勃确实迟到了 45 分钟。在此，并不存在什么争议。

然而，人们难以观察到事物或状况的每一个可能的方面，因此他们会选择其中的某些特定方面来予以重点关注。你可能注意到这个会议的内容是非常具有争议性的；其他人可能注意到今天的天气特别适合外出打高尔夫球。当然，你不可能对每一件事情都重点关注。接下来，你根据自己的以往知识以及在所观察事件中的亲身经历，对所观察到的行为做出一些假设。你可能会假设那些没有来参加会议的人是在隐瞒什么，或者，你的经验告诉你每天这个时刻交通特别拥堵。不管采用哪种方法，你对该行为得出某些结论——例如，“鲍勃知道这将是一次棘手的会议，因此选择逃避”。

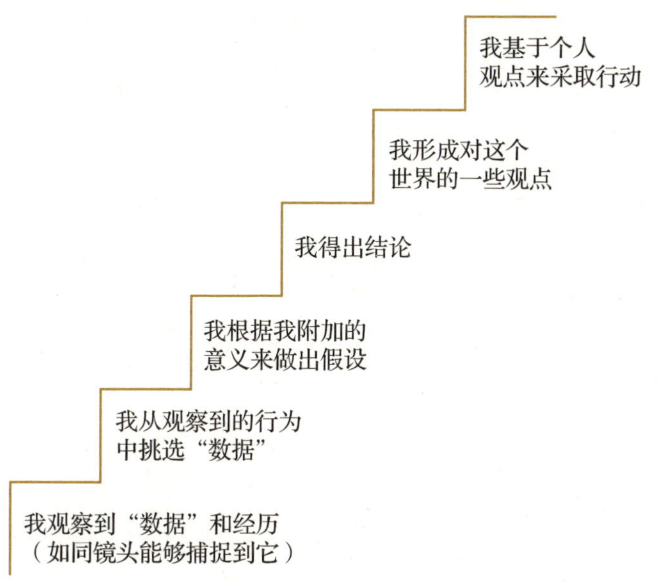


**图 3－1　推论阶梯**

资料来源：Senge，P.M.，Kleiner，A.，Roberts，C.，Ross，R.B.，and Smith，B. J.（1994）. The fifth discipline fieldbook. New York：Doubleday.

在这个阶段，你已经形成了对这个世界的一种观点：“当预感到会议当中会出现争议时，有些人会逃避会议。”所形成的观点会影响你如何看待未来发生的事件以及你采取的行动。你可能会因此认为“鲍勃无法处理棘手的事项”，进而采取行动，“我们在以后的会议中再也不把他考虑在内”（见图 3－2）。

然而，真相是鲍勃去了一个错误的会议地点。鲍勃会议迟到，这个失误是需要他承担责任的，但是应该采取将他排斥在本团队之外的行动吗？解决问题时，你必须清醒地认识到人类能力的局限所在，即无法同时考虑到所有的可选择方案。此外，在解决问题时，还必须不要直接跳到不正确的结论，这要求你以一种开放的思维来看待人、问题和情境。

图 3－2　推论阶梯的示例

当分析人的推论阶梯时，一种非常具有破坏力的错误很容易出现。这种错误涉及对事件进行归因的过程，也就是说，解释事件为什么会发生。这种错误对理解人类行为具有如此重要的作用，以至于它被称为基本归因错误（fundamental attribution error）。基本归因错误的本质是人们倾向于把行为过度归于内因而不是外因。因此，当判断另外某个人的行为的原因时，你更有可能会考虑那些与该个体的性情有关的因素（人格、道德观、性别，等等），而不是那些与其所处具体情境有关的因素（天气、照明、交通，等等）。

或许更隐蔽的是自我服务偏见（self-serving bias），即人们把个人的成功归于内因，而把个人的失败归于外因。例如，假设你在上一次考试中得到了 A，你可能会把这次考试成功归因于什么？努力学习、良好的学习习惯或者天资聪慧？但是，假如你这次考试成绩糟糕，情况又会如何？你可能会把这次考试失败归因于什么？这是很微妙的问题，答案或许是一位糊涂的教授，或者是患有感冒的同学在考试期间不停抽鼻子。自我服务偏见帮助人们维持一种舒适的、积极的自我形象。遗憾的是，这种自我形象常常是建立在虚假信息的基础之上。

这个过程每天都会出现在人们解决问题的实践中。“为什么我们的客服质量如此糟糕？肯定是因为那些客服代表，他们能力不够。”“我们将如何在这个市场上开展竞争？招募更有能力的人员加入本公司。”如果你打算很好地解决问题，那么你需要扩展你的思维，更准确地判断事件和他人行为的原因。

## 人们无意中做出糟糕判断的6种方式

之前已经表明过，人们并不是很善于始终通过直觉来获得准确或正确的结论。现在，将讨论人们使用直觉和经验来做出糟糕判断的一些方式。希望你能够：（1）迅速认识到仅仅使用直觉来制定决策将会多么容易就犯下简单错误；（2）熟悉最常见的决策偏见；（3）找到简单的方法来防止这些决策偏见。

### 判断错误1：可得性

下面是8家在2009年《财富》500强名单（根据年度销售额）中排名非常靠前的公司（划分成2组）。

A组：苹果公司、可口可乐、麦当劳、耐克

B组：日本邮政控股公司、德克夏、俄罗斯天然气工业股份公司、墨西哥国家石油公司

哪一组当中的4家公司（A或B）在2009年拥有更高的年度销售额？如果你的答案是A，表扬一下你自己的屁股吧，因为你并不缺少同伴。你选错了，但是很多人和你一样！实际上，B组4家公司的年度销售额大约相当于A组的6倍。此外，B组中每一家公司的年度销售额都高于A组4家公司的总和。尝试另一个问题。在美国，哪种原因导致每年更多死亡人数，自杀还是凶杀？大多数人认为凶杀导致更多的死亡人数，但是实际上，自杀死亡人数是凶杀的2倍。

这两个简单的问题体现了可得性偏差（availability bias）现象。这种偏差妨碍人们的判断，因为人们更容易接触到的事物（也就是说，更容易被人们记住的事物）可能会被解读为更频繁发生的或者是更重要的。新闻报道中出现许多关于凶杀的故事，但关于自杀的新闻则寥寥无几。A组中的公司是家喻户晓的品牌，但是其规模并没有B组中这些知名度较低的公司那么

大。当解决某个问题时，人们通常会选择之前听说过的解决方案。人们对它们感到更加得心应手，并且断定由于之前听说过它们，所以它们是行之有效的。善于市场营销的公司很了解这一点，所以它们希望自己生产的产品经常出现在你的脑海里。

**判断错误 2：选择性**

假设一下这种情况：已经告诉你，MBA 班级上学期成绩最优秀的那位学员会写诗，而且为人非常害羞和内向。这位学员在本科时期的专业是什么——美术还是工商管理？该学员将来可能会选择什么类型的工作——艺术品管理还是管理咨询行业？当被问及这些问题时，大多数学生认为该学员的本科专业肯定是美术，而且该学员可能会在艺术品管理行业选择一份工作。然而，这些结论完全忽略了这个事实，即大部分 MBA 学员的本科专业是工商管理，而且 MBA 学员毕业以后在管理咨询公司就职的比例要远远高于在艺术品管理行业就职的比例。换句话说，人们忽略了“基础比率”或者人们属于特定群体或范畴的频率。这种容易出现的错误——选择性偏差（representative bias）——指的是人们更加关注那些他们自己认为更能代表该个体职业选择的描述符，而不是那些至关重要的、能够帮助他们做出更好选择的基础比率信息。

关于选择性偏差的另外一个经典示例来自人们对概率的错误认识。例如，人们总是认为，当某个事件看起来似乎是非随机出现时，它肯定就是非随机发生的。如果你这次彩票中奖了，下次会选择不同数字吗？如果你抛硬币连续 9 次都是正面朝上，那么你会押注第 10 次反面朝上吗？当然不会，但是这种偏差具有很高的普遍性。它如此普遍，以至于被称为“赌徒谬论”，即人们坚信抛硬币或者老虎机的下一次结果与之前的表现具有某种程度的相关性。硬币、老虎机或者其他事物，并没有记忆存储，然而人们普遍认为未来结果的发生概率必然在某种程度上增加或降低以抵消或“弥补”之前出现的那些结果。或许你曾经玩过俄罗斯轮盘，赌场公布之前的那些中奖数字就是有意诱导你陷入这种偏差。关于选择性偏差的另一个典型示例是篮球比赛中的“热手”，管理实践 3.2 对此予以详细讨论。虽然获得丰厚的薪水，但是经验丰富的教练常常会根据这种非常有诱惑力的谬论来做出一些相当糟糕的决策。

## 管理实践 3.2

### 热手

假设你最喜欢的篮球队正在争夺NCAA年度冠军。比赛时间只剩下3秒钟，你的球队落后一分。球队教练和球员们聚集在一起设计最后一球的方案。但是，每个人都知道谁将持球投篮——本场的“热手”球员，也就是本场手感最好、之前6次投篮都命中的这位球员。他的手感正佳！比赛经验足够丰富的人都对热手效应坚信不疑。遗憾的是，它并不正确。

研究者分析了20世纪80年代中期波士顿凯尔特人队和费城76人队的投篮模式。他们发现，之前的投篮表现并不会影响或改变下一次投篮的成功概率。也就是说，如果你前3次投篮都命中，你第4次投篮命中的可能性也并不会因此而提高。这是一个关于概率的经典的选择性偏差，它并不只是出现在体育竞技领域，而是会误导各种情境中的决策，其中包括何时投资和投资何处。

费城76人队

| 在……之后下次投篮命中的概率 | |
|---|---|
| 接连命中3球 | 0.46 |
| 接连命中2球 | 0.50 |
| 命中1球 | 0.51 |
| 投丢1球 | 0.54 |
| 接连投丢2球 | 0.53 |
| 接连投丢3球 | 0.56 |

资料来源：Cognitive Psychology，Vol. 17，No. 3，Thomas Gilovich，Robert Vallone，and Amos Tversky，The hot hand in basketball ：on the misperception of random sequence，pp. 295-314. Copyright©1985，with permission from Elsevier.

关于选择性偏差的另一种特别情况称为过度概化谬论（hasty generalization fallacy）。由于各种原因，人们通常会从具体的事例当中得出过度概化的结论，他们并没有认识到（或者是他们认为你没有认识到）这些具体的事例并不总是必然如此，甚至不会在大多数情况下出现如此结果。考虑一下这种情况：一个人反对要求骑车佩戴头盔的法令，因为他骑车不戴头盔已经25年了，从来没有因此受过伤。这个人说的情况可能是真实的，但即便这样又如何呢？一个骑车不戴头盔的人的个人经历无法反驳这种观点：骑车时佩戴头盔更加安全。与此类似，经常会听到有人宣称："我一点都不同意关于胆固醇危害的这些论调。我祖父活到 95 岁，他每天早晨都吃熏猪肉和鸡蛋。"

过度概化谬论之所以存在，是因为人们往往根据小数定律来行事，也就是说，人们只是在观察到一两个例子之后就跳跃到概化的结论。实际上，人们尤其容易犯下这种思维错误，因为人们往往会把自己的个人经历推及他人（人们假设其他人也拥有和自己一样的经历），甚至会错误解读自己的个人经历（"这就是世界运行的方式——我用自己的两只眼睛看到的"）。

### 判断错误 3：锚定和调整

考虑一下这个实验：要求学生用自己学号的后三位数字与 400 相加，然后把两者之和写下来。然后，要求学生根据这个数字来估计匈奴王阿提拉（Attila）入侵欧洲进入法兰西疆域的时间，也就是说，该事件发生在数字之前还是之后。获得的结果如表 3－1 所示。

表 3－1　结果

| 如果写下的数字处于 | 答案的平均值为 |
|---|---|
| 400 ～ 700 | 公元 676 年 |
| 701 ～ 1 000 | 公元 738 年 |
| 1 001 ～ 1 200 | 公元 848 年 |
| 1 201 ～ 1 400 | 公元 759 年 |

学生们往往使用他们的初始数值作为起始点，然后围绕该起始点来调整他们的估值。但是请记住，这个初始数值是根据他们自己的学号而得来的，并不是基于任何相关的历史数据！（顺便说一下，正确答案是公元 451 年。）研究表明，人们经常会根据初始估值来估计答案。即便人们被告知该初始估值是随机的，他们调整之后的答案仍然非常接近初始的估值或锚（anchor）。这种锚定和调整（anchoring and adjustment）模式相当普遍。也就是说，不同的起始点会导致不同的最终结果。考虑以下脚本：

一家较大的私立高中刚刚聘用了一位教师，他拥有 5 年的教学经验和良好的资质。当被要求估计该教师的起薪是多少时，一位朋友（对教师行业了解甚少）猜测该教师的年薪为 31 000 美元。你估计他的年薪是多少？

如果你和其他大多数人一样，那么你的答案会被这位朋友的初始估值影响。在使用类似脚本的研究中，如果该朋友提供的估值要高得多，比如说 7 万美元，那么其他人在后面提供的估值也会高得多。即便当该脚本明确提示了该朋友对教师行业了解甚少，情况仍然如此。

这种偏差导致的常见错误数不胜数。思考一下你上次为某件事情商谈的情景。谁提出第一个数值？该数值充当了本次商谈的起始点，无论它是不是一个合理数值或是否基于任何客观依据。

**判断错误 4：证实**

在一项研究中，参与者被要求思考一系列数字：2，4，6。这一系列数字符合某个特定规律。参与者需要找出这个规律，在找出该规律的过程中，他们需要重新设计一个新的、与该规律相符合的数字序列来验证该规律是否正确。在实验的这个阶段结束之后，参与者被要求找出该规律。一些常见的答案是：

- 数值以 2 递增。
- 前两个数值的差等于后两个数值的差。

该实验使用的规律实际上是任意三个递增的数值。很少有参与者真正找出了这个规律，因为实验方案要求参与者收集证伪信息而非收集证实信息。换句话说，证实偏差（confirmation bias）体现了人们在决策前收集那些支持而非否定自己直觉判断的证据和信息的倾向性。当参与者找出某个看起来合适的规律时，他们就停止探寻。在解决问题时，最隐蔽的陷阱之一就是收集那些能够证实自己观点的数据和信息而排斥那些可能会否定自己观点的数据和信息。

**判断错误 5：过度自信**

思考以下这些言辞：

比空气重的飞行器是不可能实现的。——凯尔文爵士（Lord Kelvin），英国皇家学会主席，1895 年。

我认为整个世界的市场需求大约是 5 台电脑。——托马斯·J. 沃森（Thomas J. Watson），IBM 董事长，1943 年。

我们不喜欢他们的嗓音，而且吉他音乐已经过时。——德卡唱片公司（Decca Recording Co.）当初拒绝签下甲壳虫乐队。

现在，请考虑以下这些事实：

- 在被调查的新创公司所有者中，81% 认为自己公司的成功可能性至少有 70%，但是只有 39% 认为与自己类似的公司会取得成功。
- 80% 的学生认为自己是排名前 30% 的安全驾驶者。
- 有一份调查要求 829 000 名高中生评价他们自己与他人相处的能力，只有不到 1% 的学生评价自己低于平均水平。此外，60% 的学生评价自己处于前 10%，25% 的学生评价自己处于前 1%。

以上这些信息的共同之处是什么？它们都体现了人们对自己能力的过度自信及对他人能力的过度质疑。通常也称为乌比冈湖效应（Lake Wobegon Effect，在广播节目中，这个被虚构出来的小镇吹嘘说本镇的所有儿童都在平均水平之上），这种过度自信偏差（overconfidence bias）使得人们认为自己具备某种超凡脱俗的独特特质或能力，其他人则不具备这种特质或能力。关于现实生活中的过度自信偏差，一个显著事例是 20 世纪 90 年代末期的投资者行为。由于高科技股票市场的繁荣，即便是没什么经验的投资者也获利丰厚。随着高科技股票市场继续走高，许多投资者认为他们的成功是来自自己精心挑选股票的能力，而不是由于该经济领域的非可持续性增长。最终，许多投资者损失惨重。同样的过程也发生在 2007 年的房地产经济泡沫中。放贷方和购房者都过度自信，坚信房价将继续上涨，但是随后的房价下跌使得银行和借款方都遭受惨痛损失。

有一项很有启发意义的研究，它考察过度自信对决策的影响。在该研究中，研究者考察了谁能够更好地预测股市行情，非专业人员（在该研究中，是大学生）还是股市从业人员（诸如证券投资经理、股票分析师、股票经纪人、股票投资顾问）。这两个组被要求预测每两只股票中哪只股票在接下来30天内表现更好，研究者向他们提供的信息只包括上市公司名字、所属行业，以及每只股票在过去12个月内的股价月度涨跌幅度。除了要设法挑选出表现更好的股票之外，这两个组还被要求评估他们对自己所作预测的自信程度。结果表明，学生组预测准确率为52%，专业组只有40%的预测准确率。没错，专业组的预测准确率显著低于仅凭概率就可以得到的准确率！然而，研究结果还显示，专业组对自己所作预测的自信程度平均达到67%，学生组的自信程度只有59%。参见图3-3。结果表明，学生组就像大多数非专业人员一样，在进行预测时只是简单地依赖于这些公司在股市中的以往表现。对专业组的分析表明，他们在进行预测时最主要依赖于自己的判断和经验，认为自己具备的专业知识比以往股市表现和概率更胜一筹，可以更好地预测未来结果。

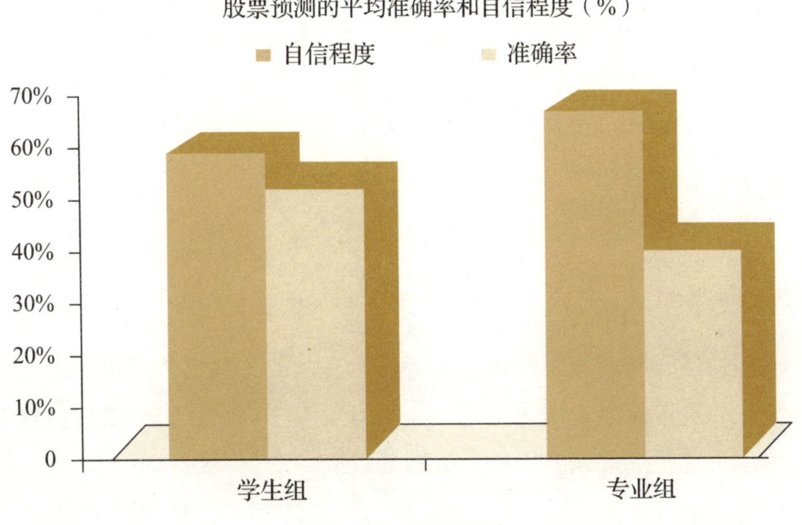


**图3-3 股票预测**

资料来源：Torngren, and Montgomery（2004）.

拥有自信是一件好事，它使得人们充满勇气和决心来应付困难情况。遗憾的是，大多数人过度自信，而且明显高估了真实的成功可能性。研究表明，个体对正确的信心程度与确实正确之间并无实质性关联。也就是说，人们（想象一下咨询师、专家、顾问）常常对自己的观点流露出强烈自信，但是自信并不会使这些观点变得更正确。好消息是，有些研究表明，当向人们提供关于过度自信的反馈或者要求他们解释其做出的估计时，人们会调整估计，变得更符合实际。

**判断错误 6：承诺升级**

你刚刚彻底更换了你的老态龙钟的 1996 款沃尔沃轿车的整个排气系统，花费 850 美元。2 天之后，你开车时听到一声巨响，然后就把你的沃尔沃轿车直接开到了修理厂。修理人员告诉你，你的轿车需要一套全新的离合器以及一次发动机大修——将要花费 1 400 美元。在这种情况下，大多数人会选择继续维修这辆车，因为自己之前刚刚花了 850 美元来维修。然而，之前花费的成本与当前这次维修所需的成本是没有关联的。这种现象称为承诺升级（escalation of commitment）。其含义非常简单：人们很可能为即将失败的行动过程继续投入额外资源（时间、金钱，等等），即便在可预期收益不明显的情况下。“赔了夫人又折兵”这句话是承诺升级的本质所在。

承诺升级之所以很普遍有好几个原因：第一，人们不想承认自己的解决方案可能并不正确，因此坚持一条道走到黑；第二，人们不想显得前后不一致或者不理性，因此仍旧希望获得最佳结果，即便事实并不支持这种想法；第三，在组织中，不继续下去可能被视为放弃而不是努力拼搏——没人喜欢半途而废者。

## 克服判断偏差

遗憾的是，并不存在简单的或者必然有效的方法来确保人们总能避免这些常见的决策偏差。即便人们已经相当了解它们是什么以及它们多么频繁地出现，这些决策偏差仍然是特别难以避免的。考虑一下杰弗里·Z. 鲁宾（Jeffrey Z. Rubin）的示例。在 1995 年去世之前，鲁宾一直是研究承诺升级的最著名学者之一。鲁宾死于一次登山事故，当时他的登山伙伴由于天气条件太过糟糕而放弃继续登山，可是鲁宾仍然坚持登山。毋庸置疑，这些决策偏差在人们自己的决策过程中是最隐蔽的、最难以察觉的。不过，存在着一些有用的策略：（1）信心估计；（2）试错校准；（3）合理怀疑。

**信心估计**

人们往往对自己的决策过于自信，因此克服这种偏差的一种办法是对自己及他人所持观点进行一次信心估计。例如，假设你想要解决你的比萨递送司机的准时送达问题。你问其中一名司机："你每个晚上可以做到多少次准时送达？"这位司机回答说 18 次。好的，答案足够棒。但是这位司机对这个回答有多大自信？当被问到这个问题，她（你认为这名司机是男的，对不对？令人讨厌的偏差！）回答说大约有 80% 的自信程度。现在看来，18 次似乎并不是一个很好的估计。实际上，一种更加准确和有用的估计应该是每个晚上 14 ～ 22 次准时送达。现在，你对一个司机每晚大致能够完成多少次准时送达有了更加贴合实际的估计。

大多数专家都认为依赖于"单点"估计是危险的——它们无法提供足够的信息。因此，使用信心估计来建立"信心范围"可以帮助你避免单点估计。如同心理学家斯科特·普劳斯（Scott Plous）指出的那样，最好的办法就是让你自己或其他人停下来，并且询问："这是个错误判断的可能性有多大？"

### 试错校准

有一种提高决策质量的方法是人们熟悉但很少使用的，那就是通过试错。也就是说，如果你想要在明天提高成功率和减少失败，那么你必然从今天的成功和失败中汲取经验和教训。举例来说，大多数人都惊奇地发现天气预报是极其准确的。实际上，当一位经验丰富的天气预报员预测说 40% 的降雨概率时，每 100 次当中有 39 次真正下雨了！

把这个准确率与内科医生比较一下。有一项研究考察了医生的临床诊断，它要求内科医生审阅病人的病历并对病人进行体检，在这之后预测病人患有肺炎的可能性。你希望内科医生能够像天气预报员那样准确。结果显示，当内科医生说病人患有肺炎的可能性为 65% 时，实际上准确的比例只有 10%，而且该准确率也没有随着信心程度提高而相应提高。当他们预测说患有肺炎的可能性为 89% 时，实际上准确的比例只有 12%（见图 3－4）。为什么天气预报员如此准确而内科医生的准确率较低？答案在于试错法的一个关键方法，即对结果的定期反馈和掌握。

天气预报员预测降雨，在几个小时之后就会获得预测的实际结果，他们可以立即判断实际结果是否证实或证伪了他们的气象预测模型。如果该预测模型是正确的，他们记录下自己所做的工作；如果该模型是错误的，他们检查数据并且记录下是哪些方面导致了错误预测。天气预报员不断通过实际结果来校准自己的预测，这个过程每天都在重复。研究证明，这种校准过程是避免决策偏见和制定更好决策的一种有效方法。

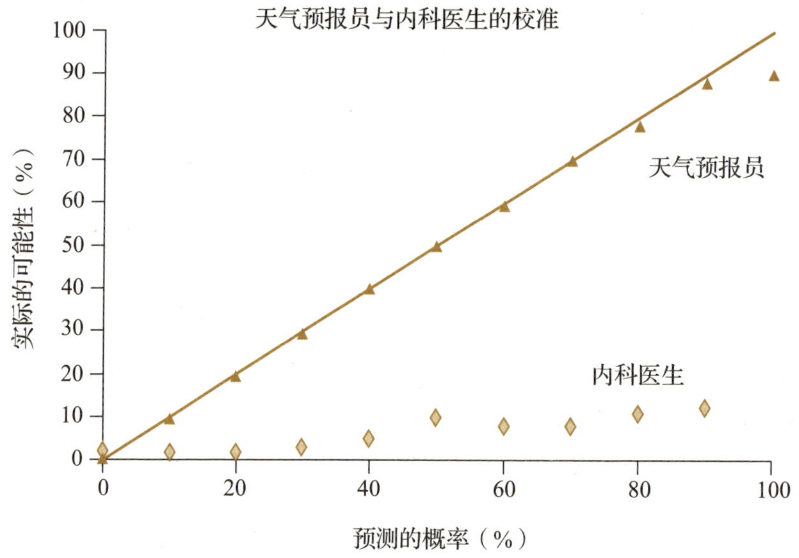


**图 3-4　天气预报员与内科医生的预测准确率比较**

资料来源：Plous，S.（1993）. The psychology of judgment and decision making. New York：McGraw-Hill.

训练自己使用试错校准，需要采取一些简单的步骤。第一，对于每一次预测，记录下你设定这个预测的原因所在。在有些研究中，研究者发现当他们记录下为何如此决策的原因时，他们在监测和学习方面表现更佳。

第二，记录结果。结果往往是相隔很久之后才会出现，并不是所有人都有幸能够观察到每天所作预测的即时结果。因此，你需要很好地记录下实际发生的结果，从而能够为所作决策提供证据。其他人说，“当我们太快发行一款产品时，我们总是会失去业务”，你则准备了相关数据来反驳这种观点的漏洞。

第三，对成功和失败进行研究——你既需要那些证明决策正确的证据，也需要那些证明决策错误的证据，这样才能真正了解。

第四，请记住，概率并不会自我修正。一连串错误并不意味着你接下来“应得”一次成功，反之亦然。

### 合理怀疑

另一种简单但有用的常用方法是对决策进行判断并且持合理怀疑的态度来收集和提交证据。准备质疑你自己和其他专家，并且寻找否定的或反面的证据。以下是一些具体的问题，可以反映合理怀疑的态度并且最终导向更好的决策。

- 用来反驳我观点的最强有力的论点是什么？我可以根据什么来予以反驳？（你可以把这些写在纸上。）
- 我观点的最弱部分是什么？我之所以认可它们，是基于什么理由？如果某个反对者利用它们来证明自己的观点，我应该如何使它们的推理过程变得令人信服？
- 如果我错了，我如何才能得知？考虑到人们都有一种强烈的承诺升级倾向和否认倾向，如果预先对失败 / 错误设定一个个人定义，那么我可能会意识到何时实施 B 计划。与某个人分享这些信息是使你保持实事求是的一种好方法。
- 在考虑各种事实时，询问诸如此类的问题：我如何知道这一点？基础比率是什么（它是否只是随机事件而我错误地分析了原因）？我收集到的事实占多少比例？可获得的事实是什么？
- 是否有其他更多的选择方案？

简而言之，防止决策偏差的最佳方法是：

1. 不要直接妄下结论。
2. 不要认为一种相关关系是一种因果关系；记录并检验你的决策结果。
3. 你的结论不要仅仅基于你的个人经验。
4. 不要仅仅寻找支持你观点的证据，也要寻找那些否定或反面的证据。
5. 不要变得过度自信，进行信心估计和界定信心范围。

这些预防措施很容易理解，但是难以做到。如果你发现自己认为这些预防措施只是基本常识，那么你最好回想一下即便是那些最聪明的人也频繁出现这些决策偏差的事实。时刻提醒自己在决策过程中要深刻认识并尽量避免这些决策偏差。

## 有效地解决问题

在研究一个有效的问题解决模型时，首先需要注意两件重要事情。第一，W. 爱德华兹·戴明（W. Edwards Deming）敏锐地指出，好决策与好结果之间确实存在差异。也就是说，你无法完全控制你的决策所导致的结果。你能够控制的是你将如何制定决策——这就是理解一种有效框架并坚持使用的重要意义所在。

第二，并不存在完美决策或者完美决策过程之类的事情。人们总是会受到有限理性（bounded rationality）的约束。大脑的局限限制了人们的思维能力和推理能力，因此，人们不可能做到同时考虑与某个决策或问题有关的所有信息。有限理性使得管理者选择满意的（satisficing）解决方案或者最容易被接受的解决方案，而不是寻找最优的解决方案。然而，坚持一个问题解决模型已经被证明能够提高决策质量，而且一些被证明有效的工具和技巧是值得在不同场合使用的。接下来的内容将简要介绍一个流行的模型，并介绍一些更好的工具来利用该模型的每个方面。该模型由 5 个主要步骤构成，简写为 PADIL，即问题（problem）、方案（alternatives）、决定（decide）、实施（implement）、学习（learn）（见图 3－5）。

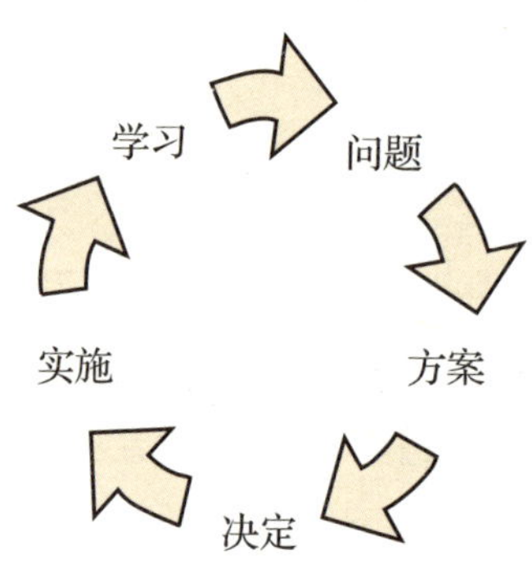


图 3－5　PADIL 问题解决框架

## 一个问题解决框架：PADIL

### 定义和分析问题

在任何好的问题解决程序中，第一步都是定义和分析问题。换句话说，你想要确定你正在解决的问题。这个看起来显而易见的起始点常常会被人们搞错，其中最普遍的错误之一是首先提出某个解决方案而不是搞清楚问题所在。例如，经常会听到管理者抱怨说："在我公司，员工严重缺乏培训。"这可能是真实情况，但是一种更合适的问题界定程序会提出问题："更多的培训能够解决什么问题？"培训是解决技能不足问题的一种潜在解决方案，但是首先需要厘清真正存在的问题是技能不足而不是动机不足或资源缺乏。此外，即便真正存在的问题是技能不足，培训也只是一种可能的解决方案。员工们可以通过其他许多途径来获得技能，例如在岗实践、工作经验以及师傅辅导。

直接跳向某个解决方案的倾向是非常强烈的，会导致问题解决专家伊恩·米特罗夫（Ian Mitroff）所称的"精确地解决错误的问题"（见管理实践 3.3）。以下是人们精确地解决错误的问题的几种方式。

- 选择错误的利益相关者。解决错误的问题是经常会出现的情况，因为解决问题的人没有把关键角色包括进来。例如，为了解决生产线上的某个问题，把在这条生产线上工作的人员包括进来可以帮助厘清和定义真正的问题。
- 把问题界定得太狭窄。所存在的真正问题常常要大于其最初显示出来的表象。管理者可能只看到这一部分表象，从而错误地过早划定问题的范围，无法掌握问题的全貌。例如，一位管理者在处理本部门的偷窃问题时，可能会认为该问题是本部门所独有的而不是整个公司普遍存在的问题。以此为前提所制定的解决方案可能并不是一种有效办法。
- 没有开展系统思维。人们聚焦于问题的某个特定方面而不是关注整体或者该问题的所有相关方面。强调整体可以帮助发现真正存在的问题或根源。
- 没有发现事实。如果你想解决正确的问题，"首先去了解"是特别有帮助的。在解决问题时，有许多有效的工具可以用来发现与问题相关的事实，避免使用未经检验的假设和传闻来做出仓促的概化结论。

## 管理实践 3.3

### 精确地解决错误的问题

精确地解决错误的问题，这种情况是非常普遍的。一个非常引人入胜的例子是许愿基金会（Make-A-Wish Foundation），一家充满激情、出类拔萃的非营利慈善组织，它的唯一使命是想办法实现生命垂危儿童的愿望和梦想。1996 年，在设法满足一个名叫埃里克（Erik）的 17 岁男孩的愿望时，该基金会引起了大众媒体的强烈关注。埃里克的愿望是在野外杀死一头科迪亚克棕熊并且在壁炉前展示熊皮。为了满足这个愿望，许愿基金会聘请了国际狩猎俱乐部来购买全套的狩猎装备，以实现埃里克的这个愿望。很快，通过紧密合作，国际狩猎俱乐部和许愿基金会共同实现了埃里克的愿望。遗憾的是，满足这个愿望的决定导致了一些之前无法预料到的后果。这个举动激怒了国内的每一个动物保护组织。报纸上有大量谴责性的报道，批评许愿基金会没有能力制定好的决策，败坏了该基金会的名声。该基金会非常精确地解决了这个问题，即"想一个办法来满足埃里克的愿望"，因为它把问题简单地视为"满足愿望"。实际上，这个问题要复杂得多，需要全面考虑可能会被该解决方案影响到的所有各方，也就是那些关键的利益相关者。

### 评估关键的利益相关者

在组织中，很少有问题只涉及单独某个人。换言之，所存在的问题及其解决方案可能具有很广泛的影响，远远不止最直接相关的人员。出于这个原因，如果不能理解关键的利益相关者，那么为解决问题而付出的努力就是不完整的。顾名思义，利益相关者（stakeholder）是与所存在的问题或提出的解决方案有牵连的任何人。你正在解决的这个问题，它影响到的人员数量和范围通常要超过你最初所考虑到的。因此，在定义一个问题时，很关键的一个步骤是进行一次利益相关者分析，这将帮助你发现与该问题以及它潜在的解决方案有牵连的当事各方。管理工具 3.1 描述了进行利益相关者分析的具体步骤。

## 管理工具 3.1

### 利益相关者分析

对于任何的问题解决程序来说，利益相关者分析都是至关重要的。它也是一种“现实的”记录，意味着在解决某个问题时必须自始至终关注其中的各种利益相关者。因此，一次仔细的利益相关者分析可以帮助你了解决策会如何影响不同群体的人，与谁的切身利益最息息相关，谁最有决定权以及哪些利益相关者可能会支持或反对潜在的解决方案。

1. 确定关键的利益相关者。创建一份清单，其中包括首要的利益相关者（对该问题具有直接决定权或经济影响力的个体或群体）和次要的利益相关者（被该问题直接影响的个体或群体）。
2. 对利益相关者进行排序。使用一个简单的2×2矩阵，其中的两个维度分别是利益和权力，然后在矩阵中对每一个利益相关者进行分类（定位），以便更直观地了解在问题解决过程中最重要的利益相关者是谁。例如，涉及切身利益的人员以及拥有最主要权力或影响力的人员应该成为你最优先考虑的利益相关者。在PADIL程序的每一个步骤中，他们都应该参与进来。
3. 评估支持/反对。一旦你已经开始定义该问题和形成解决方案，那么评估支持/反对程度是有助益的。与利益相关者进行交谈、沟通，在问题界定之后向他们描述以及介绍潜在的解决方案。

分别评估每一方对你上述观点的支持/反对程度。

| 利益相关者分析 | | | | | |
|---|---|---|---|---|---|
| 利益相关者的名字 | 强烈反对 | 中度反对 | 中立 | 中度支持 | 强烈支持 |
| | | | | | |
| | | | | | |
| | | | | | |
| | | | | | |

### 确定谁参与进来

在解决问题时，你面临的更有挑战性的事项之一是确定谁负责某个特定的问题，换言之，谁应该为解决该问题承担最主要责任。例如，很普遍的一种现象是，当实际上管理者自己才是最适合解决问题的人选时，管理者错误地授权某个员工或团队来解决问题。同样普遍的一种现象是，当需要员工参与进来或者需要授权给员工来实施时，管理者却设法凭借一己之力来解决该问题。

虽然研究表明让其他人参与解决问题通常会导向更好的决策，但是这并不意味着最终决策总是应该由其他人来制定。换言之，有时候管理者只是需要员工们参与进来（只是提供不同意见，但不是投票权），提供不同的声音和视角，仅此而已。在另外一些情况下，把决策权授予那些与该事项最密切相关的人是合适的选择。如前所述，一个很常见的陷阱就是习惯于独自一人解决与员工相关的问题。

如何确定在解决问题时其他人的参与程度？一种有帮助的工具是由维克托·弗罗姆（Victor Vroom）和菲利普·耶顿（Phillip Yetton）提出的。两位学者认为，一位决策者让其他人参与进来的程度是一个非常宽泛的连续体，从完全不参与到彻底授权。如图 3－6 所示，该连续体体现了 5 种关键的参与方法：单独决定、向个体咨询、向群体咨询、为群体辅助、向群体授权。

| 管理者主导解决问题 | | | | 员工主导解决问题 |
|---|---|---|---|---|
| 单独决定 | 向个体咨询 | 向群体咨询 | 为群体辅助 | 向群体授权 |
| 管理者单独制定决策，并且向员工宣布 | 管理者把问题介绍给某个员工，并且在制定决策时参考该员工的观点和建议 | 管理者把问题介绍给自己管辖的整个群体，并且在制定决策时参考整个群体的观点和建议 | 管理者把问题介绍给自己管辖的整个群体，并且扮演一位辅助者的角色帮助定义该问题。在解决问题的过程中，管理者扮演一名团队成员的角色 | 管理者把问题交给所有员工，并且允许他们来决定使用某种合适的决策模型。管理者提供必要的资源来确保群体制定成功、有效的决策 |

图 3－6　弗罗姆和耶顿的问题解决方法

资料来源：Organizational dynamics，Vol.28，No. 4，by V. H. Vroom，Leadership and the decision making process，pp. 82-94. Copyright© 1969，with permission from Elsevier.

因此，在解决问题的过程中，你有 5 种方法来开展员工参与。不过，该模型在此基础上更进一步，可以帮助你确定这 5 种方法中的哪一种能够最有效地辅助你解决某个特定问题。该模型确定了在你判断哪种方法最佳之前必须考虑的 7 种因素。这些因素可以被设计为一些需要回答的问题，虽然并不是所有这 7 种因素都会在每一次解决问题时出现。

- 决策的重要性——该决策对本部门 / 组织成功的重要性。
- 认可的重要性——员工对该决策认可的重要性。
- 领导者的专业技能——管理者对该问题的了解或专业技能。
- 认可的可能性——由管理者单独制定的决策获得员工认可的可能性。
- 群体的支持——在解决问题的过程中员工们支持部门利益或组织利益的程度。
- 群体的专业技能——员工群体对该问题的了解或专业技能。
- 群体的胜任力——员工们齐心协力解决该问题的能力。

简单地使用“高”或“低”来判断，你对这 7 种因素予以评估，进而创建一个流程图（见图 3－7）。该流程图可以得出最有效的参与方法。需要记住的是，这是一种高度概括性的方法，必然无法考虑到每一种可能性。不过，弗罗姆及其同事们已经在多项研究中证明，使用这种方法的管理者获得成功的可能性为 62%，不使用这种方法的管理者获得成功的可能性为 37%。因此，即便它没有考虑到每一种可能的因素，但是它似乎成功地抓住了那些最重要的因素。

### 正确地界定问题

在你开始解决任何问题之前，你必须知道正确地界定问题。这是精确地解决正确的问题的本质所在。强有力的证据表明，一个问题被陈述的方式决定了所产生的解决方案的数量和质量。考虑以下这个问题：

> 办公楼外面的停车场停满了员工们的车辆，导致拥堵。管理层决定解决这个问题，他们组建了一个工作组，要求该工作组提交一些不同的方案来对停车场进行重新设计，以便停放更多车辆。该工作组完成了这个任务，提交了 6 种不同的设计方案来增加停车场的车位数量。

时间驱动的模型

| | 决策的重要性 | 认可的重要性 | 领导者的专业技能 | 认可的可能性 | 群体的支持 | 群体的专业技能 | 群体的胜任力 | |
|---|---|---|---|---|---|---|---|---|
| 问题陈述 | 高 | 高 | 高 | 高 | – | – | – | 单独决定 |
| | | | | 低 | 高 | 高 | 高 | 向群体授权 |
| | | | | | | | 低 | 向群体咨询 |
| | | | | | | 低 | – | |
| | | | | | 低 | – | – | |
| | | | 低 | 高 | 高 | 高 | 高 | 为群体辅助 |
| | | | | | | | 低 | 向个体咨询 |
| | | | | | | 低 | – | |
| | | | | | 低 | – | – | |
| | | | | 低 | 高 | 高 | 高 | 为群体辅助 |
| | | | | | | | 低 | 向群体咨询 |
| | | | | | | 低 | – | |
| | | | | | 低 | – | – | |
| | | 低 | 高 | – | – | – | – | 单独决定 |
| | | | 低 | – | 高 | 高 | 高 | 为群体辅助 |
| | | | | | | | 低 | 向个体咨询 |
| | | | | | | 低 | – | |
| | | | | | 低 | – | – | |
| | 低 | 高 | – | 高 | – | – | – | 单独决定 |
| | | | | 低 | – | – | 高 | 向群体授权 |
| | | | | | | | 低 | 为群体辅助 |
| | | 低 | – | – | – | – | – | 单独决定 |

**图 3－7　弗罗姆的参与决策树**

资料来源：Organizational dynamics，Vol.28，No. 4，by V. H. Vroom，Leadership and the decision making process，pp. 82-94. Copyright©1969，with permission from Elsevier.

在这个示例中，管理层定义的问题是“重新设计停车场以便停放更多车辆”。真正的问题是否被正确地界定？并没有！管理层并不是指示该工作组解决问题（停车场停满了车辆，导致拥堵），而是直接提供了一个解决方案（重新设计该停车场），并且要求工作组提交不同的方案来实施这个解决方案。真正的问题应该被正确地界定为“停车场停满了车辆，导致拥堵”，并且陈述这为何是一个问题，或许是“因此，它不能满足我们开车来上班的员工的停车需求”。以这种方式来界定问题，该工作组就可以广泛考虑各种各样的解决方案，其中可能包括扩大停车场面积，也可能包括为员工搭乘公共交通工具或者合伙拼车提供津贴补助。

正确地界定问题是非常困难的，因为人们的即时需求是开始解决该问题。但是问题被界定的方式会导致截然不同的行动以及大相径庭的结果。在一项研究中，参与者被问："你是否经常头痛？如果是的话，多久头痛一次？""你是否偶尔头痛？如果是的话，多久头痛一次？"在被问及的这两个问题中，单词"经常"和"偶尔"是其中仅有的不同。在该研究中，被问及第一个问题的参与者给出的答复是平均每周头痛 2.2 次（经常），被问及第二个问题的参与者答复是每周头痛 0.7 次（偶尔）。在陈述某个问题时，一处简单的单词变化就能够导致人们对该问题得出截然不同的结论。

当你开始检查你的问题界定方式时，你会注意到人们倾向于在界定问题时采用"要么-或者"模式。这种倾向性称为非黑即白谬论（black or white fallacy），它假设人们的选择是清晰明确的，仅仅局限于两种（非黑即白），实际上可能还存在其他许多选择（灰色区域）。有时候人们无意中犯下这种错误，因为他们没有意识到自己还有其他选择。有些时候，人们出于操纵性的目的而故意为之，例如，"如果我想要你采取行动 A，那么我可以通过使你相信你唯一的可替代方案是 B，而且 B 显然无法令人接受，来增加你采取行动 A 的可能性"。

通过另外一个示例来看看问题的界定有多么微妙。在一项研究中，一群参与者阅读了下面第一个脚本，另外一群参与者阅读了第二个脚本。

1. 政府正在准备抗击一种预计将导致 600 人死亡的罕见疾病。用来抗击该疾病的两种不同方案已经提交，科学家们相信每一种方案都能够取得一定效果。如果采用方案 A，可以挽救 200 人的生命。方案 B 有 1/3 的概率可以挽救所有这 600 人的生命，但是也有 2/3 的概率无法挽救任何一个人的生命。你更倾向于哪种方案？
2. 政府正在准备抗击一种预计将导致 600 人死亡的罕见疾病。用来抗击该疾病的两种不同方案已经提交，科学家们相信每一种方案都能够取得一定效果。如果采用方案 A，400 人将会失去生命。如果采用方案 B，有 1/3 的概率任何一个人都不会失去生命，但是有 2/3 的概率所有这 600 人都会失去生命。你更倾向于哪种方案？

两个脚本其实是完全一样的，也就是说，它们在逻辑上是一模一样的。脚本 1 是从挽救多少生命角度来界定问题的，脚本 2 则是从失去多少生命角度来界定问题的。这个简单的变化导致了参与者在“挽救多少生命”脚本中规避风险并且显著倾向于方案 A（72%），参与者在“失去多少生命”脚本中则明显青睐风险并且更偏好方案 B（78%）。具体信息如图 3－8 所示。管理工具 3.2 提供了一些简单的方法来检查不同的问题界定方式。

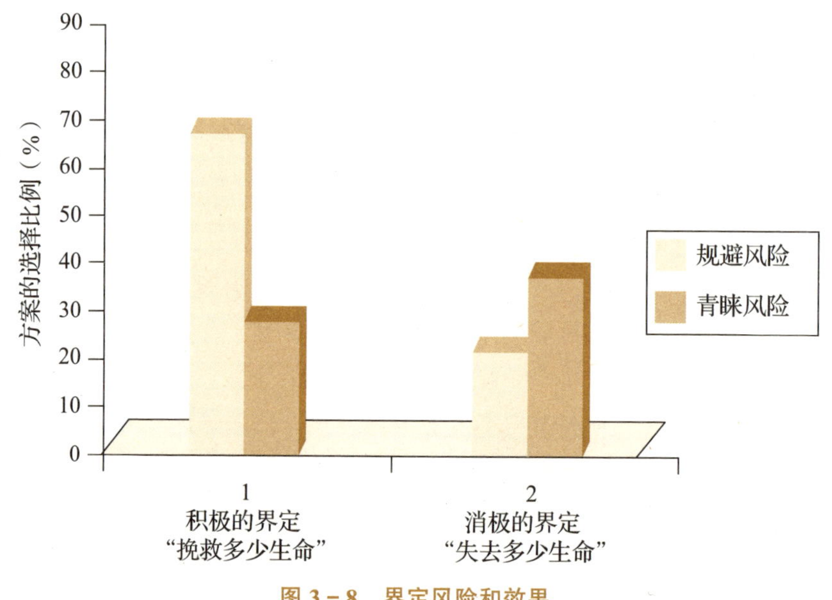


图 3－8　界定风险和效果

## 管理工具 3.2

### 重新界定问题的不同方法

以下是 4 种可以帮助你以不同方式界定问题的简单方法。

1. 释义：以你自己的语言重新阐述其他人已经陈述的内容。

   最初的问题：我们如何减少我们的船运延迟现象？

   重新界定的问题：我们如何防止船运延迟现象进一步增加？

2. 180 度反转：简单地让问题反转方向。

   最初的问题：我们如何鼓励学生们积极学习以备战考试？

重新界定的问题：我们如何劝导学生们不要仅仅为了备战考试而学习？

3. 拓宽：以更宽泛的视角来重新界定问题。

最初的问题：我们是否应该扩展在中国的产品线？

重新界定的问题：我们如何在中国实现更高程度的财务成功？

4. 改变问题的方向：改变问题的实际关注点。

最初的问题：我们如何增加年收入？

重新界定的问题：我们如何减少成本？

## 系统思维

如果缺乏对系统和系统思维的基本了解，那么对解决正确问题的讨论就是不完整的。一个系统（system）是一个感知到的整体，其各种基本要素由于在长期内持续地相互影响而"组合到一起"并且朝着某个共同目标运作。人的身体就是一个系统的显著例子。当你因为胃痛而去看医生时，医生也会检查你身体的其他部位，并且测量你的体温、血压、脉搏等。为什么要这样做？

因为胃是身体系统的一部分，医生在设法找出你胃痛的根源。这个根源可能与你的胃部并没有直接关系，而是你的胰腺出了问题导致胃痛，或者是强烈的背部肌肉疼痛导致你误以为疼痛来自胃部。要想有效地解决问题，几乎总是需要关注某个更大的系统来找到根本原因（例如，胰腺问题），仅仅处理表象（胃痛）并不足以完全解决问题。

组织是精巧的系统，包含了数以千计的相互关联的组成部分，其中有些组成部分要比另外的部分更加显而易见。所有的系统都表现出系统结构或者各组成部分之间的某种相互关联模式。人们所面临的挑战是表象总比隐含的系统结构更容易被发现。然而，这种隐含的系统结构才是解决问题的关键所在。

因此，要想有效地解决问题，运用一种系统方法——"这种改变会如何影响其他事情？"是至关重要的。一个有帮助的画面是把系统结构视为一座冰山，冰山的一部分在水面上，是可以看见的，另外一部分则完全隐藏在水面之下，无法看到（见图 3－9）。

图 3－9　系统－方法冰山

在冰山的顶部，是系统中的事件。例如，离职率升高、销售额下降、订单延迟，这些都是在某个组织系统中发生的事件。在事件层面上解决问题往往只能暂时奏效，对切实解决真正的问题并无多大助益。例如，如果员工离职率高，人们可能会制定一种新的奖金制度，希望挽留住员工。但是，如果导致离职率高的真正原因与奖金制度并无关联，那么它不太可能奏效。

再往下一点，是行为模式或趋势。这意味着人们在考察问题时设法理解长期存在的整体模式。例如，当分析离职率数据时，人们可能会发现离职率始终在每年当中的某个月份最高，这个时期恰好是竞争对手在招聘员工。与在事件层面上着手相比，从模式 / 趋势层面来思考可以帮助人们把近期发生的一些事件纳入具体情境来分析。

最终，在水面之下的是系统结构。系统结构呈现了最强有力的信息，因为它聚焦于行为模式的真实原因，能够解释所发生的事件。如果你真的想解决某个问题，你必须通过了解和分析系统结构来解决正确的问题。

人们往往难以进行系统思维，其中一个原因是被教导用线性思维而不是非线性思维来看待世界。单纯的线性思维在某种程度上是一种谬论，它依赖于这个假设：当前的趋势将会以相同的方向和速度持续下去（例如，当你退休时，一辆丰田普锐斯轿车将会卖 20.9 万美元，一个麦当劳巨无霸汉堡包将会卖 25 美元）。战略方案常常失败，因为战略规划师认为人们所了解的世界将来并不会改变太多，当前的趋势将会一直延续下去。线性管理思维最常见的例子或许就是拥有一款畅销产品的公司过度扩展产能，在需求减弱时发现自己陷入困境。

通过冰山方法来分析另外一个示例。假设你所在的地区发生了一次火灾。这是一次事件。如果你的应对是把火扑灭，你就只是做出反应。换句话说，你并没有做任何事情来防止发生新的火灾。不过，如果你不仅扑灭了这场火，而且研究了你所在地区中各次火灾的位置，那么你就是在关注模式。例如，你可能注意到某些特定的区域要比其他区域发生更多次火灾。对此，一种应对方式可能是通过在这些特定区域配置更多消防队来匹配该模式。然而，如果你考察了导致这种火灾模式的系统——可能包括烟雾探测器布局以及人们所采用的建筑材料——那将会怎样呢？这可能会使得你建造新的火灾警报系统和制定新的安全制度。使用这种方法，你直击问题根源，预防新火灾的发生。

面对火灾次数的增加，为什么大多数社区的应对方式是雇用更多的消防队员？答案在于人们在解决问题时常常采用有缺陷的思维方式，很少找出在其中发挥作用的系统结构。要想找出这些系统结构，需要了解自身对系统结构的基本假设或思维模式（发现表面之下的内容）。思维模式（mental models）是支撑当前系统的那些最主要的假设、信念和价值观。思维习惯可能会导致人们忽视真实有效的数据，虽然事实表明这些数据对解决问题至关重要。此外，人们通过使这些思维模式变得“毋庸置疑”来保护和维持它们。也就是说，它们成了组织的既定事实和存在方式。因此，即便人们的思维模式是有缺陷的，人们也不会质疑它或审查它。如果你曾经听到过“这就是我们的做事方式”或者“我们对此有自己的理解”，这暗示着某种思维模式可能是导致问题的原因。

要想有效地解决问题，学会如何让思维模式浮出水面或接受质疑是非常重要的。掌握这种技能的最佳方法是懂得如何询问关于该问题的正确信息，也就是说，要开发出询问技巧（inquiry skills）。询问技巧使你能够检查自己的或者其他人的思维模式。例如，假设你正在解决客户给客服中心打电话没人接听的问题。你通过询问以下这个问题来发现员工们的看法：“客户给我们的客服中心打电话，为什么那么多电话没人接听？”你可能会听到许多很棒的答复，但是你如何知道真正问题是什么？你不会知道，除非你设法找出真正的根源。也就是说，当员工在答复中举出各种理由时，你的反应不应该是“好的，谢谢你”，而应该是进行更深入的挖掘。以下这一系列提问可以帮助你更深入地挖掘真正的根源：

- 是什么导致你认为这是真正的原因？
- 在什么情况下会发生这种事情？
- 你能告诉我更多相关信息吗？
- 你还发现有其他原因导致这个问题吗？
- 你能帮助我更进一步了解你的思路吗？
- 我们认为什么前提条件是正确的？

询问技巧有助于了解人们的思维模式。这包括检查你自己的思维模式，包括询问：“我在这个问题中扮演什么角色？”“我的什么行为使得这个问题一直延续？”你可能很容易就忽视自身原因而认为问题是由其他原因导致的，但实际上根源出在自己身上的可能性超出你的想象。

### 用来了解问题范围的工具

有些问题具有非常清晰、明确的界定范围，另外许多问题则是相当宽泛的。你需要做的是确定问题的边界，也就是说，确定哪些内容与问题息息相关以及哪些内容处于问题范围之外。对于大多数问题来说，潜在的原因以及解决方案是海量的。你需要做的是把潜在原因的范围不断缩小，并且推进到 PADIL 程序的下一个步骤——方案。下面将介绍一些不同的工具来帮助你了解问题范围。你可以自己一个人使用这些工具，但是与一些关键的利益相关者一起使用可以发挥出最佳效果。如果你与团队一起使用这些工具，那么需要记住的是，你的团队成员倘若认为你不会听取他们的观点和意见，他们就不会坦诚地说出他们对问题的看法。在使用这些工具时，不要首先就说出你自己的观点，因为其他人接下来可能只是附和你的观点。让其他人先发表意见。

**亲和图**（affinity diagram）。亲和（相似）图是一种用来产生创意的方法，使你能够把问题的一些主要方面归纳整理成不同主题或范畴。当你开始收集关于该问题的数据以及研究潜在的解决方案时，整理出来的这些范畴可以提供帮助。以下步骤简要介绍了如何创建一份亲和图。

1. 在一块白板上写下问题陈述（之前你已经明确界定）。在问题陈述的下面，写下这句话："它的原因可能是什么？"
2. 允许每一个人写下尽可能多的潜在原因。每一条潜在的原因都写在一张便利贴上面，并且把便利贴粘在白板上。不要评估任何一个人提出的任何一条观点或意见的价值。
3. 所有的想法都贴上去以后，开始寻找这些想法之间的相似之处。把相似的想法放到一起，并且根据它们所代表的范畴予以标注。例如，"这 5 个想法似乎涉及我们的'配送程序'，这 3 个想法涉及我们的'客服中心结构'"。现在，你对从哪里开始收集数据已经有了眉目。

**是 / 否法**。通过描述哪些方面属于该问题的组成部分以及哪些方面不属于该问题的组成部分，这种简单的方法可以帮助确定问题的边界。可以参考使用下列步骤。

1. 在一张纸或者一块白板上写下问题陈述。
2. 在纸或白板的中间画一条横线。在上半部分写下单词"是"，在下半部分写"否"。然后，在纸或白板的左侧依次写下单词"什么""谁""何时"以及"何地"。
3. 回答问题。这个问题的核心是什么？哪些不是这个问题的核心？这个问题涉及谁？这个问题不涉及谁？这个问题是何时成为一个问题的？它何时还不是一个问题？这个问题最多出现在哪里？这个问题在哪里出现不多？

**图示法**。有时候一图抵千言。根据你当前对问题的了解，通过某种有意义的方式把它制作成一张图，或许能够获得意想不到的效果。柱状图（histogram）或条形图能够显示根据某种重要标准（在 *Y* 轴上）来记录的数据范畴（在 *X* 轴上）。例如，所制造的零部件类型（*X* 轴）以及每小时制造每种零部件的数量（Y 轴）。散点图也大有用处。散点图展示了两个变量之间的关系。例如，你可以在一个轴上（Y 轴）记录学生的考试成绩，在另一个轴上（X 轴）记录学生的缺勤情况，以判断考试成绩和出勤率之间是否存在某种关系。通过这个散点图，你或许可以发现，随着缺勤率下降，考试成绩提高。

最有力的图之一是时间-行为图（behavior-over-time chart）。要想创建一个时间-行为图，你需要收集某个特定时间段的数据。假设你定期记录客服行为（例如，在客户第一次打电话时就解决的问题数量，每小时处理的客服电话数量，等等）。当你分析这些行为在长期内的变化时，你可能会发现其中存在着某些模式。例如，你可能会注意到每年有两个月客服电话数量飙升。当你把这些信息和你定期收集的其他数据结合起来时，你注意到随着客服电话数量飙升，员工缺勤率也相应提高。专家们认为，在时间-行为图中体现出来的特定模式可以帮助发现某个系统性的问题，这种问题往往是一时的权宜之计无法解决的。这包括：

- 平稳增长。
- 急剧增长。
- 急剧下滑。
- “兴衰”周期（例如震荡周期）。

管理工具 3.3 提供了另一种图示法，即帕累托图，它可以帮助发现一个问题的最关键部分。

## 管理工具 3.3

### 帕累托图

有时候在设法解决某个问题时，你无法解决整件事情，但是解决其中一部分仍然能够实现显著改进。根据帕累托定律，可以获得的 80% 的价值很可能来自解决该问题的 20%。换句话说，有些事情就是要比其他一些事情重要得多。如果你可以解决该问题的一两个主要方面，那么该问题的 75% 很可能就迎刃而解了。由于这个原因，帕累托定律也称为 80/20 原则。

运用这个原则，你可以快速确定你在解决问题时主要精力应该放在哪里。

例如，大学教授有时候会收到学生们写得很糟糕的作业。然而，他们通常难以确定在哪些方面帮助学生们改进作业质量，尤其当写作并不是该课程的主要内容时。运用帕累托定律，教授可以快速确定学生们写作问题的主要来源。当给学生们的一次作业打分时，教授可以对收到的 40 份作业记录以下信息：语法、标点符号、拼写以及电脑输入错误。在对收集到的数据进行整理之后，教授创建了下表。

| 问题 | 错误数量（个） | 所占百分比（%） | 共计（%） |
|---|---|---|---|
| 语法 | 47 | 44 | 44 |
| 标点符号 | 28 | 26 | 70 |
| 拼写 | 21 | 19 | 89 |
| 电脑输入错误 | 12 | 11 | 100 |
| 共计 | 108 | 100 | |

观察上表，教授很容易就发现最大的问题是语法，此外，标点符号也是很重要的问题。即便该教授选择仅仅解决学生们的语法错误，他也能够显著提高学生们的写作技能。只有通过表来分析这些数据，问题才会变得如此简单、明显。

## 创建有创造力的解决方案

界定问题的过程会使你思考该问题的许多潜在的解决方案。研究表明，给问题设计多个可选择的替代方案会产生更高质量的解决方案。要做到这一点，关键在于设法创建尽可能多的有创造力的解决方案。考虑以下脚本：

> 一栋办公楼的管理者收到了许多投诉，抱怨在大楼里等电梯的时间太久。他请教了一位顾问，该顾问介绍了 3 种可选择的方案：（1）建造新的电梯；（2）让电梯隔层停靠；（3）让电梯运行速度更快。该管理者认为这 3 种方案都不错，但是成本高昂。于是，该管理者又咨询了一位心理学家，后者建议让人们在等电梯时有事情可做。该管理者在电梯旁边安装了镜子，抱怨就消失了。

该心理学家提出的解决方案不仅成本低，而且相当有效，等电梯的人把时间都用来看他们自己了。你是否想到了这个方法？人们当然想不到这一点，因此就陷入困境当中。只靠自己苦苦思索，人们很难为问题找到真正有创造力的、独特的解决方案。大多数时候，人们找到的解决方案看起来墨守成规，只能够实现微小的改进（我们这个周末应该做什么？嗯，我们上个周末在做什么？）。此外，人们通常相信脑海里浮现的第一个解决方案。人们不会去想是否还存在其他或许更好的解决方案。假设一位招募人员打电话给你，向你提供一份比你当前工作更有吸引力的工作，你是否接受这份工作？大多数人会把新出现的这份工作与自己当前从事的工作进行比较，然后提高声音回答说："好的！我去哪里签合同？"然而，如果你打算从当前的工作岗位上离职，那么为什么要局限于仅仅一种选择，即该招募人员提供的这份新工作？你没想过寻找其他可能更有吸引力的工作机会吗？

### 头脑风暴

另一个关键事项是创意的产生。看起来自相矛盾的是，有效的头脑风暴会议更有可能来自对会议程序的遵循（见管理实践 3.4 以了解 IDEO 公司的头脑风暴规则）。在一次有效的头脑风暴会议中，群体成员坐在一个桌子周围，使用一块白板或其他工具来呈现大家的想法。头脑风暴辅助员清晰、明确地陈述问题，以便所有参与者都能够明白。然后，成员们"放飞思绪"（没有任何限制），在规定的时间内提出尽可能多的方案。不允许进行批评，而且提出的所有方案都会记录下来以供后续讨论和分析。在后续讨论和分析之前，即便是最稀奇古怪的想法也不应该受到评判，因为一个想法会激发出其他想法。不允许批评就能够鼓励群体成员"不同寻常地思考"。

## 管理实践 3.4

### IDEO 公司的头脑风暴

IDEO 公司是一家以提供有创造力的创意以及拥有许多大客户而闻名的咨询公司。以下这份清单是 IDEO 公司采用的头脑风暴技巧。IDEO 公司的员工通常为头脑风暴会议设置20～30分钟的时间限制，并且指定一位团队成员来确保团队遵循这些规则。

1. 尊重想法。不要拒绝任何想法。对于一群以分析信息为主要工作职责、总是想要判断某个想法在哪里出了错误以及它为何没有产生效果的人来说，这是很难做到的。但是，批评意见是扼杀一次头脑风暴会议产生好创意的最大元凶。
2. 借鉴其他人的想法。不要“但是”，只需要“以及”。
3. 鼓励天马行空的想法。欢迎最稀奇古怪、天马行空的想法，因为它们可能是解决方案的关键所在。每一个想法都是好想法。这些想法可能最终并不会采用，但是可能会激发出其他想法。
4. 追求数量。尽可能多地产生新想法。在一次好的头脑风暴会议中，可以在30分钟内产生最多50个创意。
5. 注意视觉和听觉效果。使用黄色、红色和蓝色的记号笔，分别把每个想法写在一张便利贴上，粘贴在白板上。这一点很重要，因为阅读他人的想法会刺激你思考。当你写下你的想法之后，大声读出来让每个人都听到。
6. 聚焦于主题。让讨论始终聚焦于会议主题。会议辅助员会提供帮助。如果对是否应该把某个想法写下来粘贴到白板上存在质疑，只管粘贴上去。
7. 一次只有一个人发言。不要打断，不要否定，不要失礼，不要粗鲁。

在30分钟的头脑风暴会议之后，大家走到白板前面，共同对获得的想法进行分类整理。进行大致分类比精确分类更重要。去掉相同的想法，对相似的想法进行匹配。接下来，对这些想法进行讨论，要确保讨论某个想法的有趣之处而不是陷入批判模式。新的创意仍然可能涌现出来。写下这些额外出现的创意并且把它们粘贴到白板上。仔细思考其中有些想法是否可以以及如何融合到一起形成一种更好的解决方案。

于是，团队拥有了一长串的创意，需要进一步精简，以达到一个更方便管理的数量，便于更深入探索。可以采用多次投票法把这份清单中的创意缩减到3～5条。

### 书面头脑风暴

组织喜欢头脑风暴法，因为普遍的看法是它在产生大量有创造力的创意方面行之有效。于是，举国上下、各行各业的组织都把员工聚集在会议室里并且告诉他们："发挥出创造力，解决我们的问题。"遗憾的是，最近关于头脑风暴法的文献综述表明，在某些情况下，由于群体动力学方面的问题，头脑风暴会议并没有取得效果。这方面的问题包括：成员们不够尊重不同寻常的想法，以批评的态度看待其他人的想法，以及并没有为解决问题"全力以赴"。实际上，一项荟萃分析发现，让一个团队或一群人进行头脑风暴所实际产生的创意数量远远少于同样多数量的人各自形成的创意数量之和。

考虑到这一点，头脑风暴的一种变体应运而生，即书面头脑风暴（brainwriting）。要想产生更多有创造力的创意，书面头脑风暴更胜一筹。采用与头脑风暴相同的规则，书面头脑风暴为参与者提供时间，便于他们各自形成自己的想法并且记录下来，但最开始并不与其他成员分享这些想法。然后，参与者以循环的方式逐一读出自己的想法，直到所有的想法都介绍完毕。接下来，参与者对所有这些创意进行更深入的讨论。以下这几种方法可以用来提高所获创意的数量和质量。

- 提高参与者的多样性。确保头脑风暴会议的参与者能够代表该主题的各种不同视角——关键的利益相关者，甚至还可以是对该特定主题并不熟悉的局外人（顾客、供应商）。研究表明，在创造性地解决问题方面，多样化群体的表现要优于同质化群体。
- 使用比喻和类比。当一家汽车经销商想要通过营造一种更愉悦的购物体验来增加进店看车的人数时，它聚焦于那些令人愉悦的事物，例如美食，用美食作为一种比喻，巧克力（丝滑、甜美、惬意）能够成为一个很好的代名词，用来比喻提供顺畅、愉悦和惬意的服务而不是激进、带有侵略性的服务。著名的薯片品牌品客就运用了一个类比，薯片面临的主要问题是薯片需要占据太多空间，而紧密排列则会挤碎薯片，于是品客使用了干树叶的类比（请注意干树叶与薯片的相似属性），当树叶稍微有点潮湿时，它们在堆放时可以保持不变形，于是就有了品客薯片。

- 绩效标准和反馈。研究表明，通过设置高绩效标准，只要它们并非遥不可及，那么问题解决团队的成员们可以增加创意数量。此外，及时提供关于书面头脑风暴会议进程的反馈也非常重要。时不时停下来统计一下所产生的创意数量，让成员们了解自己节奏的快慢程度。
- 假设一个“完美世界”。要想获得真正有创造力的解决方案，关键在于鼓励人们在思考如何解决问题时不要被各种条条框框约束，要异想天开。如果你获得某种“超能力”将会做什么？一个完美世界将会是什么样子？

### 标杆学习

另一种用来产生解决方案的常见方法是标杆学习。在组织想要解决问题的情境中，使用标杆学习的可能性达到了25%左右。在使用标杆学习（benchmarking）时，某个组织想要解决某个特定问题，他们可以前往（无论是通过文献还是亲身前往）其他被认为已经成功解决该问题或类似问题的组织参观。在参观期间，想要解决问题的人员寻找或许能够在本组织行之有效的解决方案。大多数管理者的下意识反应是参观在本行业表现卓越、威名赫赫的组织。然而，当管理者参观专注于该特定问题领域的组织（无论这些组织处于什么行业）时，标杆学习似乎能够最有效地产生创意。例如，一家想要改进客服质量的银行，通过参观丽思卡尔顿酒店（Ritz-Carlton）或者诺德斯特龙百货公司（Nordstrom），在产生新创意方面的获益通常要优于参观另一家金融服务机构。

虽然标杆学习能够成为组织实施变革的一个良好起始点和推动力，但它并不是用来产生有效方案的万全之策，有时候甚至会导致决策错误。例如，解决问题的人员可能会下意识地轻率实施与标杆组织完全一样的流程，想当然地认为该流程在本组织也切实可行。如果解决问题的人员没有认识到自己要解决的问题实际上不同于标杆组织已解决的那个问题，或者标杆组织采用的解决方案并不契合本组织的文化特征，那么标杆学习就无法实现预期效果。此外，对于不是起源于或诞生于本组织内部的创意或方案，人们通常会产生强烈的消极反应或抵制立场。

产生了足够数量的备选方案后，你如何知道其中已经包含了好的方案？好的方案具有以下这些特征。

- 不提前评判。提出的方案不含有任何预先评判的成分。这样的方案不会自诩为“好的”或者“可行的”，它们只是被提出来作为备选的方案。
- 利益相关者参与。关键的利益相关者有机会思考该问题并提供他们的意见。如果关键的利益相关者没有参与进来，那么设计得很周密的决策也会失败。
- 组织的关注点。优秀的方案能够与本组织的目标保持一致。或许有许多种方案可以解决某个问题，但是如果它们违背了本组织的价值观或者与本组织的战略发展方向并不一致，那么它们很可能最终不会成功。
- 时间意义。好的方案并不是权宜之计或邦迪牌创可贴，而是真正的解决办法。它们同时兼顾短期效应和长期效应。
- 有效。对于一个好的方案来说，最终的试金石是它能够解决真正的问题，而不是用来解决其他问题或者无关事项。

## 方案

在问题被界定以及备选方案产生之后，你可能想要收集更多信息来深入分析这些方案。实际上，任何称职的管理者都不会在不了解关键因素之前就轻率地制定一项决策。这些关键因素包括：(1) 实施该方案需要投入多少成本？(2) 谁要参与进来？(3) 谁将会受影响？(4) 实施该方案需要花费多少时间？简而言之，管理者需要思考该方案是否可行和是否有效。也就是说，在已定的资源条件下（或者在资源可以适度增加的情况下）能否实施该方案以及该方案能否真正解决问题。

一般来说，管理者会使用以下两种方法中的一种来收集这方面的信息。一种方法，在解决问题时面临时间约束和限制的管理者通常只收集很少的额外信息，他们只会设法确认目前已经掌握的关于该问题的信息。另一种方法，如果管理者希望尽量减少与该问题相关的各种不确定性，那么他们就会花费大量时间和精力来收集关于每一种潜在解决方案的信息，以至于他们埋没在收集的大量数据之中。这两种方法都不理想。如今有些研究表明，善于解决问题的人非常善于掌握分寸。一项研究发现，随着掌握的信息量增加，个体对自己能够做出正确决策的信心也会增加。遗憾的是，决策的正确率并没有随着信息量增加或者个体自信心增加而相应提高（见图 3 - 10）。

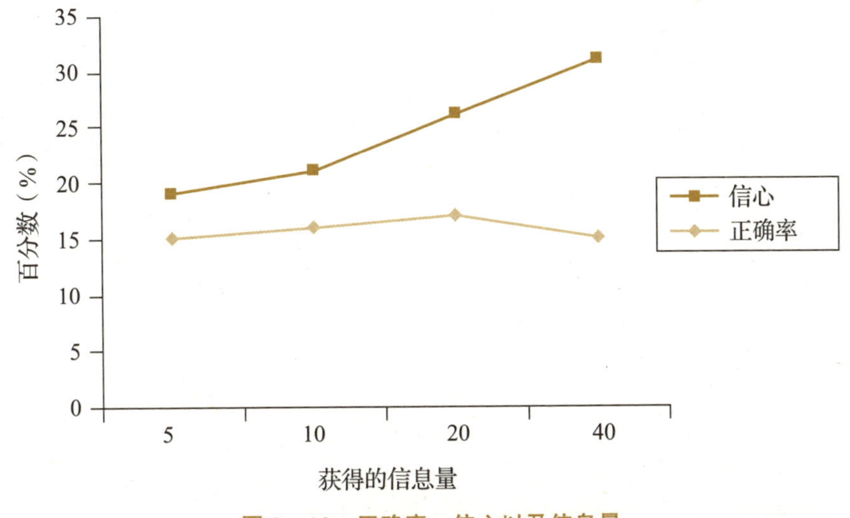


**图 3 - 10　正确率、信心以及信息量**

之前说过，当存在某种“管理真相”时，笔者会把它介绍给大家。这里就有一个：你总是觉得没有获得足够多的信息。“只要我知道……我会感觉好一点。”通过认识到这个事实，即拥有更多信息并不会实质性提高你制定正确决策的概率，你或许会找回一些信心。找出那些最息息相关的事项，然后根据它们来制定决策，否则，你将会陷入这种思维模式——拥有更多数据会使制定决策变得更容易。掌握更多信息，你对需要解决的问题会更加了解，问题看起来没那么模糊，但该问题的本质以及它潜在的解决方案并不会改变。

### 用来精简备选方案的工具

在评估各种备选方案时，最困难的事情之一是精简你的备选方案。幸运的是，你的武器库中有多种工具可以帮助你评估每一种备选方案的潜力并且把它们快速缩减为少数几种最佳的备选方案。对于几乎所有的精简工具来说，最关键的是精心挑选合适的评判标准。你会根据什么标准来判断哪个备选方案最有吸引力？在做出选择时，你并不需要逐一设置每一条详尽的标准，只需要确定一些大致的标准。

例如，假设你正在考虑两个不同的新岗位，什么标准是最重要的？薪水、工作日程、福利待遇以及工作环境或许是最重要的标准。你或许认为其他一些标准（例如通勤时间）也比较重要，但是重要程度不如前面那些标准。首先确定哪些标准最重要，然后利用这些标准来帮助你精简备选方案。

**备选方案表**。最基础的决策工具就是在一个表格里明确写明每种备选方案的特征或后果，以便进行直接比较。继续以刚才这个例子来说明。

如表 3－2 所示，表格的最左侧列出了最重要的决策标准，在表格的最上端列出了每一个可供选择的工作岗位。然后，用最简单的语言列出了关于每个工作岗位的所有信息。这个表格的美妙之处在于每种备选方案的优缺点一目了然。岗位 1 的薪水较少，但是它提供不错的福利待遇和一种惬意的生活方式；岗位 4 虽然薪水更高，提供良好的福利待遇，但是工作会成为你生活的全部。你可能会问自己：“我为什么需要多此一举来做这个表格？难道我不能简单地在我脑海里进行比较？”这又是人们在解决问题的过程中很容易遇到的一个隐蔽陷阱。研究表明，即便只有少数几种备选方案，也很少有人能够在自己的脑海里对它们进行有效的比较，最终只会聚焦于或者过于关注某个特定的备选方案。

**表 3－2　备选方案**

| 评判标准 | 备选方案 | | | |
|---|---|---|---|---|
| | 岗位 1 | 岗位 2 | 岗位 3 | 岗位 4 |
| 年薪 | 38 000 美元 | 42 000 美元 | 41 000 美元 | 46 000 美元 |
| 工作时间 | 每周 38 小时 | 每周 40 小时 | 每周超过 50 小时 | 每周超过 60 小时 |
| 福利待遇 | 医疗保险、牙科保险、401（k）年金计划 | 医疗保险、牙科保险 | 医疗保险、公司汽车 | 医疗保险、牙科保险、401（k）年金计划、礼宾服务 |
| 工作环境 | 格子间、舒适惬意 | 办公室、舒适惬意 | 出差、弹性工作时间、舒适惬意 | 出差、工作强度大 |

**权重排序**。假设你在产生备选方案阶段表现突出并且获得了 25 个有吸引力的创意，那么你很可能希望快速地缩减这份清单。权重排序在这方面可以为你提供很大帮助。首先，在一张表格最左侧第一列写下评判标准。接下来，对这些标准分别进行比较，并且在更重要的标准旁边做标记。也就是说，将所有标准逐一进行比较，最终按照重要程度或者不重要程度对所有标准进行排序。换句话说，计算每一条标准获得的标记数量，你就获得了评判标准的权重排序（标记数量越多，重要程度越高）。这种方法非常切合实际，因为有些标准的重要程度（权重）必然要高于其他标准。

其次，在表格的第一行写下你的备选方案。再次，针对每一条评判标准，根据某个量表来对每种备选方案进行打分，例如，通过一个 1 ～ 10 的量表，1 代表非常糟糕，10 代表非常优秀。使用哪种量表并不重要，只要保持一致即可。最后，计算每种备选方案获得的分数总和，从而对备选方案进行排序。通过一个示例来阐述你如何确定假期旅行的最佳交通工具（见表 3 - 3）。

**表 3 - 3　权重排序示例**

| 标准 | 权重分数 | 火车 | 汽车 | 飞机 | 自行车 | 量子运输 |
|---|---|---|---|---|---|---|
| 速度 | 2 | 2 × 6 = 12 | 2 × 5 = 10 | 2 × 10 = 20 | 2 × 3 = 6 | 2 × 10 = 20 |
| 安全性 | 2 | 2 × 5 = 10 | 2 × 3 = 6 | 2 × 9 = 18 | 2 × 1 = 2 | 2 × 1 = 2 |
| 成本 | 1 | 1 × 7 = 7 | 1 × 9 = 9 | 1 × 5 = 5 | 1 × 2 = 2 | 1 × 1 = 1 |
| 可靠性 | 1 | 1 × 6 = 6 | 1 × 7 = 7 | 1 × 6 = 6 | 1 × 1 = 1 | 1 × 1 = 1 |
| 总计 | | 35 | 32 | 49 | 11 | 24 |

如表 3 - 3 所示，飞机能够最好地满足评判标准。有趣的是，量子运输要优于骑自行车——量子运输能够实现的话。

### 仔细斟酌

组织系统会表现出所谓的等效性（equifinality），即不同的初始状况导致相似的效果。换句话说，不是所有的道路都通向罗马，但许多道路都是如此。有时候解决某个问题的最佳办法就是从几种最终解决方案中选择一种。它可能并不是完美的解决方案，甚至并不是最优的，但是它同样能够帮助你解决问题。根据这种逻辑，你可以尝试选择那种能够带来最大回报

（并不总是经济方面的）或杠杆作用的解决方案。请记住，系统是由许多相互关联的部分构成的。你选择的解决方案可能会激发系统做出反应，这些反应会提供关于你是否处在正确轨道的反馈。这并不意味着你应该采用以前的老办法来解决问题，倒不如说，如果你知道一旦把自己的选择范围缩减到几种强有力的、精心设计的备选方案，你其实就已经成功了一大半，那么你在做出选择时就能够轻松自在一点。

用来帮助权衡优缺点的一种重要工具是所谓的唱反调（devil's advocate）方法，它可以增加辩论，并且从各种角度来探究问题。这种方法可以通过一群人或者几个人来完成。无论采用哪种形式，你首先明确阐述想要解决的问题以及你青睐的备选方案。安排某个人（你的搭档、关键客户、经验丰富的员工）来扮演唱反调的角色。你对这个人的要求很简单：质疑你提出的看法，提出尖锐批判，攻击你的逻辑漏洞，并且挑战你的基本假设。唱反调之人不仅帮助你思考备选方案中的盲点，而且帮助你预测结果。需要再次强调的是，任何决策都不是完美的，但是你事先考虑到的问题越多，为推进和实施该决策所做的准备就越充分。

一旦你做出选择，就直截了当、简明扼要地阐述该解决方案。你应该能够在 30 秒内解释该问题及解决方案。如果你做不到这一点，其他人就可能无法理解你所讲的内容。一种简单的办法是采用这个模板：（1）陈述该问题；（2）阐述所推断出的原因或根源；（3）阐述所提出的解决方案；（4）描述该解决方案的效果和目标人群。例如：

- 问题：客户抱怨等电梯时间太长。
- 原因：电梯运行速度并不是很慢，客户只是在等待时太无聊。
- 解决方案：在每部电梯旁边安装显示屏，播放 CNN 和其他新闻频道。
- 结果：显示屏可以使客户的注意力从电梯转移到电视节目，从而减少抱怨，使管理者有更多时间解决其他问题。此外，这个办法还可以带来额外利益，让客户及时掌握全球新闻资讯！

## 制定决策

现实情况是所有的决策都需要权衡利弊得失。由定义可知，当你决定选择某种行动方案时，你要淘汰其他方案。你无法兼顾所有。你很可能会发现，当你把所有备选方案精简到少数几种时，其中每一种方案都有自己的优势和劣势。这种方案可能成本更低，但是需要花费更长时间来实施；另外一种方案能够使资源和时间的利用最大化，但是与最高管理层的意愿截然相反。没有完美的方案，但是不要因此而惊慌。

从本质上说，所有决策都涉及风险事项和公平感。虽然你可以为任何决策设计出精巧的数学公式、运算法则和概率图来说明风险系数有多高，但是这始终属于个人感知和判断。风险通常以各种不同的形式呈现，导致人们对于究竟涉及多少风险做出不同判断。

第一，风险以担忧的形式呈现，即人们感觉自己无法掌控或施加影响。恐怖主义是这种风险形式的典型例子。第二，风险通常表现为未知，即人们认为结果确实是未知的。例如，对人类基因进行编辑所涉及的风险在目前仍然是未知的。第三，风险表现的形式取决于面临某种特定风险的人数。例如，如果在你居住的小镇上发现只有一个人患有某种罕见疾病，你不太可能认为这是高风险；与此相对，如果小镇上每三个人当中就有一个人患上这种罕见疾病，这无疑是高风险事件。因此，风险所表现出来的形式导致人们在判断风险系数时可能会得出大相径庭的结论。

此外，人们在判断风险时，还会遇到各种各样的陷阱。例如，研究表明，在其他条件相同的情况下，人们更有可能认为出现积极结果的可能性要高于出现消极结果的可能性。一项研究发现，学生们（平均值）认为，与自己的伙伴相比，自己在生活中遇到积极事件的可能性要高 15%，遇到消极事件的可能性要低 20%。也就是说，虽然客观的风险通常并不会改变，但是从自身角度出发，认为自己面临的风险或概率会有所不同。这对你意味着什么？你应该尽量客观地计算风险，但是也需要认识到其他人可能会采用与你不同的方式来看待风险的性质和程度。

## 实施

如果制定决策并不是非常困难，那么接下来你就需要实施该解决方案。本章的主要内容是讲述如何解决问题，也就是发现和确定最合适的解决方案。在组织中实施任何变革都是一个相当复杂的过程。关于如何实施变革，本书第 10 章会进行更全面、深入的探讨。不过，有些重要事项需要在这里就指出来。

第一，实施某种解决方案必然会涉及其他人——你的利益相关者。这意味着在你开始实施该解决方案之前，你应该重新回顾一下你的利益相关者分析，并且与关键的利益相关者探讨该解决方案的最佳实施方式。第二，实施过程并不意味着顷刻之间就全部完成。有时候实施一项决策的最佳方式是步步为赢。步步为赢是一种简单但强有力的理念，把整个实施过程划分为多个步骤。每个步骤被视为一个小项目，逐渐积累动能。通过这种方式，你可以向其他人逐步证明你的解决方案是具有价值的，无须一股脑儿就把解决方案和盘托出让他们评判。

第三，在实施某种解决方案时，有些人会遗憾地发现自己低估了该问题的范围或者错误地定义了该问题。虽然这个事实令人沮丧，但是为了避免虎头蛇尾或者对解决方案抱有信心而继续实施该解决方案，对真正解决问题并无助益。在解决方案实施过程中，如果你发现有确切的证据表明你在解决错误的问题，请停止实施该解决方案。许多管理者在明知道该解决方案已经无法解决问题的情况下仍然固执地推行该解决方案，最终只会使自己陷入困境之中。放弃之前所有的努力会导致短痛，但从长期来看，这是正确的应对措施。

## 学习以及寻求反馈

你是否曾经两次犯同一个错误？你是否曾经对自己说过“我再也不会这样做了”，可是过段时间还是明知故犯？哈佛大学的克里斯·阿吉里斯（Chris Argyris）教授观察到，每个人都失败过，但是真正成功的人会把每次失败视为一次学习机会或者一次“建设性的失败”。此外，他还注意到，大多数专业人员对自己的失败采取一种防御或排斥态度，很少分析自己为何成功。从这种角度来说，在实施一项决策之后，很少会出现真正的学习，而这种学习可以帮助管理者在未来解决问题的过程中重复之前的成功或者避免失败。

因此，在解决问题的过程中，当实施解决方案之后，需要进行的第一个步骤是设法判断该决策是不是正确的解决方案以及真正获得了成功。也就是说，通过你之前对该问题的界定以及提出的解决方案，问题已经得到解决。凑巧的是，你在问题解决程序的早期阶段就已经设置了成功的标准，因此在这个阶段可以用来判断解决方案是否成功。例如，在之前的关于电梯的示例中，已经说过希望解决方案可以减少客户抱怨以及增加管理层解决其他问题的时间。显然，使用这些评判标准来衡量决策效果是非常容易的，而且应该定期进行，以确保你的决策继续发挥作用（见管理实践 3.5）。

### 管理实践 3.5

#### 事后评估

商业领域的一个时髦术语——知识管理——获得了越来越多的关注。它的基本前提是组织和管理者往往会重复糟糕的决策。通过知识管理，管理者能够建立一个关于以前那些糟糕决策的数据库并且从中汲取经验教训，以避免再犯同样的错误。这件事情说起来很容易，真正做到却非常困难，因为办公室政治错综复杂，管理者不愿意为糟糕决策承担责任。不过，一种称为事后评估（after action review）的有效工具已经开发出来，它的唯一目标是从错误中汲取经验教训并且稀释政治氛围。

事后评估始创于军事领域，在一次军事行动完成之后立即用来评估该行动的结果。为了做到这一点，军方会呈现该行动的每一个方面，以全面深入评估哪些地方做得好以及哪些地方做得不好。这包括考察每一个人在该行动中的角色，其中涵盖了负责本次行动的最高领导者。例如，当一个列兵认为自己的直接上司没有及时提供信息时，该列兵可以把这个情况汇报上去，作为事后评估的一部分——可以质疑直接上司的一个宝贵机会。管理工具 3.4 描述了一个基本的事后评估计划。

除了这些最重要的知识来源之外，你还应该再次咨询你的利益相关者，了解他们对你解决的问题以及解决方案的意见。你不仅要知道最终的实施过程是否让利益相关者满意，还需要知道解决问题的整个过程是否让利益相关者满意。他们是否认为自己参与了该过程？在整个过程中，他们的声音是否得到充分倾听？再做一次简要的利益相关者分析是有帮助的，因为你将来还会解决其他问题。你会知道他们喜欢什么、不喜欢什么以及他们希望的参与程度。管理工具 3.4 介绍了进行事后评估的一种基本方法。

管理工具 3.4

### 事后评估

事后评估的基本前提非常简单。用来解决问题的每一分努力都应该获得全面评估，其中包括回答以下这些关键问题：

- 在解决这个问题时，我们最初想要达成什么目标？
- 我们真正实现了什么结果？
- 我们最初的预期与实际结果之间是否存在差距？
- 如果存在差距，是什么原因导致的？该解决方案为什么没有解决该问题？
- 在解决问题的过程中，我们做得出色的地方是什么，如何能够在未来被重复？
- 在解决问题的过程中，我们存在的不足之处是什么，如何能够在未来加以改进或避免？

事后评估并不仅仅是一份列出积极方面和消极方面的事后检验报告，确切地说，它还包括与利益相关者认真沟通该解决方案所产生的影响，以及深入思考未来如何改进问题解决程序。

## 结语

解决问题是一件艰难的事情，而且好的决策并不能保证好的结果。不过，如同本章所阐述的那样，了解那些常见偏差并且仔细思考如何解决一个问题，能够显著提高你实现良好结果的可能性。古老的谚语说道："如果你手里只有一把锤子，所有东西看上去都像钉子。"人们很少确切地知道自己的决策将会导致什么结果。因此，人们应该拥有一个工具箱，里面装的思维框架或思维方式可以帮助自己在解决问题时作出清晰的判断和尽量实现最好的结果。

# 第 4 章

# 做出道德决策

## 社交媒体的反社会一面

### 案例 | 真相

自 2008 年美国大选时年轻的选举人发现他们可以在 Facebook 上“互粉”（friend）巴拉克·奥巴马开始，社交媒体在政治运动中的地位就变得不可撼动。很多人都认为社交媒体开启了政治选举的新纪元，借助它的力量竞选者和竞选活动可以更好地贴近民众，民间组织可以更好地发展，同时选民可以通过推特直接参与到立法的起草中来。乐观主义者认为，这一现象将会成为“数字民主”（digital democracy）的一种形式，定义了一种选举人和被选举人之间更加紧密、一致程度更高的关系，从而使那些直抒胸臆的、未经政治化妆师粉饰过的言论茁壮成长。

然而，就像其他工具一样，社交媒体也能用来制约民主实践的发展。比方说，前些日子在马萨诸塞州举行了一场特别选举，来填补已故的爱德华·肯尼迪（Edward Kennedy）所占据的参议院席位。在选举开始之前，美国未来基金（American Future Fund，AFF）发起了一场名为“推特炸弹”（Twitter-Bomb）的运动来抵制其中一名参选者——总检察长玛莎·柯克丽（Martha Coakley）。AFF 在选举开始的几个小时之前建立了 9 个匿名推特账户向其他高影响力的推特账号发送了数以百计的推文，控诉玛莎·柯克丽从健康保险说客手中收受贿赂并附上相关细节的链接，这些链接也指向了匿名网站。短时间内相关推文数量激增，直接导致了对柯克丽的大量抨击，并有效利用谷歌的实时搜索功能使她的名字出现在热搜榜。这一方法并不是局部性的或局限在特定政党，而是某种程度上被所有政治团体采用。

关于道德的大部分讨论，尤其是针对年轻人的部分，都有一种理想主义的基调。比如说，人们经常能听到诸如“道德高尚会有回报”“高尚的道德是一门好生意”等的陈词滥调。遗憾的（同时也令人不安的）是，就连任何外行的商业观察者在近些日子也会发现，不道德的行为一样可以获得回报，道德的举动经常也会导致生意的损失或者达不到预期的成果。更进一步来说，传统概念中的对和错的界限常常会被组织生活模糊（见迷思 4.1）。在最近的一项针对 111 位高管的调查中，52% ～ 90% 的高管当面临以下情景时会认为不道德的举动是恰当的：（1）突发性事件的需要；（2）当前的工作迫切需要得到处理；（3）存在不公平的或是过度严格的绩效制度；（4）必须避免对组织的消极影响。最令人震惊的是，调查结果中 56% 的人认为经常违反规则的经理比那些循规蹈矩的经理更高效。当很多这些高管所就职的公司同时又声称自己执行的是“最高道德标准”时，这绝不是一个令人鼓舞的消息。

## 迷思 4.1

### 道德决策误区

- 遵守道德是一件很容易的事。事实是想要遵守道德是非常困难的。实际上，根据定义来说，仅仅是确定自己正在面临道德困境（而这，仅仅是解决它的第一步）就已经是一个复杂的过程了。道德困境可不会写在脑门上，“快看我，我是个道德问题”。
- 不道德行为仅仅是一个“坏苹果”的问题。即使那些拥有强大道德观念的人也会做出一些不道德的决策。事实是人们很多的行为都是受他人引导或模仿他人而做出的。当你的老板在他的消费报告上动手脚时，你会自然而然地认为自己这样做也是可以的。这会让你变成一个坏苹果吗？不会，但是你的行为确实是不道德的。
- 道德可以靠行为规范来约束。有研究表示企业中官方的行为准则对道德行为有着积极的影响。然而，为了让它们能够发挥这种影响，它们必须在更广泛层面被每天遵守。换句话说，如果一位高管被发现违反了行为准则而他并没有依据政策受到处罚，那么这就传达出一个信息，即道德行为准则实际上是可以被忽略的。

- 人们的道德水平比以往更低。人们的不道德行为几个世纪以来并没有多少改变，改变的是组织生活的节奏以及通过科技获取信息的手段。这给不道德的行为方式增添了新的创意！
- 处理道德问题不是我要考虑的事。不管你喜不喜欢，道德问题都与生活息息相关。你所做的每一个决策都影响着伦理问题出现的可能。

另外一小部分数据可能更贴近生活。在一项对于美国 31 所大学的超过 6 000 名学生的调查中，研究者发现了如图 4－1 所示的数据。

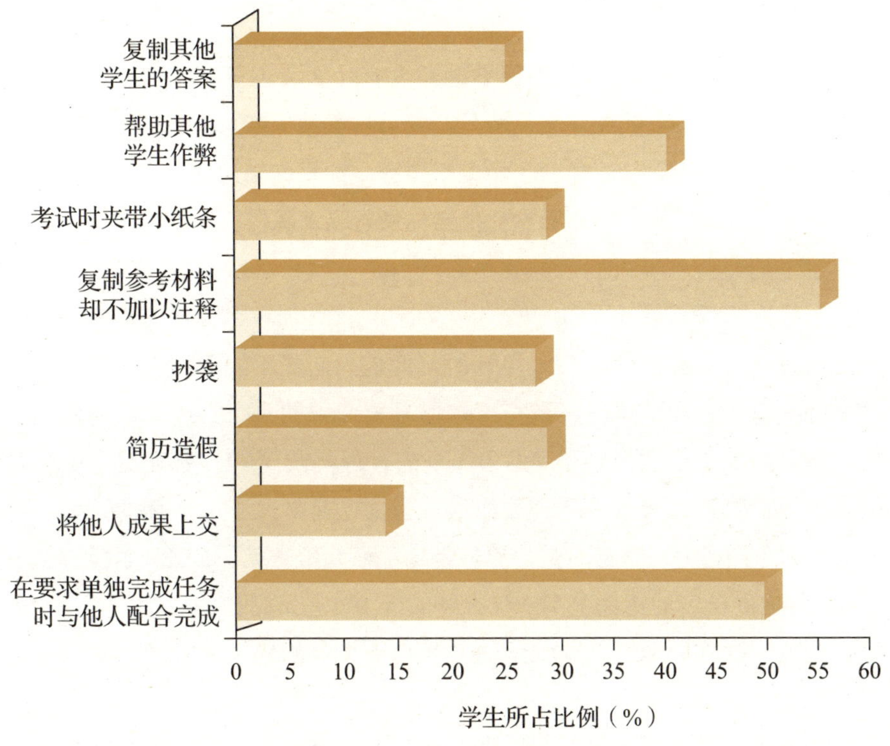


**图 4－1　大学学生的行为**

大体上有 2/3 的学生在此次调查中承认在大学生涯至少有过一次作弊经历。当问及原因时，学生们归因于压力和申请研究生的激烈竞争。研究者同时收集了学生们未来的职业选择。在计划选择教育相关的职业中有 57%

是承认有作弊经历的学生，这一比例是所有职业选择中最低的。这一比例从这开始飙升，医药行业——68% 承认有作弊经历、政府工作——66% 承认有作弊经历、工程师——71% 承认有作弊经历，以及未来的工商管理硕士——76% 承认有作弊经历。学生们同时表示作弊其实是一种相对无害的错误。然而，正如拉什沃思·基德尔（Rushworth Kidder）指出的那样，作弊实际上并不是无害的。

> 你只需要去问一问你将要经过的这座桥是谁设计的，或者你的医生是在哪里培训的，就足以开始质疑各种职业中的作弊是否已经成为普遍的倾向（以及随之而来的风险，即将一个不知道自己在做什么的人放纵于社会中），这实际上是一种“无受害者犯罪”。

尽管看起来一个小小的作弊举动并没有什么大不了的，然而当你将整个建立在作弊体系上的职业文化背景及其分支都纳入考量时，这一举动就会变得极其令人讨厌。从这样一个角度来考虑，如果你知道你的心外科医生是靠作弊上完医学院的，你还愿意让他给你做冠状动脉搭桥手术吗？

这里的经验告诉人们道德其实和行为是一回事，所有的行为都会有结果。尽管道德哲学暗示人们应该“三思而后行”，但评判人们的依据并不是想法而是行为。即便你的意图是好的，但是人们并不能看到它，呈现出来的永远只有行为和结果。反观一下许愿基金会帮助一个身患绝症的男孩杀掉一头科迪亚克棕熊的例子（见第 3 章的管理实践 3.3）。管理层意图很好地与组织价值观达成了一致，然而这一行为还是导致了一个坏的结果。不幸的是，道德行为一直都不是简单容易的，而且常常无法自证（也没有共识可言）到底在给定的情境中实施什么样的行为才是最道德的。世界上并没有道德开关可供人们调控，单纯地说“我是一个道德的人”对于证实这一点毫无意义。

道德领域依然有很多工作要做，这些工作会为指导人们的道德行为提供方案。根据约瑟夫森研究所（Josephson Institute）——一个致力于研究和实践道德的中心——的结论，道德行为是多维度的，道德水平最高的那一类人的行为折射出的是道德承诺、道德良知以及道德能力。

## 道德：做出艰难的选择

如果你选择为了道德决策和行为而努力奋斗，那么就要求你做出道德承诺（ethical commitment）。道德承诺指的是你想要去做对的事情的决心和愿望，即使面临潜在的伤害和对个人的不良影响。这要求个体必须具有极大的勇气和正直（或者说对于道德原则的坚守）来做出那些或许不那么主流甚至是违背主流文化的决策。你的人生想怎么过？你想因为什么被铭记？什么样的价值观是值得为之战斗的？你想拥有什么样的关系？你想因为捍卫自己所坚守的正确而被人知晓吗？自古以来，乃至很久以后，想要做一个道德高尚的人都是一件充满挑战的事情。道德承诺指的是接受这种挑战。

道德地解决问题也需要道德意识（ethical consciousness）。在道德意识中，你有能力去理解选择不那么道德的行动路线的后果。与认为作弊不会伤害任何人的学生不同，具有道德意识的学生了解这种行为的深远影响。那些有道德意识的人会意识到他们的行为所带来的影响，他们不会忘记自己周围的许多道德问题。

最后，道德行为的第三个维度是道德能力（ethical competency），包括在问题解决过程的每个阶段对道德的深思熟虑。在某种给定的情况下，没有简单的方法来确定最道德的选择，但是有一些非常有用的模型来构建和剖析道德困境。无论是定义一个问题，找到各种备选方案，还是做出一个决策，具备道德能力的人在做出选择时都会考虑这些模型。

### 认识道德问题

道德（ethics）可能被定义为“管理个人或群体行为的原则、规范和标准”。正如在道德决策误区中所指出的那样，道德决策远非“易事”。也许在做出道德决策时最困难的挑战是认识到一个人在一开始就面临道德困境。研究人员琳达·特雷维诺（Linda Trevino）和迈克·布朗（Mike Brown）指出，“遵守道德很容易”的观点假定人们知道自己什么时候正面临道德困境，并且在了解的基础上可以做出“正确选择”。与此相反的观点则几乎总是成立的——制定道德决策时几乎很少会接收到旗帜鲜明的提醒：“嗨，这是一个道德事项！请从道德层面来考虑！”假设一个员工被要求以自己上司的名义在一份文件上签字，该员工可能会把这视为一种简单的举动，任何“好的”员工都应该这样做。然而，该员工没有意识到，这或许是要求他“伪造”一份法律文件。

你面临的大多数问题都包含道德层面的意义——无论你是否意识到这一点。不过，有些问题似乎很容易就被发现包含道德层面的意义，也就是说，人们能够立即感受到道德压力或困境。实际上，困境通常（并不总是）并不是以“正确与错误”的形式出现，而是以“正确与正确”（或许是“错误与错误”）的形式出现。也就是说，道德困境，真正困难的抉择，通常并不涉及明显正确或者明显错误的选项，而是各有千秋、不分伯仲的选项。可以考虑以下这些左右为难的事项，诸如如何对待青少年学生在体育运动或者学习成绩方面的能力差异问题，或者如何花费可支配收入，等等。

- 给所有的小选手相同的上场时间是正确的，尽最大可能来组建最好的队伍也是正确的。
- 通过让一名学习成绩不佳的学生借鉴你的家庭作业来帮助他，这是正确的，让你的家庭作业不被别人看到也是正确的。
- 把钱施舍给穷人是正确的，为自己家庭存钱也是正确的。

以上的这些道德困境，其实都可以视为“正确与正确”形式，接下来将予以更详细的讨论。

### 正确与正确形式

“正确与正确”形式是让人们最难以抉择的道德困境。在基德尔看来，这类困境可以浓缩为几个重大主题。在真相与忠诚困境中，人们在提供客观真相与保持对他人的忠诚之间左右为难。例如，当一个病人向一名医生透露自己可能要自杀时，医生在道德层面有义务将这些信息透露给相关人员，可是这又违背了病人与医生之间的信任关系或忠诚。并不是所有的真相与忠诚困境都如此明显。当管理者在上司要求其保密（“不要提前宣布员工降薪的事情”）和员工向其询问相关信息（“公司会裁员吗？”）之间左右为难时，他们就面临着这类困境。

第二个重大主题是个人与集体。个人的需求，例如秘密和隐私，经常会与集体的需求相冲突。恐怖主义已经把这种困境凸显出来：政府部门试图保护个人的权利和需求，但同时也要保护整个社会的更大利益。对机场安检人员的行为所进行的许多辩论都是围绕这个主题展开的。

第三个重大主题是短期与长期，涉及活在当下与考虑未来之间的冲突。例如，为未来进行财务投资通常会与享受当下生活相冲突。最后，第四个重大主题是公平与仁慈。抓住学生作弊的教师就面临这个问题：一方面，作弊的学生应该受到相应的处罚；另一方面，学生是普通人，有时候不经意间会做出糟糕的决策，值得同情以及帮助他们避免在未来犯类似的错误。这些主题在日常生活中每天都会出现。当你在探究道德困境时，设法找出其中的主题，它将帮助你更清晰、明确地理解该事项。

### 道德强度

正如你现在所知道的，人们的偏见常常导致判断力变差。判断道德困境并没有什么不同。例如，道德困境的框架导致了对该做什么的截然不同的判断。例如，在何种程度上你会同意以下说法："从互联网上下载音乐而不付费的人是不道德的。"如果用稍微不同的方式来表述："那些不付钱就从互联网上偷音乐的人是不道德的。"未经许可的下载和未经许可的偷有什么区别吗？没什么大区别，但人们认为偷显然是错误的，下载是可以接受的。人们看待道德困境的方式在很大程度上取决于问题的道德强度（moral intensity）。也就是说，在这种情况下道德困境是如何被理解的，导致人们就会认为这种情况是不道德的。同样的情况如果道德强度不那么强烈，也不会导致人们认为这是不道德的。来看一下下面的场景，了解所谓的开关困境：

> 一辆有轨电车在轨道上失控。在它的路径上有五个人被绑在轨道上，幸运的是，你可以扳动开关，引导电车沿着一条不同的轨道走向安全的路径。不幸的是，有一个人被绑在另一个轨道上。你会按下开关吗？

现在再考虑一种类似的情形，即天桥困境：

> 一辆电车正在向五个人飞驰而去，你在它会通过的路径上方的一座天桥上，你可以在它前面放下一个重物来阻止它。碰巧的是，在你旁边有个胖子——你要阻止电车的唯一办法就是把他推到天桥下，堵在轨道上，杀掉他来救那五个人。你会把这个人推下去吗？

在这两种情况下，结果都是完全相同的——一个人被杀死来拯救另外五个人。然而，在最近的一项研究中，研究人员发现，尽管90%的研究参与者说他们会“扳动开关”，但只有30%的人说他们会“把人推下去”。尽管有五个人会死，但作为那个胖子旁边最近的人，决定杀死他似乎是非常不道德的。但当扳动开关时，人们感觉自己没有杀死在轨道上的人。这是一个很好的例子，说明道德强度如何改变人们处理道德困境的方式。研究人员托马斯·琼斯（Thomas Jones）指出了道德问题被视为强烈的六种方式。

1. 结果的量级。即行为结果的严重程度。例如，一个导致人死亡的行为比导致人受轻伤的行为更严重。人们常常会这样判断一个行为是否“足够糟糕”，以至于被认为是不道德的。
2. 关于好 / 坏的社会共识。关于某个行为的社会认同度。例如，许多人认为在得克萨斯州贿赂一名海关官员比在墨西哥贿赂一名海关官员要不道德得多。两者都涉及贿赂，但在一种情况下被认为是不道德的，在另一种情况下程度可能会更轻一些。
3. 伤害和收益的概率。所考虑的行为确实发生并且产生预期的伤害 / 收益的概率。例如，你认为卖枪给一个已知的持枪抢劫者比卖枪给守法公民造成伤害的可能性更大。此时，你低估了一个守法公民会造成伤害的可能性，并且低估了已知持枪抢劫者不做出伤害行为的可能性。
4. 时间紧迫性。指行动开始到后果产生的时间间隔。例如，减少当前退休人员的退休福利比减少现有员工在40～50岁之间的退休福利有更强的时间紧迫性。人们更倾向于认为那些影响自己当下的决策是不道德的，认为具有时间延迟性的决策结果更容易接受，因为人们有时间从这个决策中恢复过来。
5. 接近程度。人们对行动对象的接近（心理或身体）的感受。例如，在你所在部门裁员比公司其他部门裁员有更大的问题强度。裁员从来都不是件容易的事，但当裁员没有降临在自己头上时人们更容易对其做出道德评判。

6. 效果的集中性。比如说，拒绝 10 个人每人 10 万美元的索赔要求比拒绝 10 万个人每人 10 美元的索赔要求的效果就更为集中。没有人想要损失 10 美元，但它不太可能显著地影响你的生活，但是 10 万美元的损失将迫使许多人做出一些艰难的财务选择。人们倾向于认为这种高度集中的效果是更为不道德的。

从这六种方式中可以看出，一种情况的本质可以很容易地改变你对道德和不道德的看法。

### 道德与法律

经过哲学家、宗教和法庭几个世纪关于对或错的讨论，人们会认为现在应该已经找到了道德标准，而法律标准将涵盖伦理标准。不幸的是，法律规范和伦理规范并不完全相同，它们也并不总能达成一致，尽管它们都是有道德保障的。相反，一些法律上允许的行为，例如毫无理由地解雇员工，却并不符合道德标准。出于这个原因，人们可能认为法律是道德的“底线”而不是“天花板”。至少有以下五个原因解释了为何在组织机构中法律和道德可能会出现不一致。

第一，考虑一下法律的变更频率有多慢。种族隔离在 20 世纪上半叶是合法的并不意味着它是正确的事情。因此，认为服从法律就足以完成一个人的道德责任，就会引发一个问题，即法律本身是否道德。作为历史上最明显的例子，纳粹德国和实施种族隔离的南非，恰恰说明了一个人的道德责任可能与法律是背道而驰的。在更实际的层面上来说，这一问题可能对全球经济产生重大影响，在全球经济中，企业要在那些与本国法律体系不同的国家开展业务。一些国家将童工或性别歧视合法化，但选择采用这种做法的企业并不会因此而逃避了道德责任。从道德角度讲，你的道德责任也不会因为你对法律的盲目服从而终止。

第二，珍视个人自由的社会也不愿意让法律的要求仅仅停留在道德底线。这样的社会一定会在法律方面寻求保护免于受到最严重道德伤害的方法，但并不会从法律上要求慈善行为、社会礼仪、个人操守等构建先进文化的社会结构要素。这样的法律或许可以成为防止严重伤害的有效机制，但在促进“好”行为方面并不是很有效。你能想象一个社会中，法律要求父母爱自己的孩子，甚至是法律明文要求禁止撒谎吗？

第三，在更实际的层面上，告诉企业其道德责任以服从法律为目的，只会产生越来越多的法律法规。若试图制定法律来涵盖每一个可能的商业挑战，则法律的数量将变得越来越多以致难以管理。安然（Enron）和世通（WorldCom）等公司的道德问题导致了《萨班斯-奥克斯利法案》（Sarbanes-Oxley Act）和许多其他法律的产生。如果企业将道德责任仅仅局限于服从法律，那么一波新的法律规定的是以前的自愿行为也就不足为奇了。

第四，法律不能预见当代商业面临的每一个新困境，因为通常情况下，行业领导者所面临的特殊困境可能并没有规则可遵循。例如，当工作场所的电子邮件处于发展初期时，并没有法律针对电子邮件传输的归属权做出规定，无论是雇员还是雇主。结果，人们别无选择，只能指望掌权者在道德决策过程中尊重员工的隐私，同时充分管理工作场所。当新的困境出现时，人们只能指望伦理道德，因为法律可能一时不能——也可能永远不会提供解决方案。

第五，认为服从就足够的观点是对法律的误解。如果说一个公司需要做的就是遵守法律，这表明法律是清晰明确、可以很容易应用的规则。这个对法律的理解很常见，但不太准确。记住，如果法律真的是清晰明确的，那还要律师和法院干什么！

## 制定一项道德决策的 6 个步骤

许多有证据支持的框架都可以指导你做出道德决策。接下来将描述制定道德决策的 6 个关键步骤。

### 步骤 1：收集事实

在你采用任何道德框架之前，你需要尽可能多地收集相关信息。有时候你所面临道德困境的原因仅仅是你的情况与别人的情况不一样。简单地说，从表面上看是道德两难问题，然而可能更恰当的解释是对于事实的不同看法所产生的分歧。因此，你必须表现得像一个记者，并不急于得出结论或做出回应，而是从了解既定情景的基本事实开始。涉及的是谁？有没有任何幕后人员参与（换句话说，就是在幕后操纵）？这种情况是怎么发生的？我（组织或其他人）以前出现过这种情况吗？这种情况是之前所做出的决策造成的吗？这是由我直接掌控的问题吗？这些类型的问题可以帮助你确认你正在处理一个合理的客观事实。

商业伦理学家劳拉·哈特曼（Laura Hartman）说，一个道德的决策是由确定的事实决定的。因此，哈特曼认为，“对事实深思熟虑的人会比缺乏深思熟虑的人的所作所为更合乎道德伦理”。因此，在采取行动之前获取更多相关信息很有可能会增大你做出正确决策的概率。

## 步骤 2：定义道德问题

你掌握了任何特定困境的基本事实之后，下一步就是利用这些事实来帮助梳理所涉及的主要道德问题。这里的挑战在于：你需要抑制自己的自然倾向，避免快速或下意识地得出解决方案，要基于所收集的事实，并将这些事实进行系统的检查（见管理实践 4.1）。现在进入道德理论，道德理论试图通过提供理性的理由来为道德困境提供系统的答案，从而为采取行动或选择特定方式提供合理的理由。道德理论可分为两大类：目的论和义务论。两者之间的区别在于：目的论（teleological theories）通过观察决策可能带来的结局或后果来决定行为是否道德（重在结局），义务论（deontological theories）通过观察决策过程来决定行为是否道德（重在手段），并且基于普遍原则或权利的概念。接下来将介绍主要的目的论（功利主义）和义务论（普遍主义），这些理论有助于人们定义道德问题。需要强调的是，没有一个理论是最佳的。事实上，所有的观点都有优势和不足，这意味着人们不能仅用一种观点来评价道德困境，必须将收集到的事实加以研究，以便更充分地理解自己的真实选择。

### 管理实践 4.1

#### 道德决策的生物学原理

几个世纪以来，哲学家们一直在争论人们究竟应该如何做出道德决策。然而，神经科学和生物学领域的新研究正在探索人们实际上是如何做出道德决策的，而不是人们应该如何做出道德决策。其中一个新的研究领域是行为内分泌学，它试图将人类的生物基础与某种形式的决策联系起来。达娜·卡尼（Dana Carney）和马莉娅·梅森（Malia Mason）最近的一项研究将睾酮水平与道德判断联系起来。之前的研究表明，睾酮与情绪信号的敏感度降低有关，这导致人们有同理心，或者做出一些对他人有影响的选择。首先，研究人员通过收集每个参与者的唾液样本来测量117名研究生（其中32名是女性）的睾酮水平。接下来，他们要求参与者对在本章中讨论的“开关与天桥”的电车困境做出回应。研究人员发现，出现了三种类型的决策：（1）不妥协的功利主义者，他们总是赞成牺牲一条生命来拯救五个人（39名参与者）；（2）动摇的功利主义者，他们在开关困境中给出了功利主义的答复，但是在天桥困境中并非如此（66名参与者）；（3）逃避者，即避免参与任何一种情况的人（12名参与者）。图4－2基于组中的平均睾酮水平显示了三组结果。

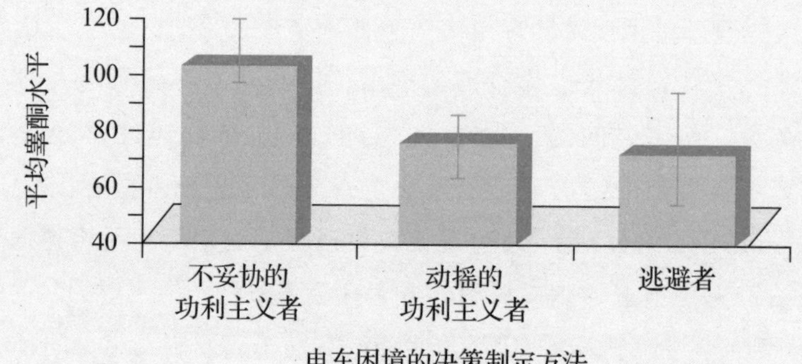


图4－2　关于电车困境的决策制定方法与睾酮水平间的关系

注：置信区间为95%；不妥协的功利主义者拥有最高的睾酮水平。

资料来源：Carney，D. R.，and Mason，M. F.（2010）. Decision-making and testosterone：When the ends justify the means. Journal of Experimental Social Psychology，46，pp.668–671.

研究人员发现，那些总是赞成牺牲一条生命来拯救五个人的人的睾酮水平明显更高。也就是说，不管情况如何（扳动开关或推一个人到轨道上阻止电车），这些不妥协的功利主义者会通过注重结果胜过手段的方式来证明他们的决策（拯救生命）。接下来观察对“天桥困境”情景的反应，那些愿意推的人比不推的人会表现出更高的睾酮水平。达娜和马莉娅总结说："……高睾酮水平的人似乎愿意支持一项艰难且代价很高的决策，只要它能促成更好的结果……对结果的高度关注和对追求成本的漠视可能有助于解释为什么在华尔街或是其他情景中，高睾酮水平的人会获得更多的成功，因为在这些情景中，想要成功就需要对一个人的行为的一些更直接的后果不敏感。"

总而言之，这项研究突出了一种观念，即在思考道德决策时，人们可能会倾向于以他们不完全了解的方式行事。这使得将难题暴露在多个伦理镜头下显得更加重要，从而确保一个决策基于合理的逻辑和判断而不仅仅是人们的生物学本能。

### 功利主义

在目的论方法中，最具代表性的理论是功利主义（utilitarianism），它指导人们要基于最大的利益来做出决策。这源自这样一个描述：人们寻求利益高于成本，快乐战胜痛苦，这之所以是一件好事，是因为痛苦 / 伤害是“坏的”。这就引出了一个规范性原则（或者叫“应该”），人们应该在痛苦之上创造一种快乐，所以最高境界的好就是最大限度去创造好，或将伤害减到最小。功利主义分析的基本形式是成本 – 收益分析，这种分析需要衡量一个给定决策的成本和收益，并遵循可以让利益最大化的决策。根据功利主义理论，道德决策是由其所带来的最终结果决定的。在任何情况下，没有任何一种行为是绝对正确或绝对错误的，它总是取决于那个特定决策的最终结果。例如，根据功利主义理论，在营销活动中撒谎本身并不能说得上对或错，在某些情况下，说谎会产生比说实话更大的好处（比如，在证人保护计划中关于个人信息的谎言）。

功利主义是组织机构中最受欢迎的观点，通常体现为成本 – 收益分析的形式。它因为自由性而被视为一个强有力的理论。它并不诉诸解决意见分歧的权威——事实上，不同的意见是无关痛痒的，除非它们创造了多数派或者少数派。它还能够描述人们决策的大部分过程，而且这一过程看起来是“自然的”，非常适合许多决策。此外，使用功利主义的方法是相当平等的，因为不会有一个人的“好”会比其他人的更有价值。与许多其他方法不同，功利主义理论也很容易应用，并且可以帮助人们关注决策的潜在结果。

虽然功利主义表面上很容易应用（多数规则、利润，等等），但实际操作中仍然很复杂。例如，如果某个行为能使一个人变得非常快乐而使另外三个人比较不快乐，那么这一个人的快乐是否超过了那三个人的不快乐呢？人们如何衡量快乐？又如，当多数派统治时，谁来保护少数派的利益？谁来确保少数派的声音能被听到（或者说还有可能被听到），谁来确保新的观点可以得到表达以使人类智力发展成为可能？功利主义的一个更严重缺点是，部分决策者可能会在关于什么是"好"的问题上得出不同的结论。

考虑一下近年来有关在阿富汗和伊拉克战争中被捕的数百名囚犯的道德和政治争议。美国政府辩称，这些人都是危险分子，对美国构成了重大威胁，这种威胁是美国政府处理他们的正当理由。政府律师甚至辩称，因为这些人不是公认的国家军人，所以他们不受国际法和反酷刑条例的保护。因此，美国政府认为，如果能够阻止未来针对美国的袭击，那么它就有理由使用刑讯逼供的手段来获取这些囚犯所知的信息。然而，批评者认为，其中一部分折磨行为如此不道德，以至于它们永远不应该被使用，即使结果是失去阻止攻击的机会。许多人认为，所有人甚至是恐怖分子，都应享有审判、法律代表和正当程序的基本权利。那么是不是在任何情况下，阻止攻击美国的结果都是正当的，甚至可以为酷刑辩护呢？看起来功利主义的观点也许不能帮助人们很好地解决这个困境。

### 普遍主义

根据最终结果做出决策当然应该是合理道德决策的一部分。然而，你可能会认为一些决策应该是原则问题而非结果问题。人们怎么才能知道应该遵循哪些原则，以及如何判断什么原则才能带来有利的结果？义务论可以帮助人们认真思考这些问题。商业背景下的决策将涉及许多情况，包括个体应该遵守法律，即使其结果并不理想。其他的规则来自人们所处的各种社会体系，或者人们在社会中所扮演的各种角色。体育赛事中的裁判有责任公平地执行规则，即使不这样做会很轻松。类似的以规则为基础的职责，比如不要八卦你的朋友、家庭成员在家要做家务、学生不要剽窃、好邻居在早上 8 点之前不要操作割草机。经典的义务论视角是指普遍主义，换句话说，就是对一种现实的思考，即如果所有人在相同情景中都做出了相同决策，那么这个决策是不是可接受的。

这个观点是由德国哲学家康德（1724—1804 年）提出的，他认为道德困境的解决方式应该依赖公平的规则而非只看结果。因此，行为的正确性很少取决于行为的结果（或者，在康德看来，两者根本无关）。因此，如果一个学生的决策来自一个普世的义务而拒绝在考试中作弊，那么是合乎道德的，但如果这个决策仅仅是出于对自身利益的考虑，比如害怕被抓住，那么是有愧于道德的。为了确定这些普遍的责任，康德发展了所谓的绝对命令（categorical imperative），即每个人都应该只采取他所认为的适用于所有人的普遍法则。普遍主义（universalism）认为，在做出决策时，人们应该考虑如果每个人在任何情况下都会做出同样的决策，那么它是不是可接受的——“只有当人们都始终如一地遵守该原则时，它才会成为一条普遍原则”，康德写道。

这个原则的起源基于人们的感觉——有些事情是无可厚非的“正确的事”。康德认为这是人类的独特之处。因此，当做出选择时，人们就会用自己能控制的方式去做，这就是康德的道德之源。这一概念类似于父母责骂一个孩子想要偷另一个孩子的糖果。“如果每个人都偷朋友的糖果，你会有什么感受？”或者这让你想起了黄金法则，用期待别人对待你的方式去对待别人。总而言之，应用普遍主义需要考虑两个问题：（1）每个人都有权利做出你将要做的决策是可以的吗？（2）这个决策是否会侵犯某些普遍权利，例如那些起源于宗教或其他基本原则的权利？

普遍主义带有一种反映集体逻辑的力量，这种逻辑是与情境相一致的，而不是基于对影响的武断分析。此外，康德认为，在任何事情上，人们都应该尊重每一个个体的尊严，不管结果如何。显然，这是一种比功利主义更有激情或鼓舞人心的方法，功利主义似乎是“冷漠”或者是“非个体”的。与此同时，要找到“普遍原则”来做出决策是不容易的，尤其是遇到原则或权利冲突（例如，做正确的事情导致伤害人、地球、动物等）时。

### 德行伦理学

第三种观点是德行伦理学。该理论既不是目的论，也不是义务论，而是侧重于强调人们的性格情感方面。德行伦理学（virtue ethics）认为人们的动机——兴趣、欲望和愿望——并不是每天早起都能重新选择的东西。相反，人的行为是由性格决定的。在成年时期，性格特征通常都是根深蒂固的，并且适应于自身。德行伦理学可以提供一个更全面的对于商业生活的理解，而不是简单地将人们描述为好或坏、对或错，这是一种主张全方位描述的品德伦理。面对进退两难的困境，人们可能会问：一个正直的人会怎么做？诚实的人会说什么？我有坚持信念的勇气吗？换句话说，你可以选择一个你认为道德高尚的人，问问自己这个人在这种情况下会怎么做。

德行伦理学的主要应用来自自身利益与伦理价值之间的共同张力。例如，如果一个行为很有可能对你产生负面影响（例如，损失大量金钱或个人名誉），你还会以一种高尚的方式行事吗？德行伦理学认为，人们能够为他人的幸福而行动的程度取决于各种因素，如欲望、信仰、性情以及价值观，总之，这取决于性格。如果一个人富有同情心、善解人意、宽厚仁慈、有同理心，那么在他的决策过程中，来自个人利益的挑战就不构成一个阻碍因素。因此，德行伦理学鼓励人们多去学习那些品行优良的人的行为方式。

有趣的是，学者们早就知道，事实上人们在模仿品行优良的人的行为方式上存在着能力上的差异。研究人员劳伦斯·科尔伯格（Lawrence Kohlberg）发现，人们从童年到成年时期都在发展道德推理能力，这对他们如何看待和处理道德困境有相当大的影响。更高阶段的道德推理依赖于那些处于较低阶段的人无法获得的思维，更高阶段会被视作在道德上更为先进，并且与道德理论原则更为一致。然而，根据科尔伯格的研究，很少有成年人能够达到道德推理的最高水平。这表明大多数人都在努力开发一种更为无私和富有爱心的方式。

总结步骤 2，将你收集到的事实暴露在这些不同的道德视角中，你可能会对困境的本质得出不同的结论。你可能更倾向于应用某种视角——这显然是一个限制可能决策范围的方法。建议你在这一步搞个“民意调查”，询问别人是如何看待这个困境的，并确定他们所采用的视角。

## 步骤 3：确定受影响方、后果和义务

不管你采用什么道德观点，所有的道德决策都基于你了解你的决策可

能会对谁产生影响。这几乎总是要求你进行大量的换位思考，设身处地为别人着想。首先要考虑的是主要利益相关者。第 3 章已讨论过如何进行利益相关者分析，同样的方法也适用于这里。

主要利益相关者是那些会直接受你决策影响的人。这意味着，尽管有许多人和机构可能最终受到影响，但最好从与决策直接相关的人开始，然后讨论次要利益相关者。在很多情况下，作为一名管理者，你可能会成为许多人事关系决策的主要利益相关者，因为身为管理者的你与员工的关系实在是太密不可分。可以把自己摆在每个主要利益相关者的位置上。想象一下你对任意特定决策的感受。如果你认真地去做这一步，你会很快发现你对困境有新的理解。

一旦你觉得自己已经确定了受影响的一方，你就需要考虑所做的任何决策可能对每个受影响方所造成的后果。如果你不够仔细的话，这一步很容易略过。找出对受影响的一方最有可能出现的后果，避免创建具有低概率事件的场景而使问题复杂化。

正如已经知道的那样，后果往往对人们来说是暂时的。一些后果会产生强烈的直接影响，但很快就会消失。其他的可能需要更长一些时间，会在一两年内产生巨大影响。无论如何，你必须设法理清可能发生的各种后果，无论是当下的还是将来的。当然，并不是所有的后果都是可以预见的。很多意外的后果难以预测，但是它们可以将原本拥有良好意图的正确事情转化为一个彻底失败的决策。会导致如此后果的可能是那些带有很大象征意义的事项。例如，如果你解雇了一个绩效不佳的员工，他曾因为经常抱怨管理层而被人熟知，那么这个解雇决策可能会带来强烈的象征意义。也就是说，尽管解雇决策有充分的理由，但是其他不了解内情的相同工作特性的员工会很容易地根据该员工经常抱怨管理层来理解这个决策（换句话说，“你经常抱怨——因此你被炒了”）。

最后，你必须考虑你可能对受影响的一方承担的各种义务。义务是一种基于角色、职业或地位的要求或责任。例如，医生有义务救死扶伤，无论他们有什么个人偏见或喜好，他们都有责任治疗病人。尽管许多职业（例如律师、科学家、会计、心理学家等）都有广泛的道德准则来规范工作，但并非所有人都有这样严格规定的义务，这使得有时评估一个人的义务是困难的。德行伦理在这里扮演着重要角色。当然，一个拥有美德的人可能会坚持人有义务在任何情况下说实话，但利己主义总是错误的选择吗？这是一个艰难的判断过程，重要的是设法梳理出你认为对每一个受影响的当事人所承担的义务。

## 步骤 4：考虑你的正直性

正如大多数道德决策过程一样，人们用一个解决方案来开始这个过程，并花时间合理地解释为什么这个解决方案是合乎道德的。事实上，人们会不遗余力地为他们的道德标准解决方案辩护。下面列出了一些最常见的合理化行为的理由。

- 如果它是合法的，那它就是道德的。法律规定的程度是最低可接受的。因此，法律是任何道德决策的底线而不是天花板。法律不能把所有决策的各种潜在影响都考虑进去，但道德可以。作为一个普遍的准则，笔者总是这样告诉自己的学生，仅仅因为它是合法的并不意味着它是道德的。
- 我只是想帮忙。人们可以很容易地合理化自己的行为，说是为了别人的利益。因此，人们不向他人隐瞒真相，充当义务警员，保护他人不受信息的影响。这种类型的行为对别人没有帮助，但确实是一种避免困难或不舒服的情况的方法。
- 其他人都这么做。仅仅因为你知道别人都这么做，这不可能将行为转化为道德行为。行事道德需要勇气，反对规范往往是其中的一部分。
- 这是我应得的。人们经常会觉得由于他们的辛勤工作或经常性的赞助或类似的事情，某些奖励是他们应得的。这也许就是为什么办公用品被“窃”、工作中复印私人文件或工作中的互联网滥用都是如此常见——人们把这些看作他们的一种权利。
- 只要我自己没有获益。为了组织的更大利益而行为不道德，就像把为你的家人偷食物说成是合法的一样。个人利益并不是决定道德行为的唯一标准，你的行为的影响，无论关乎谁的利益，都是具有深远影响的。

这些合理化理由往往导致人们远离更美好的方向。商业伦理学家克雷格·约翰逊（Craig Johnson）指出，破坏人们道德推理的三个因素是：不安全感、贪欲和自我。第一，他认为有内心怀疑的人更有可能被别人蛊惑。第二，在一个鼓励人们冒险的社会中，贪欲是不可避免的，因为许多工作都是基于“赢家拿走一切”的模式。第三，大量实证研究表明，人们倾向于认为他们几乎在生活的每个领域都高于平均水平，包括伦理领域。这种过度自信导致了一种膨胀的自我——或者一种感觉，事情只会在你的支持下奏效。然而，正如伦理学家丹尼斯·莫伯格（Dennis Moberg）认为的那样：

> ……并非所有的企业罪行都是由坏人犯下的。事实上，商业中的大量不道德行为可能是弱点和失败的结果而非自私和贪婪。在某些情况下，好人无意中做坏事……我们必须找出那些阻碍人们尽力做到最好的因素，并尽可能消除它们。

莫伯格的建议至少在三个方面都有学术证据支持。第一，众所周知，人们遵循心理“脚本”，它在自己的日常生活中导航。人们有关于如何在餐厅点餐、如何在课堂上表现或者如何与客户交谈的脚本。当遇到这些非常熟悉的情况时，人们会进入“自动驾驶”模式——依赖于脚本指导自己。尽管这些脚本可以帮助你轻松地度过一天，但也会阻止你听到、看到和感知重要的伦理性信息。这并不奇怪，伦理违规行为在组织中完全没有注意到——不是因为人们不关心或者是同谋，只是他们被自己的脚本蒙蔽了。

第二，与已有的脚本类似，人们通常会跟随他人。尽管“每个人都这么做”并不是人们乐意承认的原因，但群体规范指导行为是有据可查的。打破规范对大多数人来说既不舒服也不现实。这确实很正确，因为正式的和非正式的奖励是给赞同的员工的。此外，人们会做得到奖励的事情，避免那些没有奖励的行为。即使对组织来说是件好事，也很少有奖励打破常规这种行为。第三，当在工作中做决策时，个人责任往往分散到团队或工作单位中。在过去几十年的一系列经典研究中，研究人员发现，总的来说，个体在独处时更有可能帮助那些需要帮助的人。在一项这样的研究中，参与者被要求在两种情境之一中完成调查：一种是独自在房间里，另一种是与他人在房间里。在这两种情况下，完成调查的同时，烟雾开始在门下或通过通风口进入房间。过了一小段时间（大约 4 分钟），大多数独自在房间里的参与者都向研究人员报告了烟雾的情况。然而，在与他人共处的情境中，只有不到 15% 的人报告了烟雾的情况。这里的教训很清楚，当别人在场时，人们可能会把事件解释得不那么重要或紧急，从而减少他们对事件结果的个人责任。

关键是，说“诚实行事”很容易，然而，无数人的倾向和外在力量妨碍了人们做出道德决策。因此，与其假设你能够做正确的事情，你必须建立一个系统，使你能够不断地根据客观的标准来检查自己的想法。例如，所有的卓越管理者在做出艰难的选择之前都会问自己以下问题：

1. 我的行动是否合法？
2. 我的行为是否公平？
3. 我的决策是否符合我的价值观？
4. 其他人会受到不利影响吗？

作为道德过程中的重要一步，员工可能会遇到这样的情况：他们发现周围同事的行为违反了自己的正直，也伤害到他人。当这种情况发生时，举报（whistle-blowing）是引起有权进行改变的人注意到问题的方法之一。虽然举报不应该被认为是第一选择，但在某些情况下，这是最后且可行的选择。管理工具 4.1 提供了一个基本的举报模型。

## 管理工具 4.1

### 最后一招：如何举报不道德行为

研究表明，当人们在工作中确实看到了不道德的行为时，他们并不一定会倾向于报告或者举报。员工们往往害怕报复，或者相信举报只会受到管理层的冷漠回应。然而，有趣的是，一些研究发现，有些人对如何最好地举报是没有信心的。该管理工具的设计目的是提供一个举报模型，并提供一个合理的过程来指导你完成这个决策。

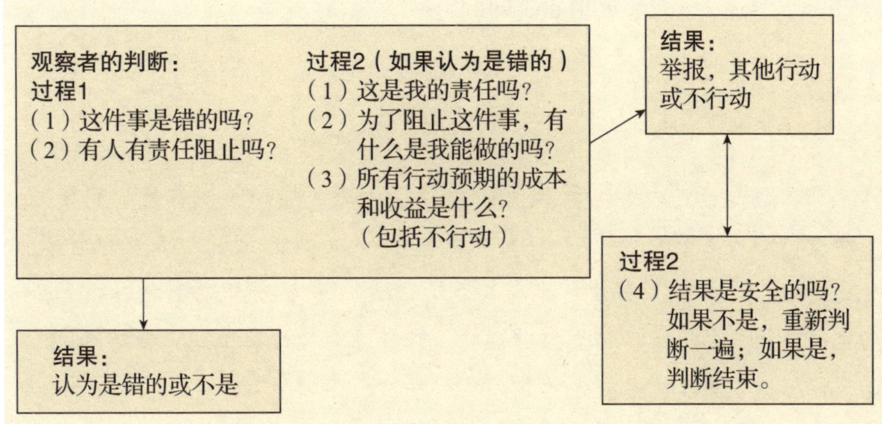


## 步骤 5：创造性地思考行动

第 3 章讨论了扩展解决方案库的方法（例如，避免问题）。解决道德问题需要类似的方法。正如“道德困境”一词所暗示的那样，人们通常以非此即彼的方式来框定道德情境。解决这个问题的一个简单方法就是从第三个角度来思考——“第三种方式，在两个看似不可调和的选择的中间地带。”在许多情况下，第三种方式是两个选择的折中，被认为是“双输”。

所有这些都表明，要想真正地解决道德困境，你必须学会提高你的道德想象（moral imagination）。道德想象是一种走出你的处境，看到可能存在的伦理问题，想象其他可能性和选择，从伦理的角度评估你所设想的新可能性的能力。换句话说，做出艰难的道德决策和解决难题是一回事。在某一时刻，你必须展现出你的能力来创造出真正独特的选择，并提供超越单一行动的可能性。道德想象就是这个过程，它是用来解决道德问题的。

如果管理者在做裁员决策时运用他们的道德想象，那么他们就会以不同的方式来解决这个问题。如果问题被框定为：“我们应该还是不应该裁员？”这必然会导致两个结论中的一个。但如果问题是：“如何才能重振我们的财务业绩？”那么，道德想象是可以自由进行的。有时候确实有必要减少员工人数，即便如此，在道德上富有想象力的管理者也有一些创造性的替代方案，包括要求员工在薪酬和福利上做出牺牲，设计新的降低成本的方法，等等。换句话说，有一些创造性的方案可以实现盈利而不需要裁员。

（见管理实践 4.2，一个道德想象的例子。）

## 管理实践 4.2

### 美国航空公司的道德想象

“9·11”事件之后，就像大多数航空公司一样，美国航空公司陷入了严重的财务困境。美国工会同意削减 18 亿美元的工资、福利和假期。与此同时，首席执行官唐·卡蒂（Don Carty）秘密安排高管获得数百万美元的留任奖金。正如你想象的那样，这并没有经过员工或工会同意，所以公司辞退了唐·卡蒂。新的首席执行官杰勒德·阿佩伊（Gerard Arpey）认为，大幅削减盈利能力是行不通的。阿佩伊认为美国航空公司可以通过要求员工提出创造性的替代方案来拯救公司。在与高管们的月度会议上，员工们提出减少开支的方法，高管们也听取了他们的意见，例如，发动机大修机械师以前必须捆绑在一个背带上来修理 11 英尺的发动机，这是耗时且困难的过程。一名员工建议，发动机应该垂直转动，并下降到车间地板上。他们做到了，每架飞机节省 140 小时，以及数百万美元。一名员工发现，未满座的飞机后舱中的乘客改变了飞机重心，提高了燃油消耗，这个发现再次节省了数百万美元。一名飞行员发现，由于洛杉矶和达拉斯之间每加仑汽油价格相差 42 美分或更多，飞往洛杉矶的飞机应该携带足够的燃料以返回达拉斯，这一想法为公司每天节省 5 万美元。当这些想法都得到实施的时候，每年总共为美国航空公司节省 40 亿美元。

## 步骤 6：检查你的直觉

当你终于找到一个解决方案并选择一个行动方案时，你可能需要对你的决策进行全面检查，以便以不同的视角考量你的决策。

- 《华尔街日报》检查。如果它成为《华尔街日报》的头版新闻，我还会支持这个决策吗？如果其他人知道是我做的这个决策，我会感到难为情吗？
- 白金法则检查。我对待他人的方式是他们希望获得的对待方式吗？

- 妈妈检查。我能否骄傲地向妈妈告知我的决策？
- 个人所得检查。我的决策能否让我有所得？我是否对我的个人所得考虑太多？
- 成本－收益检查。我的决策是否会有利于某些人而损害另一些人？我是否考虑了该决策对其他人的影响？

## 工作场所的公平

在判断决策的公平性时通常会有三个主要因素：经济、平等和公平。

### 经济

也许经济领域中最常见的道德问题与供求关系有关。举例来说，想象一下你在西雅图市中心，开始下大雨。你在商店里停了一下，问："那把伞多少钱？"店员告诉你 18 美元。你看着标价为 13 美元的价签，马上就会责备店员，但他没有在价格上让步，而是说要么接受要么走人。店员更改价格是合乎道德的吗？从经济上讲，那个店员做出了正确的选择。在下雨的时候，伞的需求量显然会更高，因此，市场将会支持更高价格——好决策，然而，这种做法违背了大多数人的基本公平感。一项研究向参与者询问在这样的情况下提高价格是公平的还是不公平的，82% 的人认为这是不公平的。

同样，考虑来自一项研究的以下两种情境。

1. 一家公司利润很少。它位于一个正在经历经济衰退的社区，这里有大量的失业者，但没有通货膨胀。许多工人想继续留在公司工作。该公司决定今年将工资和薪金降低 7%。
2. 一家公司利润很少。它位于一个正在经历经济衰退的社区，这里有大量的失业者，通货膨胀率高达 12%。许多工人想继续留在公司工作。该公司决定今年将工资和薪金提高 5%。

对于情境 1，62% 的参与者认为该组织的行为是不公平的，对于情境 2 只有 22% 的参与者认为该组织的行为是不公平的。考虑到通货膨胀，这两种情境提供了完全相同的净工资和薪金。然而，大多数人认为任何形式的减薪都是不公平的，加薪是公平的，尽管加薪的幅度无法赶上通货膨胀。这些研究表明，即使是最理性的、基于经济的决策，也不会被利益相关方视为公平。

## 平等

想象以下这个场景。你去买一张床垫，你躺在床垫上试试，然后决定你想要的那个。标价是 1 200 美元。你走近售货员说："我想买那张床垫。我出 800 美元。"他以 1 150 美元还价，你再次以 900 美元还价。他以 1 100 美元再次还价，而你出价 950 美元。他停顿了一下说："看，我觉得你想买这张床垫，我想为你提供最好的服务。我假设我们都是理性的人，所以我们为什么不以 1 025 美元的价格折中一下。"大多数人认为这一逻辑是公平的，无视这是完全随意的事实。如果你从一个较低的价格开始，或者用更低的价格进行还价，然后折中，你可能会省下几百美元。

从本质上来说，人们把那些看似五五分的任何东西都看作是公平和道德的。许多人在这些看似平等的折中里被剥削。以妥协和中间立场为框架的决策通常会被人们认为是公平的，即对所有事情和每个人都平等对待。请记住，平等并不一定会使决策公平或道德。

## 公平

想象一下这种情况，你的两名员工正要升职。特德和你一起工作了五年，被大家看作你的二把手。吉姆和你在一起工作大约有三年了，很多员工认为他是你团队中最有才华的。你最终选择特德升职。你的员工被激怒了，并与你对抗。"你怎么能让特德升职而不是吉姆？"你答道："他是这个职位的合适人选。"他们说："你是怎么知道的？特德没有接受你给吉姆的测试，也没有接受你的面试。"你很震惊地回答："我很了解特德，我不那么了解吉姆。"在你看来，这个决策很简单。特德的表现和对你的忠诚赢得了胜利。在员工眼中，特德得到了优待。关于道德和公平的许多问题的核心是对公平的认识。公平观念对于有效的道德管理非常重要，下面将阐述如何理解和管理公平感。

## 管理公平感

组织的公平感就是人们对该组织及其管理者的公平程度的判断。对公平的判断可以划分为三种形式：分配公平（结果）、程序公平（过程）和互动公平（个人对待）。

### 分配公平

当人们看到某一特定结果的公平性时，就会感受到分配公平（distributive justice）。思考一个简单的决策，给蒂姆奖金而不是比尔。作为一名经理，你无疑对这样的选择有很好的逻辑。然而，担任同一职位的比尔可能会问，这样的奖金分配是否公平。更具体地说，比尔很可能会将他的努力和结果与蒂姆的进行比较。如果比尔察觉到差异，他可能会认为你没有适当地分配这些资源。你可能会说："那又怎样，我是经理，我决定如何分配奖金。"你是对的。不过，即使你的意图是好的，你相信已经做出了好的选择，比尔可能仍然认为这是不公平的。这里存在的问题是，当比尔认为你的分配是不公平的时候，他可能会降低工作绩效并不再付出额外努力。此外，他可能有较低的工作满意度，减少对组织的承诺，更有可能辞职。如果比尔是一个苦干的员工（即使他只完成了自己的目标而没有超过它），比尔对你作为管理者的分配公平的看法对你来说将变得更重要，因为失去比尔，代价很高。

卓越的管理者认识到不同的情况需要不同类型的分配公平。在奖励情况下，人们很可能会考察决策对公平的影响。也就是说，分配的资源是依据个人的贡献而不是偏袒或其他偏好。在绩效情况下，管理者应该非常清楚和透明地了解员工如何获得奖励和特权，以及取得哪些绩效是必要的。如果能清楚地说明这一点，员工就更有可能接受资源的分配，并认为这些决策是公平的。

在某些管理情况下，人们会根据平等的原则来评估分配公平。在这种情况下，不论他们的贡献如何，每个人都得到相同的资源。人们把平等作为分配公平的原则的一个典型例子就是分配医疗资源。人们普遍认为，组织所雇用的所有员工都应该获得同样的医保计划，无论他们的工作是什么，或者他们对组织的贡献大小。同样地，人们也会把申诉程序或必要的便利措施视为应该平等分配的东西。

最后，人们经常根据需要来评估分配公平，或者审查资源是否分配给最需要的人，就像分配食物给弱势群体一样。考虑一下学校如何根据需要分配奖学金时必须做出的艰难决策。奖学金应该只给那些收入（或父母收入）低于某个水平的学生吗？如果这个学生超过了这个门槛，但仅仅因为与那些有相似经济条件但不工作的学生相比，她打两份工且每周工作 50 个小时呢？考虑到实际情况，到处都是地雷和非常复杂的问题。这也许就是为什么大多数管理者都试图根据公平分配资源。然而，人们会认为管理者必然经常将需要视为公平。假设一名刚刚失去配偶的小企业员工，没有储蓄、没有休假（因为她把所有的资源都花在照顾她的丈夫上），你该不该给她带薪假呢？政策上可能会表明你不应该付钱，但基于需要的分配公平观点可能会支持给她一部分带薪假。

## 程序公平

当确定结果的过程被认为是公平时，程序公平（procedural justice）就得以实现。回到员工比尔和蒂姆，如果比尔认为做出决策的过程是不公平的，那么他就不会接受奖金分配的结果。假设在决定谁将获得奖金时，你让蒂姆决定他要实现的目标，而你将亲自给比尔分配目标，比尔很可能会认为你在程序上是不公平的，因为你没有在这个过程中给他同样的发言权。有几个条件促使人们在一个过程中感觉到公平。例如，人们希望在任何可能影响他们的决策中拥有发言权。人们也希望得到一致的对待。人们还希望管理者和那些在组织中拥有权力的人，会不带个人偏见，尽可能地依赖客观数据。最后，当存在一种纠正感知错误或错误决策的机制时，程序公平才会实现（见管理实践 4.3）。例如，当一名学生被指抄袭时，只有程序公平，他才能对此提出申诉。

### 管理实践 4.3

#### 裁员：竞争战略还是不当的决策行为？

总的来说，研究发现，裁员——减少大量员工以弥补亏损或获得某种竞争优势——是没有成效的。也就是说，它不能达到人们希望它达到的效果。公司裁员是出于一个简单的经济逻辑：有两种盈利方式，一种是通过成本，另一种是通过收入。对大多数公司来说，削减成本似乎比增加收入要容易得多，而工资往往是一笔很大的开支。因此，当公司感到手头拮据时，就开始削减最大的开支——人力。然而，大量研究表明，公司很少能达到在裁员之前的盈利水平。事实上，成功的公司并不是通过削减而是通过增长来实现财务绩效的。此外，研究表明，许多公司并没有裁员，虽然它们处于真正的财务困境中，但它们在设法快速提振其季度收入和股价。有了这些知识，你会说裁员是一种道德选择吗？顾问们常常把裁员看作一种必要的邪恶或艰难的商业决策，也就是说，它完全脱离了道德规范。对裁员的讨论是增加你道德想象的绝佳方式。很明显的一点是，组织增长是自然而然的事情，无法阻拦。

研究者韦恩·卡肖（Wayne Cascio）提出了一些关键的措施以提升裁员决策的道德性。第一，他建议组织明确短期和长期目标。问一些问题，比如："我们的客户对我们有什么期望，裁员会如何帮助我们达到这些期望？"第二，只把裁员作为最后的手段。公司经常进行重组，因为它们看到其他人这样做，并假定它们的股东也会期待类似的行动。当然，这就会陷入一种"裁员或没有竞争力"的两难困境。如果拘泥于此的话，真的没有选择吗？这里的三难选择在于考虑降低成本的其他方法。减少人员数量确实是降低成本的一种非常快速的方法，然而，更有创意的方法是考虑一些措施，如推迟新员工的入职日期、减少额外津贴、取消工作机会、冻结薪水和晋升，并要求所有员工在一段时间内不带薪休假。第三，让沟通更开放、更诚实。正如你从程序公平和互动公平的研究中所知道的那样，人们可以处理逆境，但他们不能以任何会损害自身福利的方式处理领导人的谎言、欺骗或行为。第四，如果裁员必须发生，那么不要忘记关注幸存者。对待那些在大规模裁员后留下来的人可能和对待那些离职者一样重要。卡肖指出，大多数组织低估了幸存者所遭受的情感伤害。这包括增加的压力、倦怠和不确定性。幸存者将会对公平感极度敏感，并经常扪心自问：继续留在这里工作是否真的有意义。毫不奇怪，最近的一项研究发现，每当对员工队伍裁员 0.5%，那么接下来将会出现一波自愿离职，自愿离职的员工数量将会是之前裁员人数的 5 倍。这意味着对大多数组织来说，不关注幸存者的需求将会付出非常高的代价。

作为一名管理者，你应该努力在日常管理中建立程序公平，但似乎程序公平在感到结果不好的情况下最重要。例如，在一项研究中，有 147 名员工被告知将要从制造业岗位上离职。在他们被告知裁员的两个月后，他们接受了调查评估，在一个月前，他们实际上已经停工了。显然，没有员工会将裁员视为高度积极的事件。因此，研究者通过要求这些员工思考自己在裁员方面获得多少支持来评估员工对于裁员的接受度。例如，他们询问了员工对失业保险、遣散费、公司帮助找到另一份工作等方面的看法。然后，研究人员询问员工对于公司的看法，比如尽管发生了这一切，他们是否仍会“骄傲地告诉别人”他们曾在这里工作过，或者他们是否愿意向朋友和亲戚介绍该公司。

从图 4－3 可以看出，出现了非常有趣的关系。具体来说，当结果被看作非常有利时，即使是裁员，员工也可能对组织抱有积极的态度或反应。也就是说，当员工认为公司竭尽全力支持他们时，他们就会对公司保持好感，无论他们对程序公平的感觉如何。然而，当员工认为结果的有利

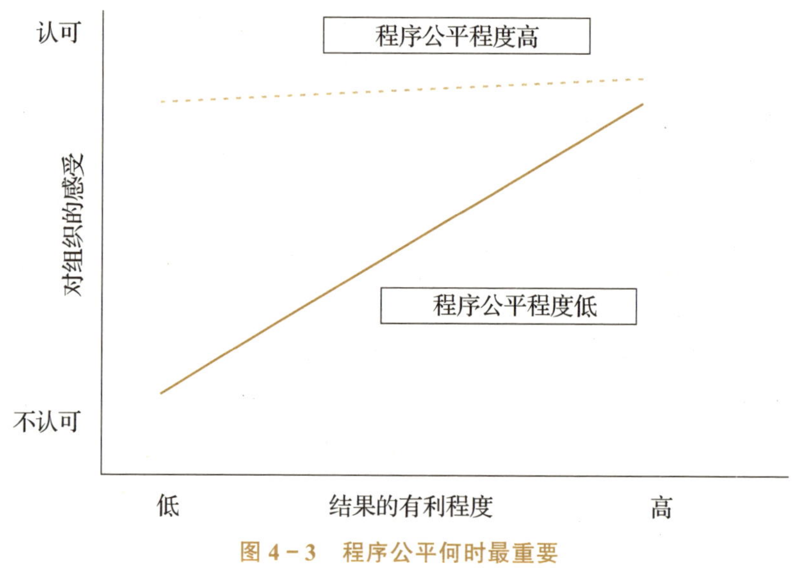


图 4－3　程序公平何时最重要

程度较低时，他们对程序公平的感知会大大提升。这项研究和其他类似研究很清楚地显示：在结果的有利程度较低的情况下，程序公平最重要。例如，即便员工面临的结果将会有巨大差异，但只要保持程序公平，他们仍

然会有公平感。换句话说，对于大多数人而言，“手段证明结果”，即使结果是不利的，但如果程序是公平的，人们还是会持肯定态度。详见管理工具 4.2，增强对程序公平的认识。

## 管理工具 4.2

### 提高程序公平的方法

| 行动 | 描述 | 举例 |
| --- | --- | --- |
| 允许参与决策 | 当决策影响到员工时，给他们一个发言的机会或发言权 | 让员工有机会在今年的一系列目标上“签字”，并在必要的情况下进行修订 |
| 一致应用规则 | 违反规则的行为很可能被认为在程序上是不公平的，如果这样的行为对一个人造成的影响大于另一个人。需要记住，有时是基于公平使用规则的。一致并不等于平等，而是需要一致地应用规则 | 使用相同的数据收集方法和标准来评估员工对同一工作的绩效 |
| 建立申诉机制，纠正不准确的信息 | 错误发生后，员工希望能够有一种方式来指出这样的错误，或者对客观上不准确的信息提出异议 | 一名经理遗漏了一名员工的关键销售额，也没有把它算在他的整体收入中，而他的奖金中有 50% 基于此。如果员工认为在计算收入时存在错误，经理就会给员工提供书面申诉的机会 |
| 抑制所有个人偏见 | 没有什么能比一种信念更快地侵蚀程序公平，那就是尽管有明确的标准，管理者却把个人偏好作为决策标准 | 为了决定谁被提名进入一个精英项目团队，即一个进行引人注目的产品展示的团队，经理使用透明的标准，让其公开或与同事分享，以阻止个人偏好的出现 |

## 互动公平

互动公平（interactional justice）由两个重要的公平观念组成：人际关系和信息充足性。简单地说，当一名管理者被视为尊重他人并充分解释决策背后的基本原因时，他很可能被认为是公平的。人际交往包括抑制不当的评价、尊重他人，并建立一种集体裁决的关系。当人们认为他们被告知事情的始末，而且管理者并非故意或策略性地保留可能影响员工的信息时，信息充足性就能得到保证。此外，当人们认为用于做出决策的信息是公平时，往往会认可互动公平。

考虑一下，如果你的老板告诉你，你和你的同事将不得不因为公司目前的表现而无限期地减薪 20%，你会有什么感觉？当你问你的经理为什么会发生这种事时，他说，“这是一个公司决策，和我没有任何关系”，然后走开了。你的经理可以通过参与一些互动公平来轻易地提高你对公平的看法。首先，他应该停下来和你谈话，并清楚地知道任何类型的减薪都不太可能得到积极的肯定。在这样做的过程中，他会表现出尊重你，并尊重你的价值，尽管公司不得不采取这样的措施。其次，他应该提供更多有关减薪的信息。例如，他可以解释说，公司从经济大环境出发，着眼于未来的订单或新的商业趋势，并认为它将面临严重的财务问题。此外，他还可以补充说，减薪的决策是为了不裁员。这些简单的步骤可能会显著影响你对经理是否公平的看法。

一项对于 97 家酒店（超过 4 500 名员工）的研究表明，那些觉得自己受到不公平对待的员工更有可能辞职，且客户满意度将会降低。这两种结果可能导致业务和忠诚的严重损失，尤其是在竞争激烈的酒店业。这里的要点是，尽管管理互动公平可能看起来像一种软实践，但它的负面影响可能会对组织造成严重打击，这会对你作为管理者的职业生涯产生潜在的负面影响（见管理实践 4.4）。

**管理实践 4.4**

## 高管薪酬的伦理

组织中顶层管理者应该比基层员工多挣多少钱呢？这个问题可以从很多方面得到解决。例如，人们可能采取一种道德主义的方式，争取某些权利或生活工资。人们可能会提出一个更符合资本主义和适者生存的答案。或者，来关注一下最近开始的一项商业案例研究，特别是，该研究调查了组织中顶层到基层薪酬水平的比率，并研究了个人和组织的绩效指标。结果表明，随着组织增加了顶层和基层的薪酬差距，个人和组织的绩效均会降低。换句话说，顶层管理者可能表现得更好，但是基层员工（其中包括更多的人，这解释了组织绩效的整体下降）表现得更差。鉴于这些发现，很难证明顶层和基层之间的巨大差异是不合理的——它只是没有很好的商业意义。美国企业正在薪酬差距方面领先于（几乎两倍）大多数工业化国家。高层管理者的工资与企业的整体绩效不相关，上下工资的差距可能会大大降低员工的士气。此外，高管薪酬随着时间的推移而增加，与企业利润保持一致，普通员工的薪酬却保持相对平稳。因此，即使组织运作良好时，奖励所有个人获得组织成功的结果通常也被忽略了。然而，你可能会认为，自 2008 年大萧条以来，由于越来越多的公众企业受到审查和 2008 年以来的大量裁员，企业已经重新审视了这些政策。然而，正如最近的一份报告所显示的，超过 3/4 的裁员发生在 50 家公司："在这 50 家公司中，72% 在去年业绩不佳。自经济危机爆发以来，这 50 家裁员最多的大公司的首席执行官，在 2009 年平均年收入近 1 200 万美元，比标准普尔 500 强首席执行官的平均薪酬高出了 42%。"不管你从哪一个角度来研究这个问题，很明显无论是从公众的认知还是从组织的盈利水平来看，首席执行官的薪酬过高都是很难解释的。

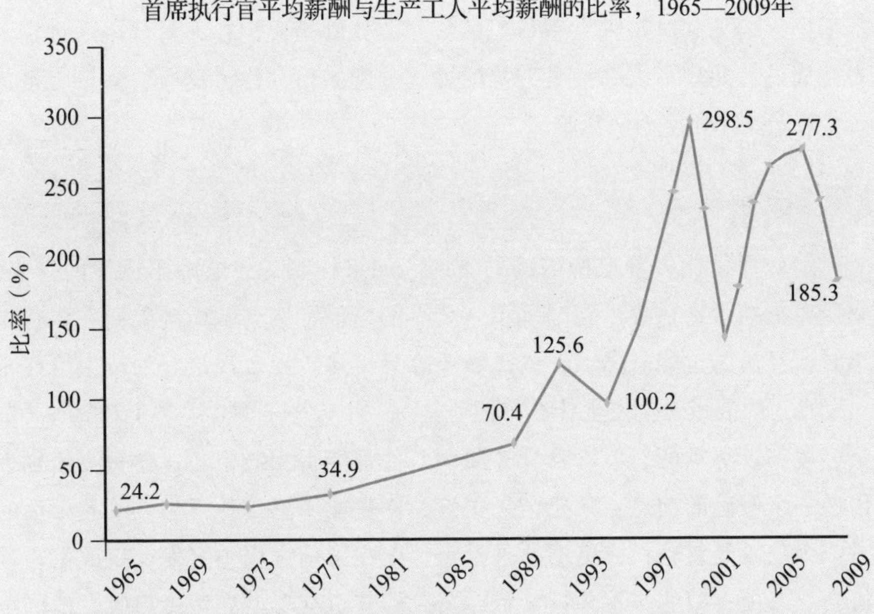


资料来源：Economic Policy Institute（2011）. More compensation heading to the very top. The State of Working America. Washington，D.C.：Economic Policy Institute. August 28，2011，http://www.stateofworkingamerica.org/articles/view/9.

## 探索常见的管理道德情境

尽管希望能够为你在工作中遇到的每一个道德问题做好准备，但这里显然无法预料到你可能面临的一切道德问题。然而，也有一些常见的情况，这些情况包括工作安排和机会、裁员、绩效评估、骚扰以及工作/家庭问题。

### 工作安排和机会

作为管理者，你的首要职责之一就是协调员工的工作。这样做的时候，一些员工将会得到更合意的工作安排，比如，工作涉及不错的地点或旅行、客户基础较好，或者可以获得较好的结果或取得新技能，有更好的成功机会。你将如何决定谁得到这些类型的工作？你会选择表现最好的员工吗？该员工是因为他总能得到这样的工作而表现得更好吗？其他人将如何看待你的任命决策过程？这里的陷阱是假设人们总是认为这些任命是公平的，仅基于优点或一些标准化的过程。相反，人们可能会认为在很大程度上是基于个人偏见和对某种类型员工的偏好。关键是要记住，管理是通过别人来完成的。如果不以一种更平等的方式分配工作，你可能会面临员工迅速减少和员工不愿努力的风险。

### 绩效评估

绩效评估代表着道德陷阱的雷区。如果你真的想鼓励不道德的行为，只需要把绩效评估集中在结果上。公平的绩效评估会考虑到人们在取得结果时所经历的过程。然而，说比做要容易得多。当表现最好的员工恰好是一个真正的混蛋时会发生什么？他对待每一个人——顾客、员工和你——都是轻蔑和不尊重的，但不管什么原因，他都能得到结果。这样做会给别人传递一个明确的信息：只要结果很好，你就能容忍其他行为。绩效评估的另一个陷阱是忽略，或更糟的是拒绝员工在评估过程中有发言权或发言的机会。一项大型的荟萃分析显示，当人们有机会参与评估过程时，他们更有可能将他们的经理看作公正的。事实上，这项研究最有力的发现之一是，当经理们采取重视的态度来倾听员工发表对自己绩效的看法时，他们就更有可能被认为是公平、公正的。此外，该研究还显示，当管理者在评估过程中听取员工建议，例如考虑到员工对特定绩效事件的看法，或增加员工认为重要的附加评估标准时，公平感就会提升。

## 惩罚和纪律

卓越管理者不喜欢惩罚或管教员工。遗憾的是，有时候员工的行为确实需要这样做。使用惩罚或纪律处分的主要情况包括危及自身或他人安全的违规行为、重大违反政策的行为以及滥用资源（盗窃、过度开支等）等行为。这里的道德陷阱主要是惩罚的使用和惩罚的程度。因为一个笔误而解雇一名员工将会遭到大多数员工的质疑和鄙视，他们可能会认为你只是在寻找解雇员工的理由。当然，这样的怀疑很可能会让人担心谁是下一个，并且会因为害怕犯错而严重限制创造力。也许避免惩罚的道德陷阱的最好方法是双重的。第一，向所有员工明确表示你将使用纪律处分的情况，给他们具体的行为例子和可能的相应惩罚。例如，“我希望你不会故意捏造你的费用报告。如果发现违反了这一点，我会给你一个警告，并在你的人事档案中写一个纪律处分。第二次违规将会扣薪或开除”。

第二，当一个雇员确实做出了可惩罚的行为时，你必须遵守纪律并进行纪律处分。其中的一个原因是，如果你说这种行为是不可接受的并应受到惩罚，但你没有说到做到，你就会通过消极接受的行为来强化它。此外，当你惩罚那些不道德的行为时，你实际上会加强对员工的信任。最近的一项研究发现，只有当管理者不合时宜进行惩罚（换句话说，惩罚并没有与任何特定的违规行为或行为相关联）时，员工与管理者之间的信任才会减少。也就是说，员工喜欢知道游戏规则以及你是否遵守了你规定的惩罚。如果你做到了，比起随意的惩罚，员工似乎更愿意接受惩罚。惩罚的底线应谨慎确定，它会提示有关不道德行为后果的恰当信息。

## 骚扰

比方说，一名员工到你的办公室，抱怨一个同事欺负她，并对她的外表做了不恰当的评论。你会对这名员工说什么？如果这名员工有许多对工作问题过于敏感的历史呢？你会对她的抱怨视而不见吗？一旦你忽视了这些抱怨，或者为那位同事找借口，你就陷入了一个严重的道德陷阱。由于种种原因，包括性骚扰在内的任何形式的骚扰都有可能导致管理者的失败。

首先，根据联邦法律，经理可以因允许在工作小组中发生骚扰共谋而被追责。因此，经理（而不仅仅是公司）可以被控告赔偿损失。其次，多重荟萃分析表明，工作中的骚扰不仅对受害者有极其严重的影响，对与受害者合作的人也是如此。例如，一项大规模研究表明，在工作场所受骚扰的受害者更有可能以怠工行为对组织进行报复，并且可能变得倦怠、焦虑、抑郁或患上严重的疾病（精神和身体）。此外，一些研究表明，骚扰与生产率下降有关。这里的重点是，不管你的道德观点如何，骚扰对每个人和组织都是不利的。因此，称职的管理者应该认真对待骚扰投诉，不应该推给人力资源部门或其他人来处理。

## 工作和家庭

考虑一下这样的场景：一名员工总是早早地离开工作岗位以便去日托中心接孩子，因为这个日托中心有严格的准时接送要求。一方面，作为一名管理者，你要有同情心，要让员工知道你关心的是绩效而不是露面的时间。另一方面，这名员工的同事认为这是不公平的，只因为她有孩子在日托中心，就允许她提早离开。这类问题有可能给管理者带来道德困境，也就是关于如何在工作场所最好地管理公平感。显而易见的是，劳动力的性质和构成发生了巨大的变化，所有的员工都可能在协调工作与生活需求中感受到巨大的压力。例如，18 ～ 64 岁的双职工夫妇比例从 1970 年占美国人口的 36% 上升到 2000 年的 60%。单亲家庭的比例从 11% 上升到 24%，超过 55% 的劳动力承担着照顾老人的责任。

无论家庭情况如何，大量员工每天都在努力平衡家庭责任与工作。这种工作-家庭冲突可能对员工产生负面影响。例如，有研究表明，当发生工作-家庭冲突时，人们更有可能在工作中耗尽精力、不喜欢工作、寻找其他工作或辞职，而且很可能会导致较差的健康状况，比如抑郁或身体病痛。关心和积极应对员工的工作-生活冲突是管理者感兴趣的事情。你是否应该答应与工作-家庭冲突有关的员工请求？大多数管理者的下意识反应是建立一项关于此类请求的公司政策并平等对待每一个人。不幸的是，这是一个很重要的领域，建立一项严格的政策且盲目地适用于所有情况，同时简化事情，这不会产生公平感。

你应该做的是，让员工了解这些决策是怎么做的。第一，陈述你对每名员工工作的期望。对于某些工作来说，来上班是必要的，有些工作不要求在公司完成。第二，一旦你对工作时间有了预期，你就可以向员工表明你是如何评估他的调整要求的。一些研究表明，增加灵活的工作时间可以减少工作-生活冲突。然而，太多的远程办公（例如，每周超过 2.5 天）会损害同事之间的关系，他们可能会觉得有些同事正在利用这种情况。制定一刀切的政策是没有意义的。对一些员工来说，在家工作更有意义，对其他人来说则不会。关键是要与员工沟通不同的工作安排的原因以及你是如何做出决策的。第三，向员工明确表示，调整不是“免费通行证”，它只能改变工作的安排。因此，你应该向员工传达这样的信息：他们有责任证明自己有能力提高工作的自主性，利用这些调整条件来钻空子是不能容忍的。

## 结语

道德决策是艰难的，保持道德并不容易。最关键的永远是你个人对做正确事情的认可和承诺。然而，什么是正确的事情并不总是那么清晰，因此重要的是要具备一些有效的框架或方法来指导你思考道德困境，这有助于清晰地思考和最终的道德选择。

# 2

| 第 2 部分 |

# 人际技能

## 第 5 章

# 沟通

### 交互式图片而非语言，掌控着当今世界的沟通

 | **Tableau**

随着人们对数据驱动型解决方案日益重视，再加上人们没有足够的时间去做复杂的图表，如今幻灯片正用引人注目的或者高效率的方式来吸引观众和传递信息。幸运的是，一个被称为数据可视化的新技术正在改变着我们如何去看待、操作和呈现数据。Tableau 软件是数据可视化技术的一个典型代表，该软件在全球顶级的咨询公司以及那些紧跟时代的前沿组织中非常受欢迎。

这类软件为媒介机构创造了一种特别商机。通过采用 Tableau 软件，媒介机构可以让读者以独特的交互方式来玩转数据。也就是说，Tableau 软件不仅展示数据，而且允许读者亲自操控数据，与数据展开互动，从而进一步了解自己想要了解的信息。近期，一个令人印象深刻的例子是 CNN 财经频道的一期数据可视化节目。在该期节目中，CNN 介绍了 2010 年美国居民丧失房贷抵押赎回权的情况。用户将他们的鼠标移动至美国地图的某一个地方，就可以看到这个地方的相关数据信息。通过鼠标操作以及图表下端的菜单栏，用户还可以了解进一步的分析数据。

这类软件的基本理念是对数据展示进行量身定制，使得用户对所展示的信息更感兴趣并且愿意更深入地分析数据。

也许这样说有些老套，但还是要说：沟通技巧对每一个组织的成功都至关重要。不要惊讶，那些成功的管理者正是那些可以最好地向他人传达他们的观点、看法和热情的人。这是因为沟通能力强的人会鼓舞别人的信

心，而且被认为比沟通能力弱的人拥有更多可靠的想法，不管其想法是不是真的更好。与此相反，相比于缺乏其他方面的能力，更多的管理者被解雇以及事业发展不顺畅是因为缺乏沟通技巧。许多对招聘大学毕业生的招募者进行的调查表明，沟通技巧是这些毕业生最普遍的缺陷。

沟通影响着管理行为的几乎每一个方面。激励、反馈、团队工作、谈判、领导变革，每一项都需要有效的沟通技巧。研究显示，管理者的沟通能力与员工的创新能力之间有很显著的正相关关系。也就是说，管理者沟通能力越好，人们为帮助团队提出新的、有创造性的想法的可能性越大。简而言之，要想成为有效的管理者，你必须成为一名有效的沟通者。

遗憾的是，在发展优秀的沟通技巧时，仍有很多阻碍存在。人们不断地听到这样的评论，“这都是常识，我知道怎样更好地沟通”，或者“良好的沟通不能被教会，你要么有能力，要么就不需要”，或者“在拥有技术的今天，这些都不是很重要了”。事实上，有效的沟通并非轻而易举或者随处可见（存在如此多无效的、焦虑的沟通者就证明了这一点），一些特定的、具体的原则与技巧能够被人们掌握和精通，沟通的重要性也毋庸置疑。

因此，什么是沟通？图 5－1 展示了一个传统的沟通过程模型。看起来简单明了，沟通过程模型是很有用的，它强调沟通成功和失败是多维度的（不仅仅是由于一个事件或一个要素），取决于该链条上的许多环节。例如，由于糟糕的信息编辑、糟糕的信息传递、系统中的噪声（干扰因素），或者接收者的选择性感知，发送者真正想要表达的很可能并不是接收者最终听到的内容。在设计一种沟通策略或者诊断某次沟通失败的具体原因时，这个沟通过程模型都是一个很好的起点。

也许沟通的最明确特征是与他人分享信息。虽然许多教科书上关于沟通的讨论都集中在正式的汇报和演讲上，但管理者在与团队、老板或同事的小型会议上的交流要普遍、频繁得多。在这一章中，重点不只是如何进行一次好的演讲，而是更广泛的内容，即与他人分享信息。你如何去创建和传递有说服力的信息？成功汇报的要素是什么？你能更积极地倾听并且克服那些妨碍理解的陷阱和障碍吗？

与许多管理技巧一样，沟通是一个存在许多误解或迷思的领域（见迷思 5.1）。接下来会描述其中一些最常见的观点。

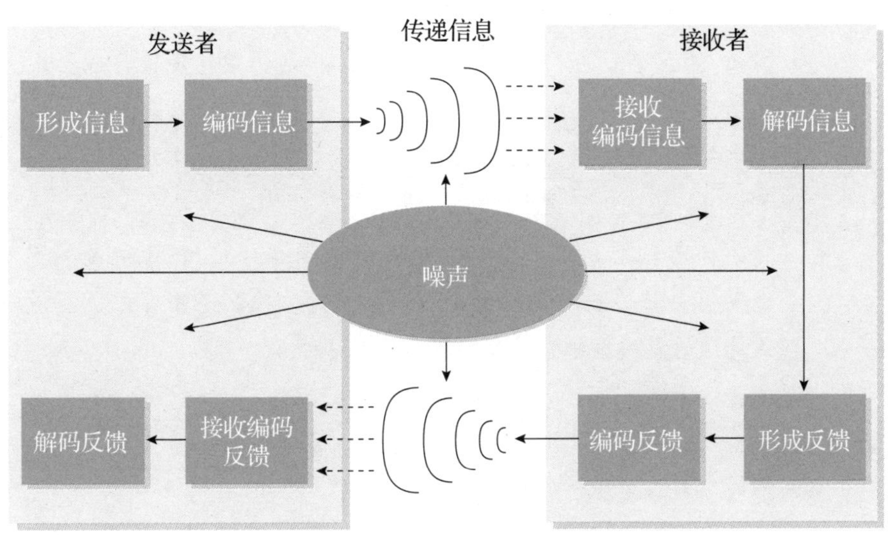


**图 5-1　沟通过程模型**

## 迷思 5.1

### 关于沟通的迷思

- 如果你有一个有力的证据，每个人都会被说服。许多律师常常希望这是真的，但他们很快就意识到人们不仅仅是被证据打动，谁提出了证据以及它是如何呈现的也很关键。此外，一个讲述得好的故事或轶事往往能像一堆有力的证据一样有效。
- 如果沟通次数足够多，你的沟通就会有效。太多的演讲乏味又缺少亮点。大多数信息都是很容易被遗忘的，也无法抓住听众。许多人都难以重点关注和展示那些必要的关键信息以供老板制定良好的决策。事实上，沟通总被认为是当今组织中最大的管理缺陷。
- 词语的意思就是它们的字面意思。我爱法式吐司。我也爱我的配偶。显然，词语承载着不同的含义。确保相互理解是沟通的主要挑战。对你来说意味着这件事的词语对你的听众来说可能意味着其他内容。
- PPT 文稿总是最好的说服方式。幻灯片可以使信息的呈现具有连续性和结构化，很容易修改，并且可以体现创造性。然而，随着 PPT 和类似软件的广泛使用，幻灯片很容易就成为单向的信息灌输，过于脚本化和不灵活，并且没能和观众的需求紧密联系起来。在选择PPT之前（或者任何其他的演示程序），应确保它是实现你目标的最好媒介。

- 自信意味着愚蠢。真正的自信沟通（assertive communication）不是变得有对抗性或有侵略性。当你自信时，你在不伤害或贬低任何人的同时坚决维护自己（或别人）的权利。
- 倾听是一种被动的行为。研究表明，人们最终无法听进去所听到的大部分内容。良好的倾听是一件很辛苦的工作，而且是一种主动的而不是被动的技能。

## 创建有说服力和吸引力的信息

### 克服知识的诅咒

每个人都知道沟通很重要，大概每个人都希望成为一个好的沟通者。前面的沟通过程模型很简单，原理也很简单。那么，为什么在组织生活中糟糕的沟通和汇报会频频出现呢？ 人们大都听到过类似的抱怨："我们之间不太好沟通"，一个团队的成员不能很好地沟通，教授知道自己的演讲主题却不能很好地表达，等等。究其原因，是存在很多沟通障碍，而且很隐蔽。成为一个更好的沟通者，第一步是敏锐地意识到沟通过程中通常会在哪里失败，并在沟通过程中避免这些错误。

假设你正在向你老板介绍一个新的 iPhone 应用程序，你在推特上关注谁，你希望自己很快会有超过 500 个脸书好友。或者，你是一个在班加罗尔工作的美国人，向你的印度老板抱怨最近一项棒球球员转会交易。当老板耐心地倾听和点头时，你会疯狂地摆动你的双手，显得非常活跃。后来你无意中听到你的老板对另一个同事说，他经常不知道你在说什么，而且你看起来不太聪明。你可能会摇头，嘲笑他，甚至认为他极其无知。然而，从沟通的角度来看，真正的问题是你。也就是说，你被自己的知识羁绊。

类似地，你是否参加过这样的演讲：演讲者显然是一位专家，但他只是不能把他的想法传达给观众，从而让观众感到困惑和无法受到启发？他也被自己的知识羁绊。极具天赋的高尔夫球手、棒球击球手和舞蹈者往往会成为无效的教练——因为他们自己的知识和技能使得他们很难从初学者的角度出发，从而导致专家和初学者双方都感到沮丧。

知识诅咒指的是一个知识渊博的人往往不能将知识传达给他人。换句话说，当人们知道一些事情时，很容易忘记不知道它的感觉。研究表明，人们通常高估了自己的知识库和其他人的知识储备之间的重叠。大量的沟通障碍源于知识诅咒，这很难避免。毕竟，你不能简单地忘记你已经知道的东西。人们的知识"诅咒"了自己，人们很难轻易地重新创造听众的心智状态。管理实践 5.1 是知识诅咒的一个有力例证，这种现象每天都在组织中发生。在信息发送者脑海中"播放的真正旋律"很可能是接收者无法领悟到的。幸运的是，有两种行之有效的方法来对付知识诅咒：（1）分析和了解你的听众；（2）转换你的信息，使它们包含说服力和吸引力的关键要素。

### 管理实践 5.1

#### 说唱歌手和听众——知识诅咒

斯坦福大学的研究员伊丽莎白·牛顿（Elizabeth Newton）进行了一项实验，她把人们分配为两个角色："说唱歌手"或"听众"。说唱歌手收到了 25 首著名歌曲的列表（例如，《生日快乐》和《星条旗》）。每个人都被要求挑选一首歌曲，在桌子上敲出节奏。听众的工作是根据敲击的节奏来猜测歌曲名称。事实证明，听众的工作相当困难。在牛顿的实验中，120 首歌曲被敲出，听众在 120 首歌曲中只正确地猜出了 3 首（或 2.5%）。

更有趣的是，在听众猜出这首歌曲的名字之前，牛顿让说唱歌手预测听众猜对的概率，他们预测听众会正确猜出 50% 的歌曲。当一个说唱歌手敲击时，他听到的是自己头脑中的这首歌曲。你自己可以试试敲击这首《星条旗》。当你敲击时，你脑海中不可避免会出现这首歌曲的旋律。与此同时，听众却听不出这个旋律——他们能听到的只是一堆不连贯的音符，就像一种奇怪的莫尔斯电码。在实验中，说唱歌手对听众似乎在努力听音乐的状态感到失望。当一个说唱歌手敲击《星条旗》而听众热情地猜出《生日快乐》时，说唱歌手脸上那难以置信的表情是非常有趣的。这就是知识诅咒在发挥作用。

## 听众分析

有效沟通的首要原则是分析你的听众。接下来的内容将讨论什么会说服人们采取行动以及什么使信息具有吸引力。你将会再次发现，这取决于你的听众。注意，这里会非常广义地使用“听众”这个术语，它可能包括一个听众或一群听众。无论是一个挤满人的礼堂，还是与你的老板、客户或同事会谈，听众分析都是至关重要的，并且始终是实现成功沟通的第一步。

关于你即将与之沟通的对象，你能够了解什么？他们有什么样的目的和目标？你的听众最关心什么？说服的关键是形成一个论点并且将它表达给你的听众。他们可能不想听你的事情、挫折或问题——记住，这不是为了说服你自己。你的听众总是更有可能被直接影响他们自己的问题说服。因此，无论处于何种情况或者你用来准备的时间如何有限，你的第一项任务都是分析你的听众。在正式的汇报中，直接向听众询问他们的期望和喜好，在汇报开始时做一些听众分析是很有用的。对于面对面的会谈，做一些关于沟通接收者的背景和兴趣研究总是明智的。你选择进行听众分析，一堂最基本的课程是将你的诉求与听众的价值观和信念有机结合起来，“直击他们的心扉”。

亚当·汉夫特（Adam Hanft），一名在曼哈顿为小公司提供咨询服务的顾问，在帮助客户推销新产品时强调了听众分析的重要性。他说：“我曾经有一个客户，他的公司花了许多年时间和数百万美元，创建了一个强大的金融历史数据库。这是一项重大的成就，该公司对自己的成功感到自豪，并急于将自己定位为金融历史数据的主要提供者。我提醒该公司注意它在这个过程中忽略的一个重要事实：客户之所以想要获得数据，并不是因为他们是历史学家。他们用这些数据来预测未来会发生什么。带着这样的见解，该公司从销售过去转向提供未来。猜猜哪个会卖出更高价格？”

## 说服的基本要素

作为一些最实用的想法能够历久弥新的证明，希腊哲学家亚里士多德首先明确提出了说服的三个基本要素：德、情、理，遗憾的是，虽然这些知识已经存在了许多世纪，但是大多数人并没有予以采纳并有意识地将这三个要素注入自己的信息中。沟通的目的是要说服你的听众，让他们相信你的想法是有效的，并让他们以你希望的方式行动。无论你是向员工提供指导，向客户介绍一个创意，还是为你的网站设计一份新的营销方案，德、情和理都是你传达信息并且说服别人按照你的想法去做的关键所在。接下来将进一步介绍这些要素，并通过具体事例来阐述如何更好地利用它们。

### 德：建立个人信誉

德（ethos）是对演讲者的权威和个人可信度的一种诉求。人们倾向于相信那些自己所尊敬的人以及那些认为能够真正懂得自己的人。因此，德要求你的听众对以下这些问题提供正面、肯定的回答：这个人对自己所讲的东西真的了解吗？我为什么要相信他说的话？这个女人是谁，她对我有什么了解？她有什么样的背景、经验或资历使得她可信？

研究表明，德在很大程度上源于你与听众建立联系或纽带的能力，以及你在何种程度上建立自己的信誉。你可以通过表明你与听众共享的事项来提升你的德，并暗示你在许多方面与他们相似，或者你至少对他们的兴趣、价值观和背景有深刻了解。另一个提升德的方法是建立你的权威或专业知识。证据表明，人们往往相信专家的证词或者容易被说服。当人们缺乏足够的知识或背景而不能做出明智决定，或者当问题对他们来说太过复杂而不能正确分析时，人们通常会听从专业意见。

为了充分利用这一点，你或许可以在你的信息中使用“我”或“我们”。例如：“作为一个狂热的视频游戏玩家”“以我自己作为一个单亲家长的经验……”“作为过去十年的滑雪行家，我们没有理由……”注意，没有人仅仅因为你是被选中来谈论某个特定话题的人就会把你当成专家，所以你需要多走一步来证明你的知识和技能。你不需要做得太过火，在文凭和其他凭证上做些事情——事实上，通常是越微妙和间接的暗示，效果越好。你可以通过举例来说明你在解决先前某些问题时所发挥的作用，或者解释你之前完成过的研究，从而佐证你的结论。这些个人信息应该在演讲之初就宣布，这样你的听众就会准备好听取你的最终建议。

**情：激发他人的情感**

情（pathos）是对观众情感的一种诉求。用有说服力的诉求来拨动你的心弦，让你发笑，或者让你感到惊恐，这就是在使用情来激发你的情感。情通常是通过证明某些东西是公平的或不公平的来予以激发。它可以通过多种形式来实现：充满激情的演说、简单的断言或者一个故事。需要注意的是，直接呼吁听众去感受一种情绪（例如，“你现在应该哭泣”）很少会有效果，相反，用言语创造情感通常需要重新创造一个能够激发情绪的场景或事件。对痛苦或愉快事物的描述常常会自然地触发情绪。例如，由于人们通常会对那些不劳而获的人感到愤怒，一位想要使人们变得愤怒的演讲者就可以讲述一个关于某人不公平地获得某种奖励的例子。另外，如果想要唤起怜悯之心，可能会举一个关于在某些方面处于劣势的小孩子的例子。

与对听众分析的强调一致，当演讲者使用与他的听众高度相关的故事和例子时，情就会更加有效果。这就是为什么康复的瘾君子在 12 步康复计划中扮演如此重要的角色以及为什么宗教信仰的故事在做礼拜时如此有力的原因所在。在这些案例中，听众对所讲述的故事非常感兴趣，因为最终他们发现故事讲述的简直就是他们自己（或者他们至少可以在故事中看到自己的影子）。可以很自然地发现，一个（尤其是间接地）奉承人而不是侮辱人的沟通者更有说服力。例如，如果一个作家想让读者对某件事情进行负面评价，他可以设法激起读者的愤怒。或者，为了实施慈善活动（例如，说服人们进行慈善捐赠），一位演讲者可以激发人们的怜悯之心。

**理：逻辑诉求**

最后，一个沟通者可以通过诉诸听众的理性来进行说服。理（logos）来自逻辑论证、事实、数据和证据。理是让听众感觉自己在做出明智选择的理由。作为一位演讲者，你有两种途径来提升理的程度。第一种是构建合理的论据来支持你的立场，第二种是找到支持这些主张的证据。

**逻辑论证**。从一般意义上来说，有两种类型的论证：归纳（inductive）

和演绎（deductive）。归纳法是从具体推广到一般；演绎法则是从一般开始，以具体结束。基于经验或观察的论点最好是通过归纳法来表述，基于法律、规则或被广泛接受的原则的论点最好是通过演绎法来表述。考虑以下例子：

乔埃伦：我去年为我的餐厅经理实施了两个月的利润分享计划，我们餐厅在这两个月都获得了最好的销售业绩。按绩效支付工资！

马修：这就是强化理论——人们做那些能够获得奖励的事情。如果你因为他们实现更高业绩而奖励他们，那么你通常会获得更高业绩。

乔埃伦使用归纳推理，通过观察来论证。马修使用演绎推理，通过强化理论来论证。马修的论点显然从一般（强化理论）到具体（该餐厅更高的销售业绩）。乔埃伦的论点则是不太明显地从具体（她从个人角度观察到强化理论在发挥作用）推广到一般（她预测一种具体的措施将会导致未来产生一种具体的结果）。

在大多数商业关系和人际关系中，归纳逻辑是最常使用的，而且更有说服力。例如，政客们会迅速远离某个在某种政策方面具有积极影响或消极影响的人，作为表明自己立场的一种手段。这是一种归纳法。与通过一般理论和模型来诠释的演绎法相比，许多学生在课堂上更喜欢学习归纳法（通过当前的情况和实际的例子来诠释）。无论如何，重要的是要认识到论证形式是归纳还是演绎，因为每种论证形式都需要不同类型的支持。乔埃伦的归纳论证需要有说服力的个人经历或观察来予以支持。马修的演绎论证应该需要一些既定的法律或被认可的理论来予以支持。

**使用证据**。除了你的论点结构，你还可以通过有效运用事实和证据来提高理的程度。因此，在构建一个有说服力的观点时，一个关键的问题是："我的证据是什么？"当然，证据可以有多种形式，但在大多数情况下，至少有一种强有力的证据是财务方面的或者以绩效为导向的——通常称为一种观点或行动的"商业特征"。也就是说，当你提出某个建议时，你需要超越感觉或直觉诉求，并且表明它如何积极影响你的听众的切身利益。在商业环境中，令人信服的证据可能与员工或客户态度、社会责任措施、环境影响、新增长或创新有关。使用证据时最重要的考虑因素是数据的有效性和它与特定听众的相关性。

记住，虽然有效的证据通常是演讲变得有说服力的关键所在，但是你并不希望用过多证据来压倒你的听众。请记住，理并不是成功的信息的唯一组成部分。听众从演讲者身上寻求的是稳健（prudence)，即在正确的时间做出正确选择的实用智慧。通过表明你对该主题的掌握，而不是通过表明你自己是这个房间里最聪明或者知识最渊博的人，你表现出稳健。

一个典型的问题是，德、情和理三者之中，哪种方法最重要。答案是双重的：（1）在几乎每一个沟通脚本中，它取决于听众——所以，你需要分析你的听众，了解哪种方式最可能吸引他们；（2）这三个要素都有说服的潜力，因此，一个好的演讲策略是在你的信息中设法使用所有这三个要素。在许多沟通中，最大的说服弱点也许是过分依赖于某个要素。例如，如果运用得当，情能够成为有力的“武器”。但是，在业务领域中，最有效的沟通并不完全依赖于情。类似地，理在很多方面都是有效的，但是很容易让听者感到压力和困惑。因此，虽然整合这三个要素并非总是可能的，但这确实是设计有说服力的诉求的一个好起点。要想使你的信息变得有吸引力——接下来将予以讨论，德、情和理是这些特定策略的核心所在。

## 使信息有吸引力：SUCCES 模型

如何实现有说服力的沟通？近年来最令人兴奋、最有用的成果之一就是吸引力（stickiness）的概念。“吸引力”这个词是由马尔科姆·格拉德韦尔（Malcolm Gladwell）在他的《引爆点》（*The Tipping Point*）一书中推广开来的，并由奇普·希思（Chip Heath）和丹·希思（Dan Heath）在他们合著的书《变得有吸引力》（*Made to Stick*）中更全面地发展和说明。这些作者尝试更好地理解一个对所有的有效沟通都至关重要的问题：什么使得一个想法令人难忘或有吸引力？他们得出结论，有六个关于吸引力的基本原则，用首字母缩写词 SUCCES 来表示。接下来将描述并举例说明这些原则。

### 简明（simple）——找出想法的核心

一位成功的辩护律师曾经说过：“如果你和陪审团争论十点，即使每一点都是一个非常好的问题，当他们回到陪审团房间时，他们不会记得任何一点。”因此，使信息有吸引力的第一个原则是找到并表达你想法的核心内容。要把一个想法分解出核心，你必须善于排除。也就是说，你可能需要放弃许多伟大的见解，以获得那条最重要的见解并使其真正闪耀和有吸引力。最难的部分是舍弃那些可能非常重要但不是最重要的想法。

美国陆军用所谓的“指挥官意图”（Commander’s Intent）来表述这个观点。这个概念是要迫使一个指挥官在行动开始之前始终强调该行动唯一一个最重要的目标。意图的价值来自它的唯一性。即使每一件事情都分解成小块，而且需要不同的战术，但是部队仍然知道他们的首要任务。注意，找到核心并不等同于简化或者概述。长话短说并不是所追求的目标，相反，人们想提出既简单又深刻的观点。你不能有五个主要的优势，你不能有五个“最重要的目标”，你不能有五项指挥官意图。常问问自己，我的核心观点是什么？管理实践 5.2 将简要介绍这个概念。

## 管理实践 5.2

### 抓住核心：一个六字长的故事

据说，美国著名作家海明威和几位著名作家共进午餐，他声称可以写一篇六字长的短篇小说。这几位作家对此持怀疑态度。海明威要他们每人拿出 10 美元做赌注。如果他没做到，就输一样多的钱。如果他做到了，他就赢得这些钱。他很快就写了六个词。它们是：“出售，婴儿鞋，从没穿过。”（For Sale，Baby Shoes，Never Worn.）

海明威赢得了赌注，他的短篇小说是完整的。它有一个开头，一个中间，一个结尾！更重要的是，想想这些话中传达了多少信息以及它们如何激发读者的好奇心。在某个时间点上是有个孩子要出生吗？这是一个生活梦想吗？为什么现在出售？等等。经验是，将大量信息浓缩为一个核心是有可能的——但它既不容易，也不符合直觉。的确，具有讽刺意味的是，创造有意义的短信息实际上比炮制更长的信息要困难得多。事实上，有一句名言来自多个人，分别是马克·吐温、布莱瑟·帕斯卡（Blaise Pascal）、T.S. 艾略特（T.S.Eliot）和亨利·梭罗（Henry Thoreau）：“如果我有更多时间，我本应该给你写一封更短的信。”

受此六字简洁精神的启发，《史密斯》杂志举办了一次读者竞赛，要求人们用六个词来讲述自己的人生故事。该杂志收到了大量稿件，其中包括水管工的作品——“修理厕所，有偿掏粪”（Fix a toilet，get paid crap）；一个女性施虐狂的作品——“女人找男人，痛苦门槛高”（Woman Seeks Men—High Pain Threshold）；名厨马里奥·巴塔利（Mario Batali）的作品——“经常把它煮沸”（Brought it to a boil，Often!）；喜剧演员斯蒂芬·科尔伯特（Stephen Colbert）的作品——“我觉得这很有趣”（Well, I thought it was funny）；维基百科的创建者吉米·威尔士（Jimmy Wales）的作品——“你可以编辑传记”(Yes, you can edit this biography)。无论是生活故事还是其他有说服力的信息，试着用六个词表述都是有趣的、有用的，这将帮助你找出核心。

**出人意料（unexpected）——用惊奇来吸引注意力**

吸引力的第二个原则是出人意料。你如何让听众注意你的想法并引起他们的兴趣？最基本的方法是出人意料，打破思维定式，或者大胆地违反直觉。惊奇是一种提高警觉性和增强注意力的有效方法——用来抓住人们的注意力。你只是不想让你的听众在想：“我以前就听说过。”相反，你想让他们想：“真的吗？哇！现在我不确定接下来是什么内容了。”因此，要想出人意料，关键是要确定如何去打破、不遵守人们的期望。找出可以被设计成惊奇的或者至少是违反直觉的信息，并把它纳入你的演讲中。

**具体（concrete）——用具体且容易掌握的方式来阐明你的想法**

吸引力的第三个原则是具体。具体的事物是令人难忘的，而抽象不是。因此，找一些常见的、简单的、众所周知的画面和事例来说明你的观点。如果有可能，你应该使用人们能够轻易感知和联想的具体信息，从人类行为方面来解释你的观点。有相当多的商业演讲或汇报在这一点上犯错。对使命宣言、协同效应、能力、投资回报等概念的抽象讨论，往往过于模棱两可而变得毫无意义。相反，有吸引力的信息富含具体的画面，是大多数人都能看到和感受到的——愤怒的顾客，一张 15 000 美元的奖金支票，一名做完手术的病人慢慢走出医院——因为人们天生就能记住具体的画面。有效的教练使用具体的画面而不是抽象的画面来表达自己的想法（例如，

“我要你紧贴着他进行防守”而不是“我们需要加强防守”）。这是因为具体性使得人们更容易把自己的活动与他人的活动协调到一起，否则他们可能会以截然不同的方式解读抽象画面。因此，尽量用清晰而具体的例子和画面来说明你的信息。

**可信（credible）——确保别人相信你**

吸引力的第四个原则涉及你如何让人们认为你的信息可信。这个原则很熟悉——它进一步强调了先前讨论过的德。虽然德的几种常见来源——专业技能、诚实和信任——是可信度的核心所在，但另外有三种策略也被证明是吸引力的来源，接下来将分别予以讨论。

**生动的细节**。首先，你的描述越丰富、越生动，你的信息就会越有吸引力。如果你想为一个被自然灾害摧毁的村庄筹集慈善捐款，不要仅仅使用泛泛的受灾证据，应该更具体地去描述——一个年轻的男人睡在废墟上，一个年轻的女人已经四天没喝到干净的水了，等等。如果你想表述客户真的喜欢你公司的品牌，那就不要局限于引用调查结果，你可以展示一张图片，上面是一群赤裸上身且胸前文着你公司标志的男士。对陪审团裁决的研究尤其显著地表明，陪审员认为通过生动细节来描述的论点比那些陈述得不那么具体的论点要可信得多。

**反权威**。虽然直觉上把可信度与专业知识和权威联系在一起，但有时候反权威人士或者那些从任何传统意义上看都不算权威的普通人士，成为最可信的来源。例如，一位吸烟者死于肺癌，对于不吸烟就能发出有力而可信的声音；一个作弊者被抓住并被开除，这对其他人来说是一个很好的警示，可以避免这种诱惑；一家汽车公司想要卖给你一辆车，这不是很可信，因为它有明显的套路，相反，你最好的朋友喜欢那种汽车的模型，这是一个可信的来源，他的诚实和可信任度——而不是他的专家身份——给了他可信度。因此，你寻找可信的支持时，要有创造性，要认识到有时候反权威比权威更好。

**检验凭证**。检验凭证的概念可以简单地解释为：“不要相信我的话，你自己去检验。”的确，虽然外部消息来源和专家验证有一定效果，但亲自验证通常是最有力的可信度来源。温迪快餐（Wendy’s）著名的广告语是“牛肉在哪里？”就是一个关于检验凭证的例子。这家连锁餐厅对顾客说："去拿竞争对手的汉堡包来比较一下，看看它是否和我们的一样。"检验凭证的概念甚至是 eBay 得以兴起的原因所在，想想对卖家的反馈评级系统，这实际上是一个可检验的凭证，显示了该卖家如何对待其他买家。管理实践 5.3 介绍了一个特别生动、引人注目的例子来阐述检验凭证多么有吸引力。

## 管理实践 5.3

### 滥交的风险：检验凭证的力量

每年美国职业篮球协会（NBA）都面临着教育 NBA 新秀球员如何在联盟中生活的挑战，包括如何与媒体打交道，保持健康的饮食习惯，用他们新获得的财富进行明智的投资，以及防范艾滋。NBA 新秀通常都是 21 岁以下的年轻人，他们都是突然成名的明星，伴随名气而来的是粉丝对他们的崇拜。他们都听说过艾滋病，所以风险并不是他们不知道艾滋病，风险是他们生活的环境诱使他们放下戒备并且一夜荒唐。直到几年前，NBA 还会使用标准的策略来提醒这些年轻人：医生讲述艾滋病病毒的影响；其他感染了艾滋病病毒的球员郑重警示他们；等等。然而，几年前，NBA 想出了一种不同的方法——一种更有吸引力的策略。

在 NBA 赛季开始前的几个星期，所有的新秀球员都被要求在纽约市塔里敦集合，参加一次强制性的新秀培训。培训为期 6 天，他们基本上被锁在酒店里，不能使用手机或笔记本电脑，学习的课程涉及刚刚讨论过的那些事项（例如，媒体、营养、金钱）。尽管关于本次培训的信息严格保密，但是一群女球迷找到了培训地点。在培训开始的第一个晚上，她们在酒店的酒吧和餐馆里闲逛，打扮得花枝招展以引起注意。对于能够吸引如此多关注，这些新秀球员感到很惬意。有很多人在调情，球员们也打算在接下来的培训期间与其中一些女孩约会。第二天早上，新秀球员尽职尽责地出现在他们的课堂上，他们惊讶地看到昨晚的女球迷们站在课堂前面。她们一个接一个地再次介绍自己。"嗨，我是希拉，我是 HIV 阳性。""嗨，我是唐娜，我是 HIV 阳性。"突然间，有关艾滋病病毒的讨论就开始了。过去，NBA 依靠一位医生或经验丰富的球员作为可信的来源来劝说新秀球员，但更可能吸引你的是什么：听说别人被愚弄了，还是自己亲身被愚弄了？NBA利用了检验凭证特别能够吸引人的特征。设法在你的信息中也使用这种策略。

资料来源：Condensed from Heath，C.，and Heath，D.（2007）. Made to stick，pp. 162-163. New York：Random House.

### 情感（emotions）——使他们在乎

这里又提到了说服的其中一个要素——情，它也是吸引力的一个原则。简单地说，通过让人们脱下分析的帽子，体验与你所传达的信息相关的情感，让人们关注你的想法。你表明你的想法如何与他们关心的事情息息相关。你诉诸他们的自身利益和当前身份，也诉诸他们希望变成的样子。

因此，要向他们强调，如何采纳你的信息，将会带来什么利益以及他们会有何感受。研究表明，比起整个贫困地区，人们更有可能把慈善捐赠送给一个有需要的个体。人们习惯于考虑活生生的人而不是抽象事物。有时，困难的部分是找到正确的情感来驾驭。举个例子，要让青少年戒烟是很困难的，因为他们不会被吸烟的后果吓到。通过引起他们对大烟草公司的不满，让他们戒烟更容易。与此相关的是，一些最成功的慈善机构如今邀请嘉宾参加慈善活动，以帮助那些有亲人因为某种特定疾病去世的人——而不是直接呼吁嘉宾捐款帮助进行预防性研究。

在创建有吸引力的信息时，关键的问题是：我所表达的内容会引起情感共鸣吗？人们会微笑、大笑或者感到厌恶或恐慌吗？如果是的话，那么你就处在正确的道路上，正在创建某种有情感的并且最终有吸引力的信息。

### 故事（stories）——通过展现而不是灌输来传递观点

吸引力的最后一个原则是使用一个故事把你的想法与现实生活结合起来。讲故事是最古老、最有力的沟通方式之一。研究发现，对于听众来说，故事比理性的论证、统计或事实更有说服力。好的故事可以说明几乎所有的商业概念，客户服务、文化、团队合作、决策和领导力都可以很轻易地通过故事来表述。

故事使信息变得与听众更切身相关和更饱满。听众可以在故事中看到自己，并在情感上受到故事叙述的影响。一旦听众开始问自己：“我认识哪些像这样的人?”“什么时候这种事会发生在我身上?”“我看到我钦佩的人在那种情况下是如何行动的”,你就把他们吸引住了。

精心设计的故事也体现了吸引力的其他几种要素。也就是说,故事几乎总是具体的。大多数故事都包含富有情感的和出人意料的元素。要想有效地使用故事,最困难之处是要确保它们是简明的——它们反映了你的核心信息。仅仅讲述一个伟大的故事是不够的,这个故事必须反映你的议题。的确,虽然故事显然可以让信息变得有吸引力,但现实是它们往往设计得非常糟糕,无法发挥出应有的吸引力。表 5-1 总结了一个好故事的特征。

**表 5-1　一个好故事的特征**

| |
|---|
| 在某种程度上,人们都知道故事能够成为强大的沟通工具,但人们也知道,并非所有的故事或故事讲述者都是有效的。接下来的内容会重点介绍一个好故事的关键特征。在设计故事时尽量利用这些特征,增强吸引力。 |
| **好的故事强调细节**。伟大的俄国剧作家契诃夫曾经说过,如果在第一幕中有一把枪挂在墙上,那么它在第三幕中必须发挥作用,否则为什么要挂在那里?在生活中,个别事件或细节可能是随机的,但在故事中,细节是出于某种目的而选择的。因此,为了讲好你的故事,故事中要包含必需的细节种类以及细节数量——不多也不少。 |
| **好的故事针对特定听众**。讲述者塑造故事——但讲述者对听众的认识也在塑造故事。这并不是说你应该把真实的故事告诉一些听众,而不把真实的故事告诉另外一些听众。这句话的意思是说,你所讲述的故事类型、你的故事想要实现的披露程度,以及你所需要的细节程度,这些都取决于你所面对的特定听众。在面对自己父母时,学生们所讲述的周末故事肯定不同于他们对自己室友讲述的周末故事,尽管这两个故事都是真实的。 |
| **好的故事有结构**。换句话说,故事应该有开头、中间和结尾,或者它应该体现一种明显的模式。因此,从一个点开始,然后是一个事件(在你的头脑中塑造该故事),最后,在某处收尾,结尾至少应该在某种程度上阐明该事件的进程。 |
| **好的故事表达愿望和恐惧**。愿望和恐惧是所有故事背后的驱动力:故事中的角色想要什么,他们害怕什么,这为故事赋予了情感力量,推动故事向前发展。因为每种愿望都有相应的恐惧(我想要成功——害怕失败;我想要被爱——我不想孤独),所以好的故事会重视这两种情感的力量。 |
| **好的故事在讲述者与听众之间建立共同点**。通过表达讲述者与听众之间共同的愿望和恐惧,故事能够把讲述者与听众连接起来。有时,他们直截了当地建立共同点(倾听者在某些特定方面与讲述者相似),有时他们有更广泛的共同点(讲述者有愿望和恐惧,听众也是如此)。建立共同点是讲故事的核心目标之一。 |

续表

| 好的故事是“表明”而不是“灌输”。有时你需要向听众指出你的故事是关于什么的。如果你不直接指出来，听众就无法领会你的意图，那么你还没有把故事讲得足够好，你还没有真正利用故事的威力。故事比任何其他媒介更能有效地打动人，它能够精确地切入人们的理性层次，进而深入情感和细节层次；有血有肉的细节和事件，能够打破人们的理性防线。你可以拒绝外在的信息，但是你如何与一个真实的故事争辩呢? |
|---|
| 好的故事涵盖困难或困难的可能性，以及成功或成功的可能性。故事是人们用来表达生活的状态和意义的核心隐喻。因此，人们期望故事能够涵盖困难、悲伤和失败（或者至少是对这些事情的恐惧），因为生活不可避免地包含了这些复杂因素。如果故事缺少这些因素，人们不会相信它。 |

## 传递有力的信息

### 有效演讲的基础

有效的沟通取决于两个因素：（1）有说服力、有吸引力的信息；（2）清晰、有力地传递该信息。世界上最令人信服的信息也可能无法影响你的大多数听众，除非你以一种令人信服的方式来表达它。抓住并且保持听众的注意力，这对一开始就与听众建立一种强有力的纽带是至关重要的。当你想要准备一次有说服力的演讲时，一个简单的五步骤过程可以为你提供指导。为了简单起见，它们称为 5S，如图 5－2 所示。这 5 个 S 是按顺序的，每一步都建立在前一个步骤的基础上。要想使沟通变得有说服力，最关键的是良好的规划。因此，你接下来将会看到，前三个步骤涉及准备工作，第 4 个和第 5 个步骤则强调实际演讲。现在更详细地讨论每一个步骤。

**策略**

考虑一下这个脚本：你从事销售，你需要和某人交换销售电话，因为你和一个可能成为你公司潜在重要客户的人士发生过不愉快。你可以与另外两个销售人员互换客户：其中一个是你不太了解的同事，但他的一个客户符合你的需求；另一个是你工作中最好的朋友，他也有一个还不错的客户可以与你交换。你会怎么做?

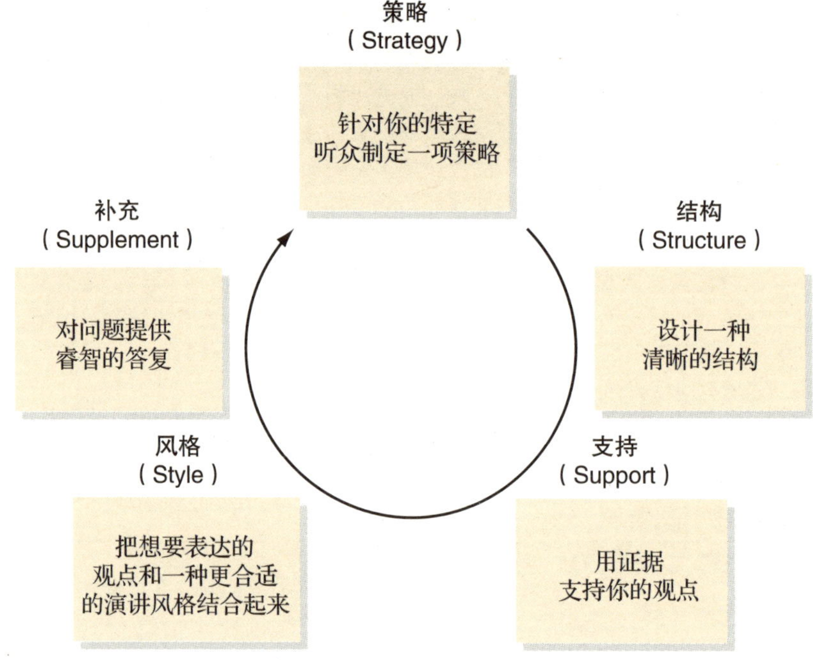

图 5－2　发表演讲的五 S

如果你是一个有效的说服者，你不可能对这两个人使用同一种方法。实际上，当你尝试说服你不太了解的同事时，你可以强调你客户的价值以及对公司的利益。当你向你最好的朋友推销时，你可能会更加强调个人诉求。你会选择不同的方法和论点，因为面对的听众不同。同样，你与你朋友交流时使用的语言和表达方式可能会不同于你与不太了解的同事沟通时使用的语言和表达方式。

与之前讨论过的听众分析及说服的三种要素相一致，好的演讲规划应该考虑到你的演讲目标是什么、你的听众是谁，以及你总体的说服方法是什么。请回顾先前对指挥官意图和听众分析的讨论，在这个阶段，你应该判断出听众的主要关注点是什么，确定你的核心思想以及什么能够使你的演讲获得成功。

### 结构

一旦确定了你的核心思想以及听众的主要关注点，第二个关键要素就是确定演讲的结构。也就是说，你的演讲如何开始？如何对你的各种想法进行排序？如何以一种干脆利落的、精彩的方式收尾？正如前面提到的，研究表明，如果按照逻辑顺序来排列或者讲述一个故事，那么观众能够更好地记住演讲内容并且做出更积极的应对。你可以通过一种有条理的、令人信服的方式组织你的演讲内容。管理实践 5.4 举例说明了在组织演讲内容时应该避免的一些事项。

### 管理实践 5.4

#### 关于演讲的残酷故事

彼得·谢伊（Peter Shea）是帝国化学工业公司的一位工厂负责人，他被召集到公司总部进行一次 5 分钟演讲，介绍他对公司的价值。他想让与会的 18 名高管记住他，于是他设计了一个比喻，把他的工厂比喻成一辆赛车，而他的工作就是让赛车跑得更快。这是个糟糕的主意。事实是，这个群体里没有任何赛车迷，他们不明白他在说些什么。几分钟后，高管们打断了他的演讲，让他离开房间。“我把工作弄丢了，”他说，“我这次演讲一败涂地。我应当先思考一下这些听众能否领会我这个比喻。”

国际搜索大师（Search Masters International）的戴夫·詹森（Dave Jensen）是生物技术行业的一位高管猎头。他希望自己的一次演讲有一个令人难忘的开场，于是他从一本介绍演讲技巧的书中借用了一个笑话。这是个糟糕的主意。“这个开场白糟透了，”他说，“它不是很好笑。那些工业微生物学家并不是一群一开始就能够放得开的、有趣的人。如果你在演讲的前两分钟错过了一些东西，后来就无法挽回了。”

达里尔·戈登（Darryl Gordon），加利福尼亚州拉霍亚一家广告公司的成员，被邀请向 60 位广告公司总裁展示数字技术的威力。他设计了一套不同寻常的、基于电脑的演讲材料，包含彩色的幻灯片、好看的图表以及大量的音效。这是个糟糕的主意。他打开电源按钮，什么动静都没有。把演讲材料加载到另一台机器上花了 15 分钟，因为第一台机器的配置太差，无法处理一份如此规模的演讲材料。“这 15 分钟的每一秒都感觉像整个人生那么漫长，”他回忆说，“我永远不会忘记这次演讲。”

那么，你能从这些错误中汲取什么教训呢？首先，了解你的听众，考虑他们对信息的需求，用这些标准来评判你的创意。其次，除非你绝对肯定某个笑话能够让你的听众觉得有趣，否则不建议在你的演讲中使用它。最后，了解现有的技术和设备，并且提前测试。

新手最常犯的错误之一就是太长时间不去考虑自己的核心思想或建议。麦肯锡公司前咨询师芭芭拉·明托（Barbara Minto）开发了一种行之有效的策略来开始一次有效的演讲，就是向听众讲述一个故事。她建议，在演讲开始时就要“在脑海中记得演讲的最终目的”，并且让你的听众感到放松和接受你表达的信息。使用这种策略，你可以在前面就旗帜鲜明地提出建议而不是到最后才总结出建议。你首先陈述一个你知道听众会赞同的观点，例如：“我们都知道，我们公司需要保持盈利。”接下来，则是陈述一个更复杂的事项：“然而，我们的利润在今年某些时期变高，在其他时期则变低，这使得我们很难按季度来规划预算。”然后，你陈述自己的建议：“我想和诸位说的是，我们的产品线可以变得多样化，从而保护我们的利润免受周期性衰退的影响。把X添加到我们的产品线会有效化解我们的问题。”于是，演讲的剩余内容将解释为什么X（你的建议）能够解决你所陈述的问题（以及带来的其他好处！）。

用来设计演讲的方法有很多种，最重要的一点是不要仓促上阵，而是要根据一种你知道行之有效的结构来组织你的演讲。

### 支持

无论你有多可信，如果你想要改变听众的“心和脑”，你需要提供一些证据来支持你的观点。有许多研究探讨了如何在演讲中使用支持材料或证据，基于这些研究，以下这些模式可以作为大致的指导方针。

- 如果你有中等的可信度，证据可能会增加你的说服力。低可信度的演讲者在引用证据时几乎总是能够增加可信度。
- 使用证据通常比不使用证据要好。
- 证据可以增强长期的说服力。
- 当提供证据来源以及来源的资质时，证据能更显著改变对方的态度。
- 使用不相关的证据或不合格的来源，这可能会导致与演讲者的初衷截然相反的效果。

### 风格

一项重要的研究发现，如果你的听众不知道你或你的声誉，他们可能会根据你的部分演讲来判断你的可信度。他们将使用一些线索，例如你穿的衣服、你的自信程度或者你使用视觉辅助工具的专业化程度。因此，为了确保你获得最大的可信度，你需要保证演讲的质量能够体现你的专业水平。

但是，不要以为会有一个简单的公式帮助你实现有效的演讲。相反，最有效的演讲者是那些巧妙发挥自己的自然姿态和风格以获得最大优势的人。试图模仿别人的演讲是一种自我挫败：观众会发现你借用的技巧不自然，并断定你不真诚。演讲是非常个人化的事情，并不存在某种备受推崇的模式。每个人都应该根据自己的优势和弱势来调整自己的演讲。不过，也有一些方面是所有优秀的演讲者身上都具备的。

**表现出热情 / 激情**。对于演讲风格，最重要的是你对演讲主题有兴趣和热情。如果你真的相信你说的话有价值，那么你的言行举止就会变得自然。如果你自己都无法对你说的话感到兴奋，又何以要求别人这么做呢？

**说话要清晰、坚定并且语速适中**。演讲者的音量必须足以让在场的每个人都听清楚，没有什么能像说话声音软弱无力那样损害可信度。原因有两点：从实用角度来说，如果我听不到你的话，我怎样才能决定是否支持你的观点呢？ 另外，用适当的音量来表达你对自己立场的信心。这种信心能够——肯定会——转化为你的德，从而支持你的观点。此外，演讲者所犯的最大错误之一是语速太快，以至于他们失去了正确发音的能力。改变说话的速度是一种有效的技巧，作为一条经验法则来说，说话速度稍慢一点比语速快要更好。调节音量是很重要的。不要用单调的声音说话。音量的变化可以传达大量的意义。想想窃窃私语所传达的信息，也想想大喊大叫所传达的信息。在演讲中，音量和语速就相当于书面文字中斜体字或粗体字的同等功能。

**眼神交流、微笑和手势**。在演讲过程中，这方面的动作是非常重要的，然而许多演讲者不能做到与听众进行眼神交流。在北美，不进行眼神接触就相当于不与观众进行真正交流。其他文化对目光接触有不同的态度，人们应该对这些差异保持敏感。另外，在说第一个词之前，身体要站直，保持微笑。即使演讲主题是严肃的，微笑也能让你与听众建立起融洽的关系。

最后，手势对于保持关注是非常重要的，但必须稳健、明智地使用手势，否则它们会凌驾于你所表达的信息内容之上。刚开始的时候，你可能不得不时刻提醒自己注意身体移动和做手势。要鼓励自己有意识地这样做，直到这种演讲风格变得自然而然，能够使人印象深刻。这样一来，你就会成为一名更有效的、更有说服力的演讲者。要提醒自己不要反复做同样的手势，因为这会干扰听众的注意力。

**避免贬低自己的语句**。发表有说服力的演讲是一项非常困难的任务，不能用贬低自己的言行举止来损害你自己的形象。因此，避免使用诸如“我很紧张”“在我的幻灯片里有一些错误，请原谅”“我没有足够时间来深入探讨，所以我通过一些另外的幻灯片快速掠过”“我不确定如何使用这种花哨的技术”之类的陈述。尽管这样的陈述可能是发自内心的，也可能是为了引起共鸣，但它们最终只是让你在观众眼中显得不那么可信。事实上，你的听众会认为：“你为什么这么紧张，你不了解你的演讲主题吗？”“你为什么不花时间把事情准备得更好？”“你为什么不知道如何使用这项技术呢？”等等。

**补充**

最后，在演讲结束后，你需要准备好回答问题。不要错误地认为你的说服努力在你演讲结束时就达成了，你如何回答听众提出的问题会继续影响你的说服力。这是一个脆弱的时刻，因为问题可能超出了你精心准备的演讲内容。尽管如此，还是有一些有效的方法来准备和处理演讲过程中的问答环节。

最好的建议或许是事先考虑一下听众可能会提出的问题或反对意见的类型，并准备好相应的幻灯片作为补充，或者至少在脑海里对这些问题准备一些答案。在理想情况下，你会为你的演讲准备最有力的证据，但你没有足够的时间去收集所有证据，所以要记住的是，聚焦于你的核心理念。准备一些统计数据、证词或其他形式的证据往往是明智的，这些证据可以用来支持你的某个观点或者回答某个具体的问题。有额外的补充支持可以给你的专业性显著加分，还能带来额外的好处，即让你保持信心，觉得自己做好了充分准备。

在回答问题时，先把问题重复一遍，以确保你理解了听众想了解什么。这不仅给了你时间去思考，而且有助于确保你真正理解了听众的关注点并且准确把握住了这些问题的重要性。在你复述之后，问问听众你是否正确理解了他提出的这个问题。这种技巧的额外好处是，如果你做得好，你会让听众从一开始就同意你的观点。

最后，详细说明你会在何时进行问答环节。在你开始演讲时，你应该阐明在你演讲过程中的任何时候，或者在演讲的每个部分结束之后，或者在整个演讲结束之后，听众可以提问。尽管在演讲过程中回答问题会让你的演讲时间更长（也可能会影响你对演讲内容的专注），但这样做也会让你的演讲更具交互性，更吸引人。管理工具 5.1 提供了有效的演讲检查单示例。

### 管理工具 5.1

#### 有效的演讲检查单

要想进行有说服力的沟通，有很多方面需要了解，要了解它们并且把它们融会贯通是一项艰巨的挑战。在演讲之前非常紧张是正常的，但这不利于良好的沟通。考虑到这一点，这里提出了以下的清单，目的是集合最关键的要点，以便在准备进行有说服力的演讲时考虑。当然，这份清单并不穷尽，但是如果你对检查清单中的各项都已做好，意味着你已做好了充分准备并且有信心做到最好。

- 回答这个问题："这群听众是谁？他们为什么在这里？"
- 消除外部因素——什么是我的核心思想。
- 精心设计你的开头和结尾。
- 快速地给出你的建议。
- 有意识地包含尽可能多的说服和坚持的要素。
- 排练，排练，再排练。
- 熟悉相关的技术或逻辑。
- 预测听众可能提出的问题，并且收集相关信息作为补充，以更好地回答问题。
- 当开始演讲时，要有热情，圆满完成演讲。

## 提出老板（和其他人）能够认可的计划

在你工作生涯的很多时候，你会提出一个需要别人批准的建议。为了有效地进行这项工作，你需要了解关于这些决策的一些基本原则，并在提出建议时适当调整解决方案的表述。当你提出一份议案时，必须包含 4 个关键要素。当按照以下这种顺序来介绍时，这 4 个关键要素通常最为有效。

### 1. 这个计划是什么？

从一个积极的、具体的、基于未来的战略陈述开始，接着是一个具体行动列表来支持这个战略。对于该陈述，听众可以接受或者拒绝（例如“汽车产品部将收购一个消音器维修连锁店”）。

为什么首先就提出建议？有两个原因。首先，按照这种思路，不需要介绍背景或历史。评估你建议的人已经知道历史（他们经历过的）和目标（他们告诉你的），他们不需要被告知这些方面，他们最感兴趣的是你要提供什么新颖的内容。其次，当你对听众讲一些能够让他们具体评估的内容时，你会更快、更有效地吸引听众的注意力。为什么要让听众对你演讲的第一部分就感到厌烦？因此，在一开始就快速抓住他们的注意力。在商务沟通中，没有必要做太多铺垫。

### 2. 为什么推荐这个计划？

让计划的基本逻辑清晰起来，而不是强迫听众通过模糊的细节或不明确的操作来解决这个问题。如果合适的话，提供关于市场、竞争、成本和其他变量的综合信息。只有听众相信该机会是有吸引力的并且能够获得竞争优势时，你的建议才会被接受。因此，你必须明确计划的基本逻辑。

### 3. 该计划会帮助我们实现什么重要目标？

如果你的计划被采纳，你希望实现的预期目标是什么。你应该确定具体的目标，它们可以用来评估你的计划并决定它最终是否取得成功。虽然这可能会让你感到有点不习惯，但它会让你的听众更好地控制你建议的实施，并确保听众感觉到该计划是能够实现的。

### 4. 该计划的成本有多大以及风险是什么？

最后一步，你需要确定需要什么资源来实现计划。如果你向老板提出一个计划，这可能意味着为你自己或者你的工作团队索取资源。重要的是，要让决策者有一种“成本和收益”的意识，以便让他们权衡你建议的价值。换句话说，确定了计划、基本逻辑以及潜在的利益 / 目标之后，你必须“成交”。为了获得足够的资金和人员以成功实施该项目，你必须在这一步取得成功。

当然，在这种演示结构中还存在变化空间。然而，一个成功的建议通常包括所有这些要素——精心的研究；创造性的、有智慧的展现；最重要的是，根据你要说服的对象来量身定制。要强调的最重要一点是，你必须在展示建议的整个过程中始终关注你的听众。这并不是关于什么内容让你感到高兴或舒服，而是关于你的听众在乎什么。在这一章中，你要牢记这些概念：听众分析、说服的基本要素、吸引力的基本要素。你要判断什么内容可能对这个特定听众（或听众群体）最为重要，然后始终强调它们。

## 有效使用 PPT 和视觉辅助工具

无论你是向董事会提交运营预算，还是为重要客户做销售介绍，你的信息的视觉支持往往是成功的关键。当然，有些演讲者可以在没有视觉辅助的情况下吸引听众注意力，但他们是例外。如果听众不能直观地理解你所说的话，他们就会把你拒之门外。视觉辅助也能帮助你的听众跟上你的思路，更容易理解你讲的内容。他们知道你的演讲是有条理的，并且你正在根据这些条理演讲。图表还可以通过刺激他们的感官使他们保持敏锐和专注。

更实用的是，视觉辅助工具帮助你的听众记住你说的话。在你一天吸收的所有信息中，只有不到 20% 来自听力。保留你信息的能力还有另一个好处：研究表明，使用视觉辅助工具的人比不使用视觉辅助工具的人更有说服力。可视化支持帮助听众理解抽象概念、组织复杂的数据，以及查看主题之间的联系。有效的视觉支持也可以帮助听众更好地记住演讲内容。

现在的演示软件和技术可能创造出比以往更强的视觉效果和信号。遗憾的是，今天的很多演讲都是以令人困惑、厌烦的内容来应付听众，听众恨不得逃之夭夭。尽管现在人们很喜欢把 PPT 妖魔化（例如，“幻灯片导致死亡”），但笔者认为，要澄清这一点很重要，因为 PPT 本身并不是问题所在。也就是说，PPT 是一种媒介，可以被有效使用——通过有效地学习那些设计原则，也可以被无效使用——通过无效的设计方法。无论哪种方式，关键在于信息的本质及其传递而不是用来传递信息的媒介。

对于如何制作幻灯片和设计图表已有许多深入探讨——但这些都超出了管理技能教科书的范围。考虑到视觉沟通的重要性，以及大多数管理者在创建或使用PPT时所花费的时间，在总体上强调一些基于证据的原则是非常重要的。虽然对PPT还没有丰富的研究文献，但有大量文献探讨了如何设计有效的视觉信息，其中最重要的是明确你的信息目的，并根据人们的学习方式来创建你的视觉内容。

### 了解你的目标

许多PPT文稿的最大问题之一是缺乏清晰的目标。在这方面，有必要区分创建一份PPT文稿的两种可能目标。第一个目标是信息展示，即仅仅收集和提供信息；第二个目标是认知指导，即引导听众处理所获得的信息。当你的目标是信息展示时，幻灯片的内容可以是那些需要听众处理的信息，或者是难以被迅速解读的信息——这是可以的。当今，许多幻灯片的设计都是为了方便打包和处理信息。在这种情况下，你只是简单地提供PPT信息和文档，说服或行动并不是优先事项。

### 以听众为中心

然而，遗憾的是，当所期望的目标实际上是认知指导而所使用的幻灯片适合信息展示时，就会出现错误使用PPT的情况。当你的目标是认知指导时，你需要设计你的幻灯片，从而与人们的学习方式保持一致。对PPT的讨论往往聚焦于以技术为中心的方法和以听众为中心的方法之间的区别。在以技术为中心的方法中，重点是前沿的技术，因此，人们会对PPT的许多功能产生兴趣。

在以听众为中心的方法中，重点是人们学习和处理信息的方式。因此，你应当想办法利用PPT的功能来支持人们的学习方式。证据显示，以听众为中心的方法在实现信息展示目标方面要有效得多。人的信息处理系统的三个重要特征与PPT使用者息息相关：双渠道、有限的能力、主动处理。接下来将分别予以讨论。

### 双渠道

第一，人们对视觉材料和语言材料有不同的信息处理渠道。你的演讲是否利用了人的信息处理系统的双渠道结构，通过文字和图片来呈现互补的材料？有时候摆脱 PPT 默认模板可能是个好主意。模板建议“在这里放置标题，在这里放置重点内容”，这种模板往往会强制单渠道，而你的目标通常是双渠道。

演讲往往不需要大量的视觉辅助。一些演讲受益于大量的视觉插图，另一些则不太需要。让演讲内容成为你的向导。扪心自问：“有什么视觉支持能帮助我更好地阐明观点，从而更好地利用人们通过双渠道学习的特征吗？”

### 有限的能力

第二，人们只能同时注意到每个渠道中有限的几条信息。你的幻灯片中填充太多信息很容易使人们的认知系统超载。一个好的经验法则是，在一张幻灯片中放置较少的而不是较多的内容，避免认知超载。因此，幻灯片中一维条线图不应该呈现为三维条线图，或者包含太复杂却无关紧要的动态图之类的内容。此外，如果你希望听众关注图表内容，那么你将其设计成对话形式而不是文本形式，可能会更有效。请记住，你的听众只拥有有限的认知能力。如果你希望他们阅读幻灯片，那么采用文本形式。如果你希望他们关注图表，那么你可以舍弃文本内容，通过视觉辅助（也许还包括一些箭头）来强调你希望他们从图表中获知的内容。

### 主动处理

第三，如果人们主动思考所听到的内容，将其组织成一个连贯的思维结构，并将其与自己先前的知识相结合，他们就能够最好地理解这些内容。你的演讲是否通过指导听众的选择、组织和整合信息的过程来促进他们进行积极的认知处理呢？例如，Tableau 之类的创新软件程序如此有效，就是因为它们允许用户主动参与并和数据交互。即使在缺乏这种创新技术的情况下，你也可以做一些事情来强调听众应当关注的主要内容。一个大纲可以帮助听众把演讲内容组织起来，具体的例子——也许是视频片段——可以帮助人们把抽象的概念与他们自己的具体经验联系起来。大多数图表展示并不是浅显易懂的——虽然创建这些图表的人认为它们浅显易懂。你的演讲能够引导人们通过主动处理和跟上你的思路来理解你的信息（以及一些要点）吗？

## 选择你的沟通媒介

想要与某人进行沟通，你有很多种方法可以选择。然而，研究表明，某些方法显然不如其他方法有效。那么你应该什么时候选择面对面交流，什么时候电子邮件更有效？是打电话更合适，还是应该安排一次亲自会面？在做出这样的决定时，你应该考虑两个重要的变量：（1）可用的沟通渠道的信息丰富性；（2）沟通主题的复杂性。

信息丰富性（information richness）是沟通渠道的潜在信息承载能力，它有助于形成人们之间的共同理解。信息量丰富的媒体可以传达更多的信息。本章用三种方式定义信息：

1. 反馈。有些沟通方式提供即时反馈，对于其他渠道来说，获得反馈的可能性和数量非常低。
2. 听觉 / 视觉。有了视觉交流，你就有了阅读别人身体语言和非言语沟通的好处。只有声音互动，你就无法做到这一点。
3. 个性化的 / 非个性化的。通过鼓励和促进个性化的互动，有些形式的沟通有助于建立人与人之间的关系。有些形式的沟通会更正式，但在当下主题之外发展关系的可能性不大。

自然地，面对面交流的信息最为丰富。首先，参与者获得视觉和听觉刺激的好处。他们可以阅读面部表情、肢体语言、声调和其他非语言线索，同时也能听到说话的声音。其次，面对面交流的反馈是直接的，无论是口头的还是非口头的。仅仅因为对方的面部表情变了——并没有说话，你在谈话中就改变了多少次交谈策略？面对面交流可以让你理清你不明白的事情，如果需要的话，还可以提供额外的支持和见解。最后，谈话是最亲密的口头交流方式，一种促进关系发展的方式。当交谈时，人们会了解到某人的幽默感、兴趣和价值观，这让人们提高信任。

虽然电话沟通可以即时获取更多信息，但与面对面交流相比，它的信息更少。一些非言语的线索可以从一个人的声音中得到，但是这个人的面部表情和身体语言是不清楚的。虽然丢失一些丰富的信息，但是电话沟通也有好处，能更快地提供想法或信息。

接下来，则是针对某个特定个体的书面沟通。与电话相比，电子邮件或便条的信息丰富度大幅下降。首先，书面沟通的反馈时间要长得多。误解常常无法在发生时消除，通常需要进行额外的沟通以澄清意图和收集更多信息。尽管有些电子邮件用户擅长使用表情符号，或者打印的字体，如：-)，但这些并不是被普遍接受的。尽管如此，由于信息是直接、明确地从一个人发送给另一个人，沟通确实具有个性化，并且可以帮助发展关系。事实上，在网络上发展友谊的人数持续增长。

最后，正式的书面沟通基本上是单向的。当一份备忘录发送给一大群人时，通常是为了概述一项新政策或作为一个提醒，很少能收到反馈。没有可用的音频提示，也不可能让某人及时获取额外的信息。这种通信方式可能对例行公事的信息很好，但是对于更复杂的或个性化的主题就不合适了。

在选择媒介时，要考虑的第二个方面是未来沟通主题的复杂性。复杂程度低的情况是例行公事的事项，沟通中的每一方都有自己的途径可以轻易获得这些信息。复杂程度高的问题不会每天发生，它通常涉及好几个人充分强调该问题或机会。在理想情况下，问题的复杂程度决定了使用哪种沟通渠道。更复杂的问题需要采用信息丰富程度高的沟通渠道，以便更好地交流观点。常规问题可以通过信息丰富程度低的沟通渠道来处理。

研究支持这个观点，即更复杂的问题需要在面对面交流中处理。这也许可以解释为什么高管在会议上花费的时间比中层管理者要多，因为高管通常处理最复杂的组织问题。

在选择沟通渠道时还应该考虑其他几个方面。首先，你应该知道你的沟通对象对你打算使用的沟通渠道感觉有多自在。那些对电子邮件非常熟悉并且长期使用电子邮件的人，与那些很少使用电子邮件进行沟通的人相比，会认为电子邮件具有更高的信息丰富程度。

同样地，你与信息接收者的关系也会影响沟通渠道的信息丰富程度。当沟通双方之前已经进行过相当多的面对面交流，那么他们通常能够克服信息丰富程度较低的沟通媒介的局限性。一项研究表明，在一个复杂的决策项目中，之前已经进行过互动的人通过电子邮件沟通，与之前没有进行过面对面互动而在本项目中面对面交流的人相比，前者在该项目中的沟通效果更好。同时，这使得面对面交流的价值更清楚：如果人们之前有机会了解彼此，他们就能更有效地使用信息丰富程度低的沟通渠道。管理工具 5.2 总结了根据你所面临的情况以及你想要达到的结果来选择哪种沟通媒介的方法。

## 管理工具 5.2

### 选择你的媒介：书面与口头

| 当……时使用书面沟通 | 当……时使用口头沟通 |
| --- | --- |
| 许多人必须收到一致的指令或信息 | 你想要即时、直接的反馈和投入 |
| 你关注的是法律、法规或其他文档记录方面的要求 | 你不想要或者不需要书面的沟通记录 |
| 你希望你对某事的观点、立场被认为是正式的 | 亲自传达信息将增强它的紧迫感 |
| 你的沟通对象在接受口头指令方面存在问题 | 你的信息可能会激发需要你重视的情绪反应 |

## 关于电子邮件

第一，涉及一些法律问题。你在雇主的任何电脑上写的电子邮件都可以被你的雇主监控，很可能是这样。大多数大公司都有某种形式的监控系统。因此，在处理个人问题时，最好的办法是使用个人（不是工作）的电子邮件账户，而且在工作中最好不要登录个人电子邮件账户。

第二，当你的雇主备份数据时，你发送的信息和你收到的一些信息会定期保存和存储。这些信息是组织的正式文件，就像备忘录和其他书面材料一样。例如，在政府对微软发起的反垄断案中，微软公司高管之间发送的电子邮件在审判期间被法院要求审查，并被用来对付公司。

第三，提供一些实用的建议。尽管电子邮件沟通已经变得不那么正式了，因为沟通媒介越来越多，但电子通信仍然发生在那些彼此之间不见面的人之间。信息可能被曲解，笑话可能被误解，简洁、直接的信息可能被认为是生硬粗暴的。在你匆匆发送一封简短的电子邮件之前，要确保它是完整的、清晰的，不易被误解。最重要的是，要确保它是职业化的。宁可在职业化方面小心翼翼，也不要因为漫不经心而犯错（见管理工具 5.3）。

## 管理工具 5.3

### 使电子邮件变得更易于阅读

1. 注意保密。你永远无法确定你的信息会何时、何地被转发，它们将被保留多长时间，或者被谁保存。
2. 设定高标准。许多读者因为信息发送者糟糕的文笔，包括电子邮件内容，而感到不快。只要时间允许，尽可能写好。
3. 选择你的读者。当消息传递给多人时，要有选择性。只发给那些绝对需要看的人。
4. 不要假设你所看到的就是他们所收到的。如果读者的电脑操作系统与你的不同，你的字段长度可能会溢出，并在屏幕上出现恼人的文本视图效果。为了安全起见，将每一行的字符长度保留为 55 ～ 60 个字符，包括空格。慎重考虑文本的视图效果，确保它们以正确的格式出现在读者的屏幕上。
5. 避免全部使用大写字母。这样打字比较容易，但看起来像在大声喊叫：不是吗？另外，全部使用大写字母会减缓读者的阅读速度。
6. 使用告知性的标题。读者可以通过扫描主题行来筛选电子邮件，删除那些主题看起来不相关或不清晰的邮件。为了让你的电子邮件被阅读，不要使用“管理会议”或“XYZ 项目”这样的主题，如果可以，请使用“要求重新安排会议”或者“如何使 XYZ 项目在今年节省 50 万美元”。
7. 简明扼要。设法使全部信息都完整显示在一个页面上，不需要翻页。
8. 使用各项强调重点的功能。尽管有些电子邮件系统不允许使用很多的文字处理功能，但你仍然可以通过使用标题、空格、偶尔的“全部大写字母”、缩进、列表、虚拟下划线和其他功能来方便读者阅读。
9. 改变你回复的标题。你的回复与你发送的原始邮件不一样，是这样吗？如果可以的话，改变主题。回复“要求重新安排会议”，可以使用标题“会议重新安排在 5 月 31 日”，或者，在回复“如何使 XYZ 项目在今年节省 50 万美元”时，可以用“我被说服了，让我们做 XYZ 项目”。

# 积极倾听

## 积极倾听的悖论和重要性

矛盾的是，尽管人们花了很多的时间来倾听而不是做其他事情，但人们通常不是很擅长倾听。倾听是一个与听觉截然不同的过程。听觉是指接收声音的物理现实，它是一种被动的行为，即使在人们睡着时也会发生。倾听则是一个积极的过程，意味着有意识地去听和理解。倾听，不仅要听，还要注意、理解和吸收。积极的倾听包括互动和好的提问。倾听是沟通过程中一个至关重要但被低估的部分。倾听技巧能极大地影响你的友谊、家庭的凝聚力和你作为学生和管理者获得成功。遗憾的是，很少有人是天生的好听众。即使在简单信息的层面上，许多人也听不太清楚。研究表明，75%的口头交流内容都被忽略或误解了，很少有人能熟练地倾听到人们所表达的最深层的意思。

倾听包括关心、聆听、解释、评估和回应口头信息以达成共识。对管理者来说，倾听就是去了解什么因素能够激励员工，他们的价值观和期望是什么。即使管理者不能给员工想要的东西，当员工相信他们的观点已经被听取时，他们会感觉更好。倾听员工是一种表示支持和认可的方式，这将营造一种更开放的工作环境，并且实现更高的满意度和生产率。

此外，听取员工意见的管理者能够学会新方法来解决公司的问题。哈佛大学教授罗莎贝斯·莫斯·坎特（Rosabeth Moss Kanter）曾经提到过一家纺织公司，该公司多年来纱线的破损频率很高，管理层认为这是一笔不可避免的业务成本，直到一位新经理在听取员工意见时发现，这名工人很清楚如何改进机器以大幅减少纱线破损。当新经理得知这名工人做机器维修工作已经32年了，他感到很震惊："你为什么不早说？"工人回答说："我的上司不感兴趣，没有人跟我讨论这些事。"

从个人的层面来说，倾听是保持良好关系的基本技能。如果你是一个好的倾听者，你会注意到别人被你吸引。朋友向你倾诉，你们的友谊加深。成功来得更容易，因为你能倾听和理解别人。你知道他们想要什么，什么会伤害或激怒他们，你也可以采取相应的行动。人们欣赏你，希望你在身边。

最后，美国许多顶级公司的成功源自它们倾听客户的方式。这些公司了解关于其产品和服务的有价值信息，并为将来的产品提供建议。倾听客户的意见也会提高销售额和客户满意度。以下是纽约梅西百货公司培训经理的例子。

> 新来的、缺乏经验的售货员有一个很大的问题，那就是他们不去倾听。这是一个经验不足的职员经常做的事情。一个顾客走到柜台前说："我想在那儿试穿那件衬衫。我想穿 14 码的短袖。"店员冲了出去，拿回来一件衬衫，14 码，却是长袖。顾客再次解释说，"短袖"。店员重新去拿，顾客又要等一会儿。在像我们这样大小的商店里，类似的事件可能会涉及金钱。对店员来说，这是无用的工作，对新商品进行了不必要的处理，而且最重要的是，可能会使顾客变得恼怒。这就是为什么我们在培训中总是强调："在行动之前要倾听。"

## 积极倾听的陷阱和障碍

积极倾听的技巧是你以正确的方式做事，避免以错误的方式做事。大多数人都拥有良好的本意，可以很好地去倾听，但只是养成了坏习惯。如果你能克服其中一些坏习惯，你将会在成为一个更有效倾听者的道路上进步显著。

### 进行评判的倾向

人们有一种天然的冲动来评判别人说的话。如果你坚定地认为芝加哥小熊队将赢得棒球世界冠军，我很可能会根据自己的参考框架来评估，同意或不同意你的看法。在谈话中，当我所投入的情感增加时，这种评判的倾向会变得更强烈。因此，如果我不太关心棒球比赛，我可能会想："噢，他一定是芝加哥人。"如果我是芝加哥其他棒球队的狂热球迷，例如白袜队，我会更发自内心地说："你疯了吗？"因为我在自己的立场上有如此强烈的情感关系，所以我不太可能听取你的意见。这种用自己的观点来评判他人的冲动会严重妨碍好的倾听。

阻止评判的关键是要意识到这一点。为了让沟通更有效，你需要从别人的角度来听别人的陈述。寻求理解而不是评价，这会减少情绪激动的、非理性的对话。下次当你发现自己与某人争论时试试这个规则：在每个人谈论自己的观点之前，每个人都必须准确地说出对方刚刚说过的话，以表示自己正确理解了对方的意思，这就是最好的沟通或协调方式。

### 误解非言语线索

非言语沟通无处不在。有时它是有意识的，例如一个人友好地对另一个人微笑。有时它是无意识的，就像某人心不在焉地用手指敲桌子。为了准确确定商务或职场背景中非言语信息的含义，你需要了解发送者的思维方式、文化背景以及所处情境的具体细节。

文化差异可能是误解的主要来源（见图 5-3）。尽管研究支持这种观点，即一些面部表情，如大笑、微笑、皱眉和哭泣是相当普遍的，但“许多非言语信息的意义取决于它们所处的文化”。例如，在美国，尴尬通常表现为低下头或脸红；在日本，尴尬表现为笑声和咯咯笑；阿拉伯人表示尴尬时则通常会稍微伸出舌头。

不足为奇的是，许多管理者在解读非言语信息时只使用美国的规范。例如，在美国文化中，目光接触具有几个功能：表现出对说话者的兴趣和注意力，表明人们愿意参与和被认可，并通过向对方表明这是可以交谈的内容来控制谈话的走向。然而，在拉丁美洲和亚洲一些文化中，与上级的眼神接触表示不尊重。

在这里，意识到这一点是提高你理解非言语信息能力的第一步。不要仅凭你的个人视角来看待非言语行为，而是要考虑到影响他人的情境因素和文化规范。当你观察非言语行为时，不要妄下结论或假设你知道某一特定行为是什么意思。

### 强调自我

许多人，无论是明显的还是不明显的，都喜欢听自己说话，并且在任何谈话中都想成为焦点。这常常导致人们关注自己将要说的而不是别人说的话。几项研究表明，这种障碍尤其普遍，大多数人都能记住他们在谈话中说过的几乎所有事情，但几乎不记得对方说了什么内容。一句简单的格言是，当你在说话时听别人说话是很困难的。

OK的手势

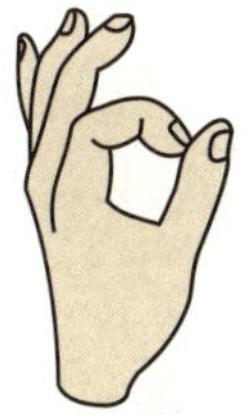

在美国，这只是一个“好吧!”或“好”的手势。在澳大利亚和伊斯兰国家，这代表藐视对方。

“触角”的手势

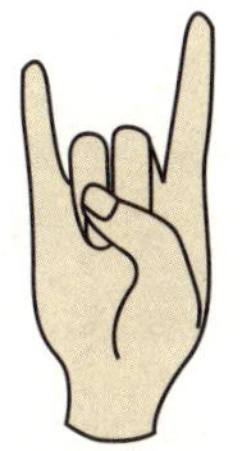

这个手势能够鼓励得克萨斯大学的运动员，在巴西和委内瑞拉是一个表示好运气的手势。在非洲的部分地区，这是一种诅咒。在意大利，它向人发出“你的配偶不忠”的信号。

“V”的手势

在世界的许多地方，这意味着“胜利”或“和平”。在英国，如果手掌和手指向内，那就意味着“滚开”，尤其是当手指头快速弹出去时。

让人过来的手势

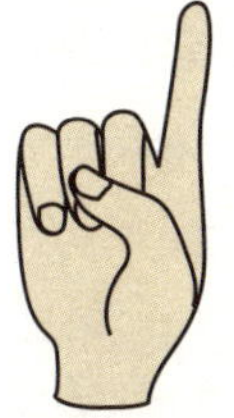

这个手势在美国是“过来这里”的意思。在马来西亚，它只被用来召唤动物。在印度尼西亚和澳大利亚，它被用来召唤“午夜女郎”。

“停止”的手势

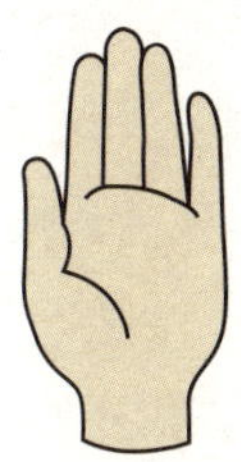

在美国，一只举起的手意味着“停止”。然而，在新加坡和马来西亚，它用来吸引别人注意，或者请求允许发言。

“好”的手势

在美国，这意味着“做得很棒”或“好样的”，但在大多数伊斯兰国家、大多数拉丁美洲国家以及希腊，这是一个粗鲁的姿态。

**图 5－3　非言语沟通中的文化误解**

### 思考比说话更快

人类的思维能力可以达到每分钟 400 ～ 600 个单词，但是平均的沟通速度只有每分钟大约 125 个单词，有时慢到每分钟 100 个单词（尤其是在信息很复杂的情况下）。这种差异意味着听众在听的时候有相当多的空闲时间。因此，听众经常会“开小差”，这样会减少他们真正听到的内容。要想克服这种思考速度与说话速度不一致的状况，有一种策略是努力猜测说话者接下来要说什么——当他说完之后，对自己之前的猜测进行证实或证伪。这至少能让你专注于当前的谈话，而不是做白日梦或者让你的思绪飘到其他事情上。

### 选择性知觉 / 过滤

当你过滤（filter）时，你会听某些特定的内容而不是其他内容。你关注的时间只够注意你预先确定的兴趣点或你所需要的东西。人们过滤的另一种方式是避免倾听某些东西，尤其是任何威胁性的、消极的、批评的或不愉快的事情。就好像这些话从来没有说过，你对于它们没有记忆。

明尼苏达大学的丹·西蒙斯（Dan Simons）进行了一项与过滤及选择性知觉有关的有力、有趣的研究。参与者被要求观看一场篮球比赛的录像，并计算穿白色球服的球队的传球次数。视频录像播放到一半左右时，一名身穿大猩猩服的男子跑进了球场，捶打自己的胸部，然后扬长而去。在观看录像的参与者中，大约有一半的人甚至都没有看到这只“大猩猩”。事实上，当重新播放录像给他们观看时，他们感到震惊和惊讶。显然，当以积极的方式密切关注某件事时，人们就会完全无视其他东西，不管它有多么奇怪或令人兴奋。倾听的关键是注意力，这项研究强调了人们无意识的盲目有多么显著。

### 提出建议的倾向

许多人经常用建议来代替倾听，也就是说，在开始提供正确建议之前，人们没有耐心倾听更多内容。然而，当编造一些建议并说服某人试一试时，人们可能会错过最重要的东西。也就是说，人们常常听不到对方表达出的感受，或者意识不到对方可能没有在寻求建议。有时候人们只是想知道自己被人倾听。

## 有效倾听的原则

当然，仅仅避免一些偏见并不真正构成良好的积极倾听。良好的倾听技巧来自有意识地想要这样做并且精通一套基本的行为（见管理工具5.4）。

### 管理工具5.4

**良好倾听的小技巧**

1. 专注并致力于克服坏习惯。意识到自己在倾听方面的缺陷是提高倾听水平的最有力因素。一些专家声称，一位平均水平的成年人，其潜在改进的50%或者更多来自意识到自己有不良的倾听习惯并且通过改进能够进行更有效的倾听。
2. 看着发言者。看着发言者证明你对他说的话感兴趣。倾听者可以展示的其他良好的非言语行为包括舒展双臂并且转向发言者。
3. 控制思绪。开小差和对其他事情的关注通常会妨碍人们倾听对方正在说的话。
4. 发表支持性的评价。在非正式的谈话中，恰当的感叹或问题（比如“这很有趣！”或者“你为什么这样认为？”），不仅向对方表明你正关注本次沟通，而且会鼓励对方详细阐述那些你觉得最有趣或最有帮助的话题。
5. 寻找感兴趣的内容。在演讲开始时就下定决心，自己要从所听到的内容中发现一些有价值的信息或者能够激发你创意的深刻见解。
6. 把自己放在对方的立场上。没有什么比引起共鸣更能增强倾听效果了。除非你设法从对方的角度来看待这个世界，否则很难真正理解对方在说什么。
7. 筛选和排序。在头脑中思考对方所说的言辞，以提炼出对信息至关重要的观点和感受。确保你抓住主要的、核心的观点，而不是仅仅听到每一个单词。不要因为无关的材料或内容而偏离主题。
8. 转述你所听到的。在大的群体沟通中，你可以在脑海中这样做；在对话中，时不时地进行口头上的“真实性核查”，以确保你和讲话者在同一频道上，这是非常有效的技巧。

9. 战胜你对沉默的恐惧。对许多人来说，用谈话来填满沉默时间的本能是无法抗拒的。在回答问题前先花点时间思考，同样，你也必须允许对方有充足时间这样做。

### 了解你的目标

并不是所有的倾听情境都是相似的，因此搞清楚你的目标是什么非常重要。在某些情况下，你试图与他人产生共鸣，在另一些情况下，你试图分析数据或解决问题。你的倾听应该是基于你想要达到的目标。

### 积极互动

在别人谈话时保持安静并不总是有效的。积极的倾听需要有意识地进行互动。记者们经常说，他们的工作要求他们做一天的专家，这要看采访对象的故事——他们今天是公立学校方面的专家，明天是军事政策方面的专家。事实是，优秀记者的主要专长是提出有见地的问题。对于成功的听众来说也是如此。就像一名记者一样，你应该学会让人们放松，问一些让他们感兴趣的问题，并促使他们做出深思熟虑的答复。

在问问题时，有用的技巧是尽量提问“如何”和“为什么”之类的问题，这需要回答者进行某种程度的思考和准备；少提问那些可以用简单的“是”或“否”来回答的问题。此外，如果你在提问时分享一些自己的感受，也会有所帮助。例如：“我一直很难让客户购买产品的延长保修期。你建议我该如何处理这个问题？”

其他良好的互动倾听技巧包括：

- 用你自己的话解释讲话者的话语。这样可以让对方知道你真正理解了他所说的话。
- 经常向讲话者反馈他所说的内容以及你对他立场的认可。让讲话者知道你了解他的感受。
- 做出支持性的评价。恰当的短语如“那很有趣”或“你为什么这样认为？”不仅向对方表明你正关注本次沟通，而且会鼓励对方详细阐述那些你觉得最有趣或最有帮助的话题。

### 保持专注

集中注意力可能是所有倾听技巧中最重要也是最困难的。倾听需要自我控制，不让你的大脑陷入随机的想法。想一下大学讲座的情况。在一次 10 分钟的讲座期间，大多数学生只能准确理解并记住所听到的大约一半内容。因此，在课堂上听老师讲课时，精神上能够保持专注并且认真听讲的学生，更有可能掌握老师讲授的课堂内容并将其准确应用于作业和考试。提高注意力的一个方法是，在演讲开始时暗示自己会从所听到的内容中发现一些有价值的信息或者能够激发创意的深刻见解。把它想象成一次寻宝之旅、一场游戏或一次挑战。这会带来更多乐趣，而不会让过程变得无聊，也更便于良好地倾听。

## 结语

在当今的世界里，人们很容易就会认为口头的和书面的沟通技巧不再那么重要了。如今，大多数人主要通过语音邮件、电子邮件和短信进行交流，与从未见过的人建立许多关系。虚拟沟通已经改变了商业，在很多情况下，使事情变得更快、更容易、更便宜。然而，向更多的虚拟媒介转变不仅不能取代沟通技巧，事实上反而使沟通技巧变得更加重要了，成为一种至关重要的、能够将你与你的同事们区分开来的核心竞争力。

要想在当今的绝大多数工作中胜任，你必须善于沟通。要成为一名卓越管理者，你必须进行非常出色的沟通。无论是向你老板推销一个想法，快速地推销一个新项目或新举措，向客户做一次介绍，或者仅仅是倾听你的员工以充分理解他们的想法，管理者都需要沟通技巧。总之，要想成为一名有效的管理者，你必须是一名有效的沟通者。

## 第 6 章

# 激励他人

## 激励普通人表现卓越

### | 丽思卡尔顿酒店

没有魔法能去激励高收入群体做他们喜欢的事情，或让优秀的运动员在比赛中更努力。激励是在没有更好的工作或更有趣的工作时，让普通人卓越表现。在丽思卡尔顿酒店每天都是如此。

丽思卡尔顿酒店因持续提供优秀的酒店服务而享誉世界，但其管理者也面临着激励员工的挑战，尤其是那些中等收入的普通员工，需要他们持续表现出高水平的顾客服务。以下是采用的一些战略。

**分享“惊喜的故事”**

每一天，全世界的丽思卡尔顿酒店的每个部门都要召开 15 分钟的员工会议分享“惊喜的故事”。需要那些超越传统顾客服务的真实故事。例如，巴厘岛的厨师在其他国家的一间小杂货店找到了对某种食物过敏的顾客所需要的特殊鸡蛋和牛奶，并将它们带回酒店。另一个故事是酒店的洗衣服务在顾客离开时，没能将顾客衣服的污渍去除干净，酒店经理亲自到顾客房间退还洗衣费用。分享这些故事有两个目标：第一，为顾客提供高标准的酒店服务；第二，尤为重要的是，给予员工即时的“本地名声”。员工想要在同事中获得认可，这种公众的认可是强有力的激励手段。

**展现激情**

情绪会蔓延。经理在讨论时脸上展现出的笑容代表着对工作的激情，同时也会感染到他人。例如，在一次员工会议上，主管穿着蓝色西服，白色外套，紫色领带以及干净的黑皮鞋，无可挑剔。他的穿着代表对工作和员工的尊重。“大家早上好”，他热情地打招呼，客房管家们热烈回应。这位经理满脸的笑容展示了对团队的尊重。他认为下属会通过努力工作来回报。

很少有人会反对“激励员工对于任何企业而言都是成功的关键”。但是，你也需要知道，不能依赖于“民间智慧”或那些被认可却没有经过实证检验的论据。帕尔默·莫雷尔·塞缪尔斯（Palmer Morrel-Samuels）博士和密歇根大学合作的国家基准研究表明，员工动机被证实与 4 项企业绩效措施相关。具体而言，相比低动机水平员工的企业，拥有较多高动机水平员工的企业会有更多的资产回报、更好的产品质量、更高的顾客满意度以及更多的股票收益。

现在已经知道“激励很重要”，是否意味着“案例结束”以及“任务完成”？还差得远呢！尽管有很多书籍、文章以及视频讲述如何激励员工，也有很多人有所谓的“五项秘诀”或“三个步骤”使员工具有高动机，但现实是没有简单的公式或最佳战略来建立激励机制。不过幸运的是，有很多好的理论和证据在研究激励干预措施。证据表明，激励不只是“士气”或“幸福感”，因为很多幸福的员工没有把幸福感传递给公司。同样，也不仅仅是关于薪酬和福利。好的理论和模型帮助你理解在特定情境下如何评价激励条件，了解激励的驱动要素。

最终目的是学习科学评价激励条件以及在好理论和研究的帮助下实施激励机制。换句话说，你希望学到能在不同情境中使用的基本法则，这也就是好理论和研究如此重要的原因。本章尝试囊括最好和最有用的理论，不只是为了解理论本身，而且解释它们如何用来提高工作中的动机。除了提供好理论和研究在员工激励方面的良好实践的指导外，本章还提供了一些关于激励的根深蒂固的迷思。迷思 6.1 的内容是帮你避免错误的第一步。

关于动机的讨论，一个重新出现的问题就是：“你怎么激励人？”尽管直觉上这种直截了当的问题你很想要回答，但是它过于简单了。以医学领域为例，同样的问题就像你去询问医生：“你怎么治疗病人？”显然，在医生对一项治疗做出正式判断之前，他需要了解病人的健康情况和治疗史、病人明显的症状以及其他具体情况。对所有病人的治疗并不存在最佳办法。

## 迷思 6.1

### 激励

- 金钱是唯一有效的激励手段。在某种情况下，金钱是激励人最有效的手段之一，但是在其他情况下，这完全没有用。重要的是，金钱当然不是唯一的激励手段。激励永远取决于人和情境。
- 每个人都被同样的手段激励。尽管很多人有相同的需求和欲望，在不同情境下不同的人也会被特定的因素激励，包含财务获得、认可、自尊、个人实现、追求平等、归属感、恐惧、自由、参与、有趣的工作，等等。有效激励一些人的手段对其他人不一定有用，在某种情境下能激励他人的措施在其他情境下可能也不适用。
- 惩罚不能实现激励。尽管这很少是影响行为的第一选择，但是惩罚，或者说惩罚的威胁，可以是一种有效的激励。问题在于这种激励是短期的，且很少能使人们做出超出最低标准的工作。它的适应性依然依赖于情境。在某些情况下，惩罚可能是唯一的或者最有效的方式，因此学习如何恰当地使用惩罚非常重要。
- 将绩效差归因为低动机。任何绩效都是动机、能力和机会展现出来的函数。因此，尽管缺乏动机是绩效差的常见原因，但并不是唯一的原因。绩效较差的个体可能缺乏能力或机会实现高绩效。
- 缺乏动机源于人的懒惰和冷漠。在某些情况下的确如此，但是在更多情况下是缺乏足够的诱因来激发人们。有些在一种情境下（他们的工作）被标签化为没有动机的人在其他情况下可能是高参与和高承诺的（例如，作为棒球协会教练）。管理的挑战在于发现如何才能激发你的手下并尽可能地影响他们。
- 聪明的人无须激励。这是一种危险的迷思，它可能会在管理者意识到问题之前产生不良后果。聪明的人有较高的能力，因此对其激励是要保持高水平的绩效。一个聪明但是没有被激励的个体会持续表现出可接受水平的绩效，但他们完全有能力实现更多，而且缺乏激励的后果可能是其对工作失去幻想并离职——对大多管理者而言，离职留下的缺口更大。

激励对于人而言没有不同。因此，问题“你怎么激励人？”应该扩展为“你激励谁做什么，在什么情况下？”也就是说，有效的激励策略取决于激励对象、历史以及情境。当人们从高管通过普通激励手段获得成功的案例中（例如，频繁的口头反馈、瞄准奖金、增加工作责任）学习时，潜在的陷阱是假设一组员工与其他组员工有着相似的工作。激励餐馆服务员促销利润高的产品与激励新上任主管给下属提供反馈是不同的。类似地，对会计师事务所或律师事务所的专业人员的激励与对生产岗位上的操作员或机械师的激励也大有不同。对上海工厂的中国年轻人的激励与对德国化学公司的高级工程师的激励也完全不同。医学院校鼓励医生时说的“没有诊断不能治疗”，管理者可以拿来做格言。

本章的目标是提供在不同条件下，从事不同工作，对不同人员激励所需要的知识。尽管这个目标较难，激励对于管理而言仍然是主要问题。在提供相应的过程前，需要一些框架来帮助理解。

## 绩效的多面性

对于理解动机最好从 20 世纪 60 年代提出的一个公式开始，这个公式展现出动机、能力和绩效的关系。

$$绩效 = f(动机 \times 能力 \times 机会)$$

根据这个简单却有用的公式，任何绩效（工作、体育、音乐、学术）都是你的能力（可以做）、动机（想要做）和机会（能做）的乘积函数。这个公式的乘积性质意味着这三个方面对绩效的重要性，每一个都会恰当地补充另一个。

例如，在给定机会的情况下，拥有高动机和一般能力的个体会表现出平均绩效水平。但是，当所有三个因素都不能达到一定的水平时，高绩效就会很难出现。没有一定的动机很难克服能力的完全缺失，即便有多样化的机会、较强的能力也不能补偿动机的缺失。因此，如果一个人表现得不好，首先要调查原因来自动机、能力还是机会，或者三者都缺。

由于能力在一定时期内可以保持稳定，动机和机会更多地取决于管理的影响。这可以算是好消息。坏消息是动机来自多种资源且很难被理解和管理。因此，很多管理者花费很多时间尝试去探索什么能激励员工以及创建起促进动机的工作环境。

## 展示动机的挑战和观点：期望理论

由于动机的多维性和复杂性，组织理论对设计和诊断动机的情境因素非常重要。这种类型的动机理论中最有效的是期望理论（见图 6－1）。期望理论是诊断和设计动机以及整合一系列动机模型和概念的起点。

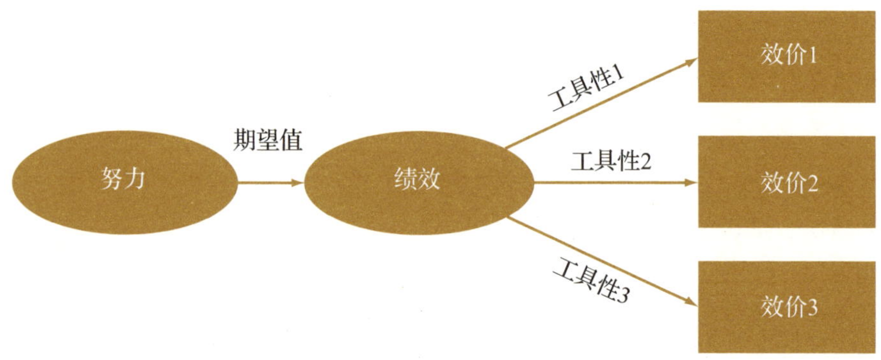


**图 6－1　期望理论**

期望理论基于员工的三种具体信念：期望值、工具性、效价。

期望值（expectancy）是对期望绩效的理解以及个体对付出努力就能带来绩效的信念。简单而言，一个人能否知道他必须做的工作以及他是否可以做出期望的行为？当人们认为成功的概率很小时，动机也会随之下降。例如，如果人们不知道考试内容或者认为不会通过考试，那么很少有人会有努力学习的动机，你的目标期望就会是“无论我多么努力学习，我都不太可能会考好”。就管理者而言，期望信念指出澄清目标和期望值的重要性，保证人们相信其努力可以带来高水平的绩效。

当期望值高的时候，个体会相信：

- “如果我尝试，我就可以完成。”
- “我拥有知识、技能和能力来完成这项工作。”
- “目标是可实现的，如果我充分发挥，我相信我可以成功。”

反之，当期望值较低时，个体可能会相信：

- “为什么要不断尝试，没有人可以实现那个目标。”
- “我甚至不清楚目标是什么，又如何能实现它？”
- “我认为超人都无法完成对我的要求。”

工具性（instrumentality）是个体对一定水平的绩效将带来特定结果的相信程度。工具性感知的改变从 0 开始——无论多努力工作和生产都获得同样的报酬——到特定的值——每次我卖出一个单位就能得到 7% 的佣金。当人们相信他们的努力（或缺乏）会带来积极的或消极的结果时，高动机就会出现。从管理角度而言，工具性信念表明将报酬直接与期望绩效挂钩的重要性。

关于工具性常见的例子是学生成绩的分布。如果你在测试中得到总分的 97%，你通常相信老师会给你一个 A。但是，如果老师告诉你不管大家考多少分都会收到一个 C 会发生什么？那样的话，你的工具性会是 0，因为你不相信你的绩效（考试分数）会带来期望的报酬（A）。你希望获得高分的高动机水平也会因此降低。

当工具性很高时，个体会相信：

- “我的领导总是实现承诺。我确定他这次也会一如既往。”
- “如果我卖出 500 的量，能得到 5 000 美元的奖金。”

相反，当工具性较低时，个体可能认为：

- “他们告诉我完成这个项目后能休假，但是我不会相信了。每次都会有另一个项目即将到来。”
- “我不指望这里的任何承诺。我对其早已失望了。”

期望理论的最后一个要素是效价（valence），即个体看待未来结果的价值。另一种说法是：“对我有什么好处？”任何结果都可能是期望的（例如，参与你喜欢的项目或收到公司的车），也可能是不期望的（被裁员、反复被中伤）。人们所了解的激励最多就是不同的人对同一结果有不同的效价。思考下公司提供手机这样一个案例。一些人会视为好的回报，值得努力去获得手机。其他人可能认为公司提供的手机是一种麻烦，担心没有隐私以及有使用手机的规定。从管理角度而言，最大的挑战就是找到目标群体的高效价。

期望理论有两个特点。第一，像之前介绍的能力、动机和机会公式一样，期望理论的三要素——期望值、工具性和效价——结合倍增产生个体的工作动力（motivating force）。用公式表示：

工作动力 = 期望值 × 工具性 × 效价

简单来说，高动机只会在所有三种要素的高水平上出现。三者中任何一个的缺失都会导致低动机或无动机。第二，要记住期望理论是建立在个体信念和感知的基础上，不一定是管理者的信念或其他客观事实。期望结果的实现和与恰当行为的连接是不够的。个体必须相信这种努力能够带来好的绩效，相信绩效会有回报，以及相信回报是高价值的。与动机有关，感知就是现实。促进每一个员工信念的提升对于提高在工作场所的动机是非常重要的。管理工具 6.1 提供了有效使用期望理论的一些特定技能。

**管理工具 6.1**

**使用期望理论提高动机的必备技能**

以下措施是提高期望公式中各个因素的好方法：

- 选择有能力和有动机的员工。
- 提供必要的培训。
- 展示成功案例。
- 做到支持和可行。
- 清晰界定绩效与结果的联系。
- 快速跟踪。
- 使奖励与努力成正比。
- 根据个人喜好进行奖励。

## 为什么有能力的人没有得到激励

关于动机，有些讨论用“懒鬼”“朽木”和其他词语来描述那些不努力工作的人。当然，没有能力或懒惰的人对激励也是很大的挑战。更多的情况是员工有能力却不好好工作。诊断动机问题最有用的方法之一是思考为什么有能力的人没有得到激励。

进一步说明，以没有动机参与或在某一学校课程中不努力学习的个体为例。期望理论指出低动机的原因来自三因素中其中一个或更多的影响：(1) 学生不确定怎么才能得高分或者不认为他努力学习能掌握这门课程（低期望值）；(2) 即便努力学习他也不相信教授会给高分（低工具性）；(3) 他认为这门课的高分或低分没有什么用（低效价）。其他一些动机问题的诊断见管理工具 6.2。

### 管理工具 6.2

**诊断动机的问题**

由于动机问题的复杂性，以下这些问题在诊断过程中可以引导你。

- 目标和期待的绩效是否得到清楚沟通和理解？
- 有问题的员工是否拥有执行任务所需的技能、培训和自信？
- 对绩效的奖励是否清晰和及时？员工是否有强烈的理由相信工作已完成，结果能否提供？
- 结果对员工是否重要？我是否知道此时员工重视什么，以及我是如何知道的？我是否提供了该员工重视的东西？
- 奖励和努力是否成正比，报酬以及管理是否直接和及时？你是否确定结果与所需努力成正比？
- 设计的工作是否将核心工作最大化？什么可以使工作更有激励性？

这种诊断简洁地展现出低动机学生的潜在信念模式。对管理者的动机挑战是找出员工存在哪种信念，关注相应的干预战略。一个大陷阱可能存在于动机战略所依据的信念根本不存在。检验你的假设和发现低动机的真实原因尤其重要。重新审视来自医学领域的这句话："没有诊断不能治疗。"

尽管期望理论对动机挑战非常有用，但是它也很难提供所有问题的答案。即理解高效价的信念对激励学生非常重要，但是没有解决如果成绩不重要，什么可能会造成不同学生对课堂参与的重视程度不同的问题。相似地，认识工具性对激励很重要并没有指出结果的不同类型，以及如何在不同的课堂上得到有效管理。同样地，珍惜期望和自信的重要性并不能在不同情境下提供提高期望的具体措施。

当一些讨论将动机陷入金钱和财务报酬的泥潭时，现实是存在着其他的动机。一些动机来自个体，其他的来自管理行动或工作特征。就这点而言，使用动机的“水桶”比喻（见图 6 - 2）。当水桶被个体盛满时，他已经得到最佳激励了，伴随充足的能力和绩效。当水桶中个体层面较低时，需要管理者付出更多的努力来填满水桶。像图 6 - 2 描述的那样，有 3 个主要的水龙头或来源填补员工的动机水桶。每一个都可以帮助提高员工的期望值、工具性和效价信念：（1）个体驱动；（2）职业或工作本身；（3）管理者行动。显然，一次打开 3 个水龙头能够更快地填满员工的水桶，但是在很多情况下，没有必要把动机填满。接下来将回顾和整合动机的这些主要来源。

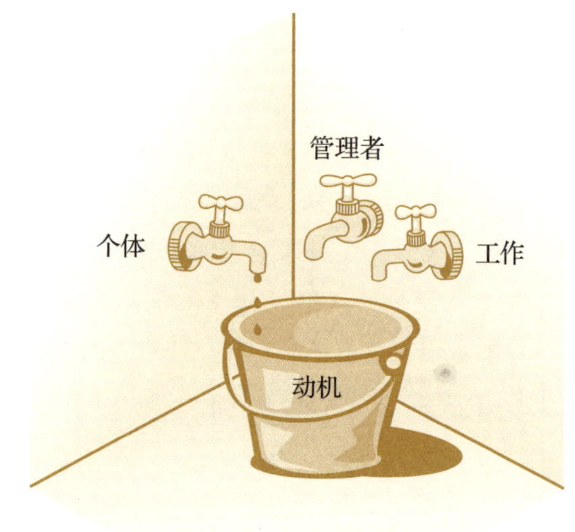


图 6 - 2　动机的水桶比喻：关键来源

## 个体作为动机的一个来源

动机的来源之一就是个体自身的动机驱动或需求。人类需求的影响理论包含公平理论和戴维·麦克莱兰（David McClelland）的学习需求理论。

## 动机的公平方式

公平指的是员工对工作结果的感知公平程度。这种个体的公平判断基于社会比较理论，人们将他们从工作中得到的（结果）与他们对工作的付出（投入）相比较。结果包括薪水、福利、责任增加、声望等，投入包括每小时投入的工作和工作质量，以及教育和经历等。随后将结果与投入的比率和对照组相比较，这组比较的结果即公平信念的基础。图 6－3 即公平理论的体现。

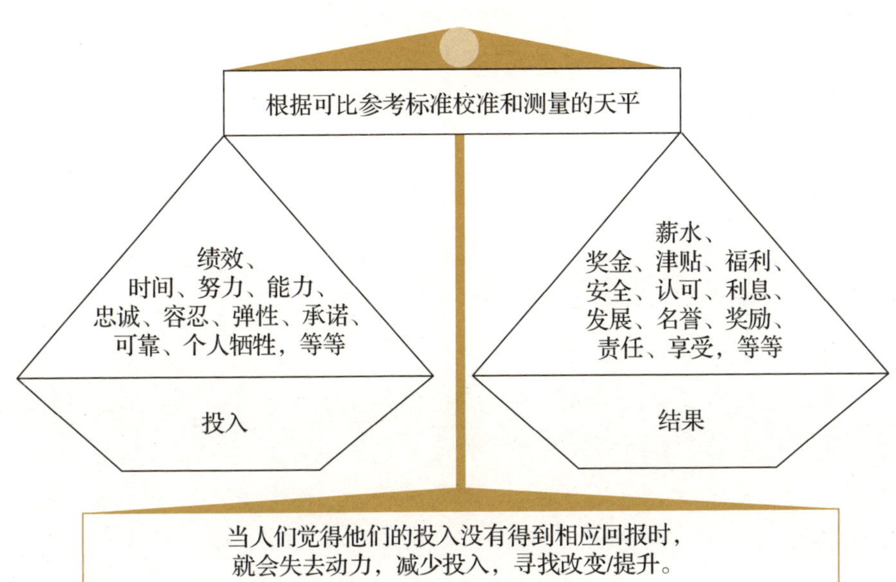


**图 6－3　公平理论图解**

资料来源：Adams J.（1963）.

### 恢复公平的潜在行动

当经历不公平时，人们将会采取行动恢复公平。假定一个人的年薪是 4 万美元，他发现做同样工作的同事的年薪是 4.8 万美元，而他们的投入（教育、工作年限、技能等）都是一样的。这位低收入的员工会怎么做呢？该员工非常有可能会采取行动重新恢复公平感。这个人对于工作有很多选择，包括行为上和感知上的行动。

行为上，员工可能会增加他们的结果（通过要求加薪）或减少他们的努力（延长午餐时间、找办法逃避工作）来平衡公平等式。感知上，他们可能觉得自己的工作其实也没有想象中那么努力，随后降低对其投入的感知。另外，他们可能会说服自己认为同事在工作中更努力。很难准确地预测一个人会怎么反应，但是像你看到的那样，这些反应的选择很少会对个人或对公司有利。公平感在组织中甚至在本质上非常重要。因此，即便是对僧帽猴，公平也是一个非常重要的基本问题（见管理实践6.1）。

## 管理实践 6.1

### 公平同样也是猴子的要求

猴子对每日的工作也期待着公平对待。通过对工作历史的调查发现，人类天生拒绝不公平。埃默里大学的萨拉·布罗斯南（Sarah Brosnan）想知道这对僧帽猴是否属实，于是他设计了一项针对猴子的实验。僧帽猴被训练与人类训练者交换石头来获取报酬——在大多数情况下，报酬是黄瓜片。布罗斯南指出，虽然这看起来很简单，但是“没有很多的物种会愿意放弃东西，尤其是有意图的”。

对同一工作没有获得同样的报酬（一片黄瓜）或期望更多报酬（一颗葡萄）的猴子在有些时候根本不愿意工作。布罗斯南观察到那些看到不公平对待或没有拿到好处的猴子最终不愿意与训练者合作。此外，没有被公平对待的猴子经常不会去吃奖励的黄瓜，有时甚至将黄瓜扔向研究者。

尽管很幽默，但结果是公平感的重要验证。不只是猴子对不公平结果会做出反抗，人类对公平有着根深蒂固的期待。

### 公平敏感性

当公平看上去更像是一个相对的客观现象时，实际上不同的人看待公平有很大的差别。这种公平的个体差异称为公平敏感性（equity sensitivity）。研究发现，高公平敏感的人偏向结果导向，比同样投入的人会想要更多。低公平敏感的人更关注投入，对于公平问题不太敏感。还有一些研究发现，拥有高公平敏感的人关注外在结果（extrinsic outcomes），例如薪水、地位和福利。低公平敏感的人更关注内在结果（intrinsic outcomes），例如个人价值的感受、发挥能力的机会以及个人实现感。为了更好地理解你自己的公平敏感性，请参考管理工具 6.3。

### 管理工具 6.3

**公平敏感性量表**

在任何组织中我的工作是为了：

1. 对我而言，更重要的是：

____A. 我从组织中得到什么。

____B. 我给了组织什么。

2. 对我而言，更重要的是：

____A. 帮助他人。

____B. 关注我自己的利益。

3. 我更关心的是：

____A. 我从组织中收到什么。

____B. 我对组织贡献了什么。

4. 我努力做的工作应该要：

____A. 对组织有益。

____B. 对自己有利。

5. 对于组织，我的个人哲学将会是：

____A. 如果我不留意自己，没有人会关心。

____B. 对我而言，给予比获取更好。

计分：回答为 1A、2B、3A、4B 和 5A 的都是指公平敏感性。回答为 1B、2A、3B 、4A 和 5B 的代表你没有公平敏感性。

**管理者如何维持公平**

关于公平最重要和最具挑战性的是人们要处理自己的感知和他人的感知，两者并不一样。因此，有时你觉得非常不公平，其他人可能不会这么认为，或者认为这种不公平不那么重要。好的管理者会监控并持续检查和衡量公平感。通过询问关于公平的问题——“你认为晋升公平吗？为什么？”或者“在这里什么类型的行为是有价值的？”——管理者意识到他们可以更好地管理公平感和重视那些会降低员工动机的措施。

对公平理论的一种思考是为什么卓越管理者不对所有员工一视同仁。这是正确的——因为好的管理者不能平等对待所有员工，但是需要公平！假定管理者对所有人都提供同样的管理措施和报酬，那么从定义上而言管理者将所有人视为“平均”。那么员工在这种体系下又会怎么想？低绩效的员工会选择这种体系但是很难去改进他们的绩效。平均绩效水平的员工会继续保持他们的水平。高绩效员工会选择减少投入（当所有人得到同等奖励的时候）或者离开组织。如果采用这种方式，那么组织内留下来的全部都是低绩效或平均绩效水平的员工。因此，同等对待所有员工并不是优秀管理手段，而是有利于平庸或绩效更差的员工。

## 白金法则

持久的一条经验是即便是最有善意的管理者也经常会混淆直觉上的公平与手边的现实——公平（fairness）。你可以追随一个简单法则，通常称为白金法则（黄金法则的改版），即“用他人期待的方式对待他人”。也就是，每个员工都需要稍微不同的方法保证实现他们的公平感知，用合适且高效的措施保持高动机。为进一步加强不同人员被不同对待的观点，接下来简单引入麦克莱兰的研究。

## 麦克莱兰的学习需求

麦克莱兰研究发现，人们会很好地学习自己和他人的需求，找到成功必备的角色和情境。麦克莱兰重点关注动机的三种需求：成就、亲和、权力。尽管人们都有这三种需求，但麦克莱兰注意到人们倾向于拥有一个主导需求，接下来围绕以下问题使用麦克莱兰的简单框架提供结构：“工作中我需要什么？”和“什么能激励他人？”不管关注的是自己还是他人，这三种需求都是一样的：成就需求（need for achievement）、亲和需求（need for affiliation）、权力需求（need for power）（见图 6－4）。

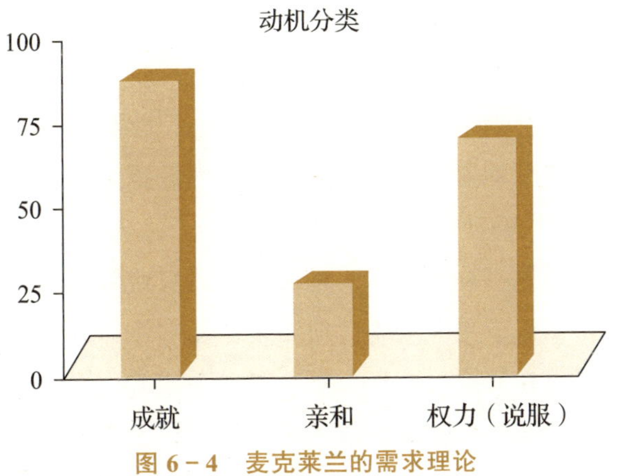


图 6－4　麦克莱兰的需求理论

### 工作中我需要什么？

麦克莱兰的研究表明，动机需求是成为一名有效管理者的重要预测因素。例如，麦克莱兰认为高亲和需求对管理者而言常常是有问题的。因为被“喜欢”潜在地是亲和导向管理者采取措施的主导动机，所以这种管理者难以解决冲突，可能为使大家都开心而破例。当措施不受欢迎时，亲和需求主导的管理者可能不会采用果断决策（例如，要求所有人加班完成重要的项目）。

麦克莱兰进一步论述：高权力需求的人会有较强的工作道德和组织承诺，同时这样的人也缺乏有效领导力所需的灵活性和以人为本的技能。更重要的是，麦克莱兰认为强成就需求的人会成为最好的领导，他们会要求员工和他们一样关注成就和结果导向。不意外的是，不同人的需求会受不同工作影响。

### 什么能激励他人

对于解决“什么能激励他人？”这个问题，麦克莱兰的理论提供了一个很好的框架来诊断基本的动机需求。当然，诊断的挑战是人们看不到需求，只能从个体可观察的行为中推断。因此，好的管理者会非常关注员工的行为。不幸的是，大多数人对他人的需求都不能准确判断。唯一可靠的方法是关注并直接询问员工。

在解释不同需要如何影响员工行为时，麦克莱兰详细叙述了宾夕法尼亚州伊利市关于 450 名工人失业的故事。大多数刚失业的工人在家待一阵子后才会联系就业服务中心看是否有工作可做，但是有一小部分人完全不一样，他们从下岗那一天就开始找工作了。他们联系本地的和国内的就业中心，会关注报纸上的招工信息，会通过工会、教会和其他各种组织找工作，会参加培训课程学习新技能，甚至会去外地找工作。显然，这一小部分积极的人有着不同的动机。

成就驱动的个体喜欢追求和实现目标，他们期望能在解决问题或管理复杂任务时做得更好或更有效率。他们希望能掌控局势，能承担适度的能衡量的风险，想要在完成工作后及时获得对工作的反馈，更关注任务导向的工作。麦克莱兰用自我驱动成就者来描述这种想要完成困难和重要工作的人，即便在他放松和放空时组织并没有对其有特殊要求，他也会想要工作。自我驱动成就者会倾向于设置目标和选择那些有反馈的工作。成就者会努力实现目标，根据努力完成工作的结果来衡量成功。他们学着为自己和工作设置具有挑战性且可实现的目标，一旦实现就会设置新目标。

权力驱动的个体视大多数工作为影响他人或掌控权力的机会。通常而言，有高权力需求的人想要控制他人、影响他人行为以及对他人负责。这些人自愿承担领导角色，不论是否需要都建议变革，在需要做决定时坚持己见。从组织层面而言，权力需求是为实现目标管理他人行为的需求。高权力需求并不意味着独裁专制行为，而是为完成任务对影响力、重要性、有效性的需求。那些会花时间思考如何影响他人、如何增加论据以及如何朝着组织目标改变他人的行为的群体就是高权力需求的人。

亲和驱动的个体想要与他人建立和维持友好热情的关系。喜欢帮助他人的人更关心下属的成长和发展，喜欢长时间沟通，是很好的倾听者，这些人也是高亲和需求的群体。强亲和动机的人更容易从工作中分心，因为工作没有社交氛围重要，即社交氛围不能被认为是完成工作的方式，而被认为比完成工作更重要。他们通常对合作中的恳求做出回应，也喜欢成为小组中的一员。他们更愿意共享成就而不是独自完成工作。他们经常充分利用机会，根据提出的观点和制定的方案得到好评，但是对个人成就的认可没有很高的需求，当小组或部门获得表扬时会感到开心。

**将学习需求理论应用到工作中**

尽管不同人有不同需求在研究中已经很清楚，但你面临的技能挑战在于如何将这些研究成果应用在工作中。个体拥有一个主导需求（成就、亲和、权力）对理解个体的“动机水桶”有很大的帮助。例如，拥有高成就需求的人会想比其他人把水桶装得更满。因此，你的第一件事是检查每一位员工表面下的动机需求，决定他们的水桶需要装多少或者理解需要什么样的动机，一些员工在开始时水桶可能是空的，其他人在一开始水桶就是满的。麦克莱兰为理解动机来源提供了很有用的工具，即个体作为动机的来源。

这里详细介绍公平理论和麦克莱兰的学习需要理论并不代表其他学者和理论不重要或不正确。只是从应用角度而言，认为这两个理论更重要。表 6－1 简单介绍了其他重要的理论，希望可以帮助你。

**表 6－1　一些流行的动机理论和研究的重要结论**

研究组织行为学的学生们以及现在或未来的管理者们，对于现有的动机理论和模型可能会有点混淆——如果不是完全困惑的话。一些理论几乎没有研究基础，一些不再受欢迎，还有一些被取代是因为它们的观点被后来的管理学者和实践者囊括其中。

尽管如此，笔者的观点是：如果一个理论受欢迎，或者在教科书和其他渠道经受过时间的检验，那么这个理论至少是有价值的。很多这样的理论可能不够完整或深入探讨动机，但有必要整合一些常用理论。因此，下面列出一些常见的理论，你可能学习过或听说过（或者你将会在职业生涯中熟悉它们）。

**马斯洛的需求层次理论**。同样的人在不同的时间段会被不同的需求激励。在马斯洛的需求层次理论中，最基本的需求是呼吸、食物、水、居所，伴随着人类欲望如道德、创造、风险和解决问题。需求层次的最顶端称为自我实现。人们最容易被高层次的追求激励，对于满足基本需求的工作则不会停留太久。研究证明：该理论的绝大部分受到研究的怀疑。虽然被其他理论证实其提供了很重要的观点（主要在于内在报酬非常重要），但是一些具体的论点不正确。

**奥尔德弗的 ERG 理论**。奥尔德弗采用马斯洛的模型并不断尝试着联系研究证据（马斯洛的研究没有很好地经受检验）。最终，奥尔德弗将马斯洛的五种需求分成三种并提出 ERG 理论，这三种分别是生存（existence）、相互关系（related）和成长（growth）。奥尔德弗证实同一时间不止一种需求要被激励，在激励高层需求之前，低一级的需求会先被满足。因此，ERG 理论解释不同文化需求选择的差异，这优于马斯洛的需求层次理论，因为不同人的需求顺序是不同的。这种灵活性很大范围地解释了可观察行为。例如，它能够解释将成长需求看得比生存还重的“挣扎的音乐人”。最后，ERG 理论认识到如果高层需求受挫的话，个体可能会倒退去增加容易满足的低级需求，即挫折—倒退原理。研究证明：三种需求的结构受到支持，但是测量问题阻碍了其他一些具体论点接受检验。

续表

| |
|---|
| **麦格雷戈的X理论和Y理论**。麦格雷戈认为有两种基本方法来管理人：X理论和Y理论。X理论认为正常人不喜欢工作并尽可能地逃避工作；必须伴随着惩罚的威胁强制人们朝着组织目标努力；选择避免承担责任；想要安全感。<br>反之，Y理论认为人努力工作就像玩乐一样：人们在实现组织目标的过程中会自我控制和自我引导，不需要外部控制或惩罚的威胁。进一步说，对目标的承诺也是与成就相关的报酬起到的作用，人们通常会接受且经常会寻找责任。<br>麦格雷戈认为很多管理者想要朝着X理论努力，但结果往往不太好。明智的管理者应该使用产生更高绩效和更好结果的Y理论，鼓励人们成长和发展。研究证明：由于X理论和Y理论更像是种象征，较其他理论而言较少有预测作用，所以难以经受严格的测试。<br>**赫茨伯格的双因素理论**。赫茨伯格理论中的双因素是保健因素和激励因素。保健因素（hygiene factors）包括工作条件、监管质量、薪水、安全和人际关系。激励因素（motivation factors）如成就、认可、提升、工作中的成长等，有助于激励员工提高绩效。赫茨伯格最有影响力的观点是两种因素互相独立，并非对立面。因此，即便工作条件很差的员工也可能对工作感到满意，即便你没有被激励做出额外努力也可能会做。重要的是，赫茨伯格的研究关注工作本身，这是工作特征理论重要的先驱。研究证明：赫茨伯格的发现被一些研究者复制但是也被批评为“方法受限”（换句话说，只有在特定方式指导下的研究结果才能支撑，通常不够稳健）。<br>**德西的认知评价理论**。类似于赫茨伯格和马斯洛，德西认为存在内在动机和外在动机，对特定个体而言，其中一个或另一个都是更强的激励要素。受内在动机影响的个体会表现出重视成就感和满足感。如果他们开始相信他们为薪水或工作条件甚至其他外在因素而工作的话，会逐渐失去动机。<br>相信强有力的外在动机会降低个人的内在动机，尤其是当外在动机被人们察觉到受其他人控制的时候。换句话说，使用报酬诱惑员工的老板不会采用内在动机激励员工。研究证明：研究被混合进行，认知评价理论一出现就备受争议。<br>**平克的驱动力基本原理**。平克在马斯洛、赫茨伯格和德西的理论基础上将动机分为三种：（1）自主（autonomy），主导自己生活的欲望；（2）精通（mastery），持续提高在重要事情上的意愿；（3）目的（purpose），服务于比自己更重要事情的意愿。<br>平克警告采用传统的胡萝卜加大棒——一些公司会用金钱——作为激励措施，这不仅对激励员工无效，反而是一种潜在的伤害。他为企业献上他的模型，认为有助于开发真正动机，在员工间产生更高的满意度，实现更好的结果。研究证明：平克的驱动力方法是其他现有研究的整合，但还没有得到很好的检验。考虑到与工作特征理论相似（工作特征理论已经得到强有力的研究支持），因此可能也有不少优点。缺点是其与社会评价理论的紧密联系会限制部分应用。 |

现在已经从“员工水桶”中指出动机理论一些重要的来源，接下来将继续关注工作作为动机的一个来源。

## 工作作为动机的一个来源

### 工作特征模型

人们如何被激励可以基于个体来区别。理查德·哈克曼（Richard Hackman）和格雷格·奥尔德姆（Greg Oldham）展现了一种直观、实践、实证基础的研究动机如何从职业和工作本身产生的模型。这解决了填满个体动机“水桶”的第二个来源。他们的工作特征模型（JCM）对为什么一些工作会更有激励效果以及如何丰富一项具有激励潜能的工作提供了简单和强有力的解释。这个模型被认为是管理学领域最有影响力模型中适用性较强的。

工作特征模型的细节对于实践应用非常重要，接下来将介绍细节部分，但是比细节更重要的是思考让人们“喜爱”所从事工作的重要性。当人们的工作与之真正“匹配”时，大多数“缺乏动机”或“懒”的员工都会消失。当人们从事喜爱的工作时，工作本身就变成主要动机，用管理者很难做到的方式填满动机水桶。因此，真正要探寻的是使一个人喜爱其工作的特征。当然，需要了解的是有一些工作人们可能永远不会喜爱（例如，笔者对喜爱检查下水道或喜爱收费站工作的人表示怀疑），但在绝大多数情况下，工作可以变得更好。

工作特征模型指出五种核心工作特征——工作自身的重要特征——并提出其与员工的心理状态连接。核心工作特征的关系、它们影响的心理状态以及随之而来的结果展现在图 6 - 5 中。从图 6 - 6 可以看到，经过设计的工作可以带来高质量工作绩效、高内在动机、低缺勤率和低离职率以及高工作满意度。

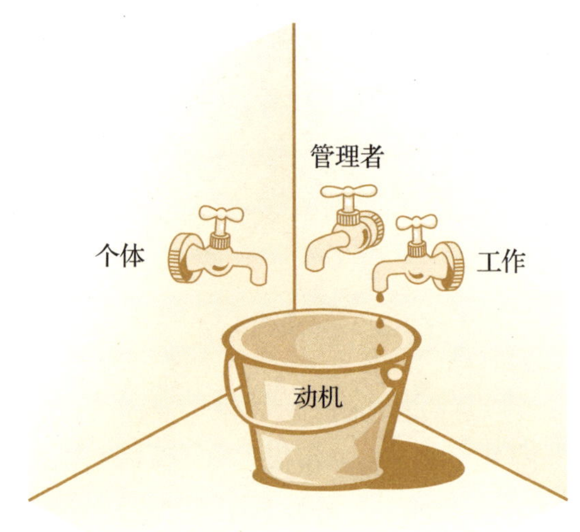


图 6－5　动机的水桶比喻：关键来源

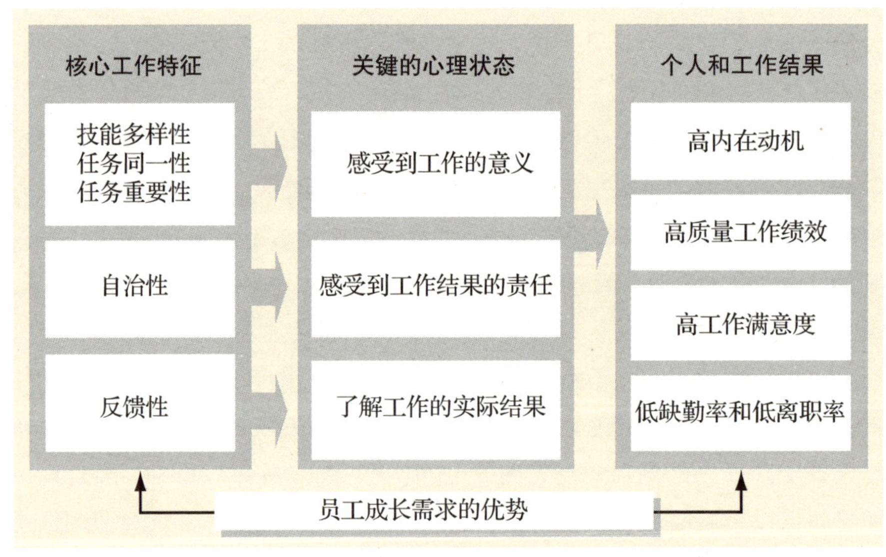


图 6－6　工作特征模型

为进一步理解工作特征模型以及它如何帮助将需要的动机感知以重要的比例填充到动机水桶，需要进一步解释这个模型。人们会将工作视为一种动力，当工作拥有高程度的：

- 技能多样性（skill variety），即完成一项工作任务需要的技能范围（概念性的、体力的、技术的或人际技能）。宇航员拥有高程度的技能多样性，因为需要他们技术熟练、身体好以及善于解决问题。
- 任务同一性（task identity），即工作要求完成一个完整的、可辨识的任务的程度。艺术家享受高任务同一性，因为他们从一开始就能看到结尾。
- 任务重要性（task significance），即工作对其他人的工作或生活的直接影响程度。例如，外科医生的工作有很高的任务重要性。
- 自治性（autonomy），即选择某项工作如何以及何时执行的自由程度。就像笔者的一位同事喜欢说："如果你连去洗手间都得经过允许，那你很难感受工作的高度自治性。"又如，大学教授拥有高自治的工作，生产工人通常是低自治。
- 反馈性（feedback），即个体从工作中收到反馈的程度。拥有高反馈的工人经常从多渠道收到反馈。脱口秀演员拥有高反馈，他们立刻就能知道工作的结果。

由于核心工作特征最终影响员工的工作动机和满意度，所以想提高员工动机可以提高核心工作特征。当员工动机提高时，员工和管理者都会开心。员工开心，因为他们可以在工作中得到趣味和满足。管理者和组织开心，因为员工高动机与低离职率和缺勤率相关，可以增加绩效并提高质量。不仅如此，员工的核心工作特征最大化可以提升他们的内在动机和减少管理者监管的时间。因此，改进工作实际是为共赢创造条件。

### 在工作中使用工作特征模型

工作特征模型也为较差的设计和枯燥的工作带来启示。在20世纪70年代工作特征模型提出时，它主要用于改进制造业重复劳动的装配性工作。重要的是，工作特征模型对全部类型的工作都适用。例如，最近一项研究用工作特征模型重新设计了技术服务客服中心的客户代表工作。研究指出，客服员工对工作重新设计的反映非常好。准确来说，重新设计后，成功解决问题的数量大大增加，整体客服分数也得到提高，同时，重复电话和升级电话都大幅减少。

工作重新设计的重要部分在于促进学习的新过程。也就是让客服人员离开电话一段时间，以及在没有打扰的情况下解决问题。客服人员会花 3 天在电话上，然后离开电话 2 天来解决困难的问题。结果是对问题有更深入了解，解决问题更快、更准确。

### 激励动机潜能分数公式

工作特征模型如此受欢迎的一个原因就是对五种核心工作特征的详述，以及它们如何结合成为一个可以计算任何工作的激励动机潜能分数（motivation potential score，MPS）的方程式。该方程式如下：

$$\text{激励动机潜能分数} = \left(\frac{\text{多样性} + \text{同一性} + \text{重要性}}{3}\right) \times \text{自治性} \times \text{反馈性}$$

在这个方程式中，相乘是非常重要的（像期望理论中的一样），即模型中任何核心工作特征的缺失都会放大。为了提高工作的激励动机潜能分数，五种要素中的每一种都非常重要，因为缺任何一种都会对激励动机潜能分数造成损害。在讨论如何提高核心工作特征前有一个重要的告诫：如果员工没有成长的需求，那尝试使工作具有激励性就会失败。理论和模型的使用存在一种假设：人们想要他们的工作更有激励性。对于很多人可能是正确的，但是并非所有员工都想要丰富他们的工作。具体而言，低成长需求强度的员工会对相对不丰富的工作环境感到满意。

### 工作特征模型干预：如何丰富枯燥的工作

像之前提到的，为检验核心工作特征，哈克曼和奥尔德姆进一步提出影响激励动机潜能分数的一系列介入措施。这五项介入措施为设计更丰富的工作提供了蓝图。第一项介入措施是组合任务。任务的组合带来更具挑战性和更复杂的工作任务，因为它要求员工采用多样性的技能。加利福尼亚州欧文市的 Newport 公司有包含组合任务的培训和跨文化项目。Newport 公司的员工通过参与课堂和在职培训项目学习最新的制造和装配技术。跨文化项目提高了劳动力的适应力和灵活性，也有助于多样化生产量之间的平稳过渡。同时，更灵活的劳动力不仅降低了成本，还使工作对执行工作的人更有意义。

第二项措施是形成自然工作单元。自然工作单元可以提高任务同一性和任务重要性。这是用制造车间代替直接生产线背后的主要观点。多年来，沃尔沃都是在由员工组成的小群体又称为单元中制造汽车。这些单元为汽车的整体组件负责，例如引擎。

第三项措施是建立客户关系。客户关系保证员工和客户有持续性的人际关系。这种关系可以提高自治性、任务同一性、技能多样性和反馈性。这种改进工作的措施也是密苏里州圣彼得斯市 Wainwright 工业公司成功的主要原因。Wainwright 工业公司的员工充当着客户捍卫者的角色，与客户互动并帮助他们解决问题。一旦客户满意度低于 95%，就会形成交叉功能的客户捍卫团队，在 48 小时内制订一个行动计划。这种员工和客户之间亲密的人际关系有助于快速和准确解决问题。

第四项措施是纵向加载作业，指增加员工做工作相关决策时的权力。现实中，纵向加载可以认为是员工授权的同义词。主观授予下属更多权力和责任，下属可以感受到自治性、责任和任务同一性的增加。在密苏里州罗拉市的费尔普斯县银行，设置了大量的培训项目提高员工承担责任的动机。管理层为解决问题和财务报表分析设立等级，也为部门间交换产品和服务信息做辅导。员工会参加交叉训练，届时出纳会将他们的角色和任务告诉贷款部门的员工。因此，员工处理顾客问题更有决定权，不需要经过管理层允许或寻求同事的意见而浪费时间。

最后一项措施是公开反馈渠道。反馈之所以重要是因为如果员工期待进步，他们会想知道工作表现如何。有些工作需要即时反馈，例如喜剧演员即刻就知道他们的表演是否有趣，奥运会短跑选手马上就知道他们是否赢了比赛。但是，对大多数工作来说，主要问题是很少有明显的机制对工作进行反馈。当人们收到及时和有用的反馈时，他们最有可能朝着高绩效改变自己的行为。科罗拉多州科罗拉多斯普林斯市的汉密尔顿标准商业飞机公司的人力资源代表卡利·杰曼（Karrie Jerman）认为 360 度绩效考核（用于公开反馈渠道的关键工具）非常有必要。“我们最大的收获是从很多了解员工工作的人那得到的，现在同事和顾客都会给予反馈，”杰曼说，“员工感觉更公平。”

总的来说，这些措施实现了令人印象深刻的结果。正在努力进行工作重新设计的公司有着高生产力、高工作质量、提升的员工满意度以及低缺勤率。掌握如何创造一份有激励效果的工作而不是有动机的个体，是卓越管理者储备库中很重要的工具。

## 管理者作为动机的一个来源

尽管很多书从管理者开始理解动机，但笔者认为这是最终目标。意思是没有诊断很难有效治疗。如果真的想要解决本章开始提出的问题（“你激励谁做什么，在什么情况下？”），你需要在“最后”考察管理者的行动。

上文已经阐述了水桶比喻的两个部分，呈现出动机困惑的主要部分。一些人（高成就需求的人）更容易被一系列的设定激励。那些拥有其他主导需求（权力或亲和）的人更容易从与其需求匹配和高激励潜能中获得更多。所有人都需要公平对待，某些人对遭受到不公平更敏感。

在工作或个体不那么容易填满水桶时，就依赖于管理者来提供员工动机（见图 6-7）。先前陈述的管理者作为动机的主要来源是最后一招并不是偶然。在很多情况下，管理者应该是最后一招，在很多实际情况中管理者也正是最后才引入的。结果恰恰是管理者的行动非常重要，因为他们需要将水桶填充到恰当的水平。回到先前介绍的期望理论，它为回答问题提供了很大的帮助。

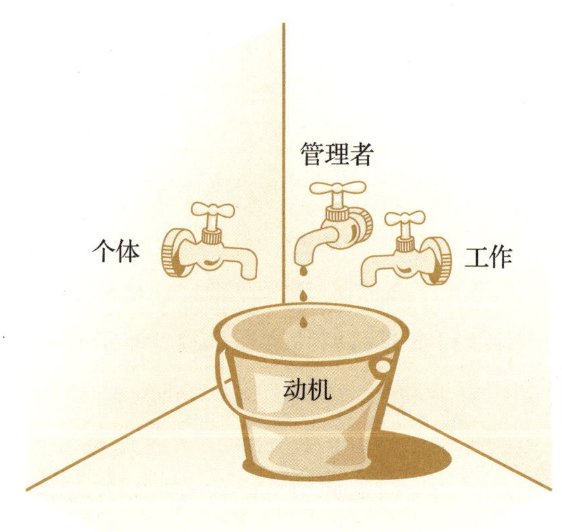


图 6-7　动机的水桶比喻：关键来源

现有的多种模型为管理者提供了影响员工期望和工具性信念的方法。目标设置和行为修正可能是最普遍认可的、实证检验过的和最适合的理论。

## 目标设置

简单来说，目标设置效果是具体的、有难度的但是可实现的目标带来高绩效，而不是没有目标或“做到最好”的目标。经过数年的研究，学者埃德·洛克（Ed Locke）和加里·莱瑟姆（Gary Latham）用多种研究证实“目标设置对任务绩效的有利效果是心理学研究最强有力和可复制的发现”。目标设置是清楚传递期望和激励人们实现目标的最有效方式。

莱瑟姆认为，目标起作用至少有三个具体原因。第一，目标会指引行为朝着目标需要的方向努力，远离其他行为。第二，目标活跃个体并提高个体的毅力。它们提供了人们持续比较绩效的衡量标准，从而使个体更努力实现标准。第三，目标提高一个人找出和使用新的信息渠道得到标准的动机。这三个原因存在于人们拥有目标的工作中且它们倾向于共同作用。

很多有效激励项目的基础就是恰当的目标设置。管理者应该通过询问自己来评估工作环境的激励氛围：“下属是否理解和接受我的业绩期望？”尽管目标设置是为朝着实现目标提高动机，但是卓越管理者知道并非所有目标都是平等设置的。大量研究指出，一些目标比另一些目标更容易完成——“好目标”对比于“坏目标”。一个好目标的特征可以用首字母缩写总结为 SMART，即具体的（specific）、可衡量的（measurable）、可实现的（attainable）、相关的（relevant）和有时限的（time-bound）。关于设定好目标的更多内容见第 1 章。

### 目标设置的常见陷阱

尽管是稳健和强有力的动机技术，目标设置在执行中仍存在很多限制和一些常见陷阱。例如，目标设置会产生天花板效应，人们在实现目标后会突然停止，即使他们有能力表现出更高水平的绩效。因此，目标设置太低实际上是有害的。此外，目标可能会为博弈和次优化创造条件。也就是说，在追求目标的过程中，人们会忽略其他重要的目标（没有正式地包含在目标中）并做出目标精神之外的事情，甚至采用不道德行为来实现目标。关于抵押贷款危机的情况参见管理实践 6.2。

## 管理实践 6.2

### 目标、奖励与抵押贷款危机

以下是美国国家公共广播电台《市场》节目的一个采访。在这个案例中，与目标不一致的问题直接导致了银行业濒于垮塌。对话是在美国国家公共广播电台工作的阿莉莎·卡茨（Alyssa Katz）和在纽约大学任教的房地产专家特斯·维格兰（Tess Vigeland）之间展开的。

卡茨：在21世纪初期，抵押贷款经纪人每5笔抵押贷款就出售4笔。大多数经纪人与许多不同的贷款人有关系，理论上的想法是让他们与借款人合作，找到最适合他们需求的最便宜的贷款……

维格兰：抵押贷款经纪人如何从交易中获利？

卡茨：他们收取费用，这些费用可以用几种方法支付。一种方法是借款人在结账时必须使用现金支付。但是越来越多的人也可以采取所谓的收益率溢价。借款人可以通过一些基础操作让借款人支付更高的利息，从而获得利益。经纪人是允许从中获得额外费用的，使经纪人和贷款人均受益。行业中的经纪人更普遍地捍卫这种做法，作为借款人，若无法预先支付经纪人费用，实质上可以通过更高的利率来支付。

维格兰：现在，有人买了房子，但他们甚至第一次都不能付款，这通常是抵押贷款欺诈的一个迹象。现在我们知道止赎（foreclosure）的情况。那些发放这些贷款的人是怎么做的？

卡茨：经纪人——他们基本上立即收取费用——几乎什么都没做。如果借款人发生任何事情，那不是经纪人的责任。只有当借款人提起诉讼时，才会追究经纪人的责任。但是，由于没有钱支付律师费，借款人很少起诉经纪人，这就是为什么会有止赎。

在许多情况下，找到一个目标设置的定量方法是很难的。比如说咨询人员会发现用SMART原则设置目标非常困难，因为他们提供的服务不是一个简单的量化产出。一个好的策略是将目标与顾客的满意度和需求联系在一起。例如，一个秘书就对顾客及其上司负责。

洛克和他的同事发现，设置模糊的目标，例如“尽力就好”，实际上并不会比没有设置目标要好，这种目标并不能带来激励效果。要记住：告诉一个人“尽力就好”等于没有提供任何目标或指导。尽管如此，设置模糊的目标在当今的企业中仍然是非常常见的。

印第安纳的机器商店会设置明确的目标。该商店给机床操作人员设置的目标是将一个 100 英尺 3/4 英寸的棒子在一小时内变成 80 个可以接受的尺寸的碎片。这个目标设置就非常明确。

除了设置 SMART 目标，你还可以通过让人们加入目标设置的过程来增加目标实现的机会。因为如果人们没有参与目标设置的过程，则更难接受这个目标。如果你在设置目标时让合作者也加入目标设置的过程，你们设置的目标则更容易接受。另外，如果人们在公开场合宣告了自己的目标，也更有可能接受这个目标。那些对成瘾行为治疗了解的人对这个原则非常了解，成瘾治疗项目的一个原则就是在公开场合诉说自己的痛苦以及告知治疗计划。当一个目标公开后，来自外部的压力会增加，人们会感到自己受到更多的束缚。

有一个关于目标设置的告诫，这也是笔者将管理者放在动机来源末尾的原因。目标设置被认为是一个在很多不同的任务中都很有效的方法。然而，当一个任务对创造力有较高的需求时，目标设置方法的有效性会下降，因为创造力不是由于目标规定就能产生的。实际上，很多研究都表明，目标和创造力是相互影响的。正如在本章开始提到的那样，目标设置的原因之一是可以将个人的注意力聚焦于目标，更有努力的方向。但是通常来讲，这种聚焦的注意力会导致人们因为外界压力而采取非常没有创意的行为。

## 强化理论和行为修正

管理者对员工进行激励的另外一个方法来自强化理论。强化理论（reinforcement theory）认为人们会被激励去重复那些可以获得奖励的行为，这也许是所有心理学原则中受大多数人支持的一个原则。事实上人们在现实生活中确实会去做那些获得奖励的行为而避免做可能受到惩罚的行为。试想，你会为了一门不给学分的课去写 10 页的论文吗？即便教授告诉你这么做有利于你的个人发展。在一个组织中，当那些不被期望的行为获得奖励而积极的行为却遭到忽视（有时甚至受到惩罚）时，就会产生失调的结果。一名卓越的管理者会将那些他们期望得到的行为和积极的结果联系在一起，并且通过沟通让组织中的人知道行为和结果间的关系。

对学生而言，管理实践 6.3 描绘了一个颇具讽刺意味的例子。这个例子就发生在笔者所在的大学中。然而，这很难说明衡量学习和知识掌握情况的工具——成绩——变得比它背后的目标还重要。现在，独立于技能和真知的成绩通常是人们求职以及求学时最重要的指标。有一个并不那么意外的结果：互联网成为论文抄袭的来源，在美国的大学中作弊也成为一个更大的问题。为了避免这种荒唐，人们需要弄清楚自己到底期望什么样的行为，并且去发现那些能够奖励这些行为的方式，这才是对行为进行修正的目的。

## 管理实践 6.3

### 期盼 B，却奖励 A

在管理学的文献中，有一篇经典的文章是《当我们期盼 B 时，却奖励 A》。这篇文章是由高盛以及前通用电气的首席学习官史蒂夫·克尔（Steve Kerr）写的。克尔发现在组织和社会中有很多愚蠢荒唐的现象，例如人们明明由衷地期盼一件事，却奖励另一件事。他在文章中提到人们希望医生会做出准确的诊断，但是目前对医生的奖励机制则是奖励那些将健康的人诊断成病人的医生，因为医院会有更多的治疗收入、更少的治疗不当的威胁以及更多新药的使用。另一个例子是说人们希望政治家是开放、真诚且诚实的，然而，目前的奖励机制则是偏向那些中庸并且直接从选民那里获取金钱的政治家。从上述的例子中可知，要清楚什么是你真正想要的然后结合你所在的文化环境去看被期望的行为是否真的获得奖励。克尔很确切地表明在通常情况下，人们获得奖励的行为并不是他们期待的。

基于强化理论的基本原则，组织行为修正（organizational behavior modification）的管理实践涵盖了旨在增加动机和提高绩效水平的五个步骤（见图 6-8）。

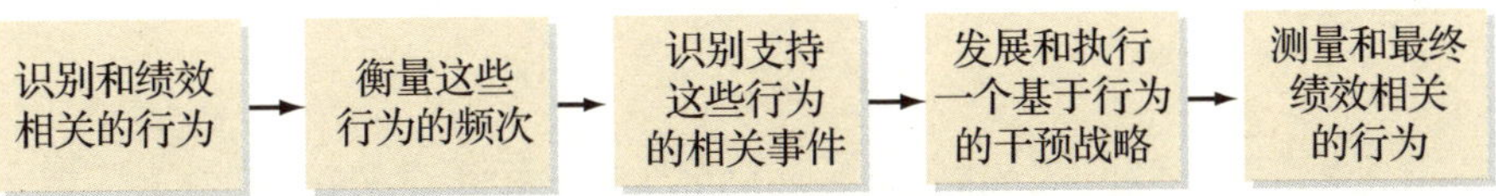


**图 6－8　组织行为修正模型**

资料来源：Luthans，F.，and Stajkovic，A. D.（1999）. Reinforce for performance：The need to go beyond pay and even rewards. Academy of Management Executive，13，pp.49-57.

## 现实生活中和行为修正相关的例子

行为修正出现于生活的很多情景中。最有名的一个例子是关于金刚砂空中货物公司（Emery Air Freight）（最终被 UPS 快递公司收购）利用行为修正来提升其顾客服务。金刚砂空中货物公司的顾客服务部门有一个目标——在 90 分钟内回复顾客问题。起初，公司员工认为这一目标很容易达成，他们认为 10 次中有 9 次可以达到设置的目标。实际上，这些员工在 10 次中只有 3 次达到目标。30% 的达成率并不算高。鉴于如此低的目标达成率，金刚砂空中货物公司打算建立一个基于行为修正的系统——记录从顾客提问到员工回复问题所用的时间。主管则对那些高绩效（及时回复）的员工进行奖励和表扬。通过这个系统，目标达成率从 30% 上升到 90%，并且持续三年维持在 90% ～ 95%。这个例子说明了行为修正的强大作用。

还有一些关于利用行为修正成功解决工作中的难题的例子。一个食品销售公司在其仓库中实施了行为修正的项目。这个项目将错误订单率减少了 10%，节约了将近 1 万美元。在保险领域，最近一项研究发现，把钱花在和保险相关的行为修正项目上可以获得超过 10 倍的报酬。也就是说，在这些项目上每投资 1 美元，会因为更低的保险成本、更少的意外以及更少的员工投诉而节约 10 美元甚至更多。

行为修正最近在零售业中也得到运用，目的是让收银员保持收支的平衡。起初，日常的现金短缺平均为 2.27 美元，在实施了行为修正项目之后，平均的现金短缺减少至每天 0.06 美元。另一个关于比萨送餐员的例子（见管理实践 6.4）也体现了行为修正。

## 管理实践 6.4

### 行为修正和比萨送餐员

当大多数人想到安全的司机时，比萨送餐员往往不在名单的前列。实际上，鲁莽的比萨送餐员是无数起案件的起因，也成为全美比萨制作商非常关注的一个问题。蒂莫西·路德维格（Timothy Ludwig）、杰伊·比格斯（Jay Biggs）、桑德拉·瓦格纳（Sandra Wagner）以及 E. 斯科特·盖勒（E. Scott Geller）展开了一项调查，利用公开的个人反馈研究安全驾驶竞赛对安全驾驶的影响。他们的研究关注了 82 名比萨送餐员的安全行为（例如打转向灯、系安全带、在路口停车）。这些送餐员会得到关于他们打转向灯频率的反馈（在商店 A），或者在十字路口完全停车（在商店 B）。随后，这些送餐员的安全驾驶分数会和他们的名字一起公布出来。每周得分最高的驾驶员会得到一张免费维修交通工具券的奖励。在商店 A 门前打转向灯的驾驶员增加了 22%，在商店 B 门口的十字路口完全停车的驾驶员增加了 17%。在每周安全驾驶竞赛中获胜的驾驶员在绩效上的提升最大，比赛中的非获胜者的安全驾驶行为也有所增加。

### 发展和执行行为干预的战略

虽然行为修正的步骤看起来简单明确，但仍要注意行为修正过程的第四步：发展和执行一个基于行为的干预战略。为了能够更有效地发展和执行行为修正的战略，人们需要理解一些关于学习和行为改变的基本原理。将结果和自愿的行为相联系的过程就是操作性条件反射。操作性条件反射会运用一些战略去增加或移除喜欢的或是厌恶的结果，四种不同的操作性条件反射战略为正强化、消退、负强化、惩罚。

#### 正强化

当一种行为和员工想要得到的结果相关联时，正强化就会发生。人们身边正强化的例子有很多。小孩获得了 A 的好成绩后会得到一个证书，员工因为达到了较难的绩效目标而得到奖金，政治家会因为为选民做了好事而被再次选举，这些都是正强化的例子。为了提高某种期望行为出现的频率，应该利用正强化。每一个人都可以因为正强化而获益。很多管理者面临的挑战之一是提供什么作为奖励。值得注意的是，管理者应该提供那些员工想要并珍视的东西作为奖励，这一点在本章开始已经讨论过。

无论是在公共部门还是在私营企业，管理者经常抱怨的一点是他们在对高绩效员工奖励更多的金钱上几乎没有多少自主决定权。通常而言，一项重要的管理技能是找到一种既可以激励员工又经济划算的有创意的方法，特别是在企业受到经济下滑影响的情况下。正如管理实践 6.5 中描绘的那样，管理者采取一些小技巧去展示自己对员工的欣赏的做法非常有效。

## 管理实践 6.5

### 简单的奖励

可以借鉴一些美国顶尖的公司利用小的奖励来感谢员工的做法。

- 弗雷德奖的精神（The Spirit of Fred Award）。奥兰多迪士尼乐园曾经对一个叫弗雷德（Fred）的员工实施了认可奖励计划。当弗雷德得到他第一个月的工资时，公司里的一些关键人物告诉他在迪士尼乐园取得成功需要具备的价值观。弗雷德这个名字变成了友好的（friendly）、机智的（resourceful）、热情的（enthusiastic）、可靠的（dependable）这几种品质的首字母缩写。弗雷德奖也变成迪士尼乐园高度重视的一个奖项。
- 非常感谢（Thanks a Bunch）。坐落于密苏里州圣路易斯的玛丽兹绩效提升公司有一个“非常感谢”项目。在这一项目中，员工会因为较高的工作业绩而收到鲜花，收到这个礼物的员工也要把鲜花继续送给那些曾经帮助过他的人，这一活动的初衷是想看看在一天之内有多少人可以收到鲜花。得到鲜花的员工还会收到一张感谢卡。
- 金香蕉奖（The Golden Banana Award）。许多年前，惠普公司（Hewlett-Packard）的一位工程师冲进了位于帕洛阿尔托的经理办公室，大声宣称他解决了一个很重要的难题。他的经理遇到这样突然的状况，环顾了一下四周想找到可以作为奖品的东西，最后经理把他午餐带回来的香蕉拿给了工程师，说：“做得好！恭喜你！”这位工程师非常惊讶。一年之后，金香蕉奖变成了一个用于奖励公司里具有发明才能的员工的奖项。

除了对员工出色的表现表达欣赏，还可以对员工的个人问题以及他们所遇到的困难表示关怀。管理者可以购买一些贺卡，在员工生日或晋升当天发给他们，或是在参加员工婚礼时送上鲜花等。人们将会在很长一段时间内铭记你的善意。

其他有创意并且经济划算的奖励办法是由鲍勃·纳尔逊（Bob Nelson）在他的《1001种奖励员工的方法》中提出来的。纳尔逊认为奖励并不一定要很贵或是有多大的影响。以下是他推荐的奖励方式：

- 给员工的家庭成员写一封信，告诉他们这位员工的努力意义重大。
- 安排一个中层管理者和员工一起吃午餐，吃饭时管理者要对员工进行表扬。
- 知道员工的爱好并且送一个和他的爱好相关的小礼物。
- 为当月表现出色的员工安排一个位置好的停车位。
- 当员工上班时，安排人员给员工洗车。
- 安排管理者为绩效好的员工做一次午餐。
- 让那些表现出色的员工出现在企业的宣传广告当中。

需要知道，对不同员工来说，上述的奖励方式对他们的重要程度有所不同。有的员工可能觉得和中层管理者一起吃午餐是一个很宝贵的机会，有的员工可能觉得这是一件比去看牙医还要痛苦的事。你可以参考管理工具6.4，按照其提供的步骤来实施有效的正强化。

**管理工具 6.4**

## 有效奖励的步骤

1. 对期望的行为进行描述。
2. 解释这些行为可以为员工赢得什么好处。
3. 解释倘若这些行为持续进行可以获得什么好处。
4. 列举关于这些期望的行为的例子以及提供足够的时间用于员工提问。
5. 观察员工行为并且对那些组织所期望的行为进行奖励。
6. 如果这种积极的行为持续进行，组织也应该进行持续的奖励。

理查德·伊斯特林（Richard Easterlin）的著作也许可以解释为什么金钱的奖励并不总是有效的。他的研究是关于人们在一生中如何不断适应增加的财富。经济学家伊斯特林发现，年轻人在早期会有相似的物质追求，那些有更多钱的年轻人更开心，因为这些金钱满足了他们的追求。也就是说，当人们有相似的追求时，有更多钱的人比那些拥有较少钱的人更容易达成期望。

随着年龄的增长，赚更多的钱并不一定带来更高的幸福感，因为人们的物质追求也水涨船高，有了更高的标准。换句话说，当你赚到更多的钱时，你想要的东西也会更多。幸福感是拥有的东西和想要的东西之间的比率。随着人们收入的提高，这一比率通常不会有太大变化。因此，得到的越多，想要的东西也越多，人们很难去缩小拥有的东西和想要的东西之间的差距。

### 消退

和广泛运用的正强化相比，消退是从实验室到工作环境这一转换中最难利用的战略。通常这样定义消退：一种行为没有伴随任何回应。消退思想说的是如果一种行为没有伴随任何回应，那么这种行为就不会被重复（因为这种行为不会有任何奖励）。例如，消退通常运用于那些经常抱怨工作中琐碎事情的员工，这其中的原因是，如果管理者对员工关于琐碎事情的抱怨不做回应（类似的抱怨有“我不喜欢办公室墙体的颜色”“我的椅子上有污点”或者是“汤姆的椅子比我的更新”），那么这种抱怨将会停止，因为抱怨并不能改变现状。

然而，在现实世界中，人们会根据过去所观察到的情况来判断他们的行为之后会伴随的事情。一名管理者如果不做出回应，则会被解读为两种意思：积极或消极。无论结果怎样，人们很多时候都会对管理者的无回应行为进行解读，即使有时候并不是管理者心里所想的那样。一个很好的关于消退的例子是，当一个员工因为总是在开会中开玩笑而使得会议时间延长时，其他人对他的笑话不做任何回应就是一种消退行为。

### 负强化

和正强化类似，负强化的目的也是提高被期望行为的频率。负强化将一种期望行为和移除某种非期望的结果相联系，这和正强化的将某种期望的结果和奖励相联系是不同的。例如，答应销售代表当他可以提升 30% 的销售额时，可以减少 10 个他不喜欢的账项。需要注意的是“负强化”是将那些不想得到的结果移除。总的来说，正强化是为了提高某种行为的频率，负强化是一种附加的工具，当管理者没有条件提供正向激励，可以移除那些消极的结果。

如果负强化没有得到正当使用就会被认为是管理者使用的一种威胁手段。一个例子是管理者说："如果你的业绩没有提升，就会被解雇。"当业绩提升时，员工就不会被解雇，这种威胁也会消除。虽然这种负强化的方法在短期内是奏效的，但是会有负面影响，因此并不被认为是一种有效的管理方法。

## 管理实践 6.6

### 把钱拿给我看！

在大量的荟萃分析中，亚历山大·斯塔伊科维奇（Alexander Stajkovic）和弗雷德·卢桑斯（Fred Luthans）对 72 项利用行为修正原则提高员工绩效的研究进行了分析。在每一项研究中，特别的强化刺激形式会得到使用，包括和绩效相联系的金钱（员工在达到设置的目标之后可以获得金钱）、社会认可（员工会得到公开的奖励和荣誉）以及反馈（员工获知他们在工作上的表现如何）。研究结果说明了一个有趣且重要的事实。正如下图所示，三种强化刺激方法在提高员工绩效方面都是有效的：金钱是 21%，社会认可是 16%，反馈是 11%。

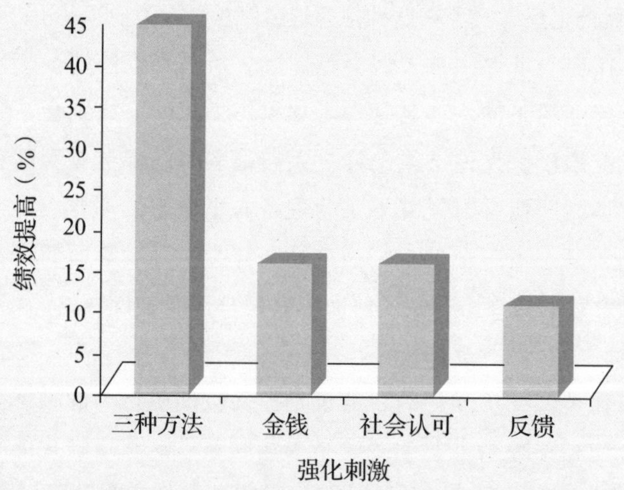


资料来源：Stajkovic，A. D.，and Luthans，F.（2003）. Behavioral management and task performance in organizations：Conceptual background，meta-analysis，and test of alternative models. *Personnel Psychology*，56，pp.155–194.

通过这项研究可以得到两个启示。第一，最能提高绩效的方法（45%）是将三种强化刺激方法联合使用。如果你还疑惑卓越管理者如何通过奖励去激励员工提高绩效，那么以下的方式会非常直接：经常告诉员工他们完成工作的情况，在他人面前赞扬下属取得的成就，以及如果可能的话可以通过额外的金钱对高绩效进行奖励。

第二，很多管理者抱怨的一件事是他们在提供金钱奖励方面几乎没有什么权力，这也使得激励雇员变得不可能。该荟萃分析清楚地说明了通过提供简单的认可以及常规的反馈都可以提高绩效，这些方法都和金钱无关。长期看来，绩效提高也会使管理者在未来有更多的权力去提供金钱奖励。

## 强化刺激对员工绩效提高的影响

### 惩罚

这里讨论的最后一个行为干预战略是惩罚，指通过在一个人的行为之后增加一个不愉悦的结果，目的是防止这个人在未来继续产生这种行为。例如，如果一个员工不遵守安全准则并且在工作中有鲁莽的行为，那么对其进行训斥则是减少员工这种行为的一个合适的方法。大多数公司都会有根据员工受惩罚次数而不断加大惩罚力度的惩罚系统（也称渐进惩罚）。例如，员工第一次犯错可能只会得到一个口头的警告，第二次犯错会有书面警告，第三次犯错则会被解雇。

尽管惩罚是一种相当直接的方法，但不到必要时刻应该避免使用这种方法。研究人员提出，如果惩罚的手段被不公正地使用，会产生意外的副作用，比如可能会让员工更加叛逆，因为员工觉得自己被约束太多。此外，正强化可以提供更多有用的动机信息，这种强化会很明确地告诉人们什么是被期望去做的。惩罚只能告诉人们什么行为是不被期望的——在这种情况下人们的行为有很多的变数。

惩罚一般来说都会给人们带来麻烦，这里希望可以提供一个更有效的指导方法。一个关于运用惩罚方法的隐喻是——“炙热的火炉”。确切地说，惩罚只有在满足以下四个特征时才是最有效的。

- 清晰的期望。每个人都可以清晰地看到炙热的火炉，并且知道如果触摸这个火炉就会被灼伤。
- 一致。任何人在任何时候触摸这个火炉（实施某种行为）都会被灼伤。
- 及时。任何人只要触摸火炉就会立刻被灼伤。
- 有力。火炉是炙热的，身体被灼伤后会留下严重且持久的烙印，这会使灼伤带来的影响更加持久。

有效的惩罚除了上述提到的四个特征还包括惩罚应该是仅仅针对某种行为。惩罚不应该是对老问题或者是普遍性问题进行惩罚。惩罚的焦点是减少不好的行为而不是去羞辱他人。针对行为的惩罚可以让员工将消极的反馈和某种行为相联系，而不是仅仅将惩罚看作负面的评估，这么做也可以减少员工受惩罚时感受到的敌意。可以参考管理工具 6.5 的内容获得关于惩罚更多具体的信息。

**管理工具 6.5**

### 有效惩罚的步骤

1. 私下进行惩罚，绝不公开惩罚。
2. 描述所期望的行为。
3. 解释那些不被期望的行为可能带来的问题。
4. 允许提问，给员工澄清的机会。
5. 解释如果那些不被期望的行为如果没有改正的后果。
6. 提供组织所期望的行为的例子。
7. 对员工的行为进行监督，如果行为符合预期则给予奖励。
8. 追踪员工的行为，看是否有所改变。

“炙热的火炉”这一原则也可以用于正强化。试着发现人们做的正确的事情，并且明确告诉他们哪些事情完成得比较好，并且给予他们认可，所以“炙热的火炉”也可以有积极的含义。尽管管理者在使用惩罚手段时会有更多的不适感，但无效的正强化经常是一个更大的问题，因为管理者经常会很自然地假设人们知道他们的工作做得很出色，所以常常给予员工一些缺乏激励作用的不明确的反馈（例如，“你很棒，我希望有更多像你这样的员工”）。

以上对这四种行为战略都已经阐述得很清楚了。这些战略可以用于将那些不被接受的行为变为可接受的行为，或者是将可接受的行为变为更加出色的行为。通过这些战略可以避免因为惩罚带来的不良后果以及帮助更好地使用奖励战略。

## 结语

希望以上提到的战略可以让你知道激励谁、如何激励、在何种情况下激励。对这一系列问题显然没有一个让人满意的简短的答案，你应该知道填满员工动机水桶的重要性。这个比喻可以帮助你理解为什么激励某些人会比激励其他人更加容易（激励谁的问题），做一些具体的事情（考虑创新因素），在一些特定的情境下（当一个人和他所从事的工作非常匹配时）。

正如你所看到的那样，有很多可以填满员工动机水桶的方法。作为管理者，知道员工主要的需求以及各种激励他们的方法是非常重要的。动机理论提供给管理者很多适用性强的工具以创造一个更具有活力的工作场所。最大的挑战就是知道如何使用这些工具和方法。根据实践经验以及本章讨论的工具和技巧，以下是为管理者提供的一些几乎在任何情境下都适用的激励员工的方法：

1. 识别出个体在动机方面的差异。不同的人很少会被同样的东西激励。使用“白金法则”去找到可以激励个体的最佳方式，包括每一个员工最想要的奖励。

2. 在奖励和惩罚上要力求公平而不是相等。你不需要给每个人一样的奖励。你需要保证你给的奖励和绩效表现是相称的。

3. 尽最大努力让工作本身具有激励性。即使是看起来非常枯燥和难以改进的工作，仍然可能通过工作丰富化去增加其激励性。

4. 设置好的目标。明确定义成功。必须承认设置一个好的目标是增加动机最有效的方法之一。

5. 将奖励和惩罚与绩效直接相连。保证员工获得的奖励是基于他们的绩效。

6. 有功则赏。在公开场合因为员工取得的成就而表扬员工而不仅仅是对他们的工作进行赞赏。

7. 以身作则。授权是管理的一个很重要的部分。然而，如果一个老板总是让下属去做那些老板自己都不愿意做的事，这种做法也会在很大程度上削弱动机。

## 第 7 章

# 权力与影响力的运用

### 案例 | KLOUT 创业公司

衡量你所认识的人的价值：世界上各种各样的追随者随处可见，但是真正有影响力的领导者难以寻觅。一位具有影响力的领导者至少有 1 000 个追随者。KLOUT 创业公司被认为是网络用户提升个人影响力的一种途径。

KLOUT 创业公司创建了一套复杂的排名系统，该系统根据一个人在社交媒体中的价值进行排名。它不但能够分析出追随者的数量及其性格特点，而且能看到追随者的职位以及点击率等情况。该系统原本用于推特（Twitter），现在也用于分析脸谱（Facebook）的数据。此外，YouTube、领英（LinkedIn）、聚友网（MySpace）以及掘客（DiGG）也使用这一系统。

权力与影响力有时被从业人员视为工作中“不可避免的灾祸”和“职场中不好的一面”，但是权力与影响力的有效运用在个人和公司管理中扮演着重要的角色。从公司管理的层面来说，权力是通过施加影响来控制人和物以及能够抵御外界影响的能力。

公司中哪些人拥有权力？权力来源于何处？哪些策略能够拓宽人际交往圈和增加个人权力？哪些特殊的策略能够提升影响力，尤其是在缺乏正式权威的场合中？如何培养向上管理的能力以及处理日常工作中的行政性事务？本章将重点阐述以上问题。

## 权威与影响力

正式权威与影响力经常被混为一谈，实际上正式权威是权力的一种（见迷思 7.1）。进一步来说，作为权力之一，权威是个人在职位中行使的权力。

换言之，一位母亲有权力为五岁的女儿做任何决定，因为她是这个孩子的母亲。再如，公司的管理者有权力惩罚一个上班迟到的员工。公司总裁有权力代表公司签署合同。

## 迷思 7.1

### 权力与影响力

- 权力与影响力在本质上带有“腐败”色彩。一句古老而富有哲理的格言说道，权力是一把双刃剑。在公司里，卓越管理者能够运用自身的影响力推动公司实现良好的发展。
- 理性是最好的影响力。人们往往需要向他人提供数据，通过事实与数据来影响他人。但是，结果出乎人们的意料，尽管使用理性的方法来影响他人较为普遍，但是通过情感的方法往往更受欢迎，因为人们都需要鼓励、喜欢挑战、希望被感动。
- 权力源于个人职位。头衔是权力的一种表现形式，但是它并不能保证通过影响他人就能获得成功。公司中的一些人虽然有很大的权力，但是有着并不令人印象深刻的头衔，例如秘书或者帮助办公的专家，然而，他们对公司都会产生重要影响。
- 他人加入或者分权都会削弱你的职位影响力。总的来说，分权能够提升个人的影响力。通过展示对自身能力的自信来告诉他人你并不需要他人的保护，以此来提高自身的信誉与潜在的影响力。
- 第一印象与举止优雅已经过时了。个人形象管理涉及日常工作的方方面面，对他人也具有重要的影响，如通话时的应答方式、衣着是否得体以及如何向领导或者客户进行自我介绍等。

影响力就是运用权力，影响力策略就是管理者获取和实施权力的方式。尽管权力是一项重要的工具，但卓越管理者知道自己需要的不仅仅是自己权威的有效行使。因此，知晓什么是权力、权力的来源、如何运用权威以外的有效策略来影响他人是管理的关键所在。人们有足够的正式权威就可以支配他人的很多行为（尤其在职业早期），培养以权力与影响力为基础的个人技能对于个人以及公司具有至关重要的作用。

## 依存与社交圈

工作伊始，注意到权力就意味着关系至关重要。也就是说，权力的存在至少需要两个人，它是人与人关系的附属物。用一个简单实用的方法来理解权力，权力产生于依存。依存使得人们不得不做那些他们不情愿做的事（“安妮控制着我的经济来源，所以我不得不对她言听计从”）。了解依存关系对理解个人权力以及他人权力至关重要。这对于你采用何种影响策略来拓宽社交圈以及促使他人完成工作都会是一个大有助益的开端。为了有效行使权力与影响力，需要了解公司内部的各种依存关系。这需要了解以下问题：

1. 为了完成工作，我需要与哪些人进行合作？
2. 为了促成和实施决议，我需要得到哪些人的支持？
3. 谁的反对会导致计划延迟或者谁的意见与计划相左？
4. 在完成计划的过程中谁会受影响？进一步来说：(a) 是否会影响他们的权力与职位？(b) 他们是如何受到评价与奖励的？(c) 他们是如何进行工作的？
5. 对于那些影响到我的人，谁是朋友谁又是对手呢？

研究显示，与没有权力的人相比，那些拥有并且有效使用权力的人能够更加快速得到中意的工作、获得更高的薪水、职位晋升得更快。从表面上看起来这不足为奇，仔细看来其中利害并不是任何人都能认识到的。传统的思维告诉人们“你认识的人”能够帮助你得到一份工作。当然这也只是个案，调查显示新工作往往来自一个人所拥有的间接关系中的“软关系”，而不是来自直接关系中的“硬关系”。换言之，人们倾向于通过朋友的朋友（软关系）来获得一份工作而不是从朋友处（硬关系）直接获得工作信息。这暗示了善于与他人建立积极的人际关系、彼此融洽相处是寻找工作的一个重要策略。

不久前，对于大多数人来说，硬关系与软关系的概念还是较为深奥的。近来，由于社交网络的变化，两者都有所改变。“软关系”在很大程度上催生了诸如领英这样的社交网站。对领英的进一步调查显示，通过网络运营管理，人们相互之间能够提供工作建议，建立自己的职业社交圈。在个人社交圈方面，脸书扮演着此类角色。实际上，你所知道的人的建议往往来自“软关系”，脸书所提供的建议就是源于你朋友的朋友。你与某个人的共同好友越多，那个人被推荐给你的可能性就越大。除了领英和脸书，这项网络技术还被亚马逊应用于书目推荐，奈飞（Netflix）应用于电影推荐，此外还有其他广泛应用。由于对这一技术缺乏深入了解，人们对这些应用的重要性的认识有待提高。从一些案例中可以看出社交网站是如何在职场中发挥作用的，详见管理实践 7.1。

## 管理实践 7.1

### 个人社交网络在领英中的成功运用

下面是关于寻找工作或者夯实职业基础时为了提高效率而使用领英网站的案例。

**来自华盛顿特区西雅图市的利兹·曼宁**

利兹·曼宁（Liz Manning）在杂志上看到一篇关于领英公司的文章时自言自语道，“我想在这个公司里工作”。她登录领英网站，找到该网站的一位创始人并给他发了一封内邮（InMail）。该创始人在给她的回信中对她的想法表示赞赏，但是公司暂时没有职位空缺。几个月后，曼宁在克雷格列表公司（Craigslist）的广告中看到一个空缺的职位，此次她的电脑工具栏显示她与领英创始人的关系属于第二级。曼宁邀请之前的一位同事加入了她的社交圈，并且给该创始人又发了一封内邮（信中提到了他们的这位共同好友）。几天后，曼宁收到了公司的面试邀请并且顺利入职，同时也获得了公司为她提供的“高级转换协调”服务。“曼宁为自己帮助妈妈成功加入退休社团而感到高兴，这使得她也能够帮助他人的父母找到一份新的工作。”

**来自威斯康星州密尔沃基市的史蒂夫·温斯坦**

库珀（史蒂夫·温斯坦（Steve Weinstein）的雇主）在密尔沃基市的地铁中做了一项关于市场开发宣传的调查，发现在这些被调查者中，只有温斯坦符合库珀所开出的这个职位的薪资水平。温斯坦在公司中参加了面试，并且成功获得了这一职位。如今他在库珀的权力系统中担任市场开发宣传部的经理并且成为领英在密尔沃基市网站中的一员。

**来自北卡罗来纳州首府罗利的查克·赫斯特**

查克·赫斯特（Chuck Hester）在领英中的社交圈帮他找到了工作。在举家从加利福尼亚州搬迁至北卡罗来纳州，将家人安置妥当后，赫斯特开始通过领英在现居住地寻找市场运营方面的工作，赫斯特在领英社交圈中就有一位曾经在 iContact 邮件软件开发公司工作的首席执行官，现在他在该公司的公关部担任主管。

软关系重要的原因并不能立刻显现。首先，必须认识到，当你的社交圈不断发展时，软关系呈指数增长。例如，假设你所认识的新朋友和你相处很融洽，那么他能够增加 50 ～ 100 个软关系。这些软关系在信息收集过程中发挥着重要作用，与拥有较少数量软关系的人相比，拥有大量软关系的人能够从更为广阔的社交网络中收集更多的信息，同时在顺利求职和薪资水平等方面形成重要的竞争优势。

因此，社交圈大的人就会有更大的影响力，会有更多的职业选择，对公司的贡献也就越大。如此一来，拥有超强能力的人将自身能力作为筹码来获得更高的薪资也就顺理成章了，公司也很乐意出高薪聘请拥有权力与影响力的人来公司任职。就公司而言，一个拥有更多影响力的人能够取得突出的成绩，也能够为公司带来更多的资源。因此，从公司方面来说，对能力强者予以高薪不失为一种明智的投资方式，这能够为公司带来更可观的回报。

调查结果表明，拥有广泛社交圈的人能够在职位晋升上获得更多的机会，选择职业的机会也更多，管理效率也更高。总而言之，权力在很多方面都大有助益。因此，通过积极有效的努力来获得权力并管理你的权力是成功管理事业的关键一步。

## 权力与影响力的来源

通常能够看到，与他人相比，有些员工在公司里更容易推动事情的发展，做事也更容易如愿以偿。请思考一下你周围的同事、你的家人以及朋友，他们能否胜任某项事务以及得到他们需要的资源？就个人经验来看，能够干成事的人往往没有被赋予正式权威。在公司中了解个人权力基础、社交圈、个人职业规划以及具有较强的社会应变能力对权力的运用至关重要。

## 权力的基础

广为人知且受到广泛认可的权力分类是弗伦奇（French）和拉文（Raven）从五个方面对权力的基础进行的分类，他们的分类经受住了时间的考验，经常被一些作者和需要实操的管理者想起。这五项权力的基础分别是奖赏性权力、法定权力、参照性权力、专家权力以及强制性权力。

**奖赏性权力**（reward power）。本章通篇强调奖励对于调动人们工作积极性的重要作用。简言之，人们都希望从事能够获得各种奖励的工作。奖励分为不同的形式。实际上，人们所看到的任何事物都可以成为奖励，如一辆新款兰博基尼车、一次职位的晋升、在一次考试中获得好成绩或者是对着背部的一个轻拍。重要的是，该奖励对于你想影响的那个人来说正是他想得到的。因此，奖赏性权力就是对为你完成工作的人予以奖励的能力。

为了巩固你的奖赏性权力，你需要对这些奖赏加以管理，此时就需要你在自己的职位上发挥创造性能力。可以利用一些社会强化（如反馈、赞美等）等有效的奖励方法，这些奖励方法不昂贵。简言之，最好的奖励方法就是对人的奖励，“如果你不运用这一方法，你就无法通晓其中的奥秘”。只有那些善于称赞或者奖赏他人的管理者才会被员工视为有较强的奖赏性权力（即使他们控制着重要的财政权力）。

**法定权力**（legitimate power）。法定权力通常被赋予某一角色或职位（亦称为权威）。政治家、警察、公司管理者都具有法定的权力。这一权力的合法性来自高层或者其他法定授权。警察可使用法律所赋予的权力逮捕一个人。公司管理者的权力来自公司的所有者或者股东。

从理论上来说，法定权力的神秘之处存在于职位之中，而不是处于该职位上的某个人。人们惊奇地发现，当一个人走下权力的神坛或者转向其他职位时，那些勤于谄媚的人早已销声匿迹。法定权力能够使得他人对权力所有者唯命是从，但是并不能有效提高他人的参与度与工作效率。

在构建和巩固个人权力时，由于权力与职位的关联度较高，法定权力被认为是最难实现的一个目标。切记，你在公司较为重要的项目中担任领导职务或者与相关的重要分支机构有关联时，不要一味地要求正常的职位升迁，还要通过有效的途径来巩固个人的法定权力。

**参照性权力**（referent power）。与法定权力的不同之处在于：参照性权力与个人而不是职位高度契合，它源自他人对自身的敬仰与崇拜，或者他人渴望成为和你一样的人。这一权力往往源自名人或者其他地位显赫的人以及个人的魅力或荣誉。人们既不认同布雷特·法夫尔（Brett Favre）是牛仔服饰方面的专家，也不认同达妮卡·帕特里克（Danica Patrick）是一位互联网领袖，以及威廉·沙特纳（William Shatner）是一位学富五车的旅游咨询专家，但是由于他们所拥有的参照性权力，他们都在销售方面获得了巨大的成功。

在工作场合，人们经常将参照性权力同相互尊重以及良好的同事关系相联系。换言之，与不了解或者不喜欢的人相比，人们更愿意去执行自己尊重和敬佩的人所交代的任务。你不需要为了构建自己的参照性权力而与他人交朋友——许多人都是令人尊敬的，但是并不需要为了喜欢而喜欢。参照性权力的重要性就体现在你与同事、上级和下属建立并保持和谐关系之中。

与法定权力的另一个不同之处在于：参照性权力处于你的直接支配之下。为了巩固自身的参照性权力，你需要获得他人的信任与尊重。只要在这一过程中树立公平、友善、平易近人的个人形象以及强大的个人竞争力，你就能建立自己的参照性权力并提高工作效率。实际上，本书旨在协助你实现这些目标。

**专家权力**（expert power）。专家权力与参照性权力有许多相似之处。通常而言，专家权力与专家个人密切相关，但是与其头衔并无太大关系。一个人拥有一定的知识与技能，这些知识与技能又是他人所急需的，那么他就获得了专家权力。

专家权力在大多数情况下是相似的。许多工会鼓励员工为了更高的薪资和更好的工作环境而奋斗，其中不乏公司的信息技术部门，它凭借自身的专业优势能够获得更好的福利。专家权力也体现在看病就医，你接受医生开具处方的原因在于医生被认为是“专家”。

一般情况下，人们通过受教育来建立自己的专家权力。教育在个人获得学位证书、高级证书以及专业证书（例如注册会计师或国际金融理财师）的过程中发挥重要作用。在教育之外，掌握特殊的知识、稀缺的技能也是一个巩固专家权力的方法。例如，当自己所负责的程序出现问题时，即使是一个水平一般的电脑程序员，也在维修的过程中有较大的话语权。在你的专业领域中占有一席之地，并立志成为这一专业的专家，你就会发现自己的专家权力在逐渐稳固。

**强制性权力**（coercive power）。强制性权力可以与个人相联系，也可以与个人的职位相联系。强制性权力要求他人从事一些违反个人意愿的事。强制包括口头强制和行为威胁（物理威胁）。这一权力代表着独裁、专制和霸凌。尽管强制性权力的目的在于影响他人行为，但是也会带来人身伤害。这一权力经常被人们使用，主要原因是双方未就某一问题达成和解。

在工作场合，强制性权力包括纪律处分、职务降级以及开除职务等。此外，还有最为极端的一种方式，即死亡威胁。这一方式虽然合法，但也是一种强制性手段。

事实上，构建强制性权力的过程充满着各式各样的手段，在大多数情况下并不建议使用。可以想象，构建强制性权力可能意味着损害许多积极的权力。通过“秀肌肉”（展示个人力量）以及管理他人或者派发一般性工作任务会对你的参照性权力造成一定的负面影响。在制度还不完善时，有效行使强制性权力可以促进公平和长效持久。因此，建议有节制地构建和使用强制性权力，只有在完全需要并且获得大家的一致赞同时方可使用（例如在遵守法律和安全的条件下）。人们了解到，即使没有使用强制性权力，那些破坏原则的人也会受到相应的惩罚。谨记，不要为了得到权力而使用权力，这样他人就会感到你在强迫他们。

## 规范与从众

人们在行为规范中发现了另一种非常细微而又重要的权力。不论是显而易见还是易于理解，所有的团体或组织都有一套既定的规范，通过这些规范来解释哪些是能够让他人接受的行为。有些行为规范能够得到很好的执行，有些规范会允许各种各样的行为存在。通常情况下，这些行为规范对公司中的行为有着重要的影响。

例如，按照规定，开会时要按时到会，但是你迟到了，与会人员的脸上就会显露出“你迟到了”的表情。这样的表情是在告诉你，你违反了一项规范，事实上你不应该有这样的行为。规范也经常与衣着、语言（如俚语、诅咒等）相联系，在互联网中公开表达情绪、使用提示性信息、打断甚至挑战领导权威、提供志愿服务、避免冲突等都体现规范的重要性。在现实中，许多规范是隐性的，需要仔细观察，新入职的员工会因为公司没有一套人性化的规范而一时难以适应。尽管如此，规范在工作场合仍然能够发挥巨大的作用。

从管理学的角度来看，规范有利有弊。例如，作为公司管理者，你希望员工每个周日都工作，但是这不符合社会要求，往往会遭到员工的抵触。打破规范会令人感到无所适从。假设你走进一个拥挤的电梯，背对着电梯门站立，眼睛盯着别人，这不仅使别人反感，也会令你觉得违反了既定的社会规范。需要记住重要的一点，在一定的规范内开展自己的活动，要对规范有所了解，要意识到打破规范的后果。

从众（conformity）的概念源自规范所带来的影响。从众是一种相信并使自己的行为与一个公司的要求保持一致的倾向。从众能够让员工最大限度地融入公司的工作氛围、与同事和谐相处以及更好地理解社会行为规范。从众对人们的日常行为有着重要的影响，尤其是在没有正式权威或权力的场合之中。穆扎费尔·谢里夫（Muzafer Sherif）以及所罗门·阿施（Solomon Asch）展示了两个关于从众行为所带来影响的典型案例。

在谢里夫研究的案例中，他邀请受试者在一个大家都能看到的环境中来估测一束移动的光中有多少条光线，并说出自己估测的结果。结果显示，受试者的估测获得了一个折中的结果。阿施做了另外一组相似的测试，该测试的目标在于观测社交压力。在这一测试中，大家围坐在一张桌子周围，其中只有一位是真正的受试者（其他人都是实验人员）。该测试组中有数条长短不一的线条，受试者需要回答这些线条中的哪一条与另外展示的一个线条长度一致。测试依次进行，实验人员故意选择那些与另外一条长度不一致的线条。该位受试者坐在倒数第二位，其他实验人员先于该受试者选择线条并给出自己的答案（见图7-1）。

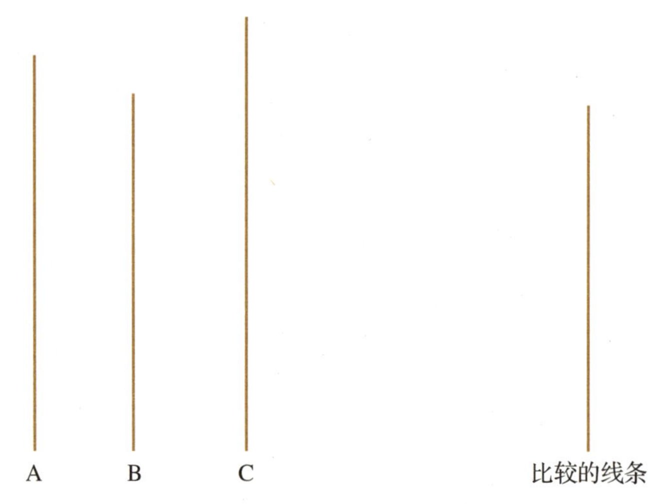


图7-1　阿施研究中的线条

难以置信的是，经过反复实验，尽管实验人员都可以看出这是一个错误的答案，但是该受试者同实验人员一样选择了错误的线条。值得注意的是，自20世纪50年代阿施做了这个研究开始，公司中员工的从众行为开始逐渐减少。阿施的研究对于揭示从众行为具有重要的作用。

谢里夫与阿施研究的不同之处在于存在模棱两可的情况。在谢里夫的研究中，这束光看似移动，实际上并未移动（人们熟知的动感效应），受试者因为弄不清情况而朝向他人。阿施的研究并不存在模棱两可的情况，社交压力对于受试者的影响显而易见。因此，两者的研究虽然都验证了从众行为，但从众的原因并不相同。“9·11”事件发生后在很多场合被作为一个较好的案例来阐释从众的积极影响和消极影响。

## 避免运用权威来影响他人

至此，已经探讨了什么是权力与影响力、它们源自何处以及如何加以发展与运用。实际的管理技能在于如何运用影响力调动他人的积极性以促进事件的完成，对于没有法定权力的人来说尤为重要。简言之，你需要学习如何避免运用权威来影响他人。以下部分将展示被实践证明的方法与策略。

## 不同影响策略使用的频率与效果

人们运用诸多不同的策略来对他人施加影响。

所调查到的 9 种影响策略（见表 7－1）揭示了一些重要且不乏趣味性的结果。首先，相比其他策略，某些策略使用频率很高，一些策略被广泛用于特定人群（如领导、同事或下属）。一些策略之所以重要，就在于其被广泛用于实践并取得了积极有效的成果。

**表 7－1　9 种影响策略**

| 影响策略 | 说明 |
| --- | --- |
| 1. 理性说服 | 有逻辑地运用论据和事实来说服他人相信你的做法能够带来有益的产出 |
| 2. 合理施压 | 通过提出要求甚至威胁来满足自己的需求 |
| 3. 个人魅力 | 运用个人的高尚情怀或者友谊来满足自己的需求 |
| 4. 学会交换 | 给他人想要的来换取你所求的 |
| 5. 适当夸赞 | 提出要求之前先对他人表扬或者赞赏一番 |
| 6. 寻求合作 | 通过寻求他人帮助来获取自己所需要的，或通过他人的支持来谋求人们的同意 |
| 7. 获得他人认可 | 根据现行规则的可行性，运用权力来体现所提要求的合理性与合法性 |
| 8. 善于征询意见 | 在制定计划的过程中寻求他人的参与或者发展他人渴望参加的项目 |
| 9. 富有感召力 | 运用理想、追求和价值观来激发员工的工作热情 |

一项有趣的研究表明，理性说服与合理施压是两种最为常见的策略，其他 7 种策略使用相对较少。从受影响目标来看，影响下属是最为常见的，占比为 42%，影响上级的占比次之，其他人群会受到相对较少的影响。

以上策略的效果可以通过受影响目标的三种反应来体现，即抵制、服从、奉献。

- 抵制。受影响目标需要执行上级安排的任务却拒绝了。
- 服从。受影响目标会执行领导的要求，但对这一工作缺乏激情。仅限于完成领导下达的任务，除此之外，不含有其他倾向。
- 奉献。受影响目标赞同领导的要求或决定，并致力于完成领导提出的要求，或者全心全意执行领导的决定。此外，受影响目标还能严格遵循相关要求，并且取得超出预期的结果。

当然，鼓励员工积极奉献是最有效的影响策略，但服从策略是最为人们所接受的，也是较容易取得成效的一种策略。例如，一位领导需要负责监督完成许多有待完善的方案。员工不可能会全身心投入清理浴室的工作，也不可能如实填报经费开支。在这种情况下，服从就会成为最大的选择。无论如何，获取员工的信任是影响员工的不二法则，领导者应该善于利用机会来获取员工的信任。

试对两个非常有趣的问题进行探讨——“人们经常会使用哪些策略？”“哪些策略更高效？”可以看到两个问题的区别所在，即最常使用的策略往往是最无效的，运用较少的策略却是最高效的。所要表达的意思在威尔·罗杰斯（Will Rogers）的话中有所体现，“常识并不是那么普通”。

对于最常做和最有效的区别，可以引出一个显而易见的问题：“为什么人们做的事有些是无效的？”人们并不能清晰地判别一个策略有效与否（尤其当意图与结果之间存在时滞时）。如果你博学多才的话，就不必“随大流”，就不会运用无效的影响策略。

情感魅力策略（如富有感召力和个人魅力）与说服策略有一样的效果。理性因素与情感因素都会带来最直接的变化。研究显示，虽然情感因素往往会带来最直接的变化，但是管理者通常会在理性因素上投入更多的时间。试想一份带有图表的100页报告和你心中所想的事，哪个对你的影响更大？当你运用理性说服策略时，你的老板很有可能会给予你更高的评价和更多的奖励。因此，运用情感魅力策略是好的选择，然后辅之以理性说服策略。

大多数人被情感魅力策略影响的原因有两个：首先，情感魅力策略给人以紧迫感，能够使人们形成凝聚力与向心力；其次，人们普遍认为思想与情感是相通的，虽然两者偶尔也会出现冲突。当理性因素与情感因素联系较为紧密时，情感因素会与理性因素协调一致（人们运用数据使他人相信自己的想法是正确的）。但是，理性与情感并不会完全一致，情感因素往往会增加人们拒绝改变的可能性（换言之，“我不太适应改变后的状态”），如一些不能靠数据来克服的困难。

与影响策略相关的是一系列的行为，称为政治智慧（political skills）。它与最为高效的影响策略相联系，“运用得体的礼节真诚待人，能够激发他人的激情，获得他人的信任”。政治智慧在工作场合发挥着重要的作用，在两个政治派别的意见难以调和时更是如此。比如在资源分配（员工加薪、公司经费、办公空间、设备采购）方面组织与组织之间、组织内人员之间都存在相互竞争的关系，往往因为顾及自身利益而忽略了他人或公司的利益。因此，能否运用最有效的影响策略对于公司的成败有着重要的影响。一种最有力的政治智慧就是能够于无声处对他人产生影响——人们熟知的社会影响力。如果加以合理运用，社会影响力能够帮助个人取得积极的成果，形成良好的道德影响。以下部分将逐一描述几种最重要的社会影响力行为。

## 社会影响力

许多满怀激情但缺乏工作经验的员工往往会急于求成，但是因为在公司中资历较浅而不能行使一定的法定权力。这也就是人们为什么会经常问：“如果我在公司中没有权力的话，想要在同事中形成自己的影响力，我该怎么办？”这一重要问题已经获得了广泛关注。在没有正式权威的场合中对社会影响力的研究为人们形成自己的影响力提供了丰富的理论背景以及实用性工具（见管理实践 7.2）。

### 管理实践 7.2

#### 颜值真的很重要吗？

尽管看似有些不公平，但是研究结果表明，“颜值相当重要”。在近期的一项关于吸引力效果的调查中，研究人员发现：

- 个人魅力较高的人在工作场合比个人魅力较低的人表现更好。

- 尽管大家能够获得相同或相近的招聘信息，个人魅力依然能够在求职中发挥更大的作用（因此人们将个人魅力与工作相联系，尽管员工的工作能力都相当）。
- 个人魅力的效果在公司员工、高校学生中都有体现。
- 男人的个人魅力与女人的个人魅力所发挥的作用相当。
- 随着时间的流逝，个人魅力也会逐渐消退（现在的影响力远不及20年前了），但是依旧具有一定的重要性。

其他研究表明，与个人魅力较低的人相比，个人魅力较高的人更有天赋、更加友善、更加谦逊。这些都是主要影响力的表现，而不是一些含混不清的个人案例。这一效果可以沿用至政治领域（富有个人魅力的人能够获得更多的选票）、薪资水平（富有个人魅力的人能获得高于其同事12%～14%的薪资）以及法律案件（同为被告，具有较高个人魅力的人避免牢狱之灾的可能性是无个人魅力的人的2倍）。相似原理在学龄儿童中也有一定的体现（教师认为表现积极的学生比表现消极的学生更遵守规则、更聪明），这些表现会一直延续至成人阶段。

为了进一步了解人们是如何不通过权威来影响他人的，罗伯特·西奥迪尼（Robert Cialdini）做了50多年的调查，并做了比较完整的总结，以便人们更好地理解影响力的基本概念。西奥迪尼的六项原则包括：（1）友谊/关系原则；（2）承诺与坚持原则；（3）稀缺原则；（4）互惠原则；（5）社会证明原则；（6）诉诸权威原则。

**原则1：友谊/关系原则**

友谊与关系的原则是人们都喜欢那些喜欢自己的人。一旦他人喜欢自己，人们就会对他人产生更大的影响。尽管吸引力在关系的形成中发挥着重要的作用，但是并不能将问题解释清楚。人们往往会因为人与人之间的相似点以及他人对自己说的客套话而欣赏彼此，这揭示了人们为何会与那些有相似点的人有更多的关系，也反映出人们所考虑到的一系列的因素，例如年龄、种族、性别、宗教信仰、政治背景甚至抽烟习惯。人们都喜欢听恭维的话。举一个著名的案例，乔·吉拉德（Joe Girard），吉尼斯世界纪录认定他为“世界上最高明的销售员”，因为他在 1963—1978 年总共推销出 13 000 辆雪佛兰汽车，他在给客户寄出的每一张卡片上永远印着“我喜欢你”（I like you!）。重点就在于为了使他人对自己产生真情实感，人们需要知道其中的真情实感并予以反馈。

令人惊讶的是，在那些近于奉承的场合或者在一个人明显利用他人的情况下，奉承的话语会拉近两个人之间的关系。在一个对照组的实验中，当一些人从另一些需要其支持的人那里获得反馈时，这些人就会给出积极的反馈，尽管他们想要获取利益的想法已经大白于天下了。换言之，那些喜欢自己、与自己有相似点、喜欢恭维自己的人影响着自己。

**原则 2：承诺与坚持原则**

承诺与坚持原则体现在：一旦做出决定，就要一以贯之地实现这一目标。西奥迪尼解释道：

> 一旦表明态度或做出决定，我们需要坚定地实现这一目标，尽管会遇到来自内部与外部的各种各样的压力。这些压力会迫使我们调整既定的策略。我们要坚信自己做出了最正确的决定，会为自己的决定感到骄傲。

关于承诺与坚持成为影响策略的一个经典示例就是所谓的“迈出第一步”（foot-in-the-door）技巧。先提出一个小的要求并获得满足，再提出一个稍大的要求。销售人员正是运用这一策略来促使你第一次购物，因为他们清楚，一旦你做了这个决定，就有可能连续不断地购物。这正是如同附带销售（例如你同意购买某物品，销售人员会附带销售一些简单的零售品）以及诱售法（比如你准备去商店购买广告中的产品，结果只能看到升级换代后的产品）屡试不爽的原因所在。

这种技巧的关键就是需要一定的坚持，接着获得更大的成功。印第安纳大学心理学教授史蒂夫·谢尔曼（Steve Sherman）所做的一项研究可以证明坚持的力量。谢尔曼以当地居民作为研究样本，主题为如果用三个小时来为美国癌症协会筹集医疗费用，他们将会如何开展这一活动。被调查者都很热衷慈善活动，这一活动获得了他们的积极响应。研究人员不要求参与调查的人举办募捐活动，只需记录他们的言语活动。数周以后，再次联系参与调查的人，这次的参与者比上次增加将近 7 倍，可见坚持的力量如此强大。

持之以恒的态度在工作场合也发挥着重要的作用。假设你是新任的销售经理，你的一位员工在一年中有将近 3/4 的时间销售额偏低。许多新的销售经理都会在与其终止合同前给予一定的警告，而不是运用承诺与坚持的方法来鼓励他，更不会与其探讨近期表现不佳的原因，只是让他为自己制订一份扭转局势的计划，形成纸质文件呈送给经理。一旦你拿到这份计划并得到了员工的承诺，就应该将这份计划呈送给老板，还可以分享给其他部门的经理。你与其他经理使得这位尚在挣扎的员工了解到，这一计划堪称完美，如果他遇到困难，你们会成为他坚强的后盾。如今，你的员工积极奉献，坚持不懈地完成这一计划。对于你来说，这是塑造坚强意志、建立良好关系的重要方法。

**原则 3：稀缺原则**

不论你有多么相信经济学课堂中所学的知识，许多人在做决定的过程中并不是十分理智（见第 3 章）。这就使得稀缺原则下的人们在运用影响力时能够发挥更大的作用。更有趣的是，与同样的获得感相比，人们更加在乎那些容易失去的东西。关于药学的研究显示，在人们了解到如果不这样做的话就会失去很多时，他们就会更加依赖处方药物治疗。在一个令人悲伤的案例中，与不吸烟或者已经戒烟的人相比，吸烟者所关注的是吸烟是否会缩短人的寿命。在得与失之间，人们能够看出两者之间的天壤之别。更为奇怪的是，人们所害怕的不是失去事物本身，而是担心自己失去和这些事物一样重要的机会。

人们坚持既定目标的想法是心理抗拒（psychological reactance）理论的主要来源之一，这一理论假设无论人们自主做决定的权利何时受到限制甚至威胁，都比以往更加需要自由。心理抗拒使得人们对稀有事物产生怀疑，甚至会干扰判断力。例如，公司打算聘用一批刚毕业的大学生，对于应聘者来说，某岗位的稀缺增加了对应聘者的吸引力。

稀缺原则也能够解释为什么那些禁止产品或者活动的企图都没有取得成功，因为这些产品或活动存在稀缺性，人们对其会产生更加旺盛的需求。

稀缺原则往往会形成巨大的个人优势。例如，在一个公司里只有少数人了解特殊的计算机语言，就会使得这些人在公司中占据不可替代的有利地位。在观众面前依旧能够表现自如也是一种特别的个人能力。通过发展特殊的个人能力，你能够提高个人价值与潜在的影响力。

稀缺原则的价值在获取信息领域也有所体现。例如，假设你提前看到了一份上级的文件，这只是一份普通文件，你希望运用稀缺原则来影响他人，希望他们支持这份文件的结论。你将大家聚集起来说道，“我刚刚收到这份文件，下周之前不能泄露给任何人，但是由于它非常重要，我想让你们提前看一下”。由于这一信息具有排他性，它就会具有更高的价值，员工也会更加重视。

**原则 4：互惠原则**

互惠原则的根本在于人们往往会以同样的方法来回报你。社会学家与文化人类学家发现互惠原则在世界各国都有广泛运用。由互惠原则所衍生出的相互依赖关系促进了劳动分工的出现以及社会组织分化。如果人们不能对他人的行为给予回报，那么整个世界将会陷入混乱之中。互惠原则也广受人们的认可，成为一项不可或缺的交际原则。

与这一原则相关的一个形象且典型的例子就是童子军（Boy Scout）挨家挨户去卖糖果。起初，童子军想要卖出比较多的糖果，但是人们对这些基本没有兴趣。他们没有获得成功，于是老板开始对他们进行训练并对他们说，“如果你不需要这么多，至少能买几块？每块只需要 1 美元”。这次成功了，人们“让步”了。在现实社会中，童子军能够找到自己的销售目标，但是商品需求者并不能找到合适的商家。

管理方法如“弹性目标”就是运用互惠原则来影响他人的范例。“消费者 100% 满意”以及“零缺陷”之类的绩效目标并没有完全实现。但是，管理者如果设置较高的任务目标，就能够获得更大的利益。

在很多人看来，想抗拒这一原则的影响并不容易，但是基本了解该原则能够让你更好地摆脱这种困扰。西奥迪尼给的建议是，“既要接受他人的馈赠，又要接受这些馈赠本身，而不是这些馈赠的外在形式”。换言之，如果这些馈赠被他人利用，有违其初衷，结果变成了一种欺骗的伎俩，人们就应该加以警惕以防被他人利用。关注这一影响策略的本质而不是其外在形式，人们就能够以合适的方式加以回应而不会日后后悔。

互惠原则是你的管理工具中的重要且合法的一项工具。在他人需要帮助时施以援手，运用自己的专业彰显自己的价值，从身边不起眼的小事做起，你就能不断提升自身的影响力。将心比心，如果你能够关心他人之所需，他人必定会投桃报李。一个典型的案例就是公司同事之间以及部门之间的相互帮助与资源共享。当他人感谢你的帮助时，你就要对他人回答道，"我十分乐意相助，我知道相互帮助的重要性，如果我处在相同的境遇，我想你也会施以援手的"。

**原则 5：社会证明原则**

社会证明原则基于人们希望自己能够在相同或相似的境遇中达到他人的自我要求的程度。在一项研究中，研究人员研究了挨家挨户寻求捐赠品的事例，并向当地居民展示了参加过捐赠活动的人的姓名。该调查结果显示，捐赠者的人数越多，当地居民参加活动的积极性就越高。

近期，西奥迪尼在一家连锁酒店做了一项关于酒店尝试劝导顾客提高毛巾使用率的调查。他们将写有"你我尊重自然，共同保护环境，从重复使用毛巾开始"的纸片置于房间里，这次毛巾的重复使用率是 38%。另一张用于调查的纸片上写着，"诚邀您与其他客人一道参与环境保护活动——将近 75% 的顾客以重复使用毛巾的方式参与了我们节约资源的活动"。这一倡议促使 48% 的顾客重复使用了酒店的毛巾。两个调查的区别在于：后者运用了社会证明原则——"假使他人打算重复使用（并付诸行动）毛巾，我也会这样做的"。

社会证明原则在两种情况下具有非常大的影响力：（1）不确定性。当人们不确定做什么时，或者当情况不明确，人们有众多猜测时。（2）相似性。这一情况用于人们喜欢模仿那些与自己相似的人。这就对前文谢里夫的案例研究（"移动的光"）运用社会证明原则给予了较好的阐释。

人们通常会以正面积极的方法来对社会证明原则加以直接阐述。这就需要有细节翔实、丰富的案例，能够使你的推荐更加高效便捷。诚然，坚持自我就能使这一理念得以巩固，并为他人所接受。假使你在一些工程师那里推进购买新项目时遇到困难，就可以邀请一位德高望重的工程师来运作这一项目并阐释该项目可以获利的原因，这比自己一个人的作用大多了。

**原则 6：诉诸权威原则**

诉诸权威原则的核心在于人们通常会遵从专家或者权威的判断。人们遵从法定权力的倾向大多源自从小顺从父母或老师的社会化行为。当然，对于孩子来说，顺从权威对孩子的自身安全（例如，孩子或许会听从大人的话，不在马路上乱跑）以及社会稳定（由于审理过程以及判决结果符合法律要求，人们通常会接受法庭判决）都发挥着重要的作用。与其他的社会影响力相比，诉诸权威原则也有利有弊。其中就包括“对势利人群的吸引力”的益处，该益处的影响在于人们通常有较高的优越感（与他人相比）。该原则可以通过一个案例得以印证。美国运通百夫长黑金卡（亦称为黑金卡）的服务对象为高收入群体，其网站内容为“罕见，但总能获得认可。只有被邀请者方可获赠，百夫长黑金卡是世界公认的卡片之王，只向那些获得邀请的人提供信贷服务”。其他的案例还有遵循传统（例如，“这个向来如此”）或者倾向于新生事物，因为新生事物被赋予优越感，比如一个前置式摄像机被用于视频会议。

在工作中有效运用诉诸权威原则能够使他人了解你的长处与专业，而不是将你视为一个善于吹嘘的人。比如重新计算那些先前的项目或者讲述一些关于个人成就的故事以及你在这一过程中所扮演的角色。总而言之，公开个人信息有助于他人了解你的专长。

诉诸权威原则在人们遵循拥有知识与智慧的权威的要求时发挥着巨大的作用，但是当人们盲目地将遵循权威作为一种捷径时容易产生问题。无条件接受错误的权威就会被他人操纵和利用。

研究表明，三个象征性事物在塑造个人形象中会起到重要作用：（1）头衔；（2）衣着；（3）所驾驶车辆。在区分这些象征性事物的影响时（头衔、衣着、所驾驶车辆），拥有其中一项或者几项的人往往能够调动其他人。受影响的人往往会低估权威对其行为的影响。受影响的人认为这些象征性事物没有多大区别，但是它们的影响确实存在。人们认为一个人所驾驶的车辆会成为其身份的象征，尽管这一观点是完全不理性的，也是毫无依据的。

可以通过询问两个问题使自己不受权威的影响：这一权威真的是专家吗？专家的权威性如何？第一个问题将人们的注意力从简单的身份象征转移至与权威的专业性相关的证据。第二个问题建议人们不仅要从专家的知识方面进行考虑，而且要从专家自身的可信度方面加以考量。法定权力可以成为提升个人影响力的有力工具，但是要对保证自身“权威的真实性”时刻保持警惕，使得自身能够符合这一身份。

当不能通过正式权威来对他人施加影响时，社会证明原则可以提供一定的帮助，但是这一原则需要人们加以思考并付诸实践。不仅如此，你还需要关注那些试图对你施加不良影响的人。一个有趣的现象是，一旦理解并认可了那些基本的社交影响策略，你就能随时随地加以运用并获得一定的效果。

## 管理你的老板

很多人称在管理老板时会遇到难题。这涉及礼貌准则，即人们通常都会对上司谦恭有礼，但是不愿意向上司透露令其忧虑的消息。正如一位调查者所说：

> 公司（组织）的有效运营要求员工能够健康而理性地表达自己对老板的尊重，能够公开自由表达自己的情感与观点，能够在玩笑和取舍中感到舒适。

当向学生解释上面所提到的观点时，笔者经常看到他们脸上不信任的表情。经过进一步反思，笔者发现这并不足为奇。如果你与老板之间的交流增加，双方（你与老板）对彼此会有更多的信任，如果员工“闭口不言”，就不能为老板与你建立良好的关系提供必要的信息。实际上，研究表明，管理者与下属之间进行一定频度和有深度的有效交流能够增加彼此的信任，能够提高管理者采纳员工建议的意愿，也能够提高管理者的工作效率。管理者如果不能经常从员工处获得反馈，将对整个公司（组织）产生消极的影响。一项研究表明，一个公司所做的356项决策中，由于公司内部没有进行积极有效的交流，将近一半的决策都被否决了。

所有的情况都揭示了这一事实，你需要了解自己上级的相关需求。另外，你的老板需要通过你来彰显他的高明，意味着你们之间存在一种互惠关系。你的想法可能比你的老板的想法更能满足消费者的需求，你的上级通过你给予的反馈可以成为一名更加专业称职的管理者，这既需要你能够提供建设性的建议和意见，也需要老板能够采纳并且付诸行动。

## 管理老板的常规策略

在所有的管理学大师中，德鲁克对日常的管理实践有着巨大的影响。60 年前，德鲁克在书中写道，“大多数管理者没能意识到管理老板的重要性，没有实现这一目标。他们向老板发牢骚，却没有想办法来管理自己的老板。实际上，管理自己的老板是如此简单——诚然，与管理员工相比，管理老板要简单容易多了”。德鲁克的话语在很多案例中都得到了印证。

请谨记，德鲁克所说的不是让人们如何成为一名“谄媚者”，也不应该将本章所揭示的内容与“启蒙式的拍老板马屁”混为一谈。德鲁克解释道，“员工不需要使用谄媚的方式来提高对老板的影响力……而是辨别对错，并以能够接受的方式将其呈现给管理者”。

基于德鲁克的理论，以下是一些管理老板的基本的指导性原则。

- 认识到了解老板思维方式的重要性，并能够通过老板的眼睛来看世界，拓宽自己的视野。老板重视什么？老板的目标与目的是什么？你如何体现出你的价值？老板有什么压力？他的长处和短处是什么？如果你对这些基本的事情了然于胸，就能够通过合适的方式与老板进行交流。例如，可以与老板探讨价值观或者为其创造一定的价值。
- 善于迎合老板喜欢的交流方式。你的老板善于倾听还是阅读？每个人都是一个独特的受众，都有自己获取信息的特定方式，这一方式是人们同他人交流的一个渠道。如果老板一直倡导面对面交流，这也许是向老板提出请求的最佳方式。如果你的老板善于阅读，就需要你为他在会前准备好相应的书面材料，以便他能够较好地领会其中的要义。切记，不要按照自己的想法来猜测，最好的方法是就问题进行交流，并能够按照老板的风格工作。
- 了解你自己。第 1 章已经谈到这一问题。了解你自身的长处、缺点、所面临的问题与既定的目标，能够帮助理解并区分老板对你提出的各项要求，为自己提供一定的信息，以便在你遇到新的挑战与机会时能够发挥作用。

- 有效管理老板的时间。请记住，你的问题或许只占所有问题的 1%，所以不要占用老板 25% 的时间。遇到的问题越简单，你应该建议老板花越少的时间。你准备和总结的资料越充分，信息综合能力越强，对双方就越有利。可以通过为老板安排一段时间的会议来获得经验。通过这种方式，你就会具备规划事件进程的能力，并且不需要为了一个决定形成决议或得到老板同意而等上几个星期。

## 通过有效交流来管理老板

当遇到上级时，有哪些比较好的交流策略呢？管理工具 7.1 提供了数条详细的建议。

### 管理工具 7.1

#### 管理老板的步骤

1. 从结尾开始。要对自己提出的工作建议了然于胸，尤其是该建议是否具有重要的战略意义，优先阐述这一重点。一些话语或许可以帮助你来开始这一议题，如“我们所遇到的问题是 X，现在我想就此提出我的解决方案”“您刚才提到我们的战略目标是 X，对此，我有一个看法”。你的老板会倾听的原因在于他知道你清晰表达自己意见的同时也为他节省了时间。
2. 不要将原始数据与有用信息混淆。将信息加以整合并将其转化为一个有用的提案，而不是将所有的东西都直接传送至老板的电脑。要独具慧眼，有选择性地筛选信息、收集信息，突出最重要的部分。过多的信息会给人造成压力，压力则会使人产生推诿、拒绝及麻木不仁等不良行为。工作效率高的员工能够呈现有价值的信息，能够以人们善于接受的方式来展现最后的结果。
3. 尽力列出详尽的成本与收益。牢记那些看似不起眼但很重要的成本，如时间分配与资源分配。

4. 多多准备。通常情况下，当你带着问题去见老板时，也要提前准备一个解决方案。或许你的方案并不是最终付诸实施的那个，但是你让你的老板看到，你能够理解这一问题并且这一解决方案对你的职业生涯也有重要作用。

## 专业：源于信任与尊重

正如前文提到的一样，权力与影响力源于人们之间形成的关系。个人的权力、影响力与其能力息息相关，并能够与他人建立积极、强有力的关系。因此必须先与他人建立关系，并能够维护这一关系，因为关系不会凭空产生，也不会凭空消失。这些都是显而易见的，但是研究表明，将近一半的新任管理者由于与老板、同事、下属建立良好关系的能力比较欠缺，没能在工作岗位上坚持下去。

人们在谈论有影响力的管理者时，往往会倾向于个人性格特点以及信任与尊重他人的品德。例如，当人们谈论工作效率高的管理者时通常会说：

- “他组织纪律性强，严格要求自己，言出必行。”
- “他要求严格，但是待人诚恳，处事公平，我喜欢这种风格。”
- “他特意因为帮忙的事而向我致谢。”
- “家父去世时，他致以最诚挚的哀悼。”

相反，当人们谈论比较低效的管理者时通常会说：

- “他自由散漫，不专注工作，经常食言。”
- “为了哄大家开心，他可以和大家聊任何事情。他对上级阿谀奉承，有时还欺上瞒下。”
- “他把我们的成绩都归功于自己。”
- “他对我一无所知，也从不赞赏我的工作。”

那些受到下属信任与尊重的管理者通常会做什么，另外一些管理者又会做些什么？受到员工良好评价的管理者往往不是最优秀的，也不是有较深管理学造诣的，而是致力于同他人建立良好关系，能够令员工脱颖而出的，而且他们对社会状况了如指掌，这就是通常所说的专业能力。当人们称运动员为“专业运动员”时，意味着他们通过正确的方法竞技，自身能力获得了提升，更好地展示了团队与自我的能力，同样重要的是，他们从来不会有那些下意识或者不成熟的有损个人与团队名誉的行为。专业的管理者也是如此。

信任与尊重源自专业。专业能够使你脱颖而出，能够提高个人与团队名誉。事物具有两面性，专业也会成为领导者的一块软肋。尽管需要花费数月甚至数年的时间来获得他人的信任与尊重，但是一旦被打破，将会对人们的关系造成破坏性的影响。尽管专业包含众多的因素，但是许多畅销的管理书籍与管理手册披露，专业的核心在于如何管理自己的人际关系、礼仪礼节以及社交圈。你对建立和提升个人能力的付出将决定你作为管理者从员工那里得到信任与尊重的多少。

## 建立良好的人际关系

显而易见，不同的管理者为人处世的风格不尽相同，建立人际关系没有最好的方式，但是三种常规策略在建立良好的人际关系中发挥着至关重要的作用：

1. 了解你的员工。
2. 学会赞赏。
3. 少承诺，多做事。

尽管人们用了许多不同的标签来描述这些策略，但是以上三者是处理人际关系时最重要的策略。反观忽视这些策略的案例，都导致了关系的破裂以及看似前程似锦的管理生涯走向尽头（见管理实践 7.3）。

### 管理实践 7.3

#### 管理者处理不好关系

由于未能与公司中的人建立良好的人际关系，新任管理者在面对问题时往往会陷于困境。以下是管理者在处理人际关系时经常犯的错误。

- 将他人的成绩归功于自己。这就将自己同他人的关系逼入了死胡同。

卓越管理者会经常赞赏自己的员工，并且认为员工为自己工作不是理所当然的。

- 未能兑现自己的承诺。这会很快破坏员工对你的信任并且会造成一种不信任的氛围。最好的方法是不要轻易做出承诺，要言出必行。始终坚持这样的原则：少承诺，多做事。
- 告诉大家谁是当权者。年轻的管理者会有一个错误的观念，即他们需要全面掌控整个公司。他们经常会感到员工对自己的行政命令执行不力，揭露员工的缺点会不合适，甚至会有危险。然而，现实是当你正确行使自己的权力时你的效率会提高。当你出现错误时要及时道歉，没有必要掩盖所有的缺点。
- 拒绝寻求帮助。人不是孤立存在的。将自己的小组培养成一个团队，必要时寻求他人的帮助。通常来说，人都需要他人的帮助，脱离圈子会给你带来更大的损失。
- 过度看重头衔。对于年轻的管理者来说，最难的在于这一职位得不到相应的尊重和服从。事实胜于雄辩。如果你个人能力强，拥有与职位相称的专业技能，员工自然会尊重你。

### 了解你的员工：从他们的兴趣开始

你不了解员工，就不能对其进行有效管理。因此，一项最重要的专业技能就是要了解你的同事、你的下属、你的领导、你的老板。但是，铺天盖地的工作目标以及满满的工作量使得管理者很难找出时间和员工坐下来聊聊，加深对员工的了解。葬礼最大的悲哀之处在于人们在短短一个小时内了解了逝者的生平，而并不是来自与逝者生前一起工作 30 年甚至更长时间共有的经历。如今在瞬息万变的商业社会中，了解他人并不容易。卓越管理者能够创造一些维持圈子的机会，能够及时了解他人生活及其关心的事。一些了解员工的行之有效的特殊方法包括：

勤于练习“走动管理”（Management by walk around，MBWA）。通过拜访他人、与人交流等方式使他人关注你。走出你的办公室或者办公区域，拜访工作区域内的员工。如果你同员工不在同一办公区域，打电话给他们或者偶尔拜访他们。你的拜访活动不能仅仅限于同级或者上级之间。例如，公司中的秘书和服务人员因自身职业的特性往往会非常有趣。

MBWA 向人们传递出许多积极的信息。这可以体现出你对员工本人以及他们的工作比较感兴趣，也体现出你不会使他人误认为你因为自己“太优秀”而不想为他们花费太多的时间。MBWA 使得你能够详细掌握自己所属部门、科室、单位的状况。从现在起每周要花一定的时间与自己部门的人在一起，即使你在家或者在虚拟环境中工作时。一些行政主管（西南航空公司的赫布·凯莱赫（Herb Kelleher））在公司中受到员工的推崇，因为他们抽出时间来拜访公司中的每位员工，并且能够与他们坦诚相待。这是一种值得效仿的策略。请阅读下列步骤以将 MBWA 更好地付诸实践。

不要让你的手闲着。一线工作人员抱怨最多的是上级（管理者）并不了解自己正在做什么。管理者要亲自体验，偶尔做些相似的工作，端坐在电脑前，拿起电话处理顾客投诉，或者浏览一个项目图。体验一下员工的工作以显示自己比较关心他们以及相应的工作。将体验本身当作自己接触一线工作人员以及了解员工日常工作情况的最佳机会，体验员工的工作经历，会增强你对员工工作环境的切身感受，能够与员工建立更加稳固的关系，同时也能够获得员工的赞赏。

提前工作或参加会议。坚持每次提前 10 ～ 15 分钟到达办公室或者会议室，会见客人也是如此。相似地，会后或者在其他正式场合中，不要着急返回自己的工作岗位，应该积极与他人讨论公司的事务。在非正式场合中利用闲暇时间来了解他人既容易又能令他人倍感舒适。如果这让你产生“这是在工作时间的一大损失”的感觉，告诉自己在建立人际关系方面投入时间是最有效的管理方式。

少谈论自己。人们更乐于与愿意分享自身故事的人分享自己人生旅途中的故事。让人们了解你的业余爱好、孩子以及宠物。对人生的感悟以及人生中的点滴能够使人们打开心扉。但是，不要谈论太多关于自己的话题以防人们认为你太专注自我或者孤芳自赏。

做真实的自己，不做作。虚心向他人学习，取人之长补己之短，不把自己的意志强加于人。不论自己做什么，都不要假装，不要做作。如果对他人缺乏必要的兴趣与好奇心，你将会在建立关系中碰壁。

赞赏他人。“谢谢”这一最简单的致谢语作为建立良好人际关系的一个途径，经常被人们使用也最容易被忽视。将他人成绩归功于自己以及对他人缺乏赞赏是导致不计其数的人际关系破裂的主要原因。人们很容易忘记对他人进行赞赏就开始了后续的工作。卓越管理者知道，赞赏是建立良好人际关系的润滑剂，他们会随时赞赏他人。

抓紧时间向他人表达你对他们的信任和赞赏，表达对于员工对公司发展做出贡献的谢意。在任何聚会上都要夸赞自己的员工，说出他们对公司的贡献。

少承诺，多做事。尤其对于那些新任管理者而言，他们的本意是使员工高兴，自己为员工所接受，让员工看到自己的最佳表现，但往往会给管理者造成一种压力。尊重并不是来自自身的理想状态，而是来自信守承诺、言出必行。诚然，那些不期而遇的事件有可能会成为关系杀手。人们之所以胸怀宽大，是因为他们知道了事实，管理者能够信守承诺，即使他们原本有更多的期待。

卓越管理者能够敏锐地意识到管理预期的重要性。他们也知道能够留住许多的老客户以及最高级的会员往往因为自己信守承诺。为了维持良好的人际关系，你需要信守自己能力之内的承诺，坚持按期完成工作，委婉拒绝你不能按时交付的工作。卓越管理者需要少说多做。

## 权力礼仪与第一印象

对于大多数人来说，举止与礼节往往会让人想到令人窒息的正式活动以及看似荒谬落伍的传统习俗。对现代商务礼仪的理解能够让你收放自如、风度翩翩、信心满满。行为举止不会令你窒息，心生不快。你在各种环境中感到很舒适，因为你知道自己的目标是什么。诚然，家庭或社会机构所教授的礼仪正在逐渐减少，个人所掌握的商务礼仪将会使你脱颖而出。换言之，规范的商务礼仪将使你更容易融入某个圈子，也会更加适应某些既定的规则。

当然，成文的以及不成文的礼仪规则与礼仪指导比比皆是。行为有失检点的可能性不大，但是人犯错误是或早或迟的。你用错刀叉不太重要，更重要的是你为介绍自己的语言润色，能够轻松回忆起他人的姓名，能够利用自己的衣着和举止给他人留下深刻印象。简言之，将这一部分称为权力礼仪是因为这些礼仪对一名成功的管理者有巨大而直接的影响。

**第一印象与自我介绍**。不论你的知识或专业技能如何，你都无法改变给他人留下的不好的第一印象。管理礼仪的第一原则就是要了解良好的第一印象的重要作用，注重个人着装。人们会在首次会面或多次见面时通过你的外貌与行为来判断你的专业可信度以及潜在的能力。

许多调查研究都支持第一印象的重要作用，其中的一个简单调查吸引了笔者的注意。在调查中，一组参与者得到了以下已经排序的用来描述个人的形容词：聪明、勤奋、冲动、挑剔、固执、有嫉妒心。调查者将这些描述个人的形容词又发给了另外一组参与者，只是颠倒了顺序：有嫉妒心、固执、挑剔、冲动、勤奋、聪明。两组参与者给出自己与这一性格的人成为朋友的概率。即使两组形容词所描述的人相同，得到第一组形容词的人比第二组的人更容易与这一性格的人成为朋友。当积极的信息先被给出时，人们往往会忽略后面的消极信息。第一印象的重要性不言而喻。

商务往来中的第一印象往往来自握手、自我介绍以及衣着。握手是一种合适的方式，因此，尝试使用沉着有力的握手方式以及站立握手方式向来到你办公室或者房间的每一个人致以问候，不论是女性还是男性。你还需要事先准备一份简洁精练的自我介绍。

第一印象的目的在于给他人留下一个短暂而深刻的印象。你需要运用一些暗示性的话语或行为来帮助他人将你牢牢记住，用趣闻将他人引入一段对话。自我介绍因所见的人或场景而不同。在社交场合、交谈前以及遇见陌生人时，一段简洁凝练的自我介绍尤为重要。

自我介绍结束后，可以简要介绍自己的特长，适当介绍一下其他人。年轻的管理者在公开场合不做自我介绍早已是司空见惯的了，因为他们常常为不知如何介绍自己而感到困惑。自我介绍是人们初次见面时为了使他人感到舒适而做的一种礼貌应答方式，也是向他人展示自己专业敏锐度的一次绝佳机会。此外，有些人有将别人聚集到一起的诀窍，做好自我介绍是一门艺术。如果你采纳管理工具 7.2 中的三条比较简单的建议，那么自我介绍轻而易举就完成了。

### 管理工具 7.2

#### 做自我介绍

1. 通过整合人们的背景以及成就等方面的信息来促成简单舒适的对话。
2. 尝试着多次说出一个人的姓名，让人们能够记住这个名字。
3. 在商界，顺从职位比自己高、年龄比自己大的人（而不是性别和社会地位）。这就意味着你要向长者介绍晚辈而不是向晚辈介绍长辈。

**记住并运用姓名**。人们经常说一个人的姓名是所有语言中最悦耳、最重要的声音。和其他人一样，你在努力地记住他人的姓名，却发现自己并不擅长于此。你已经记不清遇到那个人多少次了，但是五分钟之后你依然记不起他的姓名。记住姓名通常是一项重要的社交技能，对一个管理者的职业生涯至关重要。记住姓名和长相是一种无人能及的罕见能力，也是职场中一项重要的竞争优势。

幸运的是，记住姓名是所有人都能掌握的一项技能。在前文谈论到的所有技巧中，人们都需要花费一定的时间，遵循规则，运用一些简单的记忆方法。或许世界上最好的并取得了积极效果的记忆构架是由享誉世界的魔术家和表演家本杰明·莱维（Benjamin Levy）所使用的。在表演中，莱维邀请所有的观众（通常超过 100 人）都将自己的姓名告诉他。他把所有的名字都牢记于心并在表演中将这些名字一一喊了出来。他的思维模式被缩写为 FACE——专注、询问、评论、运用，详见管理工具 7.3。

### 管理工具 7.3

#### FACE 记名法

- 专注（focus）。大多数人所犯的第一个错误是不能集中注意力。当人们尝试着记住他人的姓名时，关键一步就是要在刚接触姓名时将其锁定。因此，记住他人姓名的第一目标就是要在起初意识到它的重要性。时光稍纵即逝，如同你的密码锁和学号，你需要集中注意力来识记他人的姓名，以备不时之需。

- 询问（ask）。确定自己已经听清他人的姓名，将有助于你的记忆过程。另外一个好处就是让听者认为你很在意他。
- 评论（comment）。对姓名简单评论来帮助你对其进行记忆。例如，“帕里斯，像是一座城市的名字”。将别人的姓名与一些相似的事物相联系，比如一个问题，或者能够进一步引出话题的事物，这样做有助于加深记忆。
- 运用（employ）。对于记忆的有效补偿是注入新的内容，并将这些内容传授给他人，这也会为你运用姓名提供方便。

多数管理者，不论是年轻管理者还是资历较深的管理者，都会说出这样的一个理由，即他们“不善于记忆他人姓名”。训练自己运用 FACE 中的几个方法，你将会因为在众人中掌握记忆姓名的技巧脱颖而出。

**建立自己的社交圈**。很少有管理者独自一人就能够获得成功。他们往往会建立一个社交圈，在这一社交圈中，人们能够相互学习、相互寻求建议并给予支持，这些都可以成为管理者职业生涯中的重要资源。权力的一个重要属性是“运用资源来完成任务”，社交圈对于这一任务的重要性不言而喻。详见管理实践 7.4 中的社交案例。

## 管理实践 7.4

### “女性社交圈”将年轻女性引入技术工作岗位

根据美国大学妇女教育基金会（American Association for University Women Educational Foundation）的一项报告，能够使男性对电脑感兴趣的冒险游戏和挑战性项目并不适用于女性。该报告指出，大多数女性往往通过不同于男性的方式进入信息技术工作领域。

社交圈正在改变女性学习新技能以及寻找工作的方式。一个很好的案例就是网络与女性（Web Women），一个网上邮寄名址录，专为对网络职业感兴趣的女性设计。近期，他们还赞助了一个名为带领孩子走入网络世界（Take Our Kids to the Web day）的项目。

伊芙·西蒙（Eve Simon）是一家位于华盛顿特区的公司的交互式应用程序组的创意总监，她经营着一个非营利创意网站，她说，“女性社交圈指南（old girls network）不愧为一个实力强大的武器。”这一社交圈获得了来自华盛顿特区的高管的支持，他们表示自己比较倾向于向人们推荐受现任员工喜爱的候选人。此外，这一社交圈获得了斯坦福商学院研究硅谷科技公司的雇佣模式以及组织结构的教授们的支持。

莱斯莉·福特（Leslie Forte）评论道，在从事信息技术工作的八年中，她遭到了无数的冷眼，因为大多数人认为她不适合这项工作。她通过从社交圈中获得的支持来消除这件事所带来的消极影响，使她从一个职位较低的服务台工作人员跃升至管理者，并获得了大家的认可。福特的老板告诉她，这是她应得的，因为她既能够从事计算机硬件工作，也能够向他人展示自己的软技能，例如人际交流能力。“你需要做的就是让人们来谈论技术，以及教会他们如何运用技术来改变自己的生活，”她说，“你也需要让人们懂得该如何与他人和谐相处。”

幸运的是，通过建立社交圈来提高自身权力与影响力不是一项艰巨的事业，它需要超强的毅力、一个强大的组织以及众多追随者，此外，还需要一些简单的方法为建立良好的社交圈提供坚实的基础。

首先，需要帮助或寻求支持时要展现出积极乐观的一面。人们往往会将需要帮助误认为是懦弱的表现。因此，具有这种认识的人不会与他人接触，不能同他人建立良好的关系。实际上，你社交圈中的朋友都是在相似的工作场合相识的，都乐于在你需要时施以援手，不论是个人经验还是提供建议或咨询。总而言之，人们都喜欢被他人需要，使他们自然融入你的社交圈而不是强加于他们。要寻求他人的“绵薄之力”，你将会获得巨大的帮助。

其次，要超越自己的组织，要积极参加各项活动。俱乐部和专业协会为提升个人专业技能以及拓宽人脉提供了一个非常好的平台。每个月坚持与一些新人会面并交谈，双方交换名片。第二天就给那些见面的人发一封邮件。这会使得他们对你印象深刻，下次见面时能够想起你的姓名。

再次，运用一本“黑皮书”、一部电话、一张便笺或者一些包含姓名与联系方式的管理器来管理你的社交圈。在你的职业生涯中你所认识的人终有一次会帮上你（一次工作机会、一次推荐以及建议），所以让你的社交圈动起来很重要。积极主动寻找理由来联系你社交圈中的人（了解他们所接触的一件事，简单叙述一下自己取得的成就，或者当他们最喜欢的球队遭到挫败时予以安慰），偶尔发一封电子邮件或者打一通电话来更新自己的信息，保证自己没有被人遗忘。

作为对于社交圈的一次测试，试想一下有多少朋友会帮你把东西搬进新家？对你来说，让别人帮你搬家或许是一件很为难的事，或者思考一下你能让你社交圈中的多少朋友来参加你本周举办的晚会。有人拥有 600 多个“朋友”，但是周六晚依旧在家无所事事。问一下自己：“这是一个有用的社交圈吗？”

最后，只有你的舍与得成正比时，你的社交圈才会达到自己所期望的规模。要寻找机会同他人建立关系并且在必要时支持他人。

谈到社交圈对于个人职业成功的重要性时，由一家大型咨询公司所做的调查可以作为证据。该调查从个人专业能力、技术使用情况以及个人社交关系等方面来确定高效率的员工所展现出的突出特点。结果显示，既不是个人专业水平也不是技术使用能力将效率一般的员工与高效率的员工区分开来，而是庞大多样的社交圈所展现出的特点实现了这一点。虽然看到了这一结果，但是大多数人依然花费大量的时间与精力来提升自己的专业技能，却在建立人际圈和维护人际关系方面鲜少投入时间与精力。不要落入这样的陷阱，从现在开始就致力于建立一个良好的人际圈。

**管理好脸书等社交网站**。哈里斯民意调查（Harris Poll）于 2009 年在凯业必达网（CareerBuilder.com）所做的民调发现，45% 的雇主运用社交网站寻找职位候选人，11% 的雇主暂时没有使用，但是计划在将来使用这一方法，这一占比在 2008 年为 22%。在运用网络资源来招聘的雇主中，脸书用户占 29%，领英用户占 26%，聚友网用户占 21%，还有 11% 的用户使用博客，7% 的用户使用推特。并不令人惊讶的是，信息技术、专业化服务以及商务服务等公司的雇主运用网站招人是司空见惯的。

大多数的学生并没有意识到他们放在网上的许多内容会被潜在雇主看

到。在运用社交媒体网络的雇主中，有 35% 的雇主指出他们看到了一些导致应聘者不能被录用的内容，比如发挑衅性的图片、酗酒、吸毒、诋毁前任雇主、人际交往能力差、歧视性评论、撒谎、泄密等。当谈到与雇主的交流方式时，人们能够了解到许多相似的案例，雇主不录用应聘者的主要原因在于应聘者在邮件或者就业申请中使用了表情符号（例如一张笑脸）或者短信用语（GR8，BRB，U）。

当然雇主在看到你的简历后也会有积极的结果，18% 的雇主发现了一些能够录用应聘者的内容。最主要的原因在于简历给人以亲和感，也展现了应聘者的专业资质、才艺、交际能力以及应聘者的全面发展能力。当谈到个人社交媒体时，凯业必达网的人力资源副总裁罗斯玛丽·黑夫纳（Rosemary Haefner）建议，为了保持积极的网络形象，你需要坚持以下几项“要”与“不要”：

- 要找工作之前先将自己的数字垃圾清理干净。清除一切在你老板看来会成为拒绝录用你的图片、文字、链接等内容。
- 要创建属于自己的像脸书或 BrightFuse.com 之类的专业化网站，来与思想领袖、招聘人员以及潜在推荐者建立关系。
- 要远离抱怨。专注于从专业信息到个人信息等积极的内容，凸显工作中和工作外的特殊成绩。
- 不要忘记别人也可以看到你的朋友们，所以要选择性地与人做朋友。重视别人对你的评价。考虑使用“阻止评论”功能或者将你的个人资料设置为“隐私”，仅允许指定朋友查看。
- 不要在有工作时提到你在找工作。

## 结语

权力是一个中性词。事实上，它对管理至关重要。为了提高效率，管理者需要懂得如何超越自己的正式权威，了解会产生影响的策略，如社会策略、政治策略等，这些对于获得他人信任发挥着重要的作用。信任与尊重源自专业，这能够激发人们身上最宝贵的潜力，提高自身名誉。但是，以权力与影响力为例，那些愚蠢的错误往往会对个人职业生涯产生致命的打击。有效运用权力、影响力及专业是卓越管理者的独有印记。

# 第 8 章

# 领导他人

## 如何打造更优秀的管理者

### 案例 | 谷歌公司

2009 年初，谷歌公司总部的统计学家拟定了一份被称为“氧气计划”（Project Oxygen）的方案。他们的使命是找出对谷歌公司未来发展至关重要的事项，其重要性要远远超过谷歌的下一代搜索算法或应用。他们想要打造更优秀的管理者。

以谷歌公司这样一家数据挖掘巨头最擅长的方式，他们开始对绩效评估、反馈调查以及最佳管理者奖项提名者进行深入分析。他们考察各种短语、单词、表扬以及抱怨之间的相关性。

几个月之后，谷歌公司的“人力分析”团队提交了分析结果，被称为“谷歌公司优秀管理者的 8 个习惯”。

现在，请你打起精神来，因为这些指导原则看起来如此浅显易懂——嗯，甚至可以说非常幼稚，使人难以相信如此高大上的谷歌公司花费如此长时间才把它们找出来：

“对团队具有清晰的愿景和战略。”

“帮助你的员工进行职业规划和发展。”

“不要畏首畏尾：工作富有成效并且以结果为导向。”

这个清单还有其他内容，念起来就如同情景喜剧《办公室》中写在公司白板上的宣传口号。

“我的第一反应是，这就是获得的分析结果？”谷歌公司负责人力运营的副总裁拉斯洛·博克（Laszlo Bock）说道。在谷歌公司，他主要负责人力资源领域。

接下来，博克先生和他的团队开始对这 8 项指导原则进行重要性排序，这恰恰是氧气项目变得有趣的地方所在。

在谷歌公司 13 年历史的大部分时间里，尤其是创立以来的前几年，它采用了一种相当简单的管理方法：让员工自行其是。让工程师放手去做自己的工作。如果他们变得束手无策，他们就会求助于自己的管理者，管理者也是因为更优秀的专业技术能力脱颖而出走向管理岗位的。

但是，博克的团队发现，专业技术能力——比如说，写电脑代码的能力——在这 8 种习惯中排名最低。员工们最看重这样的管理者：做到不偏不倚，花时间与员工进行一对一沟通，通过提问而不是直接给出答案来帮助员工解决棘手问题，关注员工的生活和职业发展。

"在谷歌公司，我们以前始终认为要想成为一名管理者，尤其是工程学领域的管理者，你必须在专业技能方面与下属不分伯仲或者更胜一筹，"博克说道，"可分析结果表明，它毫无疑问是重要程度最低的事项。它很重要，但是在重要性排序中垫底。重要程度高得多的则是统筹能力。"

在本书介绍的所有主题中，领导很可能在大众媒体上获得最多关注，而且公司会投入大量资金来开发领导者和领导力。虽然领导获得了如此多关注，但是大多数人仍然对领导存在诸多误解，并且往往在扮演领导角色时经历一个非常困难的阶段。

数千年以来，关于领导者和领导力概念的文献汗牛充栋（甚至有些古埃及象形文字也与这些概念有关），然而，对于领导是什么以及领导如何被最好地开发出来，众说纷纭。本章将重点讨论与领导力有关的各种能力。现今的领导研究认为，领导并不是基因决定的，也并不是只有极少数人才有的神秘天赋。它并不是单指一样东西，而是人格特质、技能和行为的集合，人格特质、技能和行为都是可以后天习得的（虽然有一些比其他的更容易习得），只要愿意去学习。需要了解的问题是："卓越的领导者知道什么和做什么？"

在关于领导的诸多定义中，笔者更喜欢丘吉尔的简明扼要的观点："领导是带领人们迈向一个他们原本不会迈入的方向。"也就是说，领导（leadership）

是影响人们把自己的个人利益搁置在一旁并支持某个更远大目标——至少在一段时间内——的能力。最有效的领导者激励人们超越正常的工作要求，提升群体成功度。领导力并不是指谁发挥了最大的影响力或者最有力地掌控群体，而是谁能够使群体实现长期的高绩效。

领导和管理之间的区别吸引了非常多的关注。虽然普遍的观点认为领导者和管理者是不同的人，或者是做不同事情的人，但是很少有研究支持这种区分。实际上，虽然存在诸多流行观点，但是领导实际上可以被视为有效管理的一个子集。纵观50年来或更长时间以来各项研究对有效管理的考察，领导总是被视为管理角色的一部分。也就是说，如果一名管理者忽视领导的重要意义，不将领导视为自己工作职责的核心部分，那么该管理者就没有完全发挥出自己的效力。毋庸置疑，有效的领导并不是一个被明文指定的角色，非管理者也能够展示和发挥领导力。简而言之，领导者可能并没有承担管理职位，但是有效的管理者几乎都是有效的领导者。领导对管理者角色有多么重要？其重要性足够用一整章的篇幅来介绍。

## 领导很重要

在美国及欧洲，领导开发都是一个高达数十亿美元的行业；在世界其他国家和地区，领导同样也备受关注。实际上，由于快速的经济发展，领导开发已经在中国和印度变得极其重要。

之所以对开发领导技能如此强调，原因就是有效的领导对组织成功以及员工和公民的福祉至关重要。近期，对关于领导的文献所进行的一些荟萃分析使人们很容易明白领导和领导开发为什么受到如此重视。纵观各行各业的公司，领导行为与许多重要的结果都是息息相关的。实际上，领导行为已经被证明对组织成功极为重要，无论组织属于何种行业（例如，营利性组织、非营利组织、政府组织以及其他类型）或者位于哪个国家。越来越多的证据表明，有效的领导是一个组织获得可持续竞争优势的最佳来源之一。

有效的领导能够使伟大的事业得以实现。实际上，人们所有的最重要成就都是与能够影响他人并带领他们实现起初认为不可能实现之追求的人紧密联系在一起的。与任何其他原因相比，缺乏有效的领导很可能是事业失败和员工不满的罪魁祸首。

一个有趣的现象可以表明领导在今天的流行程度。在亚马逊网站进行一次快速搜索，你会发现超过 68 000 本关于领导的书籍。

通过这些书籍可以很明显地观察到两个事实。第一，领导确实非常重要，而且人们渴望获得有效的方法来学会如何有效地领导和提升他们的群体和组织。第二，各种各样的清单、模型、法则或其他类似名词使得人们难以明白什么是真正与领导力息息相关的并且有实质性证据支持。本章将使用可以获得的最佳证据来讨论与领导力有关的基本条件和领导者行为。本章的目标是不仅要帮助你掌握关于卓越领导的最有效知识和行为，而且要帮助你更有效地消化领导类书籍和文献。如前所述，领导是一个存在大量错误信息和迷思的领域。迷思 8.1 介绍了一些最常见的领导迷思。要想真正理解有效的领导，第一步要理解什么是不正确的观点。

### 迷思 8.1

#### 领导

- 领导者是天生的，而不是后天造就的。领导是多维度的，由非常广泛的技能、能力和行为构成。当然，基因在一定程度上发挥着作用，但主要是人格特质和受到追随者推崇和尊敬的外在条件发挥作用，这些方面可能会使得某个人脱颖而出成为领导者。最终的领导力几乎只取决于领导者行为（领导者做了什么），这些行为通常都是可以后天习得的。
- 领导者必须具有超凡魅力。虽然有些卓越的领导者具有超凡魅力，但是大部分的领导者并非如此。超凡魅力通常是难以确定的，因为两个人在观察同一个人时，对这个人是否具有超凡魅力可能会产生截然不同的看法。另外，超凡魅力可能是有帮助的，但也可能是有害的，这取决于具体情境。可以确定的是，超凡魅力并不是有效领导的一个必要条件。
- 领导者不会把重要事项授权给他人。领导者把合适的工作授权给合适的人员。他们把工作任务和职责分配给他人，以使工作得以完成。这样做并不会削弱领导者的可信度。授权是有效的领导者用来开发团队成员的能力和才华的一项重要工具。

- 领导只存在于最高层。虽然人们都很熟悉那些明星首席执行官和成功商人（例如比尔·盖茨、杰夫·贝佐斯、杰克·韦尔奇）的名字和事迹，但是还有许多你从来没听说过名字的人也在实施有效的领导。有效的领导在组织的所有层级中都可以发现，而且是每个人的重要考虑事项。
- 无效的领导源自必备素质太少。越来越多的证据表明，无效的领导与具备不良素质及表现出不良行为的相关程度要高于与缺乏必备素质的相关程度。有时候具备不良素质所导致的危害程度等同于缺乏某项必备素质的危害程度。
- 领导者需要与他人保持距离。建立亲密关系实际上是打造高强度的领导者-成员互换（leader-member exchange，LMX）关系的一种重要方法。有效的关系是与更好的员工工作态度和绩效息息相关的，应当鼓励而不是禁止。

## 全领导范围

如同迷思 8.1 所示，在关于领导的随意讨论中，一个始终存在的误解就是有效的领导仅仅由一种通用技能或能力构成。这会导致人们质疑领导是否真正能够被教导。当然，有些人格特质，例如正直和果断，并不是特别容易就习得的。不过，领导是多维度的（并不是仅仅包括人格特质方面），许多的人际领导技能和组织领导技能——例如评估下属绩效、将绩效与奖励挂钩、建立集体目标——都是可以教导和习得的。认识到这一点，笔者认为最有用的方法是强调多种多样的领导能力。

在人格特质方面，你的行动应该主要聚焦于理解重要的人格特质并且更加了解自己的个人特质，从而能够在必要时对自己做出改变，使自己最有可能获得成功。在行为方面，关键之处在于学习和实施那些能够促进积极行动和鼓励人们超越预期的行为（见管理实践 8.1 以了解一个简单但有力的例子）。

## 管理实践 8.1

### 阿斯霍克雷兰德公司董事总经理塞哈赛伊

阿斯霍克雷兰德公司（Ashok Leyland）是印度一家领先的汽车制造公司，该公司生产的公共汽车每天运载 7 000 万人。作为该公司的董事总经理，塞哈赛伊（Seshasayee）面临着一个艰巨的任务：在公司经历几年业绩下滑之后重振业绩。与塞哈赛伊的一次面谈表明，一家印度汽车制造公司的领导所需要的许多能力与在世界上其他任何地方（或者说，在绝大多数工作场合）的领导并没有什么差异。

塞哈赛伊称："卓越的领导者会设置具有挑战性的目标，并且让人们认可和实现这些目标。"他认为领导有 3 项重要工作：

> （首先是）设置一个似乎不可能实现的或者跨越式的目标；其次，与人们进行充分沟通并给予激励，让他们明白该目标并非遥不可及；最后，以身作则，树立一个真实的行为榜样，使追随者能够以该领导者的生活和行为作为参照，找到在特定场合如何行事的方法。

塞哈赛伊的领导实践超越了前任做过的"大局"事项。他最喜欢的实践之一是使用小纸条作为激励工具。他把使用粉红色纸条的习惯视为一种工具。

> 曾经有一位员工对某件事情写了一份很棒的报告。我给他发了一张纸条，上面写着："阅读这份报告很受启发。非常棒的表现。"后来，这位员工从我们公司离职去了西亚。许多年后，我在一个机场遇到了他和他闲聊，他掏出钱包把那张粉红色纸条拿出来给我看——这些年来他一直保留着这张小纸条！这件事所表达的信息是，微不足道的小事情也可能会对人们产生巨大影响。最基本的事情是要去接触并打动他们。

资料来源：Kamath，V.（2002）. Leadership has to touch people. Praxis，3（4），pp.22–29.

与本书主题及本章目标相一致的是，在此讲述的内容已经得到研究和实践证明，是用来理解和实施有效领导的最直接、最新的方法。虽然其中有些观点已经被研究了超过 50 年，但是整体方法在过去 20 年不断发展，不仅获得了理论研究的支持，而且在实践中不断被证明是成功的。当被问及如何引导一名管理者实现成功时，把建立一个坚实基础和随之聚焦于更高级的领导行为结合起来是最可靠的、获得研究支持的行为方法。这种结合普遍称为全范围领导法（full range of leadership approach）。为了描述这种全范围领导法，首先讨论个人特质和交易型领导行为，然后讨论变革型领导行为。

## 领导者的个人特质

早期的领导研究具体考察成功的领导者，以研究他们如何区别于那些非领导者。这种早期方法（起始于 1850 年左右）称为伟人理论（Great Man theory of leadership）。在当时，很少考虑到女性作为领导者的情况。该理论是基于这个假设：领导者不仅比追随者更有能力，而且拥有一套优于追随者的不同特质。换言之，领导者是天生的而不是后天造就的。有意思的是，这种方法被达尔文的表弟弗朗西斯·高尔顿（Francis Galton）大力推广。今天，这种方法仍然非常流行，认为某套特别的特质可以提供神奇的成功公式。这种观点可见于许多畅销的领导类书籍，这些书声称已经发现了成功领导所需的一系列特质。

许多畅销的领导类书籍使人们觉得似乎存在一套领导特质（例如诚实、超凡魅力、外倾性）可以造就一位成功的领导者。如果是这样的话，事情就简单了。当然，并不是说人格特质在领导过程中毫无作用——它们确实很重要，只是，它们发挥重要作用的方式并不是大多数人所认为的那样。

### 领导的重要人格特质

像生活中的许多事物（尤其是各种管理技能）一样，关于人格特质的证据要比畅销书籍所宣称的更加复杂。虽然领导能力确实在某种程度上是天赋，但是关于伟人理论的文献综述显示，人格特质本身并不足以保证有效的领导。实际上，人格特质与领导力之间的关联是很微弱的。与仅仅具备这些特质相比，更重要的是人们凭借这些特质来做什么。人格特质是领导出现（leadership emergence）而非领导效力（leadership effectiveness）的良好预测指标，换句话说，有一些特质能够显著影响他人对领导的印象。拥有某些特质的人更有可能会被他人视为领导者，但是这些人成为有效领导者的可能性并没有因此提高。不过，拥有这些特质似乎关系到谁将最终获得领导职位及谁不会获得。

关于领导出现的一个例子，可以回想一下你上次被安排到一个由你并不熟悉的人员组成的群体中的情况。在与群体成员短暂互动之后，你对大部分成员都形成了初步印象。现在请思考一下，这些初步印象的依据是什么？哪种类型的成员会被你视为领导者？有些人可能言辞甚少，只是冷眼旁观；有些人则承担了主要发言人的功能。在这些主要发言人当中，可能有一两个人看起来比其他人更聪明一点，是拥有更大魅力的发言人。当被问及谁是该群体的领导者时，很少有人会选择那些沉默寡言的成员或者看起来没什么魅力的成员。因此，对于谁符合领导者角色，存在一个相当一致的模式，接下来会予以讨论。

虽然并不存在一套具体的特质能够保证领导力，但是认为人格特质对领导力不重要的观点也是不正确的。更具体地讲，研究和实践表明，以下这些特质发挥着重要作用：

- 智力
- 主导性
- 交际能力
- 自我监控
- 高能量或动力
- 自信
- 模糊容忍度

这些特质可以很好地预测谁将脱颖而出晋升到正式的领导职位。看完这份清单之后可以发现，这个结论显得相当合理。例如，你是否认为一位聪明、自信、充满能量及有其他优秀品质的人要比他的同事（那些并不是很聪明、缺乏自信、不善于交际且显得平庸的人）更有可能想晋升到管理职位并且被授予管理职位？无论从哪个方面来看，这都不会显得突兀。让大多数人感到惊讶的是，一旦这个人晋升到管理职位之后，这些特质并不会使其更有可能成为一名有效的领导者。在理解有效领导时，全范围领导法就尤其重要。这个假设，即某个人晋升到管理职位后会自动成为有效管理者，未免把事情想得过于简单了。

## 人们尊重的人格特质

研究领导特质的另外一种方法是考察领导者身上最受其下属尊重的人格特质。虽然这种方法可能在某种程度上是有缺陷的，因为它并没有考虑到该领导者是否属于真正有效的领导者，但它仍然是有价值的，可以帮助你更好地了解人们对领导者有什么期许。

领导领域的两位专家吉姆·库泽斯（Jim Kouzes）与巴里·波斯纳（Barry Posner）启动了一个简单的创意，他们对世界各地的商业高管和政府高官进行了调查，询问："你希望你的上司身上具备哪些令你钦佩的价值观（个人特质或者特征）？"他们让四大洲超过 78 000 人回答了这个问题。从这些答复中，他们形成了一份包含 20 种特征的清单。排在最前面的 4 种特征（这 4 种特征都获得了超过 50% 答复者的支持）是：

- 诚实
- 远见
- 鼓舞人心
- 胜任力

关于领导特质和领导出现之间关系的研究提供了一些重要的经验。第一，这是一个关于常识不正确（或者至少是不完整）的典型示例，即这些被普遍接受的领导特质并不是预测领导力的良好指标。第二，这表明有效领导者的类型是多种多样的。第三，经常与成功领导者联系在一起的一些特质（例如自信）实际上却并非如此，它们只是人们在评估他人时形成的一些偏见或错误。例如，有多少次你认为某个人由于在工作中"看起来或者表现得"不像一名领导者而不会获得领导岗位？有多少真正的领导才能因为并不符合普通大众对有效领导者的刻板印象、隐藏在"技能包"里而没有得到认可？卓越的管理者能够向人们表明他们会根据情况来进行调整，即便这并不符合人们先入为主的刻板印象。要做到这一点，最佳方式是通过行为举止来成为一位有效的领导者——这是本章接下来将要讨论的主题。

## 交易型领导

深入了解了个人魅力在领导过程中所扮演的重要角色后，还需要详细阐述基础性的领导行为。依据最后的分析，能够得到一个较为清晰的事实，即伟大的领导力不仅在于你的角色，更在于你的行为。调查显示，有效的领导行为（领导力）包括两个基本方面：（1）专注于手中工作；（2）专注于上级与下属之间的关系。换言之，领导力就是需要通过向员工下达工作任务（任务行为）、及时给予员工支持（关系行为）两种途径调动员工实现工作目标的积极性。尽管前述的领导行为较为复杂，但是伟大领导力的基础是建立在这两种领导行为基础之上的。

### 通过交换实现领导

谨记，管理岗位的重要职责在于激发员工的工作积极性（见第 6 章）。人们将许多提升员工工作积极性的方法（尤其是期望理论）视为员工通过自身努力实现自身信念的过程，坚信这些富有意义的结果往往来自自己的不懈努力与辛勤付出，尽管如此，也不能低估管理者与员工之间的信任的重要性。试想，你是否愿意为一个不信任的人花费过多的精力？这会令人们担心自己被他人利用或欺骗。如此一来，你将会采取行之有效的办法尽量减少与那个人碰面的机会。

既然很少人愿意受到来自一些自己不信任或不相信、没有将自己最大利益放在心上的人的影响，管理者就亟须同员工之间建立良好的信任基础。交易型领导就擅长构建信任的基础。其行为代表着一种领导者与员工之间的交换或交易，这是一种旨在追求成本效益或经济往来的交易策略，领导者希望从员工（下属）处获得服务（或本领、付出、参与）而奖励或款待员工。

### 领导者 – 成员之间的互换

交易型领导行为的重要性不言而喻，它能够为管理者与员工之间建立良好关系提供坚实基础，成功的管理者意识到与员工之间关系的重要性非同一般。构建积极有建设性的上下级关系对于员工、管理者以及公司的益处颇多，这就是常说的领导者-成员互换原则。准确来说，强有力的上下级关系能够增进员工的组织公民行为、提高员工的工作效率、提升员工的满意度、减少员工跳槽等，领导者-成员互换原则在很大程度上受到来自员工与管理者之间的交换或交易类型的影响。为了建立积极良好的领导者-成员互换关系，员工对管理者的信任至关重要（交易型领导行为可对此发挥积极作用）。与领导者有着积极关系的员工会被视为公司内部成员的一分子。与此相反，那些未与领导者建立良好关系的员工将形成圈外群体。当高质量的领导者-成员互换原则在工作中得以体现时，这些被视为公司整体一部分的员工会得到来自公司的正式待遇（如金钱、认可等）以及非正式待遇（如有前景的项目等）。由于受到管理者的青睐与赏识，这些员工认为自己有义务辛勤工作以回报上级以及同事。总而言之，建立强有力的领导者-成员互换关系对提高管理效率至关重要。

## 交易型领导的行为取向

交易型领导的行为取向较多，交易型领导行为研究的主要贡献者伯纳德·巴斯（Bernard Bass）指出例外管理（出现问题时及时采取纠正措施，灭火救场）以及权变奖励（奖励表现出色的员工）是两种最为有效的交易型领导行为，这些行为与其内在动因有着重要的关联性，它们能够阐明管理者的需求、管理者想要采取何种行为以及规避何种行为。许多人会将例外管理等同于权变惩罚——仅仅是为了降低一个行为所带来的负面影响。

调查显示，在上述两种主要的交易型领导行为中，权变奖励能够持续对员工态度（工作满意度、组织认同感）以及员工行为（工作表现、组织公民行为）产生积极影响，权变奖励还对于建立领导者-成员互换原则具有重要作用，管理实践 8.2 展示了关于权变奖励的真实案例。由于在实现员工表现与奖励进行挂钩这一重要目标中发挥着作用，权变奖励被视为有效领导的重要组成部分（详见第 6 章关于正强化的讨论）。员工表现与奖励之间的相关性不容忽视，权变奖励能够从整体上提供关于员工表现以及公司方面的信息反馈，也能够使员工看到自身工作与所获奖励之间的积极关系（这与

第 1 章中关于班杜拉社会学习理论是一脉相承的)。在众多社会组织中(包括公司),管理者往往掌控着组织可用的奖励,奖励是向员工展示管理者需求的强有力工具,权变奖励的运用对公司文化、公司行为表现及其长久发展具有全面而深刻的影响。

## 管理实践 8.2

### 为何沙姆行得通你却不行?

你是否见过海洋世界或其他游乐场的驯兽师训练虎鲸跃过绳子的场景?或是另外一种场景,即驯兽师如何训练海豚在水中行走以及向观众“招手”?他们只是简单地将绳子置于高出泳池 20 英尺,然后向虎鲸喊“跳、跳、跳”吗?当然不是,但是这一方法能够从侧面反映出多数管理者在培训员工时所获得的较低效率。

驯兽师训练沙姆(一头虎鲸的昵称)及其同伴跃过绳子的方法是从水下开始的。虎鲸游过绳子时就会获得相应的奖励,绳子的高度会逐渐升高。每次虎鲸游过绳子就会获得一次奖励。这一训练一直持续到它们能够跃出水面。现在,请回想一下管理者多久才会为最终目标的达成向员工颁发一次奖励呢?在这一过程中提供更多的奖励能不能提高员工的积极性?虎鲸应该会有这样的想法,那么员工亦是如此。

如何使得权变奖励发挥积极作用,管理工具 8.1 会逐步提供详细的指导。

## 管理工具 8.1

### 如何为员工提供权变奖励?

1. 管理者展现期望行为(推出高边际利润的产品、帮助他人、与营销工作团队共享经验)。
2. 阐释期望行为能够带来的效益(高附加值、令人心神愉悦、客户服务质量的提高等)。
3. 阐释与期望行为相关的奖励机制(工作评定、加薪、红利、升职、责任以及工作任务)。

4. 列举关于期望行为的范例并回答相关问题。
5. 关注员工行为并奖励期望行为。
6. 员工期望行为一旦达成,就要履行奖励的诺言。

行为研究者获得了诸多关于如何运用权变奖励的方法,谈及权变惩罚在管理实践中如何发挥作用时,这些方法中有的也可以使用。为了有效实施权变惩罚,管理者需要采取管理工具 8.2 中的相关步骤。

## 管理工具 8.2

### 如何对员工实施权变惩罚?

1. 单独会面,不要在公众场合惩罚员工。
2. 能够描述员工的不良行为(交际能力较差、未实现销售目标、忽视安全政策)。
3. 阐述员工不良行为造成的消极影响(雇主满意度较低、用户投诉、产品滞销)。
4. 允许员工澄清问题及其原因。
5. 向员工说明不改变其不良行为的后果(设置试用期、公司日常纪律、终止录用)。
6. 为员工提供询问关于期望行为的时间及事例。
7. 关注员工行为并奖励期望行为。
8. 对员工的行为给予适当回应(员工不改正其不良行为的后果,以及改正不良行为带来的积极影响)。

### 交易型领导行为的重要角色

交易型领导行为在发挥有效领导中扮演着重要角色,其重要性至少体现在以下三个方面:首先,如前所述,交易型领导行为能够帮助管理者在员工中建立一定的信任度,获得员工的尊重。管理者一旦向员工做出承诺,就要兑现承诺,如此一来,员工才会相信管理者。其次,交易型领导行为是其他行为发挥作用的重要基础。事实证明，如果没有互信这一重要的领导行为要求，很少会有员工认真对待管理者。最后，交易型领导行为能够建立公平的工作环境。例如，员工辜负了公司的期望（工作表现差、不安全做法等），管理者采取直接切中问题要害、单刀直入的做法在员工中创造和维持良好的工作环境至关重要。成功的管理者往往需要运用例外管理或权变惩罚这两种交易型领导行为。

笔者在一个厂区进行了一系列实验，一些训练有素的小组参与到开叉车这一较为危险的活动中（追逐另外一人或者与另外一叉车司机展开角逐）。在这一案例中，许多管理者都犯了一个基本性的错误，忽略了叉车司机所做的危险行为并说道，“总的来说，他是个好手（行家里手），我想他应该不会第二次做这样危险的事了”。笔者需要对这一系列危险行为加以强调，如果忽视它们将会在未来的路上遭遇更多的失败与挫折。

就管理者而言，这样的如意算盘将会导致双重问题。首先，它向员工传递出一个信息，即这样的一种危险行为即使不是管理者所期望的，但至少可以接受。其次，这会使人对管理者是否遵循班杜拉社会学习理论产生怀疑，也会使人觉察到公司中缺乏公平的工作氛围（“管理者对他青睐有加，所以他能够免于惩罚。如果我有同样的行为，早就被公司解雇了”）。在这一案例中，管理者应将员工请入自己的办公室，与员工讨论那些负面危害，以确保员工的这一危险行为不会再出现。更为重要的是，员工能够意识到这一粗鲁行为的原因所在，并且使他人了解到这一事件已被有关人员有效应对了。因此，成功的管理者往往能够在事态难以平复前提早介入并解决相应的问题。

人们会惊奇地发现，大多数管理者不会像上述案例中那样提早介入。令人惋惜的是，在日常经验中，提早介入较少的原因不在少数，对峙往往会使得大多数管理者面临尴尬甚至不利的境地，所以他们会寻找托词以避免各种难以应对的情况。此外，管理者还认为问题将会自动结束。有这样的可能性而且之前就发生过类似的案例，因此管理者往往会持这样一种观点，即问题会“自动结束”。最后，管理者没有介入的原因之一在于他们担忧上级不会给予相应的支持。提早介入往往是行之有效的方法并且对问题的解决会有所助益，在问题尚处于萌芽状态时予以解决。管理者往往因为不采取这样的行动而陷入被动与自我挫败的境地，最终会碌碌无为。

当管理者能够妥当运用交易型领导行为时，他们将会为自我发展奠定良好基础。就这一观点而言，基本的绩效问题一旦被提出，领导与员工之间就能够建立积极、高效的关系，员工也能够体验到被公平对待的幸福感。成功的管理者知道自己与那些碌碌无为的管理者的区别是能够帮助人们超越自己的期望值。换言之，这不是简单驱使员工为实现上级的期望而努力，而是促进员工为超越这些期望而努力。为了帮助员工实现这一目标，成功的管理者知道员工要有促进自身改变的能力，能够迅速适应新的需求，能够找到新的更具挑战性的目标。交易型领导行为能够为领导者的成功打下坚实基础。交易型领导行为的基础一旦建立，成功的管理者将能够使员工为超越自我而不断努力。

## 变革型领导：让结果超出预期

变革型领导行为一旦形成坚实的基础，就能立即“提高并实现更高的工作目标，能够使员工全身心投入工作当中”。由于整个团队与公司的需要，变革型领导行为能够使员工全神贯注于一项工作，使员工意识到该项工作的重要性及其价值所在，为提高自身的利益诉求而不断努力。需要指出的是，许多研究者对变革型领导行为的研究已经偏离了巴斯关于该行为的定义。尽管这些定义不尽相同，但内容较为相似。印第安纳大学的菲尔·波德萨克夫（Phil Podsakoff）教授及其同事关注到这些内容的相似性，提供了一个包含六种变革型领导行为的模型，这些行为是对一系列不同的变革型领导行为的整合，能够促成一项伟大的事业。

- 阐明自身愿景。变革型领导行为能够促使领导者为自己的团队识别新的市场机会，并且能够阐明该机会对于团队的积极意义。
- 提供合适的模式。变革型领导行为能够为员工提供一个良好的参照，该领导行为也需要与领导者所倡导的价值理念相一致。

- 培育可实现的团队目标。变革型领导行为旨在提升团队合作精神与团队合作能力，能够调动员工朝着一个共同目标迈进的积极性。
- 展示公司或团队的愿景。变革型领导行为旨在向员工展示领导者对员工的期望，即表现卓越、品质高尚、工作高效。
- 给予个性化支持。变革型领导行为尊重员工人格，关心员工心理，关注员工需求。
- 给予智力激励。变革型领导行为能够促使员工重新审视自己的工作，并予以适当修正，反复思考改进工作的可行性。

曾经人们认为变革型领导行为只有在公司高层的天才型领导者中才能实现，并带有一定的英雄主义色彩，但是 30 多年的调查研究表明，这一行为并不局限于某一特定的工作种类、公司管理层的级别、公司的类型。更为重要的是，变革型领导的主要行为体现在对学习的不懈追求上。上述六种变革型领导行为能够令你在公司的管理活动中受益颇丰。例如，在一项有 1 539 名参与者的研究中，波德萨克夫教授与他的同事们发现，变革型领导行为与满意度、信任度以及工作表现有高度的相关性（见图 8－1）。图 8－1 表明，变革型领导行为不仅仅是“乐见其成”，还要通过实际行动来积极促成这一工作结果。其他的研究揭示了变革型领导行为在所有工业部门及其他社会组织中发挥的积极作用。下面通过研究中的相关事例加以说明。

- 在多家银行的调查中，同一团体的业务经理，其中 20 名参加过变革型领导行为训练的业务经理在财务业绩和财务承诺方面比其他未参加过该项训练的业务经理表现更为出色。
- 变革型领导行为会在并购、主管绩效以及工作满意度等方面发挥积极作用。
- 在变革型领导者的带领下，德意志银行集团取得了突出的业绩。
- 运用变革型领导行为的销售经理能够使销售代表业绩突出。
- 英国一家农药生产公司的管理者通过变革型领导行为提高了公司的生产效率。

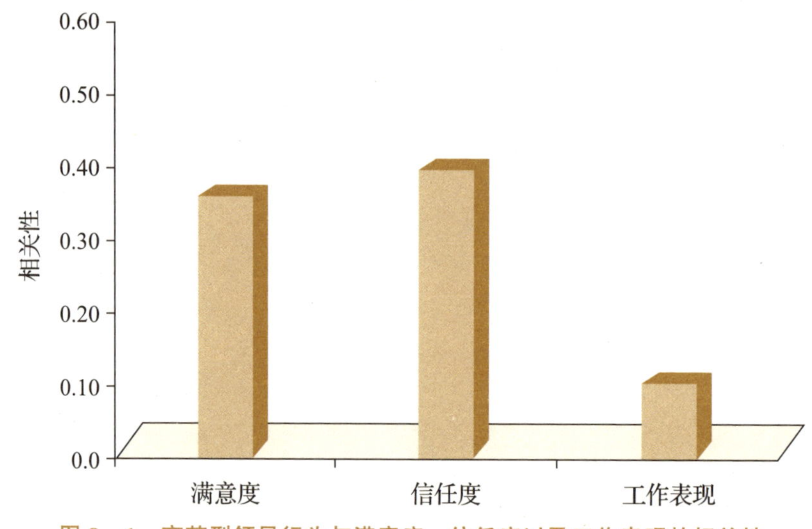


图 8－1　变革型领导行为与满意度、信任度以及工作表现的相关性

换言之，当领导者运用变革型领导行为时，员工对公司与工作的满意度会提升，对未来也抱有更高的期望，离职的可能性会降低，更愿意信任公司的领导者，工作表现也更加积极，那些未对员工运用变革型领导行为的管理者则看不到员工的积极改变。

如前所述，运用变革型领导行为的一个重要结果是员工会在该行为的引导下表现更加积极，更加努力提高工作效率，为管理者带来超出预期的结果。员工对公司所做出的额外贡献来自组织公民行为（organizational citizenship behavior，OCB）。管理者可任意运用这些管理行为原则，这会给公司带来相应的利益，而不只是获得正式奖励制度的认可。组织公民行为的领导者丹尼斯・奥根（Dennis Organ）对组织公民行为总结道，“众多的组织公民行为促进了组织的积极有效运转”，其原因显而易见。

## 阐明自身愿景

一直以来，阐明自身愿景被视为一种重要的领导行为。波德萨克夫教授及其同事将这一领导行为定义为旨在“为所在组织识别新的市场机会，高瞻远瞩，立足未来，向员工阐述自己的想法，调动、激励员工的工作积极性”。虽然人们往往无法拥有令员工全身心投入工作的能力，但是研究表明，人们可以通过学习提高表达自身愿景的能力。你应该：

- 经常讲述自己的愿景。
- 阐述该愿景的重要性。
- 发挥员工的价值。
- 运用暗喻。
- 运用情感诉求。
- 运用积极的语调。
- 运用“我们”而不是“我”。

调查还表明，有效的愿景应该与员工的个人能力相匹配的同时不与更高层次的愿景相冲突。换言之，一流的管理者与团队成员讨论愿景时，应该从不同角度进行阐释，更不应该与更高层次的愿景背道而驰。例如，杰克·韦尔奇提出通用电气公司的一项愿景是“成为世界上最具竞争力的公司”，需要公司的各组织将该愿景转化为具体的行动。在这一案例中，公司中职务级别较低的主管会这样向团队成员阐释这一愿景，“如果我们想要提高公司的竞争力，就需要不断延长机器的正常运行时间”。

最佳的愿景往往是人们了解之后能够在脑海中留下一种图像。愿景能够在规划公司日后的发展路线以及激发员工工作热情中发挥重要作用。

一些有效阐释公司愿景的技巧如下：

- 为团队成员描绘一幅积极的公司远景图。
- 支持你认为重要的事务。
- 必要时对公司计划与具体行动做出动态调整。
- 从整体出发，详细阐述公司战略，确保具体行动与公司战略保持一致。
- 将合适的员工纳入执行公司战略的行动中。

## 提供合适的模式

如前所述，提供合适的模式，能够为员工提供一个良好的参照，并且能够与公司以及领导者所倡导的价值理念保持一致。模式这一工具可以发挥重要作用的原因可以通过班杜拉社会学习理论（第 1 章已讨论）加以阐释。总的来说，角色建模能够在人的大脑中产生相应的环境暗示，即这一行为具有一定的重要性并且需要对其加以模仿。如果领导者能成功阐述公司的愿景，并且能够在行动上与该愿景保持一致，那么员工就会收集这些信息并且向自己传递出重要的信息，即这一愿景的重要性。下列各项阐述了该如何向员工提供合适的模式：

- 清楚自己对员工的期望。
- 用同样的标准要求自己和员工，设置同样的目标。
- 期望行为要一致。
- 谨记，即使很不起眼的轻率行为也可能招致极大的不良后果。例如，假设你正在鼓励实施成本节约战略，却在一个花费高昂的酒店宣布这一决定，将会有损你的个人信用。
- 在员工能够看到的场合展现自己的期望行为。如果员工并未看到这一行为或对这一行为了解甚少，那么这一行为将不能被视为模式。

请设想一下，处于领导岗位的人没有向下属展现合适的行为模式。假设贵公司的愿景是“不浪费而成功”，并将该横幅悬挂于各办公场所，你的名片上也印有公司的这一愿景，公司正在回收纸张以强调这一愿景的重要性。你会作何感想？ 你了解到公司的首席执行官与其家人正在搭乘公司的飞机前往斐济度假，这次度假将会花去公司 10 万美元。这位首席执行官的行为会对你产生何种影响？如果你的想法与他人一样，那么这种行为将会使人们联想到类似于“只有那些工人才会产生不浪费而成功的想法”。现在你会对整个愿景嗤之以鼻并且不会与公司首席执行官所提倡的行为保持一致，甚至完全相反。

提供合适的模式不仅对于公司的首席执行官至关重要，而且对于处于领导岗位的任何人都很重要。“行动胜于言语”是至理名言，即使是一些简单的行为也能够佐证这一道理。例如，如果你强调要及时对他人施以援手，那么你最好言行一致。库泽斯与波斯纳（Kouzes and Posner）提供了一个关于有效领导行为模式的描述，即 DWYSYWD——履行自己的诺言（Do what you say you will do）。他们指出 DWYSYWD 包含两个基本要素——说、做：

举例来说，领导者必须清楚自身价值，必须知道自身所代表的是什么。这就是“说”的部分。接下来他们需要将自己的“说”付诸实践，他们必须坚定信念并且坚守自己“做”的部分。

## 培育可实现的团队目标

培育可实现的团队目标是一种领导行为，旨在促进团队成员之间的团结合作，共同推进同一个团队目标。这一领导行为的突出特征是能够为最高目标提供支持，只有全体成员不遗余力为之奋斗，最高目标才有实现的可能，个人努力对于最高目标的实现犹如杯水车薪。

更为重要的是，上述所提到的最高目标都是采用自上而下或自下而上的方法设计而成的。例如，华盛顿的一家报纸因为大多数读者转向订购该地区较大的《西雅图时报》而持续赔钱，正面临关停的风险。报社的员工开会，集思广益，讨论该如何挽救这家濒临倒闭的报社，最后大家将最高目标定为为报纸确定一个新的读者群体，即该报纸应该将县域内的读者作为服务对象。换言之，大家决定调整报纸的内容，将出版具有县域特色的内容（该县常住居民超过 90 万人）。结果，这家报纸获得了丰厚利润并延续至今。

为团队培育可实现的目标，能够将所有成员聚集起来共同完成一个宏伟目标。团队目标能为成员提供工作的方向感、号召力，唤醒那些陷入内部竞争和政治角逐之中的员工。另一个使员工接受团队目标的原因在于该目标对成员的自我管理具有重要的作用，可以使成员思考该采用何种行为实现团队目标（详见第 1 章及第 5 章关于目标重要性的讨论）。一些培育可实现的团队目标的基本原则如下：

- 设置一个需要团队成员来共同完成的目标。
- 确保该目标能够体现 SMART 原则（具体的、可衡量的、可实现的、相关的和有时限的）。
- 鼓励团队成员共同工作，倡导非正式场合的往来（一块儿吃午餐，下班后小聚）。
- 不断提醒团队成员，每个人都是团队不可或缺的一分子，个人的成功取决于团队的成功。

## 展示公司或团队的愿景

公司或团队的愿景旨在向员工展示领导者对员工的期望，即表现卓越、品质高尚、工作高效。换言之，卓越管理者明白，如果自己对员工寄予较高的期望，那往往会实现，但是对员工提出较高的期望可能会令管理者认为这有违自己的直觉。他们往往会陷入这样的思考之中："我把对员工的要求降低，他们就会获得较高的成就感。""我不去为员工设置具有挑战性的目标，不需要立竿见影的成效，这样就能实现我的季度目标。"答案显而易见。如果公司想要实现很高的愿景，降低对员工的要求只会带来低效能。

较高的愿景能够发挥作用的原因存在于皮格马利翁效应（Pygmalion effect）。总的来说，皮格马利翁效应（又称自我填充预言，该命名源自希腊神话中的人物）基于以下前提：

- 管理者对员工寄予一定的期望。
- 通过行为暗示向他人阐述公司的期望。
- 员工将自己的行为与这些行为暗示相对照并做出回应。
- 最初的期望得以实现。

应该指出，众多自我填充预言在很多情况中都有所体现。这里所说的情况并不单单指不同的人、不同类型的工作、不同类型的公司，这适用于所有的场合，并会产生深远影响。即使老鼠也会对自我填充预言做出反应！进一步来说，这些自我填充预言具有不可估量的影响力，以下调查发现可作为力证。

1. 较高的愿景能够带来更加出色的表现。
2. 较低的愿景往往带来低性能的表现。
3. 较高的愿景所带来的出色表现往往会令管理者更加偏爱这样的员工。
4. 较低的愿景所带来的低性能表现会令管理者不太喜欢这样的员工。

简而言之，如果你能够断定一个人必定成功或者必定失败，那么他将会获得注定的结果。人们往往会通过多种途径向员工（或他人）诉说公司的愿景。当管理者设置具有挑战性的目标或者对他人的能力表达信心时，他就是在同他人交流自己的愿景。管理者向员工分配工作任务，这是为实现工作愿景提供措施。管理者会运用较多的管理行为来表明公司的愿景，同时他们也渴望了解自己的愿景，并且经常摸索他人的愿景。卓越管理者明白使员工有更出色表现的关键在于设置更高的标准和要求。当周围的人因为管理者的行为而逐渐为自己设置一定的标准和要求时，最后的胜利是可期的。关于如何展示较高的愿景有几条建议：

- 为员工设置高标准、严要求。
- 讨论这些高标准，相信员工具有达到这些要求的能力。
- 令员工意识到管理者是为了帮助他们实现这些较高的愿景。
- 鼓励员工向管理者寻求帮助。

## 给予个性化支持

给予个性化支持表明，管理者需要尊重下属，关心员工个人情感和需求。如此一来，这种领导行为能够发挥作用也就不足为奇了。个性化支持与帮助能够使员工感受到自身的价值与能力，能够被管理者赏识。除了双方之间能够建立积极有效的关系外，应该没有其他因素能够促成这一关系了。

为员工提供个人帮助的案例随处可见。小部分行为在一定范围内已被传颂为英雄主义行为，大多数只是简单地施以援手。通过换位思考，人们能够体会到他人迫切需要的是什么。如果管理者能够意识到员工长期处于巨大的工作压力之下，尽已所能来帮助员工是给予个性化支持的重要方式之一。管理者要能够想员工之所想，急员工之所急，倾听员工的想法，关注员工的做法。其他的方式还有：

- 真诚地关心员工，以实际行动体现对员工的关心。
- 支持和鼓励员工不断实现自我成长与发展。
- 与员工建立良好的人际关系（如与员工谈论工作以外的话题，如电影、体育赛事、音乐会等）。
- 向员工传递此类信息，“我关心你，更关心你的最大利益”。
- 对员工遇到的问题表示关心。

上述领导行为并不复杂，但是想要弄清楚员工的特殊需求要下大力气。研究表明，为员工提供个性化支持对缓解员工的职业压力与职业倦怠起到积极的作用。此外，个性化支持与提高员工的组织公民行为、提升员工职业满意度、实现组织承诺、改善员工的组织公民行为、提高员工工作效率有密切联系。以下是进一步提高个性化支持的方法：

- 致力于同员工建立积极的工作关系，为员工接触你时创造一种舒适感。
- 仔细考量该为员工提供何种支持以及提供支持的量与度，可以采用观察员工行为以及直接询问员工个人需求等方式。
- 支持员工的可持续发展与专业化成长。
- 用实际行动体现对员工的关心，诚恳地向员工表达关心。
- 在与员工互动过程中向员工传递此类信息，“我关心你，更关心你的最大利益”。

## 给予智力激励

波德萨克夫教授与他的同事们对变革型领导行为的最后一个研究定论是给予智力激励，即变革型领导行为能够促使员工重新审视自己的工作，并予以适当修正，反复思考改进该项工作的可行性。变革型领导者通过给予智力激励，使员工摒弃此类观点，如“这是我们的一贯做法”“我不知道，这不是我的工作”。卓越管理者明白，如果员工缺乏智力激励，就会变成车轮上的齿轮，只会在公司这部大机器上连轴转，对工作缺乏热情与激情。在诸多情况下，适当的激励会发挥长久的作用（见管理工具 8.3）。

### 管理工具 8.3

#### 给予智力激励的常见方法

给予智力激励的常见方法如下：

- 激发员工的想象力。
- 敢于破旧立新。
- 寻找最佳的工作方式。

- 鼓励员工采用与你不同的思考方法。
- 敢于为潜在效益涉险。
- 向他人传递“如果我们改变关于事件的假设，那么……”之类的信息。
- 勇于接受失败，从失败中吸取教训。

笔者所听到过的在智力方面最具有挑战性的是餐饮业。这并不是巧合，设想一下餐饮企业每天需要面临多少来自同行的竞争。如果那些服务一流、质量上乘的餐饮公司停止了内部创新、自我革新的步伐，那么它们将陷入发展停滞期，公司业务与辉煌时期相比也会一落千丈。一个较有影响力的案例就是艾伦·萨瑟（Allen Susser）创办的主厨艾伦餐饮店（Chef Allen’s），萨瑟请店内的服务员和厨师前往与艾伦主厨餐饮店的烹饪特点相似的餐饮店共进晚餐。员工回来后要提交简短的口头与书面报告，交流心得。

另外一个案例是俄亥俄州北部的切斯弗朗索瓦餐厅（Chez Francois restaurant）的合伙人马修·马尔斯（Matthew Mars）与约翰·达米科（John D’Amico）的经营方案，他们会在每年的 1 月和 2 月暂停餐厅营业，花费两个月的时间进行一次环球旅行以寻找新颖的经营方法与餐饮特色，将这些新的方法带回并与餐厅的员工分享。近年来，他们游历了阿根廷、法国、意大利、墨西哥以及美国的迈阿密、纽约、拉斯维加斯等城市去寻找新的灵感和流行风尚。请注意，这家餐厅位于一个常住人口只有 11 000 人的小镇，餐厅工作人员要创造性地将带回的餐饮想法翻译成在该地区其他餐厅都尚未面世的食谱，如此一来，切斯弗朗索瓦餐厅成为该地区顾客驻足的美食圣地与俄亥俄州顶级餐厅也就不足为奇了。

尽管这只是餐饮业的案例，但是其中所体现出的对创新精神以及新颖想法的重视至关重要。诚然，真正的力量源自公司内部善于观察自身所处的环境且乐于与他人分享自身所思所得的员工。

库泽斯与波斯纳在其著作《领导力挑战》（*The Leadership Challenge*）中就如何激发员工的工作积极性给出了一些具体的建议：

- 鼓励员工通过购物获取灵感。
- 将这些想法记录在议程中。
- 为员工创造一次安全的体验。
- 为创建和践行新方案营造良好的环境和氛围（向员工征求意见，奖励新方案，实践新方案，即使员工只是就原方案稍作改变，也要认真对待）。
- 善于消除隐患（思考方案不起作用的原因）。
- 奖励公司中的冒险家。
- 汇报每次失败及成功的原因。
- 鼓励可能性思维（“如果……”）。
- 向他人传递“如果我们改变关于事件的假设，那么……”之类的信息。

## 将这套全方位的领导行为付诸实践

将交易型领导行为与变革型领导行为相结合并加以利用，会为领导者提供一套强有力的管理和领导工具。这一套全方位的领导模式基于领导者需要运用领导行为赢得员工信任以及创造公平公正的工作氛围的理念。此外，变革型领导行为可理解为为激发员工工作积极性以及提高员工工作能力而建立的一种机制。交易型领导行为（需要为其提供一个良好的基础）与变革型领导行为（用于满足员工的高层次需求）结合运用能够使得管理者的管理效率与管理能力最大化。以上都需要卓越管理者了解并付诸实践。

很明显，领导力具有高度的复杂性，其中所蕴含的丰富内容有待细细咀嚼。但是，通过仔细厘清其脉络，将领导力归结为提升个人竞争力的三个维度，即个人魅力、交易型领导行为、变革型领导行为。在个人魅力方面，你所需要管理的内容包括认识自我与行为得体以赢得他人尊重。人们崇敬领导者的原因在于其身上所体现的优良品质与能力，即凝聚力、决断力、竞争力以及前瞻力。将这套全方位的领导行为有效利用的案例请见管理实践 8.3。

最后，为自身如何将变革型领导行为应用到日常工作与学习之中制定详细的策略。你能否辨别那些人们希望实现的愿景并为我所用？你们的集体目标（团队目标）是什么？你如何为他人提供支持？你将以何种方式为同事提供智力激励？不能将这套全方位的领导行为等同于一本简单的食谱，而要将其视为一种以有效领导事实为基础的模式，该模式将引导你在管理岗位上使自己的思想具有一定的前瞻性，令你行稳致远。

## 管理实践 8.3

### 贝佐斯与全方位领导行为模式

毋庸置疑，为数众多的领导者在日常行为中将交易型领导行为与变革型领导行为结合使用。需要格外注意的是亚马逊公司首席执行官贝佐斯。

贝佐斯通常会有效使用交易型领导行为以及相关的分析工具，他倾向于根据事物的重要性来列举各项标准为自己所做的公司决策做支撑，即使是与妻子结婚也不例外。

谈及亚马逊公司首席执行官职务时，贝佐斯谈到了数字管理。根据亚马逊公司前市场营销部副总裁、现任华盛顿大学商务课教师史蒂芬·里舍（Steve Risher）所述，"亚马逊公司的'四小时会议'是一个非常开心的时刻，但这并不是令人开心的会议，如果人们不带着数据进入会议室，那么他们很快将会成为'丑八怪'"。另外一件事也佐证了贝佐斯对数据的关注，当团队中有人提出一个新奇的方法时，贝佐斯就会说起他的口头禅，"我们能够先测算一下"，美国微软前常务董事、现亚马逊执行董事帕蒂·斯通西弗（Patty Stonesifer）如是说，她还补充道，"以往的数据迷只是关注以往的数据，但是杰夫有长远的眼光，他敢于冒险，并且无时无刻不想着改变。"正是这些领导能力的交互运用使得贝佐斯成为亚马逊公司的杰出领导者。

以下这个事例也能够成为贝佐斯向他人传达愿景，令他人以新的方法来思考问题的能力的一个佐证。2005 年，亚马逊公司面临是否将公司的大型数据库向外部用户开放的问题。据悉，该数据库建成需要花费十年时间，加之后续的组建、日常维护需要耗资 10 亿美元。经过激烈的讨论之后，贝佐斯从座位上跳起来，迅速解开自己的风衣，即刻宣布亚马逊公司

“要积极地暴露自己”！这一举动无疑开辟了新的境界，为亚马逊公司开启了业务发展的另一扇门。尽管这一业务会有一定的风险，但更重要的是它为亚马逊带来了新的发展机会，成为公司业务发展的一个新的增长点，也会使众多亚马逊人站在新的维度来思考公司业务。这就使得贝佐斯成为在建立交易型领导基础与发挥变革型领导行为中的一个典型范例。

资料来源：Deutschman，A.（2004）. Inside the mind of Jeff Bezos. *Fast Company*，85，52.

## 成为领导者

提升和发展领导力是一项终身性工作，而且越早越好。发展领导力主要依赖于自身。所有的职业发展亦是如此，70% ～ 80% 的学习是在工作以及其他非正式场合中完成的。与此同时，许多成功的大公司意识到，为了建立一支强有力的领导者团队，促进领导者的个人发展，领导者需要将一系列的管理工具和方法落实到位。例如，一项近期在 350 家企业所进行的关于合作型领导发展的调查中，被调查公司针对“何种项目或活动会对贵公司的领导者发展产生重要的积极影响”给出了自己的回答，答案在图 8－2 中呈现。

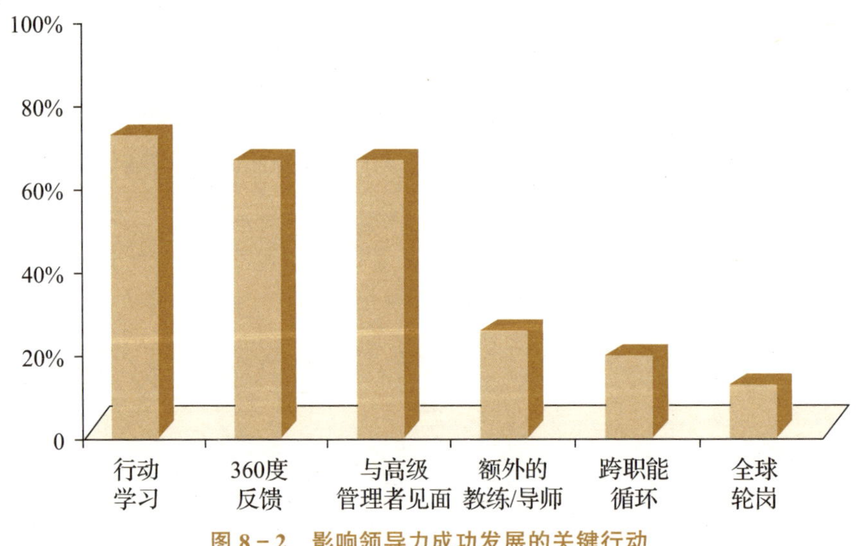


**图 8－2　影响领导力成功发展的关键行动**

资料来源：Linkage Inc.，Best Practices in Leadership Development（2000）.

尽管该项调查旨在研究上述公司为领导者发展做出的努力，但是结果对于个人发展也会产生直接的影响。例如，领导者为自身发展所做出的努力将从评价开始，需要从多方面获取反馈，这将对个人发展起到重要的推动作用。此外，敢于为跨职能角色与延伸公司业务做出自己的努力会成为发展自身领导力的重要推进剂。最后，通过这些结果可以发现上述能力是需要培养的。

显然，那些有导师或导师组以及一个强大的支持网络的人在其职业生涯前期成就领导能力的机会更大。

发展自身领导力的关键在于当培养领导力的机会出现时要积极把握，这些机会存在于当前的工作中（项目分配、工作轮岗、特遣团队以及其他特殊团队）或者其他的社会组织当中。就学生而言，其担任领导的机会往往会在一个社团或团体内部，或者其他业余组织中。作为一个高效的领导者就应该加快自己前进的步伐，敢于带领团队去开辟新天地。简言之，领导力往往属于那些敢于开辟新道路的人。

## 影响领导力成功发展的关键行动

经验与实践对于发展领导力具有重要作用。一直以来，领导力发展方面的专家提出至少有五种职业经验供大家参考。第一种是工作轮岗方面的经验。领导者可以通过扩大自身知识储备，参加职业培训以提升工作技能来发展自身领导力。工作轮岗会使管理者成为“一条离开水的鱼”，促使其必须在完全陌生的领域中学习管理，学会管理。工作轮岗包括：

- 成为项目团队中的“门外汉”。
- 将一项临时性工作纳入项目当中。
- 转向一般性的管理工作。
- 管理一个小组或一项知之甚少的工作。
- 从一线工作转为公司普通员工。
- 平级调动至公司其他部门。

第二种是领导或者创造变化方面的经验。这种经验促使员工尝试新事物或者解决一些长期存在的问题，允许个人有机会将变革型领导行为等不同类型的领导行为付诸实践，以对他人产生一定影响，使他人能够以新的方式投入工作当中。这种经验往往源自一些特定的带有一定挑战性的目标，例如“将我们的损耗再降低 20%”或者“设计一款不会产生额外费用的船型”。以下是一些创造变化的案例：

- 研发一款新产品，发起一个新项目，开发一个新系统。
- 效力于一个研发策划小组。
- 促使一个新愿景或目标宣言开花结果。
- 应对商业危机。
- 负责裁员工作。
- 招募新员工。
- 开创新业务。
- 重组工作团队。
- 解决下属的绩效问题。
- 监督产品或设备的清算问题。

第三种是领导方面的经验，能够促进个人发展，源自管理者内心高度的责任感。工作分派往往会涉及承担一项具有高度预见性的项目，或者是从他人手中接过自己不擅长的工作。例如，当一个组织决定重组时，在很多情况下，员工需要承担起许多额外的责任，领导方面的经验就会在公司中起到提升员工工作预见能力的作用。这些案例包括：

- 公司任务接近截止日期。
- 代表公司应对媒体或重要的外界人士。
- 管理公司的多个业务点。
- 公司裁员带来的额外责任问题。
- 同事不在时承担起他的工作职责。

第四种是重大发展方面的经验，往往来自管理边界以及那些缺乏正式权威的工作场合。这些类型的工作需要管理者来应对公司以外的利益相关者，例如某些消费者或者团体。管理者该懂得如何进行横向管理，这也正是大多数管理者所需要加强的新型管理技能，通过对那些不直接向管理者汇报工作的人施加影响来磨炼管理者自身技能，例如那些身处跨职能团队的管理者。以下为关于管理边界的案例：

- 就某一问题向公司高层提出相关建议。
- 担任公司员工工作。
- 供职于公司的跨职能部门。
- 管理公司的内部事务，如相关公司事项或办公室装修。
- 与某一社区或社会组织共同致力于公司的某一项目。

第五种是发展领导力方面的经验，要使领导者接触不同的人和事物，以丰富其人生经历。这涉及领导情境，对于员工与管理者都会有较大的不同，如全球外派任务。在不同的文化环境中工作，能够帮助管理者从不同的角度来看待自身职业，同时也会改变管理者对不同人群的观点。这些工作包括：

- 在其他国家开展一项工作。
- 管理一个工作团队中不同种族、民族、宗教背景的员工。
- 管理一支由来自不同国家的人士组成的团队。
- 建立一个旨在帮助员工完成全球外派角色转换的训练和发展项目。

除了这些类型的工作分派，还有另外一种对于发展领导力有重要价值的因素，即困苦，困苦意味着管理者若想取得成功就必须克服许多现实存在的障碍。身处困境的人往往会拒绝尝试，埋怨他人，避免挑战，扮演受害者角色，所有的负面情绪与影响都交织在一起，但是对于那些在困境中依然坚持探寻适应新环境的方法的人而言，学习具有不可估量的影响力。从管理学角度来说，服务于一个难以相处的老板或者供职于一家前途渺茫的公司都会使人产生深深的挫败感，垂头丧气。与之相似的一个案例是，公司要求你发起一个新的项目，但是与这个项目有关的资源甚少，加之可预期的回报也较少，即使是公司最具有奋斗精神的员工也会望而却步。所有成功的领导者都会面临这样或那样的困境。从一定程度上来说，管理者将这些困境转化为学习的机会，能提升其面临困境时的韧性，以及渡过任何困境的能力。

如果管理者想认真发展自身领导力，请谨记三件事情：首先，发展自身领导力要趁早。其次，发展领导力是管理者自身的任务，而不应将这一任务推给公司。这一行为需要持之以恒。最后，管理者需要认识到，最重要的是做什么以及如何做。关于如何指导管理者发展自身领导力，可参见管理工具 8.4。

### 管理工具 8.4

#### 领导力发展计划

管理者的领导力发展计划应该至少包括下列项目。

1. 初步诊断：你所重视的是什么？你想从自己的职业生涯中获得什么？5 年后、10 年后、20 年后的你又将处于职业生涯的哪一位置？
2. 自我评估：从他人处获取关于自己的评价，尽可能运用更多的工具（人格测验、职业表现）来提高对自我的认识。
3. 设计方案：尽管为后续 20 年制订的详细计划实现的可能性较小，但是你可以寻求机会来缩小现实能力与所谋求职位之间的差距。
4. 实践过程：一旦机会出现，就要紧紧抓住，即使时机不适合。人们一生中只能抓住几次重要机会，当辅导机会、轮换转岗机会以及全球外派机会出现时都要紧紧抓住，因为它们对你实现人生的发展具有重要作用。
5. 获取支持：持续获取他人的信息反馈并积极寻求发展机会。许多成功的领导者需要参加一系列的工作派发项目以帮助自己对商业项目有更精到的理解，以及提高自身在工作环境中的预见能力。
6. 自我评价：每隔几年衡量自己所取得的进步。你是落后还是超前完成计划？请说明原因，哪些机会是你应该抓住却没有抓住的？只有通过持续的评估，你才能不断发展自身的领导能力。

与发展其他领域的技能有所不同，将自己培养成为一名高效的领导者需要花费几年甚至数十年的时间，而不是短短的数周或几个月时间。为了有效实现这一目标，需要制订一个长期的发展计划，这一计划应包括管理工具 8.4 中的数个项目。

## 结语

人们往往会说，在所有的管理方式与管理经验中，领导力是一种极为重要却又具有排他性的管理技能。毋庸置疑，所有的社会组织都极度渴望拥有良好领导力的领导者，需求越大，求职者的机会则越多。高效的领导力是由许多维度构成的，它既是个人特质的一种重要体现，也是交易型领导行为与变革型领导行为对他人实施积极影响的重要表现。

本章展示了不同领导行为类型，希望读者能够加以运用，帮助团队沿着出发时的方向继续前进。从现在开始找到属于自己的方式，并在下一次机遇中敢于成为团队的领导者。

# 3

| 第 3 部分 |

# 团队和组织技能

## 第 9 章

# 团队效率

 | Team Concepts

对于团队最有趣的是理解协同效应。简单地说，当“整体与其各部分的总和不同（或有别于总和）时，就会产生协同作用”。在团队中，这意味着一支人才较少的团队往往会超越一支拥有才华横溢成员的团队。关于协同效应的例子比比皆是，我们都知道由众多能人组成的团队不能很好地融合在一起，相反，由那些不起眼的人组成的团队，往往会以某种方式团结在一起做出令人意想不到的事情。

曾获上一届赛艇世界冠军的 Team Concepts 的总裁丹 · 莱昂斯（Dan Lyons）认为赛艇对于团队的协同效应具有较强的说服力。

尽管借助技术可选出最有潜力的运动员组成赛艇团队，丹仍利用了自己的经验以及其他实例进行阐释：一支客观上能力差得多的赛艇团队击败一支更有天赋的团队的概率有多大？一个经典案例是 2001—2002 年由斯塔 · 柏列斯基（Stan Preczewski）在西点军校执教的赛艇队。柏列斯基教练像往年一样开展本赛季的一系列练习，以确定校队和资浅队（JV）的任务。其中校队的个人实力和技术得分均排名前八。

然而，柏列斯基教练在到 2002 年 5 月的船员赛季结束时经历了巨大的挫败感。他在赛季开始时精心挑选的校队队员在整个赛季的训练和比赛中频频被资浅队的队员击败。这是不应该发生的。因为柏列斯基教练通过对他们的速度、力量和协调性进行一系列客观的测试，从中挑选出校队赛艇队员——所有这些测试都证明他们是他所带团队最好的八名赛艇队员。

但 Team Concepts 的总裁丹 · 莱昂斯表示，这种情况不仅在赛艇运动中经常发生，在其他很多团队中也常发生类似问题。他的公司致力于帮助各种团队寻找协同效应（他称之为“心流”）。

如今，团队是一个热门话题，但它也代表着悖论。当它发挥作用时，团队可以做出比个人更好的决策，并且表现得比最优秀的成员更好。尤其是在面对复杂的工作时，团队通常可以产生高生产力和快速的创新及创造力。团队还可以布置令人更满意的工作环境并吸引人们前去工作或居住。《团队智慧》（*The Wisdom of Teams*）的作者乔恩·卡岑巴赫（Jon Katzenbach）和道格拉斯·史密斯（Douglas Smith）曾提出团队或许是组织应对当今绩效与变革两大挑战的最佳工具。

西南航空公司有这样一个例子可以很好地诠释“自适应性团队合作”。在航空业特立独行的凯莱赫的领导下，西南航空公司成为航空业中持续盈利、高效且经济实惠的航空公司。西南航空公司曾以最佳的航班正点率、行李处理服务以及客户满意度获得“三重冠”。一位金融分析师曾向首席执行官凯莱赫询问他是否害怕失去对该组织的控制权。凯莱赫说，他从来没有对公司进行控制，也从未想过要掌控一切。“如果你营造一个人们想要真正参与的团队环境，你就不需要去掌控它。他们知道该做什么，也会尝试着去做。而且，在自主自愿的基础上，人们将更主动、更卖力地投入其中，此时，需要的等级制度和控制机制就越少。”西南航空公司是大规模创意团队建设的典范。

团队虽然在取得积极成果方面具有巨大潜力，屡次失败的例子也有不少。对于大多数人来说，团队这个词有积极和消极两方面含义。虽有“三个臭皮匠赛过诸葛亮”“众人拾柴火焰高”等说法，但也常说“人多误事”。在关注成功团队的案例的同时，也要关注失败例子。虽然部分成员擅长团队合作并通过团队变得更加精力充沛，但也有人不适应团队合作并对成为团队一员表示反感。

经验表明，对于团队发挥作用的原因，存在几种常见的误解和毫无根据的假设。有效行为的关键步骤是首先识别并避免不该做的事情，迷思 9.1 简要描述了关于团队的五个最普遍的误解。

迷思 9.1

### 团队

- 团队管理总是有效的。虽然激动人心的体育赛事和军事项目可以让人们相信团队管理是有效的，但它未必是完成任务的最佳方式。如果没有创造合适的团队合作条件，建议选择单独完成任务。
- 团队绩效的关键是凝聚力。人们常常说起他们最好的团队合作经历，比如“我们都相处得很好”或“每个人都喜欢彼此”。但是，拥有较强的凝聚力并非充分必要条件，也不是拥有凝聚力就可以让团队表现出色，相反，有时甚至会导致团队做出错误的决定或陷入困境。
- 团队领导者是团队绩效的主要决定因素。团队领导者往往发挥着重要作用，尤其是在开始阶段。但是，拥有一个喜欢掌控所有细节、管理所有工作并提出所有想法的领导者的团队通常都会变得低效。
- 越多越好。虽然往团队中加人看似总能带来帮助，但是当团队变得过于庞大时，往往会失去有效性。团队越庞大，就越难以让人们保持同样的节奏开展工作，越无法及时了解正在发生的事情，也无法切身了解团队的表现。
- 最佳表现者将创造表现最好的团队。表现最好的团队拥有互补的成员，他们愿意并且拥有扮演不同角色的能力，不会把最高水平的个人才能作为团队的主要特征。

## 团队何时产生意义

在一部分人宣称团队可以创造奇迹的同时，也有人指出团队的局限性和失败案例，那么该如何界定团队在何时何地是最合适的？团队在特定目标和特定情况下最有意义。换句话说，团队并不能应对所有问题，不应被视为“特效治疗”。

首先，当没有“专家”存在时，团队合作会更好。当没有明确的专家来处理问题时，团队往往会做出比个人单独行动更好的判断。通过团队可以共享劳动力和信息，将更多的知识和信息应用于解决问题，可以试用更多的替代方案，并且避免目光短浅等问题。

其次，团队在激发创新性和创造力方面占优势。当存在风险时，团队合作会更好。团队倾向于做出更极端的决定，因此在执行任务时通常比个人更具创新性和创造力。

最后，团队可以营造让人们感到心灵相通和被重视的氛围。人们渴望与人接触，团队恰好可以创造社群意识和支持感，帮助人们减轻工作压力，也可能促使人们成为或保持特定的角色。

第一个团队技能是评估团队是否拥有合适的能力。如果不能满足上述三个条件中的一个或多个，就不要试图创建团队。在最糟糕的情况下，团队只会放慢决策速度，制造混乱，占用过多的组织资源，并削弱个人努力的成果。最关键的是在团队有意义时去发挥它的作用并理解是什么使它具有高效能。

## 不同的团队，不同的挑战

在考虑团队效率时，明确团队类型也有极大的必要。大多数团队可以归为以下三种类型：推荐事情的团队、做事情的团队以及管理的团队。虽然存在许多描述性区别，但经验证明这种简单的分类是最有用的并且是以行动为导向的，不同类型的团队都面临着一系列独特的挑战，以达到最佳效果。

**推荐事情的团队**。这类团队包括被要求研究和解决指定问题的工作组和项目组。推荐事情的团队会设置预定完成日期。这类团队所特有的关键问题是，必须快速而有建设性地启动并执行。为了让团队变得最有效，团队必须有一个明确的章程，包括具有掌控团队所需的必要技能和一定影响力的成员，以提出对整个组织都有影响的实际建议，还必须注意从领导团队到负责实施人员的交接。人们越是想当然地认为建议会“自然而然”地出现，它们出现的可能性就越小。此外，团队成员在建议得到实施的过程中参与得越多越好。

**做事情的团队**。这类团队包括在第一线或接近一线的工作人员，他们负责企业的基本制造、开发、运营、营销、销售、服务和其他增值活动。做事情的团队往往不设置完成期限，因为项目始终在进行中。做事情的团队在处理“交付关键点”时最有用，也就是说，公司产品与服务的成本和价值是影响他人界定该组织的决定因素。交付关键点可能包括在何处管理账户、执行客户服务或设计产品。如果交付关键点的表现取决于结合多种技能、观点和判断，那么选择团队是最明智的，反之，可能更适合选择单独完成任务。

对于做事高效的团队，需要不断关注其绩效。如果领导者不能持续关注团队与绩效之间的联系，那么团队就很容易陷入困境，对于最终结果所承担的责任也会被削弱。

**管事情的团队**。指的是监督某些业务、正在进行的项目或重要活动的团队。尽管许多领导者将向他们汇报的团队称为一个团队，有时候它也确实看似在某个组织结构图中被分在一起，但通常不是真正意义上的团队。事实上，当这样的团队存在时，它面临的主要问题是确定团队运行方法是否正确。许多管理事务的工作组或个人比团队更有效。关键的判断是，个人努力的总和是否足以应对手头的绩效挑战，或者团队能否实现实质性绩效增量。尽管团队具有提高绩效的潜力，但随之而来的还有更多的风险，管理者在权衡取舍时必须考虑周全。

每个组织都面临着特定的挑战，对于这些挑战，团队是实现预期目标的最实际也是最强大的载体。然而，挑战在于意识到团队何时何地可能拥有实现预期目标的独特潜力。团队有效性的首要经验是，当团队是工作的最佳载体时有策略地部署团队。

## 高绩效团队

虽然团队这个词有几种不同的用法，但人们常常将其定义为对目标结果负有共同责任并对彼此具有高度依赖性和互动性的群体。根据定义，团队不仅仅是为同一个管理者效力或者在邻近区域工作的人，相反，团队是对所产生的结果共同承担责任的群体。人们经常将相互依赖与个人接触混为一谈，其实单纯地与他人密切合作并不能称为团队。要知道团队是独一无二的，只要缺乏其中一员，其他成员便无法完成剩余的工作。

如前所述，仅仅将人聚集在一起的团队几乎无法确保它可以表现得很好。下文将重点介绍高绩效团队及其关键特征、行事原则等。

## 高绩效团队计分卡

在确定一个团队是否为高绩效团队之前，需要确定衡量团队绩效的标准。团队计分卡是较为有效的工具之一。作为衡量是否为高绩效团队标准的计分卡包含以下三个维度：

- 生产量。团队的产出达到或超过原标准，例如，超过其配额的制造团队将获得更高的评分。
- 成员的满意度。成员为成为团队的一员而感到骄傲。无论在做人还是在做事方面，团队成员都能从归属感中获得良好的体验。
- 持续合作的能力。团队以保持或增强未来合作能力的方式完成任务。也就是说，高绩效团队不会耗尽它所有的资源和商誉，而是为下一个项目共同努力并不断争取从错误中吸取教训。

因此，一个高绩效团队不仅会有高质量的产出，而且让成员从团队中获取价值，能够让他们从每个项目中获取新的技能以帮助提高团队合作的能力。团队或许可以获得一些偶然性的成功，优秀的团队会厘清成功背后的真正原因，以实现长期的成功和可持续发展。

## 高绩效团队的五项原则

只要看过关于团队的数百本书籍，你就会发现一连串令人困惑的特征，据说这些特征对创建高绩效团队至关重要。显然，每个团队及其发展都是不同的，因此不可能完整地说出任何一个理想团队的成功经验。研究者通过对不同团队及其发展进行研究，也得出部分结论，以下五项原则被认为是创建高绩效团队的必要条件：（1）小规模；（2）有能力且能够互补的成员；（3）共同目标和绩效目标；（4）高效的团队规范和工作方法；（5）相互问责制（见图 9－1）。其他常见的原则（例如，开放和沟通）仍然很重要，但都不及以上五项原则重要且方便用于团队管理。

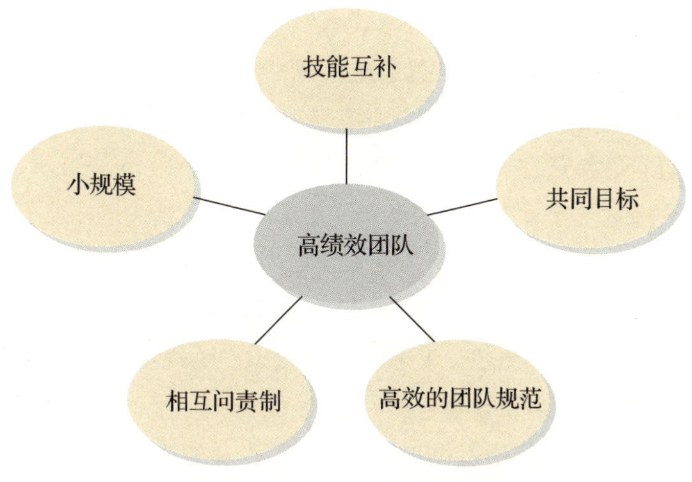


图 9-1　高绩效团队的五项原则

你会发现，这五项原则中没有一项是发人深省或标新立异的，相反，恰恰是易于理解的。事实证明，在实现团队绩效的过程中，单独区分或是理解以上关键原则要比实际应用这些原则容易得多。正是“原则”传达了一致性应用的重要性，而非停留在了解或辨识部分特征，因此具有一定准确性。

团队专家卡岑巴赫喜欢用减肥的例子来说明这一点。基于一些基本原则（例如，少吃，更明智地吃，多运动），只有极少数简单、广为人知且易于接受的减肥方式。然而，如果只坚持这三项原则中的一项，然后把其余原则从清单上划掉，不会达到减肥的目的。只有反复、严格地应用这三项原则，才能实现显著的减肥目标。同样，只有循环往复且严格地遵守高绩效团队的五项原则，团队才能实现高绩效。简单地说，这项研究表明，如果想要实现团队绩效的提升，必须在所有的衡量标准上取得高分，而且要持之以恒。

### 小规模

人们很容易相信“三个臭皮匠赛过诸葛亮”，也就会觉得 15 人团队更优于 5 人团队。然而，事实并非如此。就像每天喝一杯葡萄酒对心脏有好处，但喝五杯可能没有这样的效果，团队规模和绩效也存在类似的收益递减问题。研究表明，通常在较小规模团队中工作的人会更卖力，他们参与到各种各样的任务中，对团队的绩效承担更多的责任，也有更强的凝聚力与归属感。团队越庞大，人们就越难以通过线上或线下进行亲密接触、难以达成理解与承诺共享或是分担领导角色等。

亚马逊首席执行官贝佐斯提出的“双比萨团队”（two-pizza group）是一个较为合适的方案。高绩效团队很少由 10 人以上组成，在理想情况下是 5 ～ 8 人。如果你对团队规模有一定的影响力，那就把目标锁定在能够带来互补技能的成员身上，从而实现团队目标。千万不要被“越多越好”这样的说法误导，如果一个小组超过了 10 人，请将其分为规模更小的子组。

### 有能力且能够互补的成员

人们通常因为自己受人欢迎且能够与他人友好相处，便自认为是拥有较强团队合作能力的优秀成员。然而，这种看法往往是不准确的。事实上，团队合作并非适合所有人，有些人比其他人更适合做出团队贡献，但他们的身份往往并不明显。有的成员虽然在团队中所扮演的角色并不突出，但往往更适合为团队做出贡献。典型的团队选择误区是忽视对特定技能的考虑，却选择那些随时可用或看似具有技能基础的人。

当然，每个团队都需要强大的功能或良好的技术技能来完成特定任务。如果团队的任务是房屋建设，那么请来一批化学家或许不是最佳选择。但是，团队成员仅仅发挥其所在领域功能是不够的。高绩效团队还需要具备任务管理和人际交往技能，要确定潜在成员是否拥有这些技能往往比较困难。

虽然“良好的团队合作精神”看似一个相当模糊的概念，但最新的研究已经能够清晰地识别有效团队成员所拥有的技能和个人能力。例如，团队研究人员通过问卷调查中的 35 个问题来评估个人如何应对常见的团队合作问题。该测试测量了团队合作的知识、技能和能力（knowledge, skills, abilities, KSA）的五个维度以及 14 项具体的团队合作能力（见表 9 - 1）。研究表明，团队合作测试的结果与同事和主管所衡量的团队效率有关。

**表 9 - 1　团队合作的知识、技能和能力（KSA）要求**

| KSA | 描述 |
|---|---|
| 冲突解除 | KSA 承认并鼓励可取的团队冲突，反之亦然 |
| 合作解决问题 | KSA 要认识到团队合作解决问题所遇到的障碍，并采取适当的纠正措施 |

续表

| KSA | 描述 |
|---|---|
| 交流 | KSA 非评估性地倾听并适当地采取主动倾听技巧 |
| 目标设定和绩效管理 | KSA 有助于建立具体的、有挑战性的和可接受的团队目标 |
| 计划和任务协调 | KSA 用于协调和同步团队成员之间的活动、信息和任务 |

资料来源：From M.J. Stevens, M.A. Campion, 1999, "Staffing Work Teams: Development and Validation of a Selection Test for Teamwork Settings," Journal of Management, 25 (2), 207-228. Reproduced with permission of Sage Publications, Inc. via Copyright Clearance Center.

另一项最新的研究表明，责任心、亲和力等人格特质以及认知能力通常与团队成员的评价和绩效结果相关。研究结果表明，切忌想当然地认为成员们具备在团队中脱颖而出的必备技能就能影响团队绩效。寻找收集潜在团队成员信息的方法，以便在选择成员时做出明智和系统的判断，而不仅仅是依靠直觉、专业技能的展示或肤浅的人品判断。换句话说，有很多方式可以帮助你挑选可能成为强大团队成员的人，但这并不意味着直觉是这一领域的最佳实践方式。

在考虑团队组成时，认识到每一个成功的团队都需要各种技能和才能来实现其绩效目标也很重要。也就是说，最关键的不一定是要找到所有技能和水平都很高的人。人们往往在特定领域中表现较为出色，应该将重点放在使团队多样化方面，并考虑多个维度以及潜在的互动，而非仅仅根据团队成员的个人优点来评估他们。正如足球教练罗克尼所说，仅仅拥有一队优秀的球星并不是球队成功的关键。能够在团队中发挥作用、齐心协力、善于解决问题且懂得人际关系技巧的能够互补的成员才是团队走向成功的关键。希腊男篮在 2006 年男篮世锦赛上以 101 ： 95 击败拥有众多 NBA 球星的美国队就是一个很好的例子。值得注意的是，希腊男篮的球员名单上只有一位 NBA 球员。“我们必须好好地学习国际比赛，”美国教练迈克 · 沙舍夫斯基（Mike Krzyzewski）说，“我们今天学到了很多，因为我们和一支打得很棒的球队一起打。”

当然，许多团队和管理者没有机会就选择团队成员提出意见，但是在团队中拥有合适的技能仍然是实现高绩效的原则之一——没有这些，对过程进行任何优化都无法实现目标。因此，更好地理解团队中存在的技能组合并考虑填补空白或减少冗余的策略通常是有意义的。现有成员也有可能学习并培养团队最终需要的技能。请参阅管理实践 9.1。

### 管理实践 9.1

#### 沃伦·巴菲特：与成功者合作

在管理模式上我的偶像是一位叫作埃迪·本内特（Eddie Bennett）的球童。1919 年，年仅 19 岁的本内特在芝加哥白袜队开始做球童，结果那一年白袜队打进世界大赛。第二年本内特跳槽到布鲁克林道奇队，结果道奇队赢得了 1920 年美国职业棒球大联盟冠军。可是我们这位传奇球童嗅出苗头不对，于是再次改换门庭，1921 年来到纽约洋基队。后来洋基队在 1921 年赢得队史上的美国职业棒球大联盟冠军。本内特仿佛知道未来会发生什么，从此安安心心待在洋基队。此后 7 年间洋基队 5 次赢得美国棒球联赛冠军。可能有人会问，这跟管理有什么关系？道理很简单，想要成为成功者，就要与成功者共事。

资料来源：Berkshire Hathaway.（2003）. Letter to the Shareholders. 2002 Annual Report. Omaha，NE.

### 共同目标和绩效目标

高绩效团队既能清楚地了解团队的目标，也相信该目标是值得追求的。最好的团队能够将目标转化为对要实现的基于结果的目标的清晰理解。事实上，团队专家越来越一致地认为，对于团队而言，团队中最强大的动机是一个明确且令人信服的绩效目标。如果没有明确的绩效驱动，很多事情就不那么重要了。高绩效团队明确知道应该完成什么，以及作为一个团队如何进行衡量和评估。

直接但容易被忽视的是阐明基于结果的而不仅仅是基于活动的目标（见表 9 - 2）。基于结果的目标描述了决定成功的具体结果，基于活动的目标只描述活动。例如，万豪酒店（Marriott Hotels）使用客户服务指数来评估酒店服务员的表现。联邦快递（FedEx）也有类似的举措，员工可以通过该方法评价他们的经理。基于结果的目标回答了以下问题：我们如何知道成功？我们何时才能宣告胜利？除非一个团队达成其具体目标，否则该团队成员必定要不懈努力。简单地说，如果不能树立共同的绩效目标，最好就解散团队。

**表 9－2　结果目标与活动目标的例子**

| 结果目标与活动目标 |
| --- |
| 结果目标：在下个季度赢得三个新客户<br>活动目标：制订开发新客户的计划 |
| 结果目标：在接下来的五个月内，将患者的平均病程减少一天<br>活动目标：通过减少病人医疗日数来节省经费 |
| 结果目标：将处理和审核新软件许可证所需时间减半<br>活动目标：重新设计新的软件许可流程 |
| 结果目标：在不产生任何额外薪水或福利成本的情况下，今年将优秀员工的留任率提高 20%<br>活动目标：让这家公司成为最佳工作场所 |
| 结果目标：至少 1/5 的收入来自使用不到两年的产品<br>活动目标：建立创新和新产品开发的文化 |

正如目标可以提高个人动机一样，目标也可以增强群体的动机。例如，一项对美国空军人员的研究发现，通过“设定目标”和“反馈计划”将战斗力提高了 75%。研究发现，那些为活动设定具有挑战性的财务目标的团体比那些目标较小的团体取得了更好的成绩。显然，群体目标可以产生较大的影响。

### 团队发展

团队发展通常分四个阶段，实现高绩效的关键是建立共享的、富有成效的规范，以及可以有效管理团队而非消除冲突的工作方法。

改善团队内部运营并提高团队效率的一种方法是认清团队发展的不同阶段。团队效率可能因为团队成员和领导者处理每个发展阶段的问题而受到影响。团队发展的五个阶段分别是组建期、激荡期、规范期、产出期和终止期。高绩效团队基本上都要经历前四个阶段，一些不成功的团队从未越过组建期。其中一个关键的团队合作技巧是加速团队发展过程。

- 组建期。在团队发展的组建期，首要关注点是成员进入团队的初始状态。当他们开始认同团队成员以及团队时，他们会问几个问题。他们担心的是：“团队能给我什么？”“我将被要求为团队做些什么？”

人们往往对于知晓可接受的行为、明确团队的真正任务以及自己在团队中的角色比较感兴趣。

- 激荡期。团队发展的激荡期是成员之间情绪高度紧张的阶段。成员之间可能会产生敌意和内讧，团队此时通常会经历一些变化。成员的期望往往可以得到澄清和进一步的陈述说明，注意力会转向那些阻碍实现团队目标的因素。包括业绩压力在内的外在需求可能会在此阶段在团队中产生冲突。当个体竞相将他们的偏好强加于团队并实现自己理想的身份和地位时，领导及权威也可能会受到挑战。
- 规范期。规范期是指团队开始以一个协调的单位聚集在一起的阶段。激荡期人际关系的摸索和竞争行为往往会被一种不稳定的平衡力量取代。作为一个整体，团队将试图对相关行为进行调解，以找到一个相对和谐的平衡点。少数人的观点和倾向、偏离或质疑群体方向都将受到劝阻。事实上，对一部分人来说，让团队团结起来可能比成功地完成团队的任务更重要。
- 产出期。在团队发展的产出期，可以看到一个成熟的、有组织的、功能良好的团队呈现出来。团队在该阶段能够处理复杂的任务，并以创造性的方式处理成员之间的分歧。组织结构稳定，成员受到团队目标的激励，通常能够感到满足。这一阶段的挑战大多与任务执行方面的后续工作有关，但也致力于持续的改进和自我更新。
- 终止期。团队发展的终止期包括完成任务和团队解散。一个有计划的结局通常包括对参与和成果的认可，并为每位成员提供告别的机会。在这一阶段，最有效的干预措施是促进任务终止，并减少成员进入其他任务状态时所伴随的恐惧感。

富有成效的准则。准则通常是适用于团队成员的不成文的规则或行为标准，可以是规范类的（规定应该做的事情），也可以是禁止类的（规定不可以做的事情）。准则允许成员预测其他人将做什么，帮助成员获得方向感，并加强团队文化建设。团队运营时应用多种类型的准则（沟通、守时、正规程度），其中最关键的是与工作、会议和信任有关的准则。表 9－3 列出了富有成效和尚无成效的准则的例子。

表 9-3　富有成效和尚无成效的准则的例子

| 工作团队的常见准则涉及与主管、同事和客户之间的关系，也关注诚信、安全、个人发展和变革等方面。以下给出了这些团队准则中积极与消极两方面的案例。 |
|---|
| 组织及个人荣誉感准则<br>• 富有成效的准则：在这里，人们为受到不公平抨击的人挺身而出是一种传统美德<br>• 尚无成效的准则：在团队中，每个人都是为了各自利益 |
| 绩效卓越准则<br>• 富有成效的准则：在团队中，即便已经做得很好，但大家还是在努力提高<br>• 尚无成效的准则：在这里，没有人会这般努力，所以再努力也没有意义 |
| 团队合作准则<br>• 富有成效的准则：在这里，人们是优秀的倾听者，会积极寻求他人的想法和建议<br>• 尚无成效的准则：在团队中，竞争是激烈的，你必须不断努力提升自己 |
| 领导准则<br>• 富有成效的准则：在这里，人们尊重领导者并力图寻找担任领导角色的机会<br>• 尚无成效的准则：在团队中，每个人都避免担任领导角色 |
| 守时准则<br>• 富有成效的准则：准点意味着迟到，早到才能准时<br>• 尚无成效的准则：不要担心准点到场，无论如何，在前 10 分钟里，基本无法完成什么事 |
| 直言不讳准则<br>• 富有成效的准则：在团队中，人们表达的就是他们所想的。人们不需要谨慎行事或顾虑弦外之音<br>• 尚无成效的准则：在这里，如果你使用足够多的商业术语，那你便可以用你的“废话”对付所有事情 |
| 生产力准则<br>• 富有成效的准则：在团队中，人们不断寻找更好的做事方式<br>• 尚无成效的准则：在这里，人们倾向于坚持旧的做事方式，即使它们已经过时 |

具有鼓励成员培养吃苦耐劳品质准则的团队往往更容易成功地完成任务。在一个高绩效团队中，当有人违反团队规则时，其他成员通常会试图以强制执行规则的方式做出回应。这些回应可能包括提出建议、直接批评、谴责、驱逐出队等。强有力的准则创造了一种团队文化，成员可以撇开个人问题并开展互相挑战，在这个过程中仍不会感到不安或心存戒备。毫无

疑问，取得高绩效的团队和没有取得高绩效的团队之间的区别通常在于是否建立并执行富有成效的准则。

### 相互间责制

在高绩效团队中，成员各司其职，他们因贡献而获得奖励，因怠慢而面临淘汰。有效团队的特点是成员之间高度互信，关注团队文化建设。如果不认为团队成员值得信任，也不相信他们会为他人的利益着想，则难以建设高绩效团队。有效团队会找到合适的方法来奖励为团队做出贡献的人，责任在一定程度上是由团队奖励模式决定的。

团队奖励有两种基本类型：合作奖励和竞争奖励。合作奖励在团队成员之间平均分配。也就是说，该团队因成功的表现而获得奖励，每位成员都获得完全相同的奖励。这种奖励模式不承认个人在努力或表现上的差异。合作奖励忽略了一些成员对团队任务绩效的贡献高于其他成员。这种类型的不公平会降低高绩效团队成员的积极性（见管理实践 9.2）。

## 管理实践 9.2

### 团队合作奖励活动

当纳利（R.R. Donnelley & Sons）是美国最大的商业印刷商之一，印刷书籍、目录、邮件广告和电话簿等。当纳利采取一项非常有趣的策略来进行团队合作奖励。

在当纳利集团，团队奖励系统基于“游戏”这一概念。当纳利集团的印刷机操作员在赛车爱好者的帮助下开发了一款名为 NASCAR’98 的游戏。在这款游戏中，一支“赛车团队”由一个胶印机工作团队组成。该游戏的目的是节约材料，游戏的目标是与前一年相比减少浪费。

每位印刷机操作员都会选择一个真正的 NASCAR 驱动程序和一辆 Matchbox 汽车，然后将其粘在墙上。汽车底部的尼龙搭扣可以将汽车粘在尼龙轨道上。汽车在赛道上的位置将根据所代表的印刷机按照减少浪费目标的情况而定。与团队自身的初始表现对比是主要的想法，因为当纳利希望这些目标纯粹是合作的而非团队间竞争。

每个月都有一位获胜者——与自己的目标相比表现最好的印刷机操作

员。每一位获胜者都会收到一面真正的NASCAR方格旗——许多获奖的印刷机操作员都将其悬挂在工作区。此外，获奖团队还会在全年的获胜者图片库中进行展示。当月获胜者可获得价值40美元的个人礼券，每位团队成员都可在当地购物中心使用这些礼券。如果有印刷机操作员在一个月内完成所有目标，但他不是所在部门内的最佳者，则所在团队的每位成员可获得20美元的个人礼券。

玩游戏教会了员工当纳利集团的业务，这是课堂培训永远无法做到的。游戏不仅激发了员工对企业战略目标的意识，而且比课堂培训更有趣、更有吸引力。也许最重要的是，游戏证明了团队合作奖励活动是合适的且具有激发性。

在竞争激烈的团队奖励制度下，成员作为团队中的个体，如果表现出色，就会获得奖励。他们获得的公平奖励因个人表现而有所不同。它不仅为个人努力提供了强大的动力，也可能造成成员之间相互攻击。

竞争意识强的团队根据成员的努力或表现给予不同的奖励。虽然竞争性的团队奖励可能会让效率高的成员感到高兴，但也可能会削弱团队的凝聚力。

两种奖励系统中哪一种最合适取决于任务相互依存的程度。将合作奖励应用在相互依存度低的团队中，可能会引发不必要的合作，也可能影响个人的表现，甚至会导致社会懈怠现象的出现。当竞争奖励应用在相互依存度高的团队中时，也会出现类似的不匹配现象。在这种情况下，希望通过自己的努力获得回报的成员将会对团队的集体精神带来打击。

在许多基于团队的组织中，奖励结构的构建使得至少一部分团队成员的薪酬取决于整个团队的绩效。这不仅可以促进团队合作，而且减少成员之间的竞争动机。如何分配奖励还应基于个人贡献是否显著（显而易见的）。以棒球运动员为例，展示个人表现相对容易，然而，对于一名足球运动员而言，其个人表现通常在很大程度上取决于其他球员的表现，这样说来，团队合作奖励机制更为合适。

由于团队绩效难以跟踪，而且人们采取的行动对团队获得的成果有多大贡献往往模糊不清，使用多种评估来源（例如同事和客户）对团队尤为重要。同伴评估可以让成员获得有关其绩效的直接反馈，并帮助团队执行绩效准则。

简而言之，创建高绩效团队可以归结为：（1）保持小规模；（2）专注于互补的技能；（3）设定基于结果的明确目标；（4）执行富有成效的准则，做好矛盾处理；（5）将奖励与贡献相匹配，至少一部分团队成员的薪酬取决于团队合作（见表 9－4）。

**表 9－4　功能障碍与高绩效团队的纪律**

| 有效团队的关键并非特别难以理解——但事实证明它们非常难以做到。下面将列出最常见的和最隐蔽的团队陷阱或功能障碍，克服这些可以帮助团队变得高效且愉快。 |
|---|
| 1. 团队过于庞大。保持最佳团队规模（3 ～ 10 人）。“如果我们有太多成员，我们将对其进行分组并选择代表成立一个小型协调小组。” |
| 2. 随意的团队任务分配。关注团队成员，确保技能互补。“我们拥有所需的技术（功能）、解决问题的能力和人际交往能力。在这项工作的基础之上，没有人是多余的，每个人都有独特技能为团队做出贡献。” |
| 3. 不注意结果。树立共同目标和明确的结果。“这是我们的目标，这是我个人在团队中所要扮演的角色和实现的目标”“我们衡量成功的标准是……” |
| 4. 缺乏承诺和信任。建立富有成效的准则和合适的工作方法。“我们执行有关工作、会议和矛盾处理的准则。我们鼓励在个人支持情况下的激烈讨论和抗衡。我们的会议紧凑且纪律严明。” |
| 5. 责任不明确。建立相互问责制。“我们要对此负责，为什么我们必须共同努力，以及如果我们成功，将获得何种奖励。” |

这些听起来很简单，但是，要提醒的是，这场战斗的关键在于执行这些简单的规则。

## 管理对团队绩效和决策的威胁

正如公司可以通过两种方式变得更有利可图——增加收入或降低成本，团队可以通过构建协同效应（与独立工作相比，那些在团队中进行得更好的活动）或减少威胁来提高绩效。威胁指的是团队中可能出现的任何问题，控制威胁往往比激发协同效应更容易。接下来将找出对团队绩效最常见的威胁——信息处理偏差、社会懈怠和从众性——以及控制它们的策略。

在过去的50年里，对群体动力学的研究表明，团队精神对人们的影响是非常强大的，有时甚至让人感到可怕。具体阐释如下：

- 风险转移。当个体以团队形式在一起时，他们对风险做出的决策与独自一人时不同。在团队中，他们可能会做出风险更大的决策。一方面是因为共同承担风险可以降低个人风险；另一方面团队成员可能不想辜负同事的期望，因此变得厌恶风险（有时称为保守转移）。不论怎样，当个体以团队形式在一起时，他们通常会做出比个体更极端的决策。
- 无辜的旁观者。团队中的成员关系有时会引发责任分散效应，在这种情况下，团队成员认为个人责任是有限的，因为其他人可能会站出来采取行动。人们之间责任分散的极端状态称为“无辜旁观者效应”。
- 抑制。人们往往会因为被注视而受到刺激，这是人们与生俱来的一种先天倾向。事实上，团队最大的作用之一就是促进社会的便利，通过该作用的发挥，个人的积极性和表现会因他人而提高。然而，他人的存在也会产生巨大的压力和焦虑，以至于团队成员的表现实际上也会受到影响，甚至低于他们在独立状态下的能力。这种影响通常称为抑制，研究发现，当人们不擅长手头的工作时，这种情况极易发生。
- 承诺升级。团队成员即使面对明显的错误决策，也会坚持采取失败的行动，这种情况称为承诺升级，第3章已讨论过，这也是一种个人决策偏差。也许最糟糕的是，投入资源越多或潜在损失越严重，团队成员就越容易做出承诺升级。
- 从众和服从。如果团队成员既没有能力也没能掌握专业知识来做出决策，尤其是在面临危机时，他们会将决策权交给团队。正如斯坦利·米尔格拉姆（Stanley Milgram）的著名研究所发现的那样，人们很容易将自己视为实现他人愿望的工具，因此不再认为自己需要对自己的行为负责。一旦人们出现这种观点，真正客观的团队决策的可能性就会严重缺失。

## 信息处理偏误

大多数人在与团队成员的交流中把沟通视为理所当然，但也要知道，没有什么神奇的事情仅仅因为你们聚在一起而发生。事实上，最困难的挑战之一是克服自然产生的信息处理偏误，包括狭隘的观点和不对等的沟通。

首先，人们非常不善于从别人的角度看问题。例如，那些了解其他人不了解的信息和知识的人，即使在别人不可能知道的情况下，仍然倾向于认为大家都知道。研究表明，人们经常严重高估自己的知识库与他人的知识库之间的重叠比重。此外，人们错误地认为其他人对世界也有着相同的潜在假设。

其次，如果不加以管理，在一个团队中，总会有少数人讲起话来滔滔不绝，这不可避免地导致不对等的沟通。例如，在一个典型的四人小组中，两个人的讲话占了 70% 以上。当然，这并不总是不正常的，但是有证据表明，说话的人可能并不是最了解问题的人。此外，如果有一两个人主导讨论或过度影响决策，团队决策的力量就会丧失。

亟须解决的一个持续威胁是，团队互动中并不总会出现独特的信息，因为团队成员更可能讨论每个人都知道的信息，而不是每个人可能拥有的独特信息。因此，决策将偏向于通常共享的信息所指向的维度。这往往意味着技术资料没有得到应有的重视，因为它可能只由一位成员持有。

有效团队能够掌握规则来有效地处理团队内部的信息，并让所有成员参与提出想法并做出决策。高绩效团队将讨论引向独特的信息，最大限度地缩小地位差异，并将任务框定为需要解决的问题（通过积累证据）而不是做出基于观点的判断。为了确保将相关信息纳入团队讨论，经常使用“迂回战术”（正式允许每位成员发言），并邀请那些感兴趣的和掌握专业技能的人发言。

另一类威胁本质上是社交性的，包括社会懈怠（人们会选择成为搭便车的人）和从众性（人们为了被团队喜欢或接受而做出糟糕的决定）。

## 社会懈怠和自我约束行为

对有效团队流程而言，最广为人知和最受鄙视的威胁可能是社会懈怠，或者更简单地说，搭便车。基于团队中的经验，大多数人都非常熟悉这种现象。马克斯·林格尔曼（Max Ringelmann）在一次简单的实验中首次正式发现了这种现象。他要求人们尽可能用力地拉绳子，先是独自一人，然后是一群人。他发现，随着越来越多的人参与到拉绳子的活动中来，他们的平均努力程度都有所下降（见图 9 - 2）。

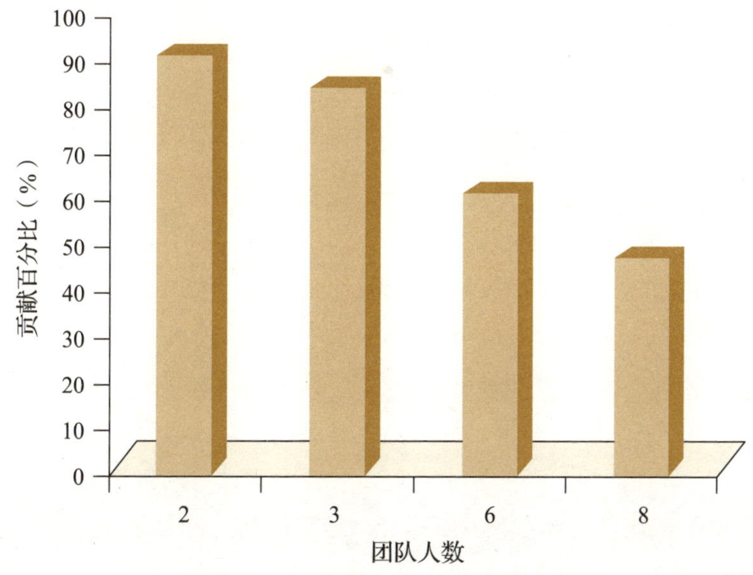


图 9 - 2　社会懈怠（搭便车）现象

在今天，林格尔曼效应用来描述这样一种情况：有些人在团队中工作不如自己一个人工作努力。造成这种结果的原因是缺乏实际的或可感知的个人责任。一方面，社会懈怠的人可能会意识到他的贡献在群体环境中不太明显；另一方面，社会懈怠的人可能只是喜欢让别人承担工作的全部或大部分。

一般来说，大多数人都希望公平分配工作，痛恨搭便车行为。团队成员通常担心，他们会被留下来完成所有工作，却在信誉方面一无所获。这可能导致所谓的“吸管效应”（sucker aversion）。因为每个人都想避免被利用，所以团队成员会对自己所做的努力进行自我保护，然后等待其他成员采取行动。显然，当每个人都这么做时，没有人愿意做出贡献。当人们看到别人没有做出贡献时，他们的怀疑就会得到证实，他们会努力避免成为一个傻瓜（“我不是傻瓜，如果这些人都不愿意做出贡献，我为什么要呢？”）。几乎所有参与过团队项目的人都熟悉社会懈怠这一现象。已得出的经验是，在以学生为基础的团队项目中，最有才华的学生往往对团队合作最不满意，因为他们不得不拖着“懒虫”开展工作，并且必须在团队工作中承担较大的工作份额。

也许解决社会懈怠问题的最佳策略是辨识能力。这意味着要想方设法让每位成员将自己对某项任务的贡献以某种方式呈现给他人。在这种情况下，与团队整体表现相比，人们不太可能懈怠。如果一份团队合同规定了“搭便车”行为的后果以及同伴评估，这将是一个极具识别性的策略，有助于团队减少“搭便车”行为。如果一项任务有足够的参与度、吸引力或乐趣，那么社会懈怠现象也会得到改善。

一个相关的团队功能障碍称为自我约束行为，当团队成员选择约束自己对团队工作的参与时，这种现象就会发生（见管理实践 9.3）。虽然它类似于社会懈怠，但自我约束行为有一点不同。社会懈怠的人试图确保没有人察觉到他们在偷懒，结果是他们侥幸逃脱，然而，自我约束者会觉得参与活动没有任何回报，公然减少他们对团队活动的参与度。例如，某位团队成员可能会说：“上次我们这么做纯属浪费时间——没有人会听我们的建议——所以为什么要费劲呢？”

## 社会从众

社会从众是团队合作中反复出现的一个现象，尽管有时感觉很微妙，但常常会限制良好决策的效力。社会从众包括承担符合团队意愿的社会压力（见管理实践 9.4）。也就是说，团队成员努力保持和谐和团队凝聚力，以避免意见不合带来的不适。这样做的时候，他们往往会做出糟糕的决策。社会心理学家欧文·贾尼斯（Irving Janis）称之为团体迷思（groupthink）——在一个较有团队精神的团体，成员为维护团体的凝聚力，追求团体和谐和共识，忽略了最初的决策目的，不能进行周详评估的思考模式。贾尼斯指出，在高凝聚力的团队中，压力会导致成员怀疑个人观点而不愿反驳他人提出的观点。他们希望将团队成员团结在一起，在他们眼里，这比正在考虑的决策更为重要。为了避免令人不快的分歧，人们过分强调意见一致而低估了对备选方案的现实评估。这种情况可能会导致决策失误。

## 管理实践 9.3

### 当团队成员投降时

如前所述，由于存在共同的绩效目标、责任感和使命感，高绩效团队能茁壮成长。若干因素的存在或许会削弱这种使命感，导致自我约束行为，这就好比部分团队观察员所说的"举起白旗"（类似于在战斗中投降）。最可能导致自我约束行为出现的条件包括：

- 掌握专业技能的优秀专家在场。当一位团队成员从高度专业化的角度对某个问题做出评论或决策时，团队成员将会对自我进行约束。
- 提出令人信服的论点。团队成员会自我限制，如果行动过程中的论点极具说服力或与他们自己的想法相似，团队成员将会对自我进行约束。
- 对自己的贡献能力缺乏信心。如果团队成员不确定自己是否有能力参与讨论、参加活动或做出决策，团队成员将会对自我进行约束。这一情况在备受关注的决策中尤为常见。
- 不重要或毫无意义的决策。如果决策没有影响到团队成员或他们所在的团队，或者他们发现自己的努力与团队的成功或失败之间存在联系，那么团队成员就会在精神上退缩或采取一种"不管不问"的态度，从而对自我进行约束。
- 不正常的决策环境。如果其他团队成员感到沮丧或无动于衷，或是团队陷入困境或组织混乱，团队成员将会对自我进行约束。

资料来源：Mulvey，P.W.，Veiga，J. F.，and Elsass，P.M.（1996）. When teammates raise a white flag. Academy of Management Executive，10（1），pp.40-49.

## 管理实践 9.4

### 团队如何打"好"一场战斗

优秀的团队领导者知道团队中的冲突是不可避免的。理性地看，在不确定的情况下做出重要决策，对于最佳行动方案几乎总是会产生分歧。人们也知道，如果没有冲突，团队可能会失去效力。因此，团队成员间可以互相挑战，并创建更多的选择，以便最终做出更好的决策。要知道，冲突的替代方案通常不是达成协议而是冷漠和逃离。

然而不幸的是，冲突对团队来说也可能是无效的，甚至最终会产生灾难性的影响。好比一条信息量丰富的评论可以理解为人身攻击，面对两难选择时的失利可能演变为对同事的愤怒。因此，面临的挑战是，在问题上保持建设性的冲突，防止其恶化为人与人之间反常的冲突。换句话说，这样做的目的是鼓励团队成员在不破坏团队合作能力的前提下进行辩论。

在一项对12个团队的比较研究中，一组研究人员发现，表现最好的团队能够反复采取一致的方式处理冲突。更确切地说，提炼出的一套涵盖六种策略的方法，具有鲜明的特色，可以说是找到了一种颇具成效的“战斗”方法。

- 他们选择处理更多的信息。
- 他们创建了多种选择以丰富讨论。
- 他们建立共同的目标并不断向其看齐。
- 他们努力将幽默的风格融入团队讨论中。
- 他们努力保持相对平衡的企业权力结构。
- 他们在不强制达成共识的情况下解决问题。

这些策略之所以奏效，是因为它们将冲突集中在问题上，目的是促进团队成员之间的合作而不是竞争，同时也在决策过程中创造一种公平的感觉。

资料来源：Eisenhardt，K.M.，Bourgeois，L.J.，and Kahwajy，J.L.（2009）. How management teams can have a good fight. Boston：Harvard Business Publishing.

“团体迷思”最著名的案例之一是总统顾问团，在1961年的猪湾事件中，顾问团差点导致美国总统约翰·肯尼迪（John F. Kennedy）下令入侵古巴，并可能引发核战争。第一次挑战者号航天飞机失事是一种“团体迷思”，美国宇航局（NASA）官员无视工程师们的担忧，对他们施加了巨大压力，因此，即便存在基于证据的担忧，最终他们还是改变了最初的不发射决定。

与“团体迷思”相关的一种社会从众行为称为阿比林悖论（Abilene

paradox）。这个悖论的名字来自一则寓言，描述了四个成年人坐在距离阿比林约 53 英里的得克萨斯州科尔曼小镇的 40 摄氏度高温下的门廊上。他们尽可能少做运动，喝柠檬水，看着电风扇懒洋洋地旋转，偶尔还玩多米诺骨牌游戏。寓言的主角是一对已婚夫妇及女方的父母。在某个时候，女方的父亲建议他们开车去阿比林，在那里的自助餐厅吃饭。女婿虽然认为这是一个疯狂的想法，但他认为没有必要固执己见，所以他同意了，那两位女士也同意了。他们钻进没有空调的汽车，冒着沙尘暴开车去阿比林。他们在自助餐厅吃了一顿糟糕的午餐，等回到科尔曼已经筋疲力尽，浑身燥热，并对这段经历极不满意。

直到他们回到家中，才发现没有一个人真的想去阿比林，他们只是想要一起去，因为他们认为其他人都想去。对许多团体来说，这种潜在的达成协议的压力是一个隐形的陷阱。与人们最本能的恐惧——冲突将导致团队的最终灭亡——恰恰相反！通常，对团队而言，真正的威胁是无法处理协议。如果你想亲身体验这种矛盾，只需建议你的团队为下次会议订几份比萨，然后问他们："你们想吃什么？"最终确定的比萨不太可能是团队成员单独点时想要的比萨，当然，这可能代表着有效的妥协，也可能反映出成员们想要随大流或满足其他人的意愿——这是一个糟糕的团队决策形式。

那么，如何避免各种形式的社会压力？当然，你永远不可能让一个团队完全摆脱达成一致的倾向，但是表 9－5 列出了几个可操作的步骤，可以帮助一个团队避开阿比林悖论和"团体迷思"所造成的后果。

**表 9－5　帮助团队避免社会从众的策略**

- 让每一位团队成员都成为一名关键的评估者
- 鼓励分享不同的意见
- 不要让领导者偏袒某一行动方针
- 创建具有不同领导者的子小组来处理同一问题
- 让成员与外界讨论问题并汇报
- 邀请外部专家观察团队讨论并做出反馈
- 让不同的成员在每次会议上扮演"故意唱反调"的角色
- 为竞争团体的意图编写备选方案
- 一旦做出初步决定，就可以开始筹备"跟进式"会议
- 利用支持投票和匿名投票
- 采取电子会议的方式

## 有效的团队干预措施

基于对高绩效团队的基本原则的解读，也了解了最常见的、容易使团队偏离目标的潜在威胁，有必要探索如何有效干预以刺激绩效并避免异常现象发生。在此列出了五种已被证明有助于从各个方面构建高绩效团队的干预措施：（1）举行有成效的会议；（2）了解成员个人信息；（3）建立团队凝聚力；（4）进行事后评审和过程检查；（5）处理搭便车行为。

### 举行有成效的会议

如果一个团队中的成员普遍都在抱怨，可能是因为他们参加了太多糟糕的会议。因此，改善团队的一个直接方法就是限制会议的次数，并使会议的效率最大化。

首先也是最重要的一点，养成每次会议开始前都思考的习惯：（1）在这次会议上，需要做的两三件最重要的事情是什么？（2）需要占据每个人多少时间？仅仅这样的思考就能帮助人们在面对如此多的会议时创造方向感和紧迫感，避免浪费时间和没有方向感。如果你觉得有必要进行社交活动（这通常有助于提升团队精神和士气），那么首先要关注会议的目标，再开始交流或许会更好。但是尽量让这样的会议简短一点，越短越好。另外，也要试着加快做事的速度。管理工具 9.1 综合了关于召开会议的一些最佳方法。许多高效的管理者都采取了类似的方法，以便将团队成员召集在一起开会时能够使会议更有效。

**管理工具 9.1**

**如何举行有效的会议**

- 一定要按照议程来开展工作，最好能够提前部署，如若不行，至少要在会议开始时确定下来。
- 指定一名抄写员记录会议的讨论和结果。
- 采取“回合制”并直接征集感兴趣的或是掌握专业知识的人员，以确保将所有相关信息纳入讨论中。
- 明确地将任务分配给指定成员，并让公众（在团队面前）知道他们是否愿意在截止日期前完成任务。

- 即使是在一场简短的会议中，也要避免自己引导所有讨论的情况发生。尝试通过邀请成员参与领导不同层面的讨论来最大限度地提高成员参与度。
- 推动团队专注于最初确定的重要会议目标。将与此次会议目的关系不大的好创意的讨论推迟到以后的会议上。
- 每次会议结束时，简要回顾已完成的工作，明确重申待执行项目以及哪些成员负责这些项目，并争取确定下次会议的时间。

## 了解成员个人信息

人们经常会发现，如果团队成员彼此了解，团队往往会表现得更好。虽然在某种程度上确实如此，但不幸的是，人们对他人的了解往往是浅层的（如家庭、爱好），与如何在团队中有效地合作关系不大。

迈尔斯-布里格斯类型指标（MBTI）是一种广泛用于帮助团队成员更好地相互理解的工具。正如第1章所讨论的，迈尔斯-布里格斯类型指标作为一种对个性的判断得到广泛应用。它对团队建设也能产生很大作用。这是因为迈尔斯-布里格斯类型指标揭示了与团队相关的重要互动的个人偏好，比如人们喜欢如何收集信息、安排讨论或是做出决策。

一起回顾团队中不同的迈尔斯-布里格斯类型指标将会带来好处，包括识别冲突的根源，为改善沟通模式打下基础，根据偏好分配工作（假设人们同意对他们的偏好的确认），提供框架以便更好地理解和解决冲突，并增加对如何最好地利用所有成员可行且有效地解决问题的理解。

## 建立团队凝聚力

团队成员实际遵守团队规范的程度受团队凝聚力的影响。凝聚力是指群体吸引并激励成员成为其中一部分的程度。在具有高凝聚力的团队中，人们往往重视自己的身份和资格，并努力与其他团队成员保持积极的关系。

加入一个团队越困难，这个团队就会越有凝聚力（见管理实践 9.5）。兄弟会强制成员做出承诺，是为了把那些不愿意付出的人排除在外，并强化那些愿意付出的人参与到互助活动中的意愿。但是，一般组织提升凝聚力不必像兄弟会那样明目张胆地采用强制手段。被一所好医学院录取的竞争促进了一年级医学新生班的高度凝聚力。如常见的加入某个组织的仪式——申请、考试、面试和对最终决定的漫长等待——都有助于创造团队凝聚力。有关建立团队凝聚力的方法详见管理工具 9.2。

## 管理实践 9.5

### 令人质疑的安全返回

欧内斯特·沙克尔顿爵士（Sir Ernest Shackleton）及其南极之旅，是一个展示团队中超强凝聚力的最有力的历史案例之一。在菲利普·莫里斯有限公司（Philip Morris Co.）创建的创新管理培训计划中，管理者被要求置身于沙克尔顿的探险队中，体会“共同目标的力量之大”。

这次探险有趣的一个方面是，沙克尔顿为他的船员做了广告宣传，上面写着：“加入南极探险队！我们向你保证：工资低，气候恶劣，安全返回。”然而，他还是收到了 5 000 多份申请！如果人们意识到自己有冒险的机会，可以分享价值观和共同的目标，那么他们会为了团队去忍受或做出牺牲，这是很明显的事实。

资料来源：Block，P.（2000）. Safe return doubtful.AQP News for a Change，June，1-3.

## 管理工具 9.2

### 如何建立团队凝聚力

- 一起安排社交时间。
- 就团队目标达成一致。
- 重点关注与外部团队的竞争。
- 根据团队成果奖励成员（合作奖励而不是竞争奖励）。
- 减少与其他团队的联系。
- 营造“危机意识”。

可以采取相反的步骤来降低团队凝聚力。当一个高度团结的团队在执行不容乐观的绩效规范，而改变这些绩效规范所做的努力都失败时，这种行动可能是必要的。

具有高凝聚力的团队成员往往关心团队的活动和成就。与在低凝聚力团队中工作的人相比，他们往往更有活力，更不易缺席，对团队的成功感到更快乐，对失败感到更沮丧。然而，有凝聚力的团队并不总是能带来高绩效。关键的问题是凝聚力是否支持高绩效的任务结果。图9-3有助于回答这个问题："不同的规范和凝聚力水平如何结合起来影响绩效？"

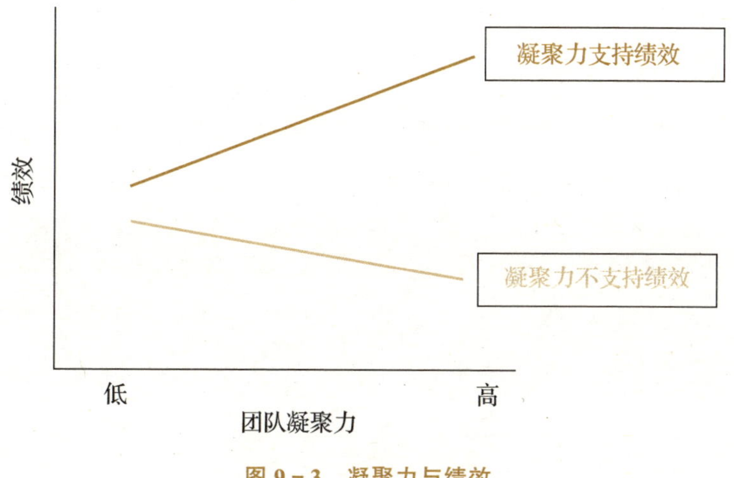


**图9-3　凝聚力与绩效**

当凝聚力支持绩效时，该图表明可以达到高绩效，但也存在凝聚力抑制绩效的情况，那么该团队不太可能表现得很好，如图9-3所示，这会造成较为糟糕（低绩效）的情况。从本质上来看，凝聚力对团队绩效很重要，但是团队中存在的规范将决定凝聚力是导向高绩效还是低绩效。记住，尽管规范是不成文的，但它们对那些只想做事情而避免打破常规（带来不适）的人有着强大的影响。因此，尽管提高团队凝聚力很重要，但同样重要的是要注意所设定的规范类型（富有成效和尚无成效）。

## 进行事后评审和过程检查

从经验中学习并以团队为单位更聪明地开展工作是高绩效的一个基本要素（见管理实践 9.6）。优秀的团队也会有“建设性的失败”，在这种情况下，错误往往不被视为受惩罚的原因，而看作成长和发展的机会。高绩效团队不会重复先前的错误，相反，人们会从中进行学习。

### 管理实践 9.6

#### 高尔夫争霸赛：团队工作的潜在魔力

高尔夫球是所有运动中最具个性的运动之一。每一次击球都在运动员的控制之下，而且与网球或棒球不同，甚至对手的行为也与个人的发挥无关。团队得分实际上是所有成员得分的总和。但是流行的“混打赛制”改变了这一切。在混打赛制中，四人组的玩家先打自己的球，然后从四次击球中最好的位置打出下一个球。也就是说，即使你自己的球打偏了，你也要抓住你那可怜的球，把它放在你所在团队的最佳击球位置。如果你曾经以这样的方式打过球，你可能已注意到团队的神奇之处。例如，在最近的一次混打比赛中，第一作者做出了如下观察。四名成员都会有一些不尽如人意或是极好的击球——这让彼此有了互相嘲笑和肯定的机会。四名成员互相提出了建议，并就下一球的最佳位置做出了共同的决定。在回合结束时，笔者计算了得分，发现打的成绩是低于标准杆三杆，比任何一个人单独完成的都要好得多，而且让人感觉更有趣。当他们像这样开展工作时，团队就会变得很神奇。

军事指挥官们早已认识到，在生死攸关的情况下，犯两次同样的错误，或者不从以往的失败中吸取教训，结果可能是灾难性的。管理工具 9.3 改编自美国陆军的最佳演习，代表了一个有针对性的过程检查，以确保团队意识到自己做得好与不好（见第 3 章对行动后反思的进一步描述）。

## 处理搭便车行为

在处理社会懈怠问题上，你在处理一位懈怠的队友之前应该考虑三个步骤。第一，根据所呈现的行为正确陈述问题而不是使用像“缺乏动力”

或“懒惰”这样的标签。第二，问问你自己，对于你所感知到的问题给出反馈。也就是说，这种行为是否会影响团队或其他成员的工作能力，或者这种行为是否会破坏团队内部的工作关系？第三，考虑一下你是否收集到了与事件人物相符合的事实？通常当得出结论时（就像用一个标签来描述一个情况时那样），人们真的没有足够的事实来支持该结论。

积极减少懈怠的一个策略是在团队内部创建口头规范，并在问题发生之前解决它。也就是说，在设定目标、分配任务或进行分工之前，团队可能会讨论并就不负责任的成员达成一致意见。这可以帮助建立更高层次的相互问责制，并让所有成员在出现搭便车行为时都有一个共同的参考标准。

**管理工具 9.3**

### 进行团队过程检查

为了帮助评估团队是否有效地运行，让每位团队成员完成一个过程检查表，在确保团队良好运行的一组维度上，以10分的等级对团队进行评价。问题可能包括：

- 你对你的想法被团队采纳有多满意？
- 我们的团队目标是否清晰，且为所有团队成员所理解？
- 评估团队决策的质量。
- 团队如何遵循议程并在最后期限内达成一致？
- 团队如何遵循自己的基本规则？
- 团队如何充分激发并利用员工的技能？
- 评估你向其他团队成员寻求帮助时的舒适程度。
- 团队如何解决意见分歧？
- 总的来说，你如何评价团队运作能力方面的优劣？

## 团队的创造力

随着全球竞争的加剧以及团队面临的挑战变得越来越复杂，团队的创造力越来越受到重视。创造力是一种新颖的想法，这种能力往往很难在团队中进行培养。人们可能会认为创造力源于较少的结构和程序限制，但对于团队管理而言，创造力的培养并不完全依靠“放手”。产生创造性结果的团队通常拥有一个鼓励和奖励创造力的环境——人们不仅仅希望它出现就好。正如管理学家德鲁克所言：“在成功的创新中，发生的大多数事情，并非偶然的灵光一现，而是对一门不起眼但系统化的管理学科的认真实施。”

促进团队创造力培养的两个关键因素是：（1）互相信任且勇于承担风险的氛围；（2）严格按照要求使用创造性的问题解决工具和流程。

## 互相信任且勇于承担风险的氛围

创意团队拥有安全的环境，其特征是开放、相互信任和愿意挑战彼此的想法。在这样的团队中，成员愿意共享信息，并充分表达假设和解释上的差异。团队成员将错误视为学习经验和创造性过程的一部分。该类团队避免使用“创意杀手”常用的语言，并将重点放在“创意推手”上（见表 9－6）。

表 9－6　创意推手与创意杀手

| 创意的关键之一是使用包容和鼓励创造性想法的语言，而不是过早地扼杀它们。下面是团队中常用的两组语言风格。 |
|---|
| **创意杀手** |
| • 我们之前尝试过<br>• 那是行不通的<br>• 这代价太大了<br>• 这不是我们的工作<br>• 你在这里不可以这样<br>• 我们的客户绝不会买那种东西<br>• 我们以前不是这样做的<br>• 我们现在做得已经够好了<br>• 你说的可能是对的，但是……<br>• 如果它还没彻底坏掉，就不要管它 |
| **创意推手** |
| • 我们如何改进……<br>• 还有谁能在此基础上再改进<br>• 我们有多少种其他方法……<br>• 我可以问个问题吗<br>• 我们遗漏了哪些<br>• 还有谁会受到影响<br>• 如果……会怎样 |

资料来源：Gorman，C. K.（2000）. Creativity in business ：A practical guide for creative thinking. Menlo Park，CA：Crisp Publications.

## 创造性的问题解决工具

掌握一套技能来帮助你充分利用团队成员的不同才能是创造性地解决团队问题的第二个关键。产生创造性思维最成功的方法包括鼓励发散思维、细分、类比和逆向思考。

### 发散思维

解决问题的最直观的尝试依赖于聚合思维——从一个已定义的问题开始，然后生成解决问题的替代方案。聚合思维旨在为一个明确定义的问题推导出一个最佳（或正确的）答案。它强调速度、准确性和逻辑性，侧重于积累信息、识别熟悉的信息、重新应用技术以及保存已有信息。它基于对现有知识的熟悉程度，往往对存在于现成答案中且只需从存储的信息中回忆的情况最有效。

相比之下，发散思维则涉及从现有信息中产生多个或替代性答案。它需要进行意想不到的组合，识别间接关联，并将信息转换为意想不到的形式。通过发散思维得出的针对同一问题的答案可能因人而异，却具有相同的价值。它们可能从未存在过，因此通常是新奇的、不寻常的或是令人震惊的。

### 细分

刺激发散思维的一种方法是将问题、产品或服务等分解成最小的组成部分或属性。一旦问题或项目被细分，则需要考虑对每个单独部分的更改，包括那些表面上看似无法工作的部分。最后所出现的备选方案的数量可能要多得多，而且最好的创意通常来自包含在长长的列表之外的想法。

类似地，在团队中设置一个问题清单来激发创造力也是很有必要的。激发创造力的可用问题包括：

- 这还有什么用？
- 还有什么可以用？
- 如何将其引用或修改到新的用途中？
- 如果它更大、更厚、更重或更强怎么办？
- 如果它更小、更薄或更轻怎么办？
- 它可能怎么得到重新安排或逆转？
- 我做梦也想不到这个问题能如何解决。

## 类比

当你从一张白纸开始，开发创造性的想法是困难的。如今，“跳出固有思维模式”已经成为一个流行语，但最近有一些人认为，有时候在固有思维模式中思考，或者至少概念化一个不同的模式，或许会产生更大的帮助。与这一观点相一致的是，一个经过充分测试的提高创造性问题解决能力的技巧包括使用类比法。类比的目的是使陌生的事物变得熟悉或让熟悉的事物变得陌生。也就是说，团队成员将他们不知道的东西与他们所做的事情联系起来，或者他们通过将一个熟悉的问题与一个新的或独特的大背景联系起来以拓展他们的思维。在形成类比时，可以试着提出一些比较好的问题：

- 这让我想起了什么？
- 这让我感觉如何？
- 这和什么有点像？
- 这和什么不一样？

许多创造性的解决方案是通过类比产生的。联邦快递是以轮毂和辐条为类比来设计组织架构的。塔可钟（Taco Bell）则以联邦快递的模式为类比，构思如何在不同地点开设小型商店，以满足它们的库存需求。当使用类比法时，重要的是要找到你的目标受众可以很容易想象或描绘的类比对象（例如，足球比赛、拥挤的商场、做早餐）。

例如，假设你在一家银行工作，一位高级营销师带着重新设计银行客户服务空间的想法来到你的团队。他说：“我们希望银行不那么正式，如果更时髦、更温和，或许会对年轻的专业客户更有吸引力。”“你对新区域的设计有何设想？”此时你的大脑可能一片空白。你有一片完全空白的区域让你在没有约束的情况下工作——但是缺乏约束会使人麻痹而不是获得解放。此外，你的团队可能会坐在会议室的桌子旁，对“对年轻的专业客户更有吸引力”的想法点头赞同，但私下里，团队成员对成功的设想截然不同。一名成员想象着音乐厅，另一名成员想象着儿童游戏室，也有的成员希望有一位更友好、更外向的银行柜员。

但是，如果这位营销师一开始就打个比方，比如说，“我们希望我们的客户服务空间更像星巴克而不是邮局”，突然之间，你就很容易想象出目标是什么了。然而也要注意，对星巴克的设想是有限制的，并且已经让人们自发地在脑海里排除了一些选项，但是在某些情况下，正是这些限制极大地增加了团队实现目标的机会。

### 逆向思考

产生创造性想法的最后一种技术是逆向思考，正如第 3 章所讨论的那样，重新定位问题有时需要将精力放在创造性解决方案方面。因此，请考虑问题的相反方面，把看似不相关的属性强加在一起。例如，假设你在一家餐馆工作，面临着顾客对服务不满意的问题。也许从某一个角度来说，可以把客人当作服务员，让他们帮忙准备并为自己上菜（自助烧烤现在很流行）。自动服务机也是以同样的方式进行构思的（减少员工服务，为客户提供更便捷的自助服务机会）。这种想法是推翻或反驳对问题的现有理解，以扩大所考虑的备选方案。例如，提高学生满意度的方法是让课程更难而不是更容易，或是说零售商店的服务不能太快，地图也不要太详细。这种不按常规的观点经常会挑战和激发团队的创造力。

## 虚拟团队及会议

在过去，一提到团队，人们脑海中就会浮现出这样的画面：一群人挤在一间豪华的会议室里，将会议桌团团围住，其中有人拿着笔在白板上记录。如今，团队通常是虚拟的，人们即便相隔遥远也可以在不同的地方参与工作。虚拟安排可以节约时间和交通费用，无论居住地点和上班地点有多远或多近，人们都可以成为团队的一员。虚拟团队也让成员更容易平衡他们的个人生活和职业生活。

尽管虚拟革命和开发一套新的虚拟技能（虚拟沟通技能、虚拟协作技能等）已经取得了很大的成就，但事实是，高绩效团队的五项基本原则依旧保持不变。实际上，最明显的区别在于：由于人员分散，缺乏自我监督和社会压力，虚拟团队需要对这些原则给予更高的关注。也就是说，对于虚拟团队而言，实现高绩效最重要的是选择合适的成员，以确保团队保持在可控范围内，建立目标和规范并与团队成员共勉，促进形成富有成效的工作方法，让成员们对团队的最终成果承担共同的责任。

例如，一项针对29个严格通过电子邮件沟通的虚拟团队进行为期6周的研究发现，最成功的团队有三个共同的特点。首先，在专注于手头的工作之前，通过一系列社交信息开始互动——介绍自己并提供一些个人背景。其次，为每个团队成员设置了明确的目标和角色，从而使所有团队成员能够认同彼此。最后，所有团队成员在所传达的信息中始终表现出渴望、热情和强烈的行动导向（相互问责）。

## 电子会议

无论一个团队是跨区域的还是以虚拟为主的，证据表明，电子会议（允许同时进行讨论的系统）可能优于面对面的会议，至少对于某些类型的小组任务来说是这样。电子会议的主要优点是匿名、诚信和快速。参与者可以匿名输入任何他们想表达的信息并在屏幕上显示，以便让所有人都能看到。这样就使人们诚信交流且不需要接受惩罚或面对社会压力。它的速度很快，因为人们不能闲聊，讨论不会偏离主题，许多参与者可以在不打断他人的情况下同时进行交流。

更具体地说，研究发现，电子会议比传统的面对面会议快55%。不过，电子会议并不总是可取的。例如，它不利于建立关系、处理敏感问题或说服团队完全投入某个行动过程中。从根本上而言，在团队交流的某一环节中采用电子会议形式是有意义的。如果你真的想要获得创造性的、新颖的、高质量的想法，那么电子讨论显然比口头讨论更好。如果你想建立一支好的团队，加强人际关系，并留出进行指导和个人成长的机会，那么口头讨论会更好。表9-7提供了一个较好的模板，用于确定电子会议与面对面会议哪个效率更高。

**表9-7　什么时候面对面交流与什么时候线上交流**

| 面对面交流 |
| --- |
| • 第一次会议，当团队成员需要创建共同的身份、建立共同目标，并敲定一个富有成效的工作方法时<br>• 当会议的目标是说服成员采取特定的行动方案时<br>• 当团队必须处理高度敏感的问题时<br>• 当冲突必须得到解决时<br>• 当团队发生里程碑事件或庆功时<br>• 当必须对团队所讨论的内容保密时 |

续表

| 线上交流 |
|---|
| • 当产生新想法时<br>• 当目标是寻找真相或解决只有一个正确答案的问题时<br>• 在面对面会议之前收集初步信息和意见时<br>• 在会议间隙通知团队成员时<br>• 当目标是降低地位效应的影响或是避免趋同思维时 |

## 结语

正如本书反复强调的那样，卓越管理者的许多原则和工具都非常简单，并且非常直观，以至于它们听起来好像很容易——这是一个严重的误区。其实团队建设是非常艰苦的工作，需要时间和纪律观念。请记住，并非所有优秀的团队成员或团队流程都是这样开始的。可预见的是，你将成为一个陷入困境的团队中的一员，你所做的事情有时会令人失望。加入任何一个团队都应该有一个目标，那就是学习一些处事经验和知识，这样你就可以在一个满是组织团队的世界中尽情发挥你的作用。当事情进展不顺利时，问问你自己（和你的团队）："我们可以从中学到什么？"最后，没有什么事情比在一个真正有用的团队中更让人感到满意和快乐了。

## 第 10 章

# 通过协商和调解处理冲突

### 当对方拥有更强的能力时，你能获得一笔好的交易吗？

#### 案例 | 国家橄榄球联盟球员协会

任何一位 2011 年美国职业橄榄球联盟停摆事件的旁观者都会得出一个直观的结论，那就是杠杆严重偏向美国职业橄榄球联盟的老板。凭借从其他渠道获得的丰厚收入，球队老板们已经做好了 2011 赛季停摆的准备，但是球员只能获得比赛收入，他们乐意吗？

自 2009 年 3 月当选美国职业橄榄球联盟（NFL）球员协会（NFL Players Association）执行董事以来，德莫莱斯·史密斯（DeMaurice Smith）在与球队老板就新的劳资协议谈判时，便将眼光放得长远。他的信念是“抱最好的希望，做最坏的打算”，这一点对于有效的谈判非常有用，这也是他在一年多前获得执行委员会批准的原因之一，该委员会批准，如果 2011 年没有比赛，每位球员将获得大约 20 万美元的保险金。

史密斯只向执行委员会以外的少数人披露了该基金。然而，2011 年 7 月 13 日（周三）深夜，谈判似乎陷入了僵局，于是他们决定打出一张王牌。第二天早上，双方在安静的纽约议价大厅里，巴尔的摩乌鸦队（Baltimore Ravens）的角卫多莫尼卡·福克斯沃斯（Domonique Foxworth）通知了球员工会的所有球员。

背后的推动是否让双方更易于达成一项潜在协议？虽说只有相关球员知道确切的消息，但据知情人士透露，这一披露无疑引起了有关方面的注意。

对于任何一个想要在组织中与他人合作的人而言，不可避免的一个现实是“面对冲突”。冲突可能会以多种形式产生：它可能是关于如何完成一项任务或金钱分配的分歧，也可能是两位同事之间的性格冲突，但这是组织生活中不可避免的一部分。正如人们所看到的，冲突对群体或组织而言并非总是坏事，但如果诊断不当或置之不理，它可能会产生极具破坏性的力量。冲突过多可能会营造一种糟糕的工作氛围，在这样的工作环境中，员工的满意度和绩效都很低，缺勤率和流动率却很高。卓越管理者需要知道这一点，并在以后的工作中谨防冲突滋生出一股破坏性的力量。

当然，冲突是一个大话题，整个大学课程都致力于冲突的协商、调解和解决。然而，从技能层面来看，有几点对管理者非常重要。

首先，并非所有的冲突都是一样的。因此，了解不同类型的冲突及其来源可以作为面对争端和分歧时的诊断工具。

其次，有大量关于不同冲突的解决方式及其利弊的说法。了解自己的冲突管理模式偏好并认清不同模式的选择与使用（以及使自己的冲突管理模式适应环境的重要性）都是重要的冲突管理工具。

再次，管理者工作常常会涉及协商。诸如：与高管就预算分配进行协商，与员工就工作期限和合理期望进行协商，与客户就他们的期望和自己能够有效交付的内容进行协商。管理者的工作中有很大一部分涉及这样或那样的协商，因此掌握如何有效协商的基本知识至关重要。

最后，对于新任管理者而言，没有什么比被推入冲突局面、被要求在冲突各方之间进行调解更令人不安的事情了。冲突局面往往是高度紧张和情绪化的，会给人带来较大的压力。因此，了解调解的基本原则对于在这种情况下取得成功至关重要。简而言之，管理者不需要解决所有冲突，但是管理者应该能够诊断冲突并协助解决问题。

本章的重点是之前所讨论的一些能力，但首先要注意与这些领域相关的常见错误观念，如迷思 10.1 所示。记住，做“正确的事情”的重要一步是“知道什么是不该做的”。

### 迷思 10.1

**冲突与谈判**

- 冲突总是不正常的。冲突可能是破坏性的，然而，若是形式正确且处理得当，冲突也可以刺激创新和改善群体决策。

- 冲突通常是“个性”问题。大多数冲突与个性关系不大，更多的是与如何完成工作和争用稀缺资源的不同想法有关。对于冲突管理，频频出现的一个教训是：如何最好地将人与问题分开。
- 谈判创造了赢家和输家。有时谈判会出现一个赢家和一个输家，有时人们也不得不同意或反对，或是找一个平衡点，称为平局。但最终，常常出现的解决方案是，打破一种“赢与输”的思维模式，寻求双方都觉得自己是赢家的“双赢”结果。
- 你应该经常谈判。通常谈判对你而言是有利的。然而，大多数时候，你不应该参与谈判，因为你可能不仅没有任何收获，还会造成部分损失。
- 善于调解冲突的人是天生的，而非靠后天培养的。有的人确实有某些特质，这使得他们常常能够轻易地将人召集到一起（长者通常具有这样的技能）。但是，就像本章所讨论的几乎所有其他事情一样，有效调解冲突是一种后天习得的技能。有证据表明，即兴发挥的人通常不如那些通过学习掌握并执行一套有效原则的人处理得好。

## 冲突的类型及其影响

在最普遍意义上说，组织中会发生两种冲突。任务冲突往往发生在任务、思想、问题上，与人的性格毫无关系。关系冲突是个人化的，因此对人际关系、团队运营和问题解决具有高度的威胁和破坏性。

用医学上的比喻来说，冲突可以比作胆固醇，有好的和坏的形式（举个例子，高密度脂蛋白胆固醇是好的胆固醇，低密度脂蛋白胆固醇是坏的胆固醇）。关系冲突就是“坏冲突”。它威胁到生产力，会干扰人们投入一项任务中所付出的努力，因为他们为了增加个人权力或试图重建凝聚力，往往将注意力放在打击报复上，而非致力于完成这项任务。在大多数情况下，当你想到冲突时，可能会想到关系冲突，因为它会给管理者带来巨大的压力，通常也会带来负面影响。

相反，任务冲突可以看作“好冲突”。它可以帮助人们更有效地做出决定、解决问题，并提高问题解决的准确度、洞察力和创新能力。任务冲突可能会引发积极的建设性批评，激发更有活力且基于实际论据的讨论。换句话说，管理者可能想要激发任务冲突以改变现状，但是刺激关系冲突则会后患无穷。

在对 48 个高层管理团队的决策质量和团队成员所做的承诺进行的一项研究中，团队成员被要求评估各自团队中存在多少关系冲突（愤怒、个人摩擦、性格冲突）和任务冲突（想法的分歧、决策内容的差异），结果表明，任务冲突的存在与较高的决策质量、较高的承诺和较高的决策接受度有关，相反，关系冲突的存在显著地降低了同样的评估指标。

然而，认为任务冲突总是可取的观点看起来有些以偏概全。德德鲁（De Dreu）给出了令人信服的证据以证明任务冲突中存在着曲线关系，即负相关。他认为太少的任务冲突是不利的，因为人们在没有受到挑战的情况下，问题无法得到更好的解决，但是过多的任务冲突也可能是有问题的。当发生高水平任务冲突时，很难达成一致意见，甚至可能会导致进程倒退。最近的研究将任务冲突在团队中的作用绘制成了一幅更为复杂的图。通过对 116 项研究的荟萃分析，研究人员发现，当任务冲突和关系冲突之间的关联相对较小时，任务冲突和团队绩效之间的关系显示为正相关。换句话说，当任务冲突没有与特定的人联系在一起时（比如，“这是个坏主意，通常是你的主意”），那么任务冲突可能有助于提升团队绩效。这项研究还发现，任务冲突对高层管理团队可能比非高层管理团队更有益，尤其是当团队绩效是以财务结果或决策质量来衡量时。

有研究表明，中低等水平的任务冲突可以激发更仔细的思考和更认真的工作态度。其他证据也表明，企业失败的一个主要原因是高管之间的共识太多。因此，培养不同观点和永不自满的任务冲突非常有用。

虽然任务冲突确实产生了有益的影响，而且多年来人们就“好冲突”和“坏冲突”的区分始终达成共识，但任务冲突并非总是产生这样的影响。事实上，冲突的潜在破坏性影响在最近的一项荟萃分析中得到了证实，该分析阐释了 28 项关于团队冲突的独立研究，发现团队中冲突的存在通常会对团队成员的满意度产生不利影响，甚至常常会对团队绩效产生不利影响。

这些最新的发现证实了关系冲突在组织中是不正常的，并且过多的任务冲突通常也是不好的。关于中小程度冲突所带来的积极影响的研究结果喜忧参半。有助于解释任务冲突何时何地可能有益的因素是决策过程中冲突发生的时间和处理方式。也就是说，冲突发生的时间（项目的早期或晚期），管理者或团队如何处理冲突，对于任务冲突究竟是好是坏看似很重要。

例如，最近的一项研究探讨了一组高绩效和低绩效团队 13 周内的冲突发生概况。一项有趣的结果显示，高绩效团队在项目早期几乎没有冲突，低绩效团队从一开始就存在冲突。在项目中期，高绩效团队经历了适度的冲突，低绩效团队则保持了与早期相对一致的冲突水平。最后，在项目晚期，低绩效团队有高频率冲突，高绩效团队经历的冲突要少得多。以上发现对于处理冲突尤为重要，因为它们界定了冲突何时发生或是如何发生、最终导向将会是积极的还是消极的等。

## 管理冲突

当冲突发生时，卓越管理者会怎么做呢？显然，目标不是消除冲突（无论如何，这是不可能的），而是以一种使其对关系和绩效损害最小化的方式来管理冲突。朝这个方向迈出重要的第一步是能够诊断冲突情况，以确定冲突的来源。也就是说，与循证管理方法一致，没有诊断不能治疗，否则便是管理上的失职！

### 诊断冲突来源

如前所述，对冲突的第一步诊断是它侧重于关系还是侧重于任务。以关系为中心的争论可能很棘手，它源于两个或两个以上人员之间发生的事情，往往会恶化为互相谩骂，甚至更糟。这些往往是对伤害的指控、对正义的要求或对怨恨情绪的争论，经常在情绪高涨的对抗中表现出来。关系冲突有时会超出管理者的调解范围，如果找不到合理的解决方案，最好的解决方案很可能是将冲突双方分开（重新分配、重新安置）。

以任务为中心的争论大多是关于竞争理念、建议、利益或资源。它可以（尽管并不总是）以一种明智的方式进行。通常在这样的冲突中，情绪比以关系为中心的争论更“冷静”，参与者通常更易于接受解决方案。

有几个问题是诊断冲突的有用出发点，它们代表了冲突的主要来源。这些问题可以在管理工具 10.1 中看到。

**管理工具 10.1**

### 诊断冲突来源

- 争议双方是否可以获得相同的信息（信息因素）？
- 争论者对共同信息的感知是否不同（感知因素）？
- 争论者是否受到他们在组织中所扮演角色的影响（角色因素）？
- 环境中的哪些压力因素可能会引发争论（环境因素）？
- 争论者的个人差异在争论中起什么作用（个人因素）？

### 信息因素

当人们在一系列不同的事实的基础上形成自己的观点时，信息因素就会发挥作用。“盲人摸象”生动地说明了这一点。这个寓言描述了一群盲人偶然遇到一头大象，每个人都走近大象身体的某一部分：一个摸着大象的鼻子，一个摸着大象的腿，还有摸着尾巴等其他部位的。因此，每个人所理解的大象都是不一样的：摸着大象鼻子的那个人认为大象像一条蛇，摸着大象腿的那个人则认为大象更像树干。因为每个人对大象的身体所获取的信息不同，他们对大象的本质也会有不同的理解。

这种信息上的差异往往是冲突产生的来源。在一个组织中，如果两个人对一个项目的预算拨款或满足客户需求的底线获取的信息不同，他们很可能会由于理解不同而产生冲突。

### 感知因素

当人们对同一事物有不同的想象或理解时，感知因素就会产生影响。在这种情况下，每个人都选择支持自己观点的数据，并倾向于贬低不支持该观点的信息。比如说，你的导师布置了一份没有字数限制的小组论文。当你要求老师说明字数要求时，老师会告诉你，你难以在 7 页之内涵盖所有的信息。你们的小组成员很可能会对这句话的理解产生分歧：有些人会认为这篇论文应该有 7 页长，另一些人则认为可能需要写得更多才能满足老师的期望。你们都有相同的目标信息（如果有些模糊的话），但是你们对它的理解是不同的。这种认知上的差异通常是由挫折和矛盾引起的。

**角色因素**

当人们认为他们在组织中的角色在某种程度上处于冲突状态，或者与他们的职位相关的“位置”正在受到挑战时，角色因素就有可能导致冲突。当部门经理认为他们必须在预算分配会议上为自己的工作单位而战时，就会出现这种情况，但它也可以发生在人际交往层面。假设你最好的朋友成为你的老板，不难看出，在这种情况下，朋友和老板的角色可能很难界定。类似的问题也可能发生在父母和朋友、老板和员工以及许多其他组合的角色之间。虽然很多人都能处理好这些冲突，但是当不相容的角色强加在人际关系上时，冲突发生的可能性必然存在。

**环境因素**

一些环境因素可能导致冲突，甚至是加剧冲突。当一个组织被迫在有限的预算下运作时，其成员更有可能卷入争夺稀缺资源的冲突。任何形式的稀缺性都会降低人们对彼此的信任度，增加冲突发生的可能性。例如，近年来，一些州政府为了削减预算赤字，实施了休假计划。这些休假计划降低了员工的工资，从机动车辆管理局到警察，再到大学教授（甚至学生），这给每个人都带来了巨大的压力。

另一个环境因素是不确定性。当人们对自己在组织中所处的位置感到不安时，他们往往会变得焦虑，此时更容易引发冲突。这种“挫折冲突”往往发生在员工经历环境的反复且快速变化之时。如果任务分配、管理理念、工作流程或职权结构总在不经意间进行改变，那么由此产生的压力可能会在看似微不足道的问题上引发激烈的冲突。

最后，由环境引起冲突的一个重要原因是存在不同程度的竞争。在许多情况下，健康的竞争可能会促使人们付出更多的努力和投入。例如，富有创造力的销售经理通常会举办竞赛，激发那些想要赢得比赛的员工的竞争意识。不幸的是，竞争也有可能阻碍整个团队获得成功。这种情况通常称为动机混合，员工被置于这样一个位置：明明他们只要积极竞争就会获得奖励，却被告知他们应该朝着整个部门的绩效去努力。竞争往往是一场零和游戏，一名员工的成功意味着另一名员工的失败。你可以想象，一名员工让另一名员工相信他们都是为了共同利益而努力，后来后者却发现对方其实是为了自己的利益，这种情况就可能引发更为激烈的冲突。

### 个人因素

个人因素可能是最棘手的冲突来源。由不相容的个人价值观引发的冲突往往难以解决。冲突双方会变得异常情绪化，且在该过程中伴随着道德色彩。在这种冲突中，关于“什么是基于事实的正确”的分歧很容易变成关于“谁在道德层面正确”的激烈争论。

导致冲突的其他类型的个人因素包括不同的个性以及有关各方不同的长期和短期目标。有趣的是，即使人们各方面都非常相似，且想要扮演相同的角色（例如两个人想要设定议程或对某事负责），也不可避免地出现冲突。当面对一个特定的冲突时，了解这五个潜在的冲突来源是鉴定情况的良好开端，并帮助人们决定行动方向。了解了冲突的性质之后，你就可以进入冲突管理模式。

你可以使用管理工具 10.2 中提供的清单，掌握冲突的类型及其来源，这可以作为最终解决手头问题的重要开端。

### 管理工具 10.2

**冲突对照表**

| | | 冲突种类 | |
|---|---|---|---|
| | | 任务冲突 | 关系冲突 |
| 冲突来源 | 信息因素 | | |
| | 感知因素 | | |
| | 角色因素 | | |
| | 环境因素 | | |
| | 个人因素 | | |

## 根据情况匹配冲突管理模式

就像大多数人所涉及的情况一样，没有所谓“最好的方式”来管理冲突，无论是作为卷入其中的冲突方，还是中立的第三方。但是，你可以采取某些冲突管理模式或策略，它们的有效性取决于多种因素。托马斯-基尔曼冲突模型工具（Thomas-Kilmann conflict mode instrument）是最著名的冲突管理模式之一。它是基于五类应对冲突的具体策略的模型，这五类应对冲突的策略是：竞争型、妥协型、回避型、顺应型和合作型。虽然大多数人坚持一种主要的冲突管理模式，但你也可能会发现你自己喜欢的模式在两种或两种以上。这可能表明你的冲突管理模式具有灵活性，并且可以帮助你根据具体情况调整你的处理模式——一种重要的有效的冲突管理能力。图 10-1 概述了五种冲突管理模式以及它们之间的关系。

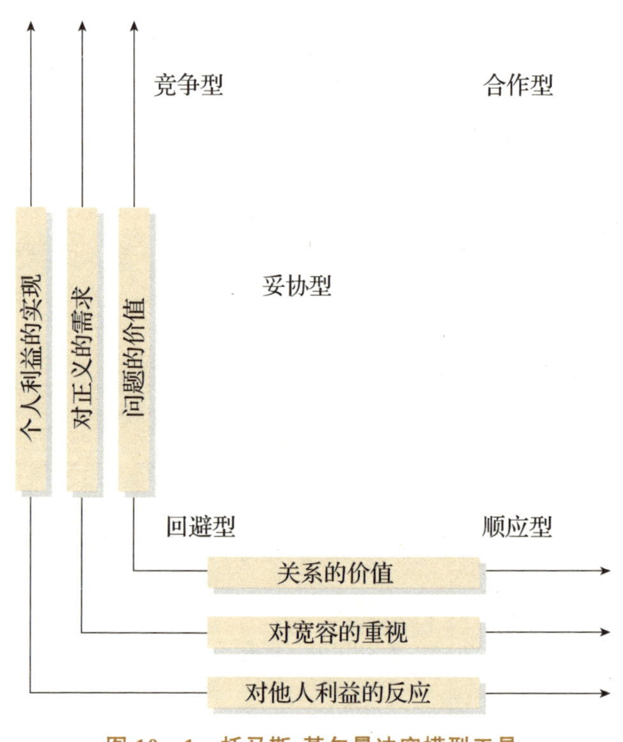


**图 10-1　托马斯-基尔曼冲突模型工具**

关于冲突管理模式，有两个经常被误解的观点需要记住。第一，没有好坏之分。也就是说，这五种模式都能带来成功的结果，具体视情况而定。因此，关键是要培养区分何种模式在何时使用是最合适的能力，并且要让自己的处理模式适应当下环境，否则，应用这些冲突管理模式中的任何一种都是无效的，你最好避免使用，如表 10-1 所示。

表 10－1　无效的冲突管理技巧

| |
|---|
| • 在倾听了对方一小段谈话后，开始用非语言的形式表达你对他的处境感到不舒服，例如，袖手旁观、坐立不安、摇头，等等 |
| • 在公共场所进行严肃的冲突管理对话，或者经常打断对话 |
| • 抑制感情的表达。虽然你不希望人们变得太过热情，但要求他们冷静往往是不合适的 |
| • 尽量减轻问题的严重性，尤其是当别人提醒你注意的时候 |
| • 公开或私下对冲突情况或冲突的其他各方开贬损性玩笑 |
| • 表达对正在经历的冲突的不满。记住，冲突有时候也可以是一件好事 |
| • 告诉对方他们不理智或无能 |

第二，冲突管理模式偏好是自然反应还是行为反应。例如，如果你的自然反应是避免冲突，这并不意味着你不能或不愿面对冲突。但是，这确实意味着你必须有意识地观察适合进行对抗的情况，并花费更多的精力来执行这一特定的方法。以下将更详细地阐释这五种模式。

### 竞争型

竞争往往被认为是占主导地位且不具有支持性的。在这种模式下，个人以牺牲他人的利益为代价，积极地追求自己的利益。这是一种以权力为导向的模式，在这种模式下，人们可以使用任何看似合适的权力来赢得他们的地位——组织地位，他们具有说服力甚至是强制性的能力。竞争可能意味着维护你的权利，捍卫你认为正确的立场，或者只是想要赢得胜利。

尽管你可能认为在当今基于团队协作的业务环境中，竞争策略已经过时，但事实并非如此。在许多情况下，使用这种管理模式是很有必要的。

考虑必须有人负责有效协调复杂系统的情况——例如，事关安全的情况。人们真的想让空中交通管制员试图与每位降落飞机的飞行员谈判吗？同样地，当你注意到争论中存在需要解决的感知问题时，竞争这一模式可能会有所帮助。如果你的两个同事对你期望的工作标准有不同意见，那么你应该果断地说出你的期望，以便他们能够达成共识。当不受待见的行为需要执行时，比如削减成本、落实不受欢迎的规则或纪律，在重要问题上使用竞争模式也是合适的。对于那些采取非竞争性行为的人而言，竞争也是有价值的。

适当的竞争在某些情况下是有效的，它也可能非常不受欢迎。考虑到这一点，下面是一些较为有效地使用这种模式的技巧：

- 直接说明。使用具有声明性和精确的语言，并始终保持语言简洁。确保人们知道你想要他们做什么，尽可能避免含混不清或是让别人觉得你自己也不确定。例如，你看到一个孩子跑到有一辆迎面而来的汽车的路上，最有效的反应应该是清脆且清晰地下达指令，例如："蒂米！站住！"
- 稍后进行解释。为了避免经常使用这种模式，一旦冲突中的情绪或压力缓和，花一分钟向对方解释你这样做的理由。举个例子，当蒂米站住后，你使心跳放慢且趋于平静，最好向蒂米解释一下基本的交通安全法规。
- 有选择地使用这一策略。人们都知道有些人对每一件小事都发号施令，随着时间的推移，人们会置之不理。当过于频繁地使用竞争型冲突管理模式时，这种模式就失去了效力。要记住，当你真正需要使用它时，它会是一个秘密武器，但是经常使用会降低你的团队士气，在未来的冲突中降低你的信誉。仔细想想，如果你总是对着蒂米大喊大叫，他就不太可能在必要时做出回应。

### 顺应型

顺应是以一种支持性的、顺从的、谦逊的和合作的方式来表现的。它通常是竞争的反面。当表现得通融时，个人往往会忽略自己的担忧，以满足他人的关切。在这种模式中含有自我牺牲的成分。通融可能采取无私的慷慨或施舍的形式，诸如，在你不愿意服从他人命令时却服从了，或者是屈服于他人的观点。从根本上说，若是有人在竞争模式下能够和你友好相处，则对方处于顺应模式中。

简单地说，如果这是你最常使用的冲突管理模式，别人最终会在工作中无视你。他们可能很喜欢你，但你（以及你所代表的人）很有可能最终会被利用。幸运的是，大多数在人际冲突中采取包容态度的人在意识到这一点以后，都能够向更坚定自信的风格转型，因为他们知道，当他们在工作中照顾到其他人的利益时，他们实际上是在欺骗自己所代表的那一类人。作为一名管理者，你的主要职责之一就是保护你的组织和员工的利益，然而一味地顺应是很难实现的。

那么，顺应何时会是一个可行的选择？你应该如何有效地去发挥它的作用？如果一个问题对你来说不是那么重要的话，顺应或许是个好主意。比如说，你的一个员工想从原定的上午 8：30 上班改为 8 点，下午提前半小时离开。试问，这是一个大问题吗？如果下班之后他在办公室并不能发挥作用，为什么不抓住这个机会为他提供便利呢？

同样，当你和别人进行一系列的谈判时，偶尔的顺应也是好的。在不那么重要的问题上让步可以为你赢得“好感度”，这在以后的交往中可能会很有用。最后，如果你认为自己的安全可能受到威胁，而其他人比你更了解情况，顺应也是一个不错的策略。例如，当消防员指示你离开着火的大楼时，顺应指示是一个极好的策略。更实际的做法是，如果在争论中存在地位或权力差异，他人凌驾于你之上，那么顺应可能是一种合适的方式。当你发现自己错了时，顺应也是个好主意，因为它能让别人更好地听到你的想法，让你在学习的同时也能够展示自己想法的合理性。

在类似的情况下，这里有一些策略可以有效地在你的管理任务中使用顺应这一模式：

- 承认通融。这里的意思并非让你表现出自己做出了某些牺牲，但是让别人知道你是有意识地给他想要的东西是很重要的。
- 有充分的理由。请记住，作为一名管理者，你需要做的最重要的事情之一就是公平地对待所有的人。如果你满足了一个员工的愿望，如果你希望避免他们产生怨恨或误认为你在偏袒他们，你就需要有一个能让其他员工接受的理由。同样，如果其他人也提出相同的要求，有一个合理的理由将帮助你决定自己该怎么做。

### 回避型

回避是一种顺从的、无支持性的、谦逊的、不合作的行为。在这种模式下的人不会直接追求自己或他人的关注。他们根本不解决冲突。回避可能采取的是外交回避的形式，将一个问题推迟到更好的时机来回答，或者干脆从一个危险的处境中退出。

正如之前所指出的，忽视或未能管理冲突的管理者很可能需要面对冲突所带来的一系列麻烦而无法享受其带来的好处。如果这是你面对冲突的第一反应，你可能需要重新考虑扮演的角色或是尝试练习其他应对冲突的模式，这样你在日常生活中卷入冲突时就会更加得心应手。

尽管如此，在一些特殊情境中，回避或许是一个不错的策略。在大多数情况下，你可以使用回避作为一种推迟解决问题的方式，直到有更适合的处理时机为止。如果一位过度劳累、压力过大且正在面对紧迫的最后期限的同事开始与你争吵，此时如果你向他承诺会在某个具体的但相对较晚的时间解决问题，然后离开现场，或许是一个比较好的方法。同样地，如果冲突有信息问题，你最好能向每个人提供相同的信息，然后在讨论开始之前给自己争取一些思考的时间。有时候，有时间思考一场辩论可以帮助双方获取新的信息，而非让大家产生抵触情绪。当你面对一个琐碎的问题，或者你有重要的事情迫在眉睫时，采取回避这一策略也是不错的。同样地，当其他人能够有效地解决冲突时，这一策略也很有用。就好比你可能不适合尝试处理与你没有直接关系的人员之间发生的冲突。

如果你打算采用回避策略，这里有一些有效的指导方针：

- 设置时间限制。不要只是说你以后会处理冲突，而要明确（在你自己的头脑中，而非告知其他人）你什么时候会处理它——然后在这之前去做。从长远来看，让冲突恶化太久最终只会让它们变得更难处理。
- 在最后期限前设定目标。当人们回避冲突时，知道他们应该朝着什么方向努力是很重要的。诸如，他们应该获取更多新的信息，甚至只是平静下来思考，要确保每个人都知道他们应该努力完成什么。

### 妥协型

妥协是一种中庸的模式。使用这种模式的人的目标是找到一些权宜之计，他们试图寻求能在一定程度上满足所有相关人员且易于被双方接受的解决方案。它站在支持和反对、支配和服从行为的中间地带。妥协可能意味着平分秋色，交换让步，或者寻求能够保持中立态度的平衡点。

什么时候使用妥协模式比较合适？如果冲突涉及无法扩大的稀缺资源，那么通常需要某种形式的妥协才能实现公平的结果。例如，如果组织的预算只允许雇用两名新员工，三名经理每人需要一名新员工，那么他们将不得不进行协商，以确保将可雇用的有限人数进行最佳分配。当冲突具有重要的角色因素时，妥协也是较为合适的。如果仅仅因为你在组织中的职位，你就成了冲突的一方，那么你很可能会发现自己处于这样一种境地：面对其他部门的竞争性需求，你还需要捍卫自己部门的利益。在必须采取一系列紧急行动但又需要进一步研究的情况下，妥协有助于缓解手头问题。当你迫于时间压力时，这也是一个解决问题的好方法。万不得已之时，当以前的合作或竞争尝试失败时，也可以利用妥协作为解决问题的最后手段。

### 合作型

最后，合作代表了一种处于支配地位的、支持性、坚定而自信的、合作性的礼貌行为。这正是回避型的对立面。合作意味着深入研究一个问题，以鉴别出两个相互冲突的个体的潜在关注点，然后找到一个同时满足这两个关注点的替代方案。合作的形式可能是在出现分歧的过程中努力相互学习，或者共同寻求涉及稀缺资源的问题的解决方案。合作者看重从了解他人的兴趣和观点中获得深刻见解。他们喜欢用创造性的方法解决问题，直到每个人都对结果完全满意，他们才会离开谈判桌。

合作谈判是一种双方都认为他们的关系和结果是如此重要，以至于他们必须共同努力，以保证双方利益都能实现最大化的方式。合作谈判也称为双赢谈判，它力求确保双方都能获得胜利。合作者的注意力集中在创造性地解决问题上，而不是妥协的竞争策略。

合作经常被标榜为组织中最重要的冲突管理策略，这是有充分依据的。冲突管理的合作方法考虑到人际关系，允许在相互尊重的基础上进行有益的辩论并表达各种观点，它也承诺最终达成一项使所有人都受益的解决方案。当你的目标之一是更多地了解对方时，当你希望从其他人或群体中融合见解或观点时，或者当你需要处理存在干扰关系的人际关系问题时，合作是较为合适的一种方法。合作还有一个好处，那就是让人们对自己所做决定的解决方案承担责任，因为他们会将自己视为决策过程中的一部分。因此，当你通过将每个人的顾虑都考虑到决策中来获得承诺时，合作尤其有用。然而，应该注意到，合作——尽管是这个方法库中最积极的选择之一——同时也是最耗时的。

虽然让你调整自己的冲突管理模式以适应不同的情境是最理想的，但事实是人们往往很难做到。有证据表明，人们实际采取的冲突管理模式往往较少地考虑情境，却更多地取决于人们一贯采用的模式或有关各方的立场。例如，一项研究发现，尽管冲突的类型千差万别，但人们倾向于使用自己惯用的主导处理模式。图 10－2 显示冲突管理策略的选择在很大程度上受到与老板、同事或员工之间所发生的冲突的影响。要注意的是，当与老板发生冲突时，人们试图说服的次数比与员工发生冲突时要少。

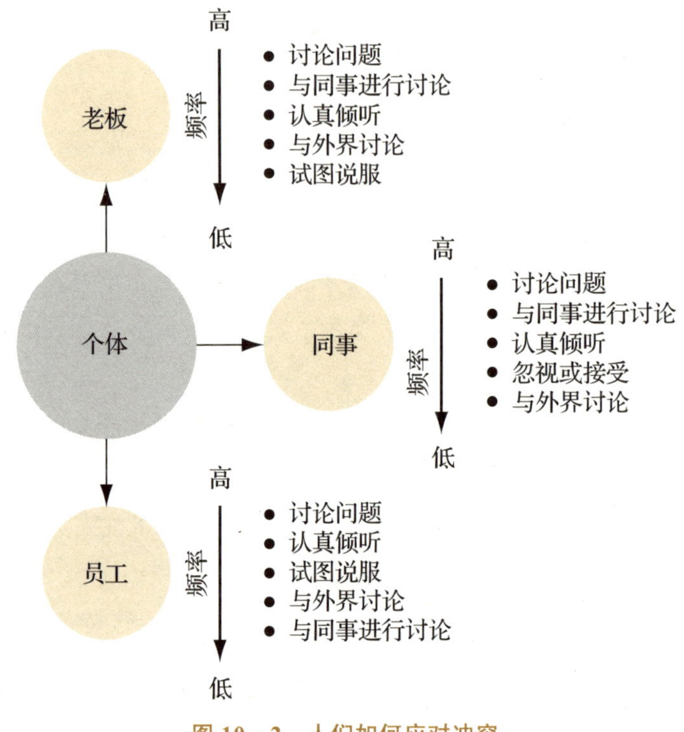


图 10－2　人们如何应对冲突

## 寻求更高一级的目标

在所有风格和情况下都有价值的一种普遍战略是寻求一个上级目标。上级目标往往超越争议，是一个对双方都有价值的目标。例如，社会科学家已经了解到，减少某些群体（和个人）之间冲突的一种方法是让他们在一个有共同兴趣的项目上一起开展工作。项目必须对双方都具有高度重要性和价值，如果没有双方的成功投入便无法完成。管理实践 10.1 是一个经典的案例，展示的是在青年群体中使用上级目标。

### 管理实践 10.1

#### 罗伯斯山洞实验和最高目标

1954 年，研究人员穆扎费尔·谢里夫（Muzafer Sherif）和卡罗琳·谢里夫（Carolyn Sherif）着手研究儿童社会群体中的偏见。22 位小男孩被带到俄克拉何马州的罗伯斯山洞州立公园的童子军营地，研究人员把孩子们随机分成两组（一组叫作老鹰队，另一组叫作响尾蛇队），让双方之间进行为期四天的比赛，并承诺为获奖者颁发奖牌和野营刀等奖励。随着比赛的进行，两个组之间的冲突不断加剧。冲突的第一个迹象是，男孩们不断地奚落自己小组以外的人。随着比赛的继续，冲突愈演愈烈，老鹰队烧毁了响尾蛇队的旗帜。为了报复，响尾蛇队捣毁了老鹰队的小屋。两组人变得咄咄逼人，研究人员不得不将他们分开。

为了缓解冲突，研究人员试图让两组男孩互相交谈和联系，然而，这只会让冲突局势加剧。接下来，研究人员强迫这些男孩一起努力完成更高的目标，比如修理一辆抛锚的汽车。这些较高的目标可以大大减少两个小组之间的冲突。从罗伯斯山洞实验中得到的启示在今天的组织管理中发挥了作用。仅仅让人们待在一个房间里，告诉他们要好好相处是不够的。管理者必须找到一个可以使员工团结起来的共同目标，从而化解员工之间的纠纷。

## 有效谈判

人们通常认为谈判发生在特定的领域，如国际外交、劳工组织或汽车经销商之间。然而，在现实生活中，大多数人每天会经历多次谈判。例如：

- 为了让同事接受一项新任务或是劝说他们去另一个城市旅行而尝试着和同事协商。
- 为争取重要的项目和经理协商。

- 与供应商就采购、折扣以及交易进行协商。
- 与客户、同事或供应商协商最后期限。
- 在小组会议上进行谈判，以确保其他人支持自己提出的倡议。

## 谈判还是不谈判？视谈判情况而定

关于识别谈判情况有两点很重要。首先，需要质疑某个问题是看似不可协商，还是如大家所说的那样真正存在。例如，如果你得到了一份工作，而公司表示薪水是没有商量余地的，你应该充分考虑并调查这是不是真的。如果薪水是没有商量余地的，或许假期、报销单或者公司的交通工具都是可以商量的，从这些入手可能会给你带来更大的价值。

其次，如果在谈判中没有办法为自己创造附加值，则一开始就不应该参与谈判。举例来说，主管不应该就安全规则或无故旷工进行谈判。同样地，父母经常被骗去和孩子们协商一些本应明确声明为不可协商的事情（例如，系安全带、晚餐前吃垃圾食品等）。在这种情况下，谈判只会损害合法权威，却不会产生任何价值。更糟糕的是，长此以往，人们不得不就每一件事进行谈判。这或许不是你希望发生的事情。

谈判是为了获得比未经谈判所能取得的更好的结果。因此，务必了解，如果不能达成一项谈判协议，将剩下哪些选择机会，或者所谓的谈判协议的最佳替代方案是什么。与许多其他案例一样，谈判与否可以视为一种成本效益分析。如果与你的最佳替代方案相比，谈判解决方案的收益大于你的谈判成本，那么就应该继续进行谈判。要计算谈判所能获得的收益，请考虑以下几点：

- 当前的最佳替代方案。
- 谈判产生有利结果的可能性。
- 谈判的直接成本（旅行、人事、会议设施和其他项目）。
- 间接成本和机会成本（人员的工作时间损失、秘书服务等）。

如果增量效益（谈判结果减去最佳替代方案）大于增量成本（直接成本加上间接成本），则本次谈判是有意义的，反之，花费在谈判上的精力可能是不值得的。这为你提供了一个简洁明了却又相当有用的决策规则，帮助你在应该谈判时进行谈判，更重要的是，可以帮助你在不应该谈判时避免进行谈判。

## 谈判的计分卡：理想谈判的结果

在开始谈判之前，需要预估一场有效的谈判应该产生怎样的结果。在这种情况下，有效谈判的计分卡包括以下三种结果：

1. 各方都相信他们做了一笔很好的交易。在理想情况下，你希望对方相信他们是在帮助自己，而不是牺牲个人利益来与你合作。

2. 人际关系得以维持甚至改善。通常情况下，你会和与你有紧密关系的人进行协商，所以你希望在谈判结束后双方依旧能维持一种积极的关系。

3. 每位谈判代表都对协议感到满意。当你代表团队参与到一场谈判中，那么团队中所有人必须接受你所达成的协议，例如，你的老板、合作伙伴、员工或客户。

成功的谈判往往产生具有以上三种特点的结果。

## 双赢谈判

人们往往会对法庭辩论以及新闻中那些引人注目的谈判较为熟悉，通常认为，在人们时常面对的谈判中，人们会采取竞争或“非输即赢”的方式。买车就是一个常见的例子。如果你选择竞争策略来谈判，你必须接受失败的可能性。非输即赢的谈判意味着在谈判过程中必须有人输，而且这个人很有可能就是你。

然而，在许多情况下，失败的可能性是不可接受的。这种情况的案例包括与以下几类人进行谈判：

- 你的老板。
- 你的同龄人，无论是个人还是群体。
- 公司的主要老客户。
- 长期投资的潜在合作伙伴。

对于其中的某些群体，例如大客户，你甚至不希望让对方失败的可能性发生。在谈判中失败的一方通常会寻求其他合作伙伴，你显然不希望丢失大客户。因此，虽然你可能会用一种非输即赢的方式进行汽车交易谈判或决定进行一场诉讼，但为了长远的发展和长期的联系，你最终想要的是“双赢”的结果，即双方在达成协议后都感觉良好，并相信双方关系得到了维护甚至得以改善。记住，当人们认为他们产生了损失时，他们便不太可能想继续和你进行交易，甚至可能正在寻找报复的方法。所产生的这些结果都不利于建立长期合作关系。

双赢的谈判注重合作解决问题。这并不意味着你仅仅为了与对方保持良好的关系而轻易妥协，相反，它意味着你需要将冲突与关系相分离，并努力寻求双方都能接受的冲突解决方案。维持这种关系的方法不是赢得斗争，而是以一种满足双方需求并为双方创造价值的方式解决问题。你不需要想方设法去打败对方，事实上，让他们同意一项对你有利的解决方案的最好方法，就是让解决方案也对他们有利。在双赢的谈判中，最关键的挑战是提出一个能够帮助对方和你一起满足彼此需求的解决方案。表 10－2 描述了双赢谈判的特征。合作型冲突管理模式最能代表双赢谈判模式。

**表 10－2　双赢谈判的特征**

- 关注共同利益而不是分歧
- 试图站在解决需求和利益的立场而不是为了讨价还价
- 承诺帮助对方满足他们的需要
- 信息和思想的交流
- 创造互惠互利的选择，为双方创造价值

尽管每一场谈判都有其独到的特性，但是良性互动可以共享准备、执行和评估各个阶段的共同要素。本章将讨论与这些要素相关的关键点和技能，目的是让你在各种环境中都能成为一位高效的谈判者。

## 高效谈判的步骤

谈判作为试图解决冲突的一种方式，通常被认为是最普遍和最容易实施的补救办法。像其他优秀的工具一样，谈判涉及一系列步骤，如果处理得当，将有助于增加成功的可能性。谈判过程中涉及的主要步骤可以分为准备、了解需求、列出并讨论选项、采用过程策略、结束、评估（见图 10－3）。

## 谈判准备

经常谈判的人（如采购代理或保险理赔员）在调查中说，谈判最重要的部分是计划和准备。尽管这是非常重要的，但来自许多其他国家的谈判者都认为，美国人给人的印象是对谈判计划准备得不够认真。人们往往对这一步掉以轻心，所以千万不要掉进这个陷阱。以下建议适用于为良好的谈判做准备。

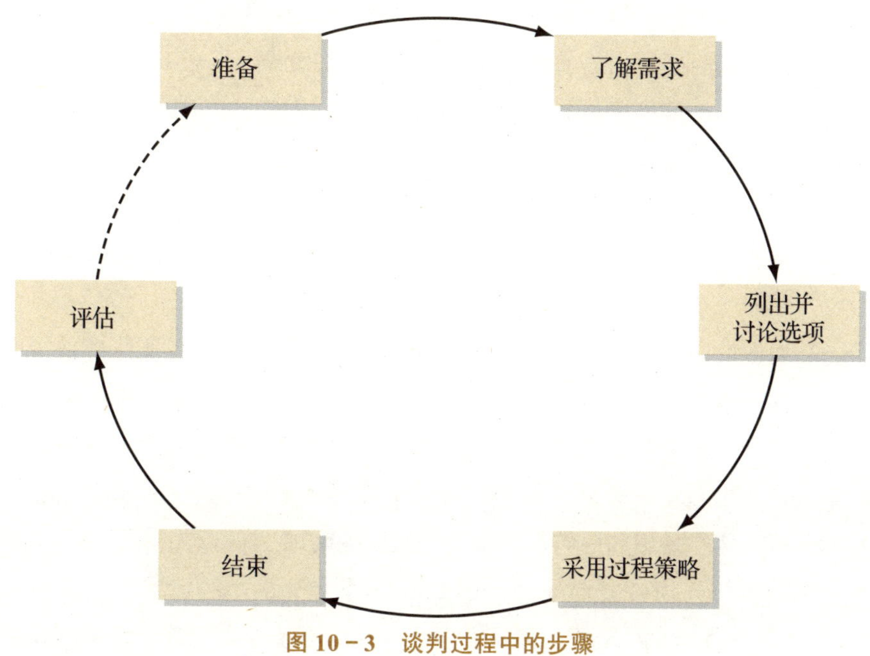


**图 10－3　谈判过程中的步骤**

### 组织问题

首先要确定并定义问题。例如，如果你被要求升职并调到巴西圣保罗，你需要列出你想要在谈判中提到的问题。你可能想要讨论一下薪水、搬家费用、搬家所需要的时间，以及如果你与家人无法在一起生活所产生的旅费等，包括其他一系列你所能想到的问题。试着从多个层面来考虑问题。你仅仅是想去巴西，还是想和现在的公司谈谈你的未来发展？在最初阶段，这些可能并非显而易见，但是对这些类型的问题进行深刻的思考对于长远发展可能是有用的。

你需要以书面形式列出这些问题。将问题按优先事项排列。对于部分问题，只需列出 1，2，3 点即可，并依此类推。对于大多数问题，可以将它们分为高优先级组和低优先级组。这也是利用第 3 章所提出的“决策技巧”的好机会。

### 和掌握你所需要的信息的人交流

1. 寻找你认识的那些有过类似谈判经历的人。例如，如果你被要求调到巴西，试着去寻找那些你认识的曾经去过其他国家工作的人。你可以向他们了解哪些问题是可以协商的以及哪些问题是不可协商的。你可以问问他们之前所达成的协议。就好比买房，经历过几次之后，你就知道哪些问题是可以和销售协商的，哪些是不容退步的。千万不要盲目摸索，浪费时间做无用功，要学会从别人的经验中学习。这一点尤为重要，因为如果你在这之前从未经历过这些情况，你就不太可能拥有第一手资料作为良好的知识基础。尽可能多地向有经验的人请教，你就可以把自己置于一个更有利的位置。
2. 和你的同伴交谈。当你进行一场谈判时，你通常代表那些必须接受你达成的协议的同伴。对于移居巴西，你代表的可能是你的配偶和孩子。如果你正在和新员工谈判，你代表的可能是人力资源部或是你的老板。如果你在谈判中不处理好你所代表的这一类人的顾虑，以后你要是想和他们保持步调一致会很困难。
3. 提前与其他各方沟通。在诸如国际外交等正式的情况下，就谈判（和不谈判）的议题、时间安排、议程和会议地点、截止日期以及可能出席会议的人员达成一致意见是有必要的。或许你要参与的许多谈判都不是特别烦琐，但有些比较特殊。如果谈判情况真的比较复杂，请务必在谈判之前考虑这些协商一致的决议是否有用。

### 研究你将与之谈判的各方

和你一样，其他有关各方只有在相信谈判比不谈判更能为自己争取利益的情况下才会进行谈判。换句话说，如果他们不相信他们的最佳替代方案可以通过谈判得到改善，他们就不会坐在那里了。因此，了解他们的兴趣将对你有所帮助。如果他们选择继续与你谈判，那么他们肯定有自己的原因。如果你明白了这个原因，你就会有更多的工作要做。

了解其他各方是否计划采用竞争或合作模式进行谈判也很有必要。为了确定这一点，请考虑以下五个问题：

1. 了解他们的声誉。他们在过去的谈判中是否采用过竞争或合作模式？
2. 问题看起来像是出在资金或时间等稀缺资源方面吗？如果是，他们可能会采用竞争模式。
3. 你相信他们有兴趣维持良好的关系吗？这种兴趣表明了一种合作的倾向。
4. 这是一种持续维护的关系还是一次性谈判？在一次性谈判中，各方往往更具竞争性。
5. 你认为他们会信任你并且把他们所掌握的关于谈判议题的所有信息都告诉你吗？缺乏信任和信息囤积都是竞争性谈判的特点。

在谈判中遇到的困难谈判者的类型参见表 10－3。

**表 10－3　困难谈判者的类型**

| |
|---|
| • 咄咄逼人的开启者。谈判者通过对对手以前的表现发表恶毒的评论或通过其他贬低对手的言论来使对手失去信心。 |
| • 长时间中止者。谈判者不会立即回答，似乎在长时间的沉默中思考实质性的意见；希望在沉默的过程中能让对方透露更多信息。 |
| • 嘲弄者。通过嘲笑对方提出的建议激怒对方，使他们说一些他们以后可能会后悔的话。 |
| • 审讯者。质疑所有的评论，用追根究底的问题暗示对方没有事先做准备；反驳任何答案，并要求对方进一步解释他们的想法。 |
| • 披着羊皮。提出不可能满足的要求时假装自己说的是合理的。 |
| • 分而治之者。与对方团队中的一名成员建立内部冲突同盟，希望对方内部产生分歧，并试图唆使他与团队中的其他成员进行对抗。 |
| • 虚伪的人。为了获得更多的信息，装出一副满口胡言的样子以激怒对方，或者哄骗对方，让对方产生一种虚假的优越感。 |

## 考虑你的谈判协议最佳替代方案（BATNA）

谈判协议最佳替代方案是衡量任何可行协议的标准。

- 应该接受比谈判协议最佳替代方案更好的协议。
- 不应该接受比谈判协议最佳替代方案更糟糕的协议。

通过对调职工到巴西的例子做一些不同的调整，可以看到谈判协议最佳替代方案是如何在实践中发挥作用的。假设你想让你的员工鲍勃接受晋升并调往巴西圣保罗。你希望鲍勃能够接受升职这一决定，因为他似乎拥有取得成功的必备技能。不幸的是，鲍勃可能不想去巴西，他所拥有的一套相关技能在他目前的城市中具有很高的市场价值。假设你不能让鲍勃去巴西，你的最佳替代方案是选择来自当地办事处的帕特。帕特在巴西有亲戚，他有兴趣去那里。据你看来，虽然帕特能够胜任这项工作，但就应对这项工作而言，他的能力还是比不上鲍勃。

在这种情况下，帕特就是你的最佳替代方案。这是你衡量与鲍勃达成可行协议的标准。如果你必须同意买下鲍勃的房子，给他涨 40 000 美元的工资，然后等上两个月让他去巴西，你可以将这些与派遣帕特去圣保罗工作进行对比。

如果你的最佳替代方案非常好，那么当你与鲍勃见面时，你就处于一个强有力的谈判立场。但是，如果你的最佳替代方案无法为自己接受，你应该向鲍勃做出让步。一个好的最佳替代方案可以减少你对另一方的依赖，要记住，依赖是权力的重要决定因素。当你有一个不太好的最佳替代方案时，只要有可能，仍然建议你避免进行谈判。拥有一个不太好的最佳替代方案就象征着一个人正在绝望边缘徘徊，它会让你退而求其次去接受一些你意想不到的结果，这些结果往往是比较糟糕的。就好像一位驾车穿越沙漠的人没有一个非常好的最佳替代方案，必须把车开到 100 英里外唯一的加油站加油。同样的道理，一个只拥有一个工作机会的人也没有多少能力和机会去争取比最初提出的条件更令自己满意的条件。

## 了解其他各方的需求

许多人通过陈述自己的立场开始谈判。人们声称职位是他们想要的。例如："我希望你接受晋升，领导我们在巴西圣保罗的办事处开展工作，我希望你在那里待两周。"不幸的是，对于该职位并没有提供太多信息。这会告诉人们那些可能想要的东西，但或许不是想要的根本原因。

如果要把谈判看作一种互相解决问题的情况，人们就必须分享信息，让对方了解需要解决的问题。例如，在巴西的案例中，可能是因为现任经理工作非常糟糕，他出乎意料地辞职了。这是取代一个表现不佳员工的好机会，但需要一个能够快速行动的经验丰富的人。如果与对方分享这些潜在的需求，他们就会有更强的能力来帮忙解决问题。

如果他们知道你的真实需求，他们或许有能力提供你可能从未考虑过的选择。例如："我不想去圣保罗管理那里的运营。不过，我会考虑接受为期 6 个月的临时任务来培养一位新经理。"这个选择可能比你的最佳替代方案更好。如果你认为鲍勃的提议比直接派帕特去 6 个月更好，那么应该派鲍勃去，因为这比你的最佳替代方案更好。

不要一开始就表明自己的立场，可以先讨论各方的需求和利益。善于倾听对方的需求和兴趣点至关重要，许多娴熟的谈判者认为倾听是最重要的谈判技巧之一。"设身处地为别人着想"是创造双赢解决方案的关键。

## 列出可能的选项并展开讨论

一旦双方了解了彼此的需求和利益，就可以开始讨论各种可能的选项。选项可能是解决方案也有可能属于解决方案的一部分。鉴于需要协商多个问题，解决一个问题的部分解决方案通常是完整解决方案的有用板块。为讨论创造多种选项是谈判者的力量来源。如果你可以提供满足双方需求的四五种可能性，那么你就拥有很大的潜力来控制解决方案的呈现。但是，这只有在你致力于寻找一个能够满足各方需求的解决方案时才有效。要记住，只有在协议为对方创造价值的情况下，对方才会希望与你达成共识。这是因为其他人基本不会主动去做只让你一个人受益的事情！

复杂的谈判往往分阶段进行。一旦了解了其他各方的利益，这可能是暂停谈判并让双方与各自的组织讨论可能结果的好时机。你可能还发现这是一个可以研究解决方案之外的问题以及替代方案的好时机（例如，与另一个潜在的合作伙伴讨论拟议的项目）。

### 从选项中进行选择

当你继续与另一方讨论各种选项时，在各种假设下进行讨论通常是很有帮助的。例如，可以这样问："如果我们能够将产品的发布日期提前 6 个月，你能否让更多工程师参与这个项目？"使用假设可以让你以更小的压力探索更多的可能性，并帮助双方思考之前可能没有考虑过的问题。这个过程有助于产生新的解决方案和新的机会。当双方选择的优先事项不同时，通常可以互惠互利。例如，对方可能希望项目立即启动，以平衡其他项目的人员需求。或许启动日期对你来说并不重要，因为你的项目部分在项目开始后的第二个月才启动。因为双方的侧重点不同，权衡在这时候会发挥作用。

要想在这一阶段取得成功，请寻找改进已经存在的选项的方法。如果你能向对方指出如何在不伤害你的情况下改变他们的想法以更好地满足他们的需求，你就能博得相当多的善意。或者，你可能会找到更好的方法来满足自己的需求，但不会对对方的结果产生负面影响。

**使用客观的标准和规范**

谈判的绝大多数人都希望自己能够表现得更为合理。因此，当面对看似合理的标准时，大多数谈判者都难以忽视这些标准。最关键的是，需要知道在哪里寻找这些标准和规范。

试着寻找客观的标准或先例来支持你在谈判中所涉的需求。例如："我以为你给所有下订单的客户都提供了10%的折扣。"如果这个标准是合适的，但是对方不给你同样的折扣，他们也会觉得不合理。在这种情况下，对你的行业以及你的竞争对手所提供的产品信息有良好的掌握是非常有必要的。

请注意，或许有多个客观标准适用于谈判。例如："是的，但是由于建立账户的管理费用，我们不提供初始订单的10%的折扣。但在后续订单中，我们确实会给10%的折扣。"显然，你希望寻找最符合你需求的客观标准。要知道，你正在与之谈判的另一方也在寻找能让他们自己得到满足的条件。有时候他们希望你能给他们提供客观的标准，好让他们可以用来说服那些同伴。

## 在谈判中采用过程策略

一旦你在谈判桌上有了自己的选择清单，并且正在逐条讨论，考虑使用下面的过程策略来达到你的目的。

**从对方那里寻找关键信息**

信息是谈判的命脉。当谈判开始时，你希望开始获取信息。例如问一些试探性的问题：为什么，如何，如果……会有……问题，等等。

一个较好的最佳替代方案为你提供了支持，你或许希望了解你的谈判方的最佳替代方案。例如，假设你正在三个工作机会之间做选择。这些公司是否考虑了其他求职者？如果是的话，其他人的条件如何？如果其中一家公司没有其他合适的备选人，这对于你现在所处的谈判立场是有利的。如果该公司有其他满足条件且有吸引力的备选人，你应该在谈判初期就知道这一点。更具体地说：

1. 你想了解对方的潜在需求和利益。和你一样，他们也因为某些原因决定与你谈判。如果你把握住这个原因，你就有更多的信息可以利用。
2. 你想知道他们的最后期限。例如，他们是否需要在明天飞往伦敦之前达成协议？有证据表明，随着最后期限的临近，人们会做出更多的让步。并非所有的谈判者都受最后期限的约束，但如果他们有，你最好了解一下。

### 做出让步

人们开始谈判时希望双方都做出让步。考虑到这一点，有经验的谈判者总会给自己留出至少做出一些让步的空间。

有明确的证据表明，当谈判产生一系列渐进的让步时，各方对解决方案的感觉会比没有让步时要好。这是因为谈判者希望证明他们有能力改变对方的想法和行为。当一方做出让步而另一方不做出让步时，互惠关系就无法实现，做出最初让步的一方会有一种不可磨灭的背叛感。相反，若是他们没有改变结果，也没有影响对方的行为，会让谈判者感到非常沮丧。

20 世纪 50 年代，通用电气在与工会谈判时使用了一种极端激进的策略。该公司声称，它已经做了所有适当的调查，证明自己的定价是公平的，而且这个定价是不可进行协商的最终报价。这是通用电气的“要么接受，要么放弃”战略，后来称为“博尔韦尔策略”（Boulwareism），以通用电气的劳工谈判代表莱缪尔 · R. 博尔韦尔（Lemuel R. Boulware）命名。无论这个提议的实际公平性如何，工会都讨厌这种策略，因为他们觉得自己对另一方或结果没有任何影响。应该指出的是，“要么接受，要么放弃”或“博尔韦尔策略”通常被视为恶意谈判的一种情况，因此不建议采用。请记住，在理想的谈判中，各方都认为自己通过努力做成了一笔好的交易。究竟如何进行谈判会影响这种看法，管理实践 10.2 给出了一个有趣的例子，说明如何通过获得帕累托最优结果来改善每个人的状况。

## 管理实践 10.2

### 帕累托最优

谈判的最终目标是帕累托最优。帕累托最优结果（该术语由创造帕累托（80/20）定律的意大利经济学家帕累托的名字命名）是指资源分配的一种理想状态，假定固有的一群人和可分配的资源，从一种分配状态到另一种分配状态的变化中，在没有使任何人境况变坏的前提下，使得至少一个人变得更好（换句话说，一方最终会受益更多）。如果有更多的改进余地，那么达成的决定就不能说是帕累托最优结果。

巴里和南希准备共进晚餐。巴里喜欢吃印度菜，但不吃中国菜；南希非常喜欢吃中国菜，觉得印度菜太辣了。现在有一系列可能解决问题的方案，他们可以去中国餐馆或印度餐馆，或者在其他种类的菜肴中进行选择。他们觉得意大利菜可以接受，但相对于意大利菜而言他们更喜欢泰国菜。

在图上画出所有这些可选项。一条轴是巴里的方案偏好值，另一条轴是南希附加到每个选项的值。对巴里来说，印度菜的值最高，接着是泰国菜，然后是意大利菜，最后是中国菜。对南希而言，中国菜排在第一位，接着是泰国菜、意大利菜和印度菜。

在这种情况下，得出的结论是泰国菜的帕累托超过了意大利菜。也就是说，比起去意大利餐馆吃饭，去泰国餐馆吃饭的决定会让巴里和南希都更能接受。泰国菜的选择便是帕累托最优结果，因为对巴里（印度菜）而言最好的选择会让南希觉得情况糟糕，同样，对南希（中国菜）而言最好的选择会让巴里感到不愉快。

总的来说，谈判者在达成一项帕累托效率低下的协议时，他会感觉自己不占优势甚至亏损。帕累托概念是一种寻求双赢协议的良好方法。

一个常见的问题是，如果对方遇到更强大的对手该怎么办。对这一问题其实并没有简单的答案，最好的办法是对自己的最佳替代方案非常清楚。你的最佳替代方案越好，你的立场就越有利。因此，寻找提高你的最佳替代方案的方法，并预测对方的最佳替代方案。另一个与之密切相关的问题是，如果对方不参与一个双赢的谈判会怎样？在这种情况下，你的最佳选择是将重点放在保证流程的完整实施上，而不是站在相反的立场上。如果你真的觉得无法让谈判朝着正确的方向发展，你可以考虑使用第三方来推进谈判。

### 一些常见的杠杆形式

关于谁在谈判中拥有更大的权力以及谁不愿谈判与谈判的杠杆有关。杠杆是指利用一个小的优势或仅仅是一个感知的优势，来获得更大的利益的原则。谈判中的影响力可以分为多种形式，在这里着重强调以下几种。

**合法性杠杆**。这种形式的杠杆所发挥作用的目的是给人留下一种问题不容商榷的印象。如果对方认同这是没有商量余地的，并且不再试图进行谈判，那么你就成功了。如果顾客走进一家电器商店打算购买一台冰箱，商店可能在每台冰箱上都有一个看起来非常官方的价格标签，上面写着“假日特价：759.9 美元”。在这种情况下，大多数人不会尝试去讨价还价，因为它看起来是不可协商的。然而，通常情况下，更多的事情是可以协商的。无论如何，关于合法性杠杆的作用有两条经验需要记住：

1. 让它看起来毫无商量余地。如果你不想与他人协商，就要想办法让问题本身显得不可协商。供应商通过“官方价格表”来做到这一点。他们试图给人留下这样的印象，即销售条件是没有商量余地的。如果客户同意进行交易而不质疑其中的任何项目，就成功地建立了合法性。
2. 提问。询问一个看似不可协商的问题是否真的存在或是只有极小的协商可能性。如果卖方绝对不会以任何其他价格出售，无论你是否要求，你都将支付同样的价格。如果供应商绝对不会免除退货费，那你并没有因为询问而损失什么。

**利用时机杠杆**。谈判中常见的策略是起身离开，说：“让我考虑一下，稍后就回来。”在购买新车时，这一直是一种非常有效的策略，因为销售人员不希望看到愿意购买的顾客离开。这种策略换个形式也可以在电话中使用。

使用这种策略可能会获得一些好处：

1. 你可以把握谈判继续的时机。
2. 你有机会整理自己的想法并计划下一步谈判，这在复杂的谈判中特别有用。
3. 你有机会与其他人（可能包括你自己的队友）进行协商，并获取更多信息。
4. 你可以利用这段时间与其他各方交谈，看看是否可以在其他地方找到更好的交易。
5. 如果对方面临最后期限，你可以给对方施加压力。例如，如果一个代表团从阿根廷前来与你讨论合资企业，他们会因为延长谈判时间而产生成本。同样的原则也适用于销售配额与一个月或一个季度结束之际。

**有限权力的杠杆作用**。在所有条件相同的情况下，大多数人会说他们喜欢更少的权力。在谈判中，权力会受到来自老板或者其他各方的限制，这反倒对人们来说更有利。

例如，你一直在面试一份工作的候选人，并且已经决定向哪个人抛出橄榄枝，你的老板告诉你提供的最高工资或许会给你带来一定帮助。你可以说：“我希望我能帮助你，但我实在无能为力。如果由我来决定，我会接受你的提议。”这种策略的另一个常见例子常常发生在采购代理商身上，他有权以 5 万美元的价格进行交易，但如果价格是 5.5 万美元，则采购代理商需要获得额外的许可。在这种情况下，采购代理商无法做出任何让步，所以合理的进展路径是另一方做出让步。

正如你可能会怀疑的那样，过度使用这一策略会让对方非常沮丧，以至于一旦他们有一个合理的解决方案，他们就会中断谈判。如果这种策略用在你身上，一种方式就是避开这个人，并与有权力的人谈判。

### 一些具体的过程策略以及如何应对

**沉默**。虽然这听起来有点奇怪，但在谈判过程中，沉默是你最有力的工具。谈判者往往因为他们“说得太多”而表现不佳。如果你已经提出了一个建议等待回应，那就干脆等待吧。当你不喜欢对方所说的话时，这也是一种常用的策略。当谈话停止时，大多数人会感到不舒服，他们开始主动交谈以化解尴尬。当你使用这种策略时，你的对手会开始降低他的地位，在以往的经验中，这几乎是万无一失的。在各种各样的情况下，考虑应用这种策略。

使用这种策略的一个例子是，当销售人员提出一个初始报价却没有回应，通常你的沉默会让销售人员感到不舒服，他会开始主动提供更优惠的条件，因为他担心你的沉默是你表达内心不快的信号，销售人员不会希望自己的潜在客户离开。在谈判过程中，你可能会提出一个建议而对方却保持沉默。这种情况可能非常难处理，沉默促使人们进行一些必要的交谈。

如果你发现自己在和一个与你一样懂得沉默的重要性的人谈判呢？与其在沉默中浪费时间，不如重述你的提议。这时候不要提出建议而是重复你的条件。这种策略迫使对方做出回应，通常情况下，对方会做出让步。如果你有一个提议，那就问问对方的想法。问完这个问题，就耐心等待对方的答复。无论你做什么，都不要改变你的提议，因为这会严重影响你的立场。

**好人／坏人策略**。这种策略经常用于电影中，有时也用于实际的审讯中。情况如下：一位侦探看起来似乎不可理喻也不够灵活，另一位则试图让人觉得他站在嫌疑人一边，这里的基本想法是通过表达你关心嫌疑人来获得嫌疑人的信任。这样做的目的是，在对方按兵不动的情况下，让嫌疑人做出让步。这种策略在电影中最为常见，在人际交往和商务谈判中也会出现。“我的老板不想这样做”或者“你和我打交道会比跟别人打交道好得多”，这样说是让另一个人做出让步，因为对方会觉得是和好人谈判，自己便占了优势。

如果你发现自己被“好人／坏人”策略套路时，你最好的选择是忽略它，不要让“好人”影响你的决定。最有效的回应是，让你的对手开始他们的“表演”，同时你专注于自己的利益。

**畏缩**。畏缩是对他人提议的消极反应。例如，当你的对手提出他的初始报价时，你可能会感到震惊。这种反应会让对方知道，你可能觉得他的出价“超出了可接受范围”，这本身并不是一种不诚实或做作的行为。在适当的时候，表现出畏缩可以帮你省下一大笔资金，并帮助你在某些情况下获得更好的条件。重要的是要记住，当交易是可协商的时，对手通常会起价较高。然而，当“畏缩”这一表现变得戏剧化时，“畏缩”变成了一个真正的挑战。

当然，你不会永远是那个“懦夫”。很多时候，尤其是在销售行业，你会遭到拒绝。通常你最好保持沉默，以迫使对方表达他的不满，不要因为对方消极的面部表情或肢体语言而做出让步。在这种情况下，最好是闭上嘴，迫使对方采取行动。

**试探性行动**。这种策略提出的问题，旨在评估谈判对手的立场，但不会泄露你的计划。你可以问对方：“如果条款合适，你今天能签合同吗？”“你对融资方案感兴趣吗？”这类问题是通过保持与对方交谈来获取额外信息的有效方法，不需要你以任何方式向对方做出承诺，因为这不是你的真实提议。重要的是要注意到，随着更多选择的出现，可能会越来越符合双赢谈判。

当你在竞争情况下收到一个试探性提问时，不要觉得你必须充分地回答这个问题。但是，如果你处于一个协商的氛围中，那么你可以随意回答这个问题，并提出你自己的试探性问题作为回应。例如，如果有人问你：“你会考虑为自己的房子融资吗？”这时候你可以回答：“如果我会，你会提供些什么呢？”这既表达了可用的信息，又把问题抛还给了对方。

**诱售法**。应该避免这种策略，因为它本质上是不诚实的，但这并不意味着当你与他人谈判时，他们不会尝试这种策略。你的对手可能会试图用一个诱人的条件来引起你的兴趣。这是平面广告中常见的策略，尤其是床垫商品。一种常见的做法是为一些廉价的床垫打广告，他们把床垫的广告价定到低得离谱，当你去商店时，你会发现床垫实际上是一块两英寸厚的泡沫。

如果有人对你使用这种策略，除非你能意识到，否则你将不可避免地遭遇不利。当你意识到这一点时，尽快远离你的对手。这是一个表明你的对手没有达成真正的好协议的明确信号，因为如果他达成了协议，他就不至于使用诱售法。

**过激的行为**。许多学生可能会对此感到惊讶，但采用过激的行为是一种常见的策略，而且经常在大学教师会议中采用。过激的行为可以归类为任何一种社会上不可接受的行为，目的是迫使对方采取行动，比如勃然大怒或放声大哭。由于大多数人在这种情况下会感到不舒服，为了尽可能避免出现问题，他们可能会主动减少谈判条款。人们会采用捶桌子、上蹿下跳、骂人、脸红以及其他所有能想到的发脾气行为。

对方采取这种策略时，人们往往会被刺激到，并卷入这场情绪化的谈判中，但对于过激行为最有效的回应至今没有找到。一般等到事态平息再做出反应会比较好，因为情绪化的谈判可能会引发灾难。安慰对方并不是你的工作，如果那个人真的“太离谱了”，无论如何你都不应该继续和他谈判。

**转移话题**。在谈判过程中，转移话题指的是一方提出一个相对次要的问题来转移另一方对更重要问题的注意力。大多数有道德的谈判者都认为，这种策略非常卑鄙，不能被认为是出于善意的人的行为。如果你的谈判因一个小问题（或一系列小问题）而陷入僵局，你的对手坚持在讨论实质性问题之前先解决这个问题，那么你可能就碰上了转移话题的策略。

因为转移话题通常意味着违背诚信原则，所以这种行为应该是一个提醒你要小心行事的信号。最好的做法是暂时把这个问题放在一边，先解决其他问题。如果这种情况总是出现，那么你应该及时退出谈判。因为如果另一方在谈判中一直不守信用，那么很难达成好的谈判结果。

**成文条款**。这是一种让人觉得条款是不可协商的策略，实际上它们可能是可以协商的。当一笔交易的条款写出来时，它们似乎是不可协商的（尤其是当它们作为法律条款时）。例如，你最后一次就租约、贷款甚至是服务合同进行谈判，拿到较为官方的提前打印的服务合同是什么时候？你可能认为这些交易是不可协商的，出于某种原因，大多数人都会犯同样的错误，即接受以书面形式出现的条款。重要的是要记住，可协商的事情比你通常认为的要多得多。让你的对手知道，你发现有些条款是不可接受的，如果他不愿意协商这些条款，你会找到另一个愿意协商的人。虽然这可能不起作用，但这会让你知道是否有谈判的空间，或者你是否应该去别处看看。

**虚张声势**。你可能会对冷酷无情的虚张声势感到好奇。虚张声势是谈判中常见的策略，但要知道虚张声势会带来两种风险。第一，高压恫吓会使人际关系紧张。请记住，理想谈判的一个结果是人际关系得到维持甚至改善。在持续的关系中，虚张声势的风险尤其高。第二，如果虚张声势的作用失效，谈判或许就可以结束了。在这种情况下，你可能因为虚张声势失败而牺牲了优于最佳替代方案的结果。

举个虚张声势的例子，假设你让供应商必须在48小时内发货，否则就取消交易。但是，你是在吓唬对方。你知道，这是唯一一个可以提供你想要的规格的供应商，并且你将等待足够长的时间从该供应商处获得产品。你只是吓唬对方，以获得更快的出货。假设供应商回答："我们绝对不能那么快发货，我想我们将不得不取消你的订单，也许我们可以在将来进一步合作。"在这一点上，你开始犹豫了，供应商意识到你的态度转变，并且他可以在任何他想要交付的时间交付。如果你在虚张声势时态度强硬，可能会使你们的关系变得紧张。在这种情况下，供应商可能选择不加快订单。失败的虚张声势反倒向供应商表明，他不需要通过谈判来获得你的业务。

## 结束

当谈判接近尾声时，总会有几个问题留到最后，这反倒让你有机会做出权衡，让双方都认为他们达成了一笔好交易。如果你把谈判的结果归结到一个问题上，而把所有其他问题都撇开，你就很难达成一个双方都认为自己做了一笔好交易的协议。一般情况下，把尽可能多的问题摆在大家眼前，可以为你提供更多选择来制定最终协议。

一旦达成了协议，你将需要协议条款文档。这可以是口头协议和握手，也可以是律师准备的正式合同。此时，你要决定需要哪种文档，尽可能不让某一方存在风险。

如果你要求签订书面协议：

- 你冒犯了对方。这是跨文化谈判中常见的一个问题。在许多国家的文化中，个人之间的信任关系是至关重要的，要求律师准备一份合同通常被认为是冒犯性的行为，因为这意味着对彼此之间的关系缺乏信任。这种现象在日本和许多南美国家最为普遍。

- 你破坏了关系。想象一下，如果你和你的配偶就即将到来的假期的细节进行协商，在此过程中，你坚持把谈判的条款以书面形式写下来，这会对你们的关系产生怎样的影响。

如果你不要求签订书面协议：

- 其他各方以后可能会对协议条款存在分歧。
- 一方或多方可能退出本协议。
- 你投资的资源风险更大。
- 你方成员，尤其是你的老板，可能对口头协议并不满意。

## 评估进展如何

大多数谈判者本能地忽视了对谈判过程本身的思考，相反，他们只关注具体谈判的内容——问题、需求、议题、提案和反建议。随着利害关系越来越明显，谈判的过程进一步退到幕后。

然而，当谈判结束时，花点时间来分析过程的紧张情况或许是一个不错的主意。反思你在谈判过程中使用的策略和战术。现在回想起来，它们是否合适？在这个过程中，哪些信息对本次谈判是至关重要的，你是如何寻找这些信息的？你了解对方使用的策略和战术吗？你是否有效地应对了这种策略和战术？如果这是一段始终保持的业务关系中的谈判，你从中学到了哪些可能对下一次谈判有帮助的技能？对方是否使用了你希望在谈判中采用的策略？

在评估谈判时，使用表 10 - 4 所示的计分卡来总结谈判经验是很有用的。你可能需要针对特定的情况修改计分卡，这里提供的框架非常灵活，通常可以让你评估所做的谈判是否真的实现了双赢结果。

在表 10 - 4 中，真正的双赢交易不应该在“否”类别中出现条目。或许存在一两个“可能”选项，理想情况下，应该在每一行中都出现“是”。

表 10－4 谈判计分卡

| 在评估谈判时，使用如下计分卡来总结谈判经验是很有用的。你可能需要针对特定的情况修改计分卡，这里提供的框架非常灵活，通常可以让你评估所做的谈判是否真的实现了双赢结果。 | | | | |
|---|---|---|---|---|
| | 是 | 可能 | 否 | 不相关 |
| 各方都认为他们达成了一笔好交易 | | | | |
| 你认为自己达成了一笔好交易 | | | | |
| 你的老板认为你达成了一笔好交易 | | | | |
| 另一方认为他们达成了一笔好交易 | | | | |
| 双方关系得到维护或改善 | | | | |
| 你希望与对方产生更多业务来往 | | | | |
| 对方希望与你产生更多业务往来 | | | | |
| 委托方对本次交易感到满意 | | | | |
| 你的委托方（老板、同事、合作伙伴以及其他利益相关者）对本次交易感到满意 | | | | |
| 对方的委托方对本次交易感到满意 | | | | |

这是另一种需要从经验中学习的情况。人们都知道有人会重复同样的错误。在谈判中，从错误中吸取教训意味着你有时间专注并分析过程。有证据表明，优秀的谈判者比一般谈判者更有可能在谈判结束后分析和反思谈判过程（见表 10－5）。

表 10－5 优秀谈判者的做法

有证据表明，优秀的谈判者所表现出来的行为是普通谈判者不太可能表现出来的。与普通谈判者相比，他们：

**在谈判计划中：**

- 考虑更多可能的解决方案供选择
- 花更多时间寻找共同利益
- 更多地考虑长远的后果和影响

**在实际谈判中：**

- 往往是以合作而不是竞争的姿态开始
- 尽可能减少立即提出反对意见的次数
- 尽可能了解对方的利益诉求
- 尽可能多提问，尤其是理解方面的问题
- 不太可能用积极正面的措辞来描述他们的提议
- 更频繁地变动话题
- 总结谈判过程中取得的进展

## 调解

虽然人们都希望谈判取得双赢结果，但如果将这理解为所有谈判都能创造圆满结局那就是无稽之谈。各方之间的谈判经常会失败或产生不满意的结果。幸运的是，如果谈判确实失败了，你并非完全没有选择权，最直接的方式可能是使用第三方进行某种形式的调解（如果你的两位同事产生冲突，你就是所谓的第三方）。调解在促进冲突解决方面有着悠久的历史，有时可以帮助人们在谈判失败时集中精力化解纠纷，形成解决争端的准则。

### 何时使用调解的方法

调解可以用于许多领域。为了易于理解，将经常使用调解的情况分为两类：非商业环境和商业环境。

#### 非商业环境

使用调解的最常见情况（至少在美国）是离婚和儿童监护。调解为夫妻双方提供了一个机会，使他们能够确定哪些是最适合他们具体情况的方案，并制定一个反映他们情况的协议。与法院相比，调解的私密性更适合讨论情感问题，使当事人对调解的过程和结果有更多的控制权。一般来说，当事人希望避免诉诸法庭，因为法院强制执行的解决方案可能会让每个人都不高兴。

除了离婚和儿童监护的案例，调解也常用来解决人际关系问题（例如，室友、朋友或家庭成员之间）、在学校或大学等环境中的部分情况（例如，高中和大学的同伴调解）、刑事案件（例如，轻微的非暴力犯罪通常使用调解来缓解法院负担）以及社区问题（诸如土地使用、分区和滋扰投诉等项目）。所有这些案例的主要目标都是以结构化的方式解决纠纷，使当事方在该过程中获得一定的控制权。此外，调解的一个重要目标是减轻法院的负担，并提供一种比律师和法院系统介入更具成本效益的解决纠纷的方法。

#### 商业环境

商业环境中的目标与非商业环境中的目标相同：对流程保持一定的控制，并以具有成本效益的方式解决纠纷。在商业环境中，最受关注的调解案例是工会与管理层之间的集体谈判。在商业环境中，其他常见的调解案例还包括：合同纠纷；保险索赔；涉及建筑师、建筑商和业主的建筑问题；房地产纠纷；地主和佃户、消费者和商人、农民和贷款人之间的纠纷。

然而，就人们的目的而言，商业环境中最通用的调解形式是职场调解。业务合作伙伴、同事或主管与员工之间的问题通常是通过调解来解决的，并保持富有成效的关系。重要的是要知道，尽管调解可以是一个非常正式的程序，但不太正式的调解一直存在。每当同事之间发生争执，另一个人介入，这就可以认为是某种形式的调解。人们真正面临的挑战是尽可能全面地了解调解过程，然后能够运用它的指导方针，以便帮助他人解决纠纷，或者在处理需要某种调解形式的纠纷时发挥建设性作用。

在某些情况下，调解员是专门帮助冲突中的人们达成友好协议的外部人士。在其他情况下，他可能仅仅是一位帮助两位同事缓解冲突的经理，也可能是扮演帮助两位好友化解冲突的朋友角色。当双方因为缺乏信任导致谈判失败时，通常需要调解员。在这种情况下，只有冲突各方认为存在公平和正义时，冲突才会得到解决。

## 信任构建：调解的基础

一位优秀的调解员必须说服各方信任他，并且相信谈判过程本身，最后引导各方开始相互信任。为了让相关各方信任调解员，调解员需要掌握的一些重要指导原则如下：

- 选择一个舒适的中立区域，远离任何一方的“地盘”。
- 安排一些简短的会议，并尽可能少地参与其中。
- 以开放的心态耐心倾听，不要说太多。
- 尊重当事人，并表达有关各方的积极意见。
- 强调自己想要帮助别人的殷切期望，但是不要挑毛病。
- 确保所有对话都是在严格保密的情况下进行的。
- 做好榜样模范作用，为自己的工作和言行树立良好的声誉。

在初期只集中于注意程序性问题，有助于促进对这一过程的信任的培养。例如，让各方就举行会议的地点达成一致，并使用一些基本规则进行讨论，可能有助于说服他们，让他们觉得这个过程是高效的。在双方达成一些小协议之前，最好避免实质性问题。这些小的成功为解决问题提供了可能。

一位优秀的调解员需要：（1）坚持学习并用事实说话；（2）将有争议的主张纳入实际问题；（3）保持中立；（4）寻求了解各方的根本利益，从而使双方都得到认可。这些技能在本章的管理实践 10.3 中有很好的说明。

## 管理实践 10.3

### 调解

几年前，一家大型货运公司接到一位客户（厂商）的电话，说最近有一辆卡车损坏了客户的装货码头，但卡车司机不愿赔偿修理费用。经过讨论，双方建议进行调解。

可以预见的是，开场的陈述是带有指责性质的，一方面是厂商渴望得到赔偿，另一方面是货运公司否认自己参与到其中。调解员试图通过收集讨论中出现的无可争议的事实并向双方进行陈述，以帮助双方了解事情发生的时间、地点及始末缘由。

调解员明确了双方的立场，并根据双方陈述提出了一系列旨在根据质疑重新安排需要讨论的问题。厂商表示，卡车驶出时集装箱门突然打开，损坏了门框并使门轨道弯曲，导致钢制百叶窗密封处开口，造成了数千美元的损失。然而货运公司指出，在接到索赔通知时已经过去了好几天，但没有收到任何损坏的现场证据。

通过听取双方的回应，调解员开始阐明双方的根本利益。虽然厂商希望得到金钱补偿，但货运公司希望确保厂商没有占自己便宜。事实上，货运公司在被证明需要承担责任之前，不愿对所涉事件承担任何责任。

调解员随后证实了双方的动机，了解了双方的感受与想法，以便各方都有理由继续接受调解。当双方一致认为卡车司机需要遵循行业准则，在发车前仔细固定集装箱门时，调解员也指出，司机不太可能会主动将事故相关的信息上报给雇主。基于此，货运公司同意在满足以下两个条件的情况下解决该问题：一是与当天发货的司机进行后续讨论；二是厂商提供能够说明事情发生始末的相关文件（包括照片）。

本次调解在一小时之内圆满结束，并且不需要调解员进一步干预便可达成协议。倘若没有调解，一旦冲突恶化对双方都不利——不仅货运公司会失去一位重要客户，厂商也会因为切断与已建立的老牌货运公司的所有联系而限制自己的调度选择和定价权。在调解下，货运公司和厂商之间的关系得到了维护，双方得以继续共同努力，实现互利。

当然，事情并不总是能够进展得如此顺利。如果你借助前人调解的经验，尽量避免在冲突局势下临场发挥，事情或许能更好地解决。

## 调解的过程

调解是一个经过深入研究和不断实践的过程，它具有明确的步骤和程序。为了更好地理解调解过程，可以将其分为四个主要步骤。这四个主要步骤分别是：（1）稳定设置；（2）帮助双方进行沟通；（3）帮助双方进行谈判；（4）澄清协议条款。下面将依次讨论这些步骤。

### 稳定设置

首先，最重要的是要考虑各方在达成调解之前的情况。一般而言，调解之所以发生，是因为存在着当事方无法自行解决的问题。因此，最好将调解视为“B 计划”，而“A 计划”视为失败的。在个人生活中，离婚夫妇通过调解来避免昂贵的法律程序，子女抚养费有时也是通过调解来确定的，其他与子女的监护和照料有关的问题往往也是通过这个过程来确定的。

为了稳定设置，需要进行一系列的分步操作。虽然并非每次都需要所有这些步骤，但以下步骤提供了一种稳定局势的方法，可以帮助人们取得有意义的进展。

- 欢迎各方。
- 指出他们每个人的座位。
- 介绍你自己，并说出双方的姓名。
- 提供水、纸和笔，始终保持耐心。
- 说明调解的目的。

- 申明你保持中立。
- 得到他们的承诺。
- 让他们承诺一次只允许一方发言。
- 让他们承诺直接与你对话。

上述步骤是为了使双方感到舒服，并使他们达成初步协议。即便这只是让人们了解过程和一些基本的规则，但这些都是朝着解决双方之间实质性纠纷前进的重要步骤。

### 帮助双方进行沟通

重要的是要记住，谈判各方通常因为他们无法自己解决问题，所以才会调解。因此，需要面对的情况通常是有争议的，在这种情况下，你公正的态度是最重要的，可能需要你在整个过程中竭尽全力去证明自己公正，请按照管理工具 10.3 中的步骤帮助双方进行沟通。

**管理工具 10.3**

#### 调解指南

- 解释决定率先发言方的理由。
- 向他们保证，只要有必要，会让双方进行轮流发言。
- 请第一位发言者阐述发生的事件。
- 做笔记并积极回应（例如，“是”“我理解”“继续”“你感觉如何？”）。
- 根据需要平息各方。
- 通过重述澄清。
- 把叙述的重点放在争论的问题上。
- 通过总结（删除所有贬损性的引用）确保你理解了整个事件。
- 对一方的发言与另一方的聆听表示感谢。
- 按照你对第一位发言者的发言指示——从做笔记到感谢双方，让第二位发言者陈述具体发生的事件。
- 在两位发言者发言后，请双方依次澄清要解决的主要问题。
- 调查一些基本的问题，探究是否有其他的事情成为抱怨的根源。
- 通过重述和总结来定义问题。

- 如有必要，举行非公开会议。
- 总结一致的与分歧的点。
- 帮助各方确定问题和要求的优先次序。

### 帮助双方进行谈判

一旦确定了问题，并让各方确定了当前问题和要求的优先次序，你就可以开始协助各方进行谈判。请记住，你希望帮助双方达成双赢的解决方案，因此本章前面给出的建议与此过程中的步骤密切相关。为了帮助各方进行谈判，你应该这样做：

- 要求各方列出解决问题的其他可能方案。
- 重申并归纳每个可替代的方案。
- 与各方核实每种替代方案的可行性。
- 重申替代方案是否可行。
- 陷入僵局时建议双方选择其他替代方案。
- 请注意现有进展情况，以表明取得成功的可能性。
- 如果僵局仍然保持，建议谈判中断或进行第二次调解会议。
- 鼓励他们选择看似可行的替代方案。
- 通过重新措辞增进他们的理解。
- 帮助他们规划实施替代方案的行动方案。

### 澄清协议条款

最后，或许也是最重要的一步是澄清协议条款。经过艰苦的努力，各方对究竟达成了什么协议也许并不清楚，导致很多调解方案失败。通过消除协议中的不确定性和模糊因素，一名好的调解员可以帮助各方达成一项可行性很高的解决方案，并减少未来发生纠纷的可能性。为了有效地澄清协议条款，调解员需要：

- 总结协议条款。
- 重新检查每一方是否理解协议。
- 询问是否需要讨论其他问题。

- 帮助他们规定协议条款。
- 陈述各方在协议中所发挥的作用。
- 重新确认每个人都知道何时做某些事情。
- 解释后续流程。
- 与各方确定后续跟进时间。
- 强调该协议适用于各方。
- 祝贺各缔约方达成合理且可操作的协议。

## 结语

在组织生活中，冲突不仅不可避免且会频繁出现。一般来说，冲突是最令人不安的经历之一。两个基本的指导原则是，坚持在行动之前进行诊断，并了解解决冲突的不同备选方案，以便在适当的时候调整自己的立场和态度。熟悉谈判协议和调解纠纷的一些简单而有力的原则对提高处理冲突的能力至关重要。或许最重要的经验教训是，冲突可能是推动人们提升的强大动力。也就是说，如果管理得当，冲突可以成为实现人们互动方式改变和提高解决问题能力的机会。冲突还可以促进创新并加强双方关系。引用威廉·埃勒里·钱宁（William Ellery Channing）的话与大家共勉：“困难是用来激励人的而不是用来打击人的。人类的精神是通过冲突而变得强大的。”

# 第 11 章

# 文化

## | Zappos 和“辞职提议”

拥有价值数十亿美元的电子零售商 Zappos 的首席执行官谢家华（Tony Hsieh）坚持不懈地为客户寻求最佳体验。Zappos 的客户体验策略包括快速免费送货以及承担客户因任何原因在任何时间不满意的一切退货运费。服务代表有很大的灵活性，以确保每位客户都是忠实的客户。给客户写感谢信很常见，甚至还流传着“客服给一位近期母亲去世的客户送花”的轶事。

即便考虑到 Zappos 对客户服务的追求，有一种做法也特别大胆和具有挑战性，它称为“辞职提议”。当 Zappos 雇用新员工时，它会让他们通过为期四周的密集培训计划，将他们融入公司的文化、战略和管理程序中。在该计划完成大约一周后，Zappos 发出提议，告诉新员工，“如果你立即辞职，我们将支付你培训期间的薪水，外加 3 000 美元的奖金。”在《商业周刊》的采访中，谢家华称，只有 2% ～ 3% 的人最终接受了这一提议，另外 97% 的人拒绝了，他们宁愿选择这份工作也不愿马上拿到钱。

本书的作者之一曾经在一家大型的《财富》500 强企业工作，在这个企业中，人们有着独特的对话方式。事实上，如果一位员工不这样说话，他可能会被其他人视为不合群。这是哪种说话方式呢？简单地说，就是学会咒骂。没错，在这个组织中，骂人是一种方式，它表明你很坚强、很能干，你能独立处理事情且不会在压力下崩溃。最重要的是，它象征着你是“团队中的一员”。在解释这种现象时，你可能会将这种行为描述为组织文化的一部分。组织文化代表了一种共同的存在方式、行为方式并解释公司生活的方式。你无法触摸或感受到这种文化本身，但你肯定知道它的存在。此外，你可能已经听说过这种文化是如何形成的。例如，这个组织最初是由一个蓝领工人创立的，他粗暴且直率，往往为自己的侵略性策略感到自豪。他重视人们的“直言不讳”，无法容忍过度正式或过于复杂的说话方式。即使公司从一个家族企业成长为一家公开上市的公司，他关于人们应该如何相互交谈的观念仍然存在。

有趣的是，尽管组织文化具有独特性，但并不一定意味着它与组织的成功有关。这里有一条关于管理组织文化的悖论：使组织独特的不一定能助组织成功。本章试图帮助你理解组织文化的本质及其发展与强化（见迷思 11.1）。与此同时，希望你明白以下观点，即文化不仅具有历史性，而且必须谨慎管理。极个别的管理者能够独自改变一个公司的文化。管理者可以在自己的团队中建立积极的文化，并希望他们的功绩能够在部门或组织之外传播。

### 迷思 11.1

#### 文化

- 某些行业或产品类别的所有公司在文化上都是相似的。即便大多数人很快会意识到这是一种谬论，但仍然会严重低估企业之间的文化差异有多大。事实上，企业在文化和学习方面差异很大，因此学会认识和评估这些差异是一项重要的技能。
- 有些人只是更善于融入。和许多谬论一样，这种说法也有一定的道理。人的个性差异是真实存在的，并且肯定会影响适应环境的能力和动机。尽管如此，成功的社交和有效的入职培训与“你做了什么”（行为）的关系要远远大于与“你是谁”（你的个性档案）的关系。
- 新员工一开始会不适应，几个月后就会很好地融入环境。许多管理者认为，员工被雇用后，他们会有一段短暂的社会化过程，随着时间的推移，这个过程慢慢会结束。然而，有证据表明情况并非如此，事实上要花上 9 个月到一年的时间才能完成这个过程。

- 最好的包容性战略是对所有差异视而不见。这通常描述一种高尚且不歧视的策略，但实际上是无稽之谈。客观现实是，人们确实在许多有意义的方面存在着差异，人们的目标应该是认识到并有效利用这些差异，而不是徒劳地试图消除或忽视它们。
- 组织只有一种文化。虽然在企业中肯定存在主导的价值观和行为模式，但令人开心的事实是，亚文化在企业中往往最具影响力。这意味着有效的领导者和贡献者可以并且确实对他们所在组织单位的亚文化产生重要影响。
- 组织文化是一种严格意义上的积极现象。人们希望这是真的（而不是一个谬论）。不幸的是，在一些组织中存在一种非常普遍的“文化黑暗面”，即有害的、非包容性的、低绩效的规范。更糟的是，有些公司的文化会奖励不道德、歧视、缺乏职业道德的行为。文化的功能是异常强大的，可以导致功能失调或促进邪恶行为的发生，就像它可以促进高绩效和道德实践一样。
- 群体身份定义了人们。这是最具普遍性和破坏性的谬论之一，也称为“生态谬论”。简而言之，说所有的女性、所有的亚洲人、所有的老年人都具有相同的性格特征是无稽之谈，但这种老套的假设是普遍存在的，而且是有害的。虽然一些共同的模式和特征是已知的，并且可以作为与不同群体合作的起点，但有一条很好的箴言，那就是“永远把人们当作个体来判断，而不是仅仅根据他们的群体身份”。

## 理解文化及其在组织中的重要性

当管理者谈论文化时，他们指的是影响他们理解事件和指导人们行为的价值观、规范和假设。其中一些文化元素是可见的，另一些则存在于人们对组织的心理模型或假设中（见第 4 章）。埃德加·沙因（Edgar Schein）在其关于组织文化的大量著作中，将文化描述为一种基本假设的模式，这些假设是：（1）由一个特定的群体在学习应对外部适应和内部整合问题时所发明、发现或发展出来的；（2）运作良好，足以被认为是有效的；（3）已经教给新成员，作为正确的方式来感知、思考和感受。换句话说，文化是一种每个人都认同的重要的存在方式（不是通过投票而是通过行动！），应该教给组织的所有成员。在沙因的组织文化模型中，他描述了三个层次的文化，在外部观察者看来，从表层、可见的层次到最深层、最不可观测的层次。沙因的模型包括：（1）构件或组织属性，当一个人进入一种新的文化时，可以观察到、感觉到和听到这些属性；（2）价值观或拥护的目标、理想、规范、标准和道德原则——这通常是通过调查问卷来衡量的；（3）当内部人员被问及组织文化的价值时，仍然无法解释的潜在假设或现象。在沙因看来，组织文化的真正精髓在于第三个层次。

每个层次的内容如图 11－1 所示。在第三个层次，也就是最深层次，发现了组织的默认假设。这些是文化的元素，在组织成员之间的日常互动中是看不见的且不易识别的，甚至无法实现。此外，这些文化元素在组织内部经常是禁忌讨论的。这种最深层次的文化变得更加难以辨别，因为随着时间的推移，那些最有资格去解释它的人往往会沉浸在这种文化中，以至于这种文化的深层表现几乎是无形的。正如一位明智的观察家曾经打趣道："人们看待组织文化的方式，与鱼看待水的方式不同。"这一层次的文化是组织文化的基础和驱动因素，但大多数管理者和研究组织行为者往往忽略这一点。

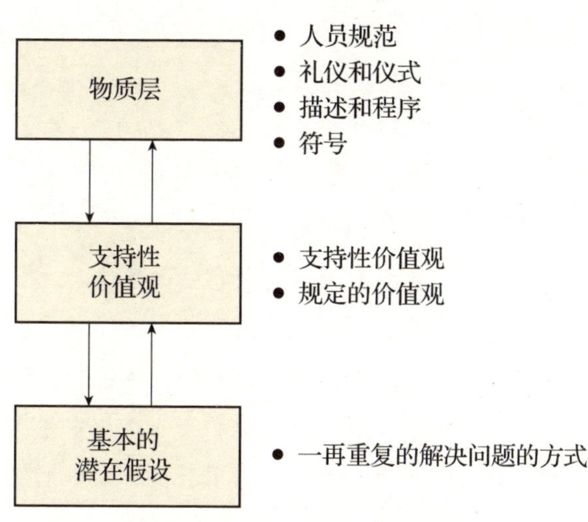


**图 11－1　沙因的文化三层次**

资料来源：From E.H. Schein, Organizational Culture and Leadership, Jossey-Bass, 1992, Figure 9. Copyright @1992. Reprinted with permission of John Wiley & Sons, Inc.

使用沙因的模型，理解那些看起来违反直觉甚至充满矛盾的组织行为变得更加可能。例如，一个组织可以在沙因模型的第二层使用面向团队精神的标准，同时在第三即最深层次的文化中显示奇怪的矛盾行为。在表层，组织奖励意味着相比团队合作更重视个人贡献，但在最深层次意味着一个亲密大家庭的团队。这种见解使组织新人理解在加入公司时遇到的困难。本组织所陈述的价值观可能是一回事，所制定的深层假设可能是完全不同的。这也解释了为什么组织变更常常是不成功的，因为潜在的假设通常在变更代理人和许多新经理开始他们的变更尝试之前是不被理解的。

根据沙因的成果，可以了解文化是如何生存和繁荣的，那些特定的、精心计划的活动正是为了维持现有的文化。例如，大多数组织都有特定的仪式、习俗来保存其现有文化。其中一项特别重要的活动是讲故事。讲故事有助于迅速而深刻地传达组织想要传达的价值观。在组织中，有一些常见的故事类型，用来就一系列问题传达广泛的价值观念，这些故事涉及经理、解雇、处理搬迁、低层员工的职业发展路径、处理危机场景和违反规则的后果。例如，在麦当劳，人们讲述高管们通常是从流水线厨师开始自己的职业生涯。该故事旨在传达这样一种信息，即在组织中任何人都能成功，同时公司也在推广自己的产品。有关提高讲故事的技巧，详见管理工具 11.1。

### 管理工具 11.1

#### 提高你的讲故事能力

正如本书所指出的，许多有效的管理都需要实践，学习讲好故事也不例外。这里提供了关于如何练习和使用讲故事法的建议。

1. 听故事并且试着自己讲故事。当你听到故事的时候，试着应用五步框架，并且邀请人们使用这个框架来帮助你改进自己的故事。
2. 给别人讲故事。从报刊、书籍、小说和个人经历中寻找故事。首先读一个故事来让自己感到舒适，然后用五步讲故事框架复述你读过的故事。
3. 互相练习。和另外一个人练习讲故事。

4. 现场展示。开始更频繁地向其他组织成员、朋友和他人讲故事。
5. 写日记。首先要有好的材料，重要的是要写下故事，阐明你想在工作中提出的重要观点。
6. 考虑其他观点。试着从不同的角度来思考同一个故事。将老板、同事、员工和客户视为重要的视角。

## 文化选择：竞争价值模型

虽然存在许多文化理论模型，但奎因（Quinn）提出的竞争价值模型（Competing Values Model）受到的关注要比其他模型多得多。与许多简单有用的模型一样，竞争价值模型沿着两个轴对文化进行分类（见图 11－2）。更具体地说，其中一个维度描述了公司对价值稳定性和控制的重视程度与对灵活性和判断力的重视程度。另一个维度代表内部关注和整合的价值与外部关注和差异化的价值。正如你所看到的，“竞争价值”这个名称对于这种方法极为有用，就像本书中的许多其他思想一样，每个维度都存在两个有价值的目标之间的竞争。公司在这些重大问题上所做出的决策，最终决定了它将成为“什么样的组织”。

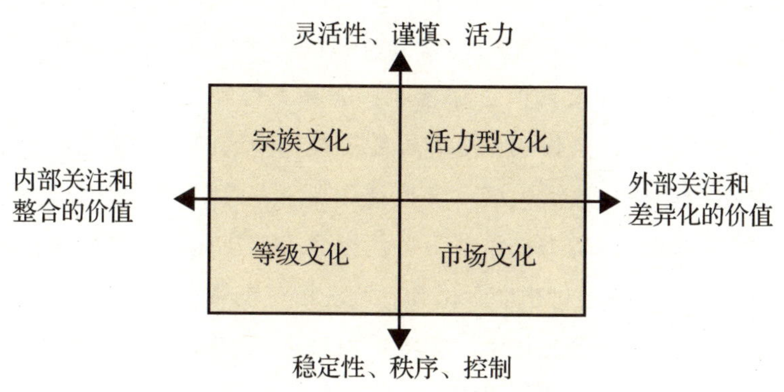


图 11－2　文化的竞争价值模型

请记住，与其他许多领域一样，竞争价值模型并不意味着在两条轴上的任何一个位置都存在“正确的”决策，相反，具有稳定性和灵活性的目标是值得称赞的，内部关注和外部关注的目标同样如此。问题是不能实现两全其美。人们所遇到的现实往往是，选择其中一个的同时失去另一个可能带来的优势。换句话说，为了创造稳定性，公司通常会有集中的决策和谨慎的做事方式。公司往往有更多的政策，也更正规化。一旦一家公司具备了稳定性，它试图在变革时期灵活应变时，就会遇到很大的障碍。从许多方面来看，更危险的是，正是这些问题在一定程度上给这家公司下了定义，可能帮助其取得成功，也有可能使它无法在不同的环境中具备竞争性。

通用汽车（General Motors）就是一个例子。无论以何种标准衡量，通用汽车都是世界上最成功的企业。美国前国防部长查尔斯·欧文·威尔逊（Charles Erwin Wilson）曾经说过，对通用汽车有利的事对美国也有利。出于多种原因，通用汽车拥有一种重视稳定的文化。当汽车行业基本上由几家大型跨国公司控制而通用汽车是其中最大的一家时，这是完全合适的。然而，全球竞争的兴起极大地改变了环境，通用汽车在 2009 年被迫进行破产重组（现在通用汽车已重组为一家规模更小、更灵活的公司，试图在竞争激烈的 21 世纪全球汽车业中竞争）。

从竞争价值模型的两种竞争价值中，可以衍生出四种不同的组织文化。这四种组织文化分别为宗族文化、等级文化、市场文化和活力型文化。下面将详细地解释这些组织文化中的每一种。

**宗族文化**。在宗族文化中，灵活性和组织的内部关注是非常重要的。这类组织倾向于成为友好的工作场所，能够支持高度的个人发展。因此，领导者发挥着发展性的作用，更有可能扮演导师或教练的角色，而不是任务的主导者。此外，该类组织大多数晋升都是在组织内部进行的，因为组织花了大量的时间和精力来培养下一代领导者。在这一类型的文化中，任期长相对普遍，且成员做出的承诺和忠诚度相对较高。

**等级文化**。在等级文化中，高度重视稳定性和内部控制。与其他文化相比，加强形式化趋向于成为规则。等级文化中的领导者活动主要包括组织、监视、度量和评估下属的活动。在这一类型的文化中，财务和生产的职能往往相对强大，因为它们所扮演的角色受到高度重视，并且成为组织达到成功目标的核心。

**市场文化**。在市场文化中，高度重视控制和稳定性，其重点在于组织外部。这种外部关注意味着公司的目标是在其细分市场中竞争，这类公司的领导层倾向于使用严格的绩效指标（例如，绩效配额）来控制下属的行为。在市场文化中，员工当前的贡献或表现是决定员工薪酬或晋升的最重要因素。因此，具备市场文化的组织对一部分人来说可能是难以适应的场所，但它们往往是那些有动力、有竞争力的人茁壮成长的地方。

**活力型文化**。在活力型文化中，灵活性受到高度重视，其重点在于公司外部。因此，与基于等级的文化相反，领导团队所扮演的更多的是企业家的角色而非控制角色。该类公司的创业重点是外向型的，公司努力争取在不断竞争中成为市场中第一的公司，且拥有最具创新性的想法。拥有活力型文化的组织，往往鼓励冒险并重视创新。虽然一部分人在这种文化中可以茁壮成长，但很多人可能很难适应这种极具不确定性和快节奏的氛围。这些往往是相对紧张的工作场所，高层领导者通常被认为具有远见卓识。

## 文化的另一种观点

看待组织文化的另一种更简单的方法是将其视为一个群体对刺激的一般反应，与学习理论的基本知识和行为主义方法的基本要素相一致。这是一项重要的简化，行为主义者的工作植根于 B.F. 斯金纳（B.F.Skinner）的传统观念，并着眼于行为的后果来诠释为什么某些行为会发生。在理解文化的过程中，行为主义者把组织文化看作公司奖励制度的表现。从这个角度来看，组织文化是一群受过培训的人，或者只是从他们周围的人那里学习的人，学会如何在特定的情况下采取行动。通过这种方式，企业文化所发挥的功能就与其他社会学习一样。在许多方面，这种简单的解释是非常有力的，可以帮助人们更深入地理解奎因竞争价值模型。

将价值观和奖励制度联系起来并不是一项困难的任务。事实上，如果人们重视某件事，往往想要奖励它。从狗的行为（例如，当我的狗翻身时，我喂它吃东西，因为我重视让它服从我的命令）、孩子（例如，当我的孩子说一些有趣的事情，我之所以笑，是因为我重视孩子的幽默）、员工（例如，员工因为完成销售指标而获得销售奖金，因为我重视销售和他们创造的收入）方面可见，价值和奖励的联系既普遍又有力。

在对文化采取或多或少的行为主义观点时，克尔（Kerr）和斯洛克姆

（Slocum）提出了一种解释，他们认为上述的宗族文化和市场文化是关于价值和奖励的连续统一体的两端。大体上而言，他们将市场文化描述为一种重视绩效的文化，宗族文化则重视忠诚。在观察这两种文化的特征时，这是一种令人信服的逻辑，它使文化的管理和改变文化的尝试更加直接。用行为主义的文化观点来看，如果要改变文化，那么需要改变奖励制度，就是这么简单（尽管做起来并不容易）。从行为主义者的角度来看，试图改变文化而不改变奖励制度绝对是徒劳的，最终会以失败告终。

## 只有一种文化是最好的吗

在这一点上，大多数人心里都有一个相当明显的问题："这些都很好，但哪种文化是最好的？哪一种对成功的帮助最大？"就像本书讨论的许多其他问题一样，这个问题实际上类似于："哪种语言是最好的？"或者从医生的角度来说："治愈病人的最好方法是什么？"幸运的是，有一些有力的证据可以为这个问题构建有用的答案。在一项有趣且极具影响力的研究中，研究人员调查了大量的公司，然后对它们的文化进行分类，并衡量它们的业绩。他们发现并没有最好的文化，但是最好的文化取决于公司所竞争的行业的结构特征。换句话说，人们需要的是公司文化和公司所处竞争的行业类型之间的匹配。在他们的研究中，当行业相对稳定且进入壁垒很高时（例如，汽车、钢铁和航空公司），宗族文化拥有优越的表现。在这些情况下，基于宗族文化的公司优于拥有市场文化的公司。在行业处于更具活力的竞争和进入壁垒较低的情况下（如网页开发、分销商和专业服务公司），具有市场文化的公司比同类公司表现得更好。

当试图确定一种合适的文化时，另一个需要考虑的问题是复杂性，即几乎没有一家公司是上述任何一种文化的纯粹形式。换句话说，即使是那些重视外部关注的公司，在一定程度上也必定会重视内部问题。同样，重视灵活性的公司也会有一些促进稳定性的操作。这样做的原因可以理解为"两面下注"。换言之，如果只奖励个人表现，你很容易就会失去那些在公司工作多年但在短期内遭遇挫折的优秀人士。

从前面的讨论可以明显看出，文化影响着组织中每个人的行为——从首席执行官到新建筑维护人员。然而，在某些情况下，文化对行为的影响相对较弱，在另一些情况下，文化对行为的影响非常强。这就引出了文化强弱的概念。在弱势文化中，人们在组织中思考和表现的方式有很大的差异，在强大文化中，这种差异要小得多。亚文化的概念是一个关于文化整体实力的有力信号。

## 组织结构：一个关键的文化因素

组织结构与组织文化密不可分。尽管今天使用了许多复杂的组织结构，但是组织结构背后的主要概念相对简单。组织结构可以定义为组织中的工作角色和权力关系。这些角色及其之间的关系在组织行为领域的关联性特别强，因为它们对个人、团队和整个组织的行为有重要的影响。然而，许多人想到组织结构时，首先想到的是组织的层次结构。组织结构的三个主要特征是控制范围、高度和部门划分。

当考虑组织结构时，管理者的控制范围指直接向经理报告的人数。例如，对于一个有 10 名员工和 1 名经理的小型零售店来说，经理的控制范围是 10。虽然对于小型零售店，这似乎不是一个非常重要的考虑因素，但是对于更大的组织，控制范围就成为一个主要的结构性问题。组织的高度，即组织中层级的数量，通常由管理成员的控制范围决定。乍一看，许多人可能会认为，有 5 个人向经理汇报与有 7 个人向经理汇报之间的差别并不大（毕竟只差两个人），然而，在实践中，增加控制范围通常意味着允许组织减少所需的管理者数量，并保持相对较低的组织高度。因此，控制范围和组织的高度往往是负相关的，这意味着小控制范围可能与较高的组织高度有关，大控制范围可能与较低的组织高度有关。

除了控制范围和组织高度之外，公司选择的部门划分形式是组织结构的另一个主要特征。部门划分是指将资源（包括人员和技术）划分为工作单位。最常见的部门划分形式包括按功能、按地域、按客户、按产品以及按这四种方式的混合形式进行划分。

### 结构影响行为

许多热心的管理者在考虑如何最好地构建他们的部门时，往往会落入一个管理误区，即他们没有意识到结构影响行为。1971 年，心理学家菲利普·津巴多（Phillip Zimbardo）进行了一项名为“斯坦福监狱实验”的经典研究。津巴多和他的研究团队招募了24名本科生，将他们随机分配扮演狱警或囚犯的角色。研究人员在斯坦福大学心理学大楼的地下室建立了一个模拟监狱，甚至在参与者的家里进行了模拟逮捕。实验开始后不到一天，这些新囚犯就忍受着狱警的羞辱，而这些新任命的狱警（24小时前他们还是大学本科毕业生）对囚犯采取了近乎虐待的方法。在实验的第二天，暴乱爆发了。在没有得到研究人员批准的情况下，狱警自愿加班并用灭火器袭击了囚犯。狱警开始使用体罚，例如强迫囚犯无休止地做俯卧撑，移除囚犯床垫，或禁止囚犯在浴室里小便。囚犯的名字被他们的监狱识别号码代替（他们必须记住并不断重复号码）。实验变得失控，到第六天，研究人员就把实验取消了。

这项研究令人着迷的原因在于：无论是囚犯还是狱警都没有得到关于如何采取行动的指示。然而，在得到角色的几个小时内，他们就按照自己的角色行事了。从这个实验中可以学到很多，一个重要的结论是：结构影响行为——把人关进监狱，他们就会表现得像囚犯一样。换句话说，情境（而不是人）常常决定行为，认为人们可以不受情境限制而实现目标的想法是错误的。人们经常惊讶地发现，有这么多的组织想让一线员工愉快地为客户服务，然而，他们的行为受到一系列结构的限制，这种结构包括“无时无刻不在安抚客户”和“没完没了的繁文缛节以及审批和签字”。丽思卡尔顿酒店之所以成为客户服务的典范，是因为每一位员工都有能力和义务去满足客户。丽思卡尔顿酒店的员工拥有足够的资金来实现这一目标，他们可以根据自己的判断，将这些资金分配给特定的客户。为了实现客户忠诚度和满意度的目标，丽思卡尔顿酒店意识到，必须将大部分日常决策推给下层员工来安排。相反，如果一个组织对安全运营有强烈的需求（例如，核电站），那么像丽思卡尔顿酒店那样行事就不太可能实现目标，这个组织应该选择更严密的监控和更小范围的控制。

关键是在创建一种理想的组织文化时，你必须使人们的工作结构与你试图实现的任务、目标和策略保持一致。这一点很容易忽视，因为公司往往只是简单地照搬竞争对手的结构，或者按照最有利的方式开展结构性的工作。这里有一个简单的规则：首先确定你想要实现的目标是什么，然后创建一个允许人们实现它的框架。千万不要搭建一个框架，希望人们能够在这个框架中工作。换句话说，所有卓越管理者都会定期审查他们的组织结构并质问："是什么阻碍了员工实现目标？"答案几乎总是包含结构性的限制。值得高兴的是，重新设计并构建部门的工作完全在管理者的控制之下，而且相对容易做到。

## 创造环境：人－组织契合度

很明显，组织的文化类型和强度存在显著差异。讨论组织文化的差异实际上是讨论组织成员的差异，他们的行为、反应和感受构成了组织文化的本质。因此，设计和维护高质量的组织文化的一个关键因素是检查特定人员与组织（其他所有人）之间的契合度，也就是所谓的人-组织契合度或简称 P-O 契合度。P-O 契合度表示一个人的价值观、个性和工作需求与组织文化的契合程度。例如，当个人最重要的价值观被认为在组织中很重要时，契合度被认为是很强的。

### ASA 框架

P-O 契合度的概念产生于吸引-选择-磨合（attraction-selection-attrition，ASA）框架，它表明个人和组织基于相似的价值观和目标而相互吸引。

ASA 框架的概念简单但非常强大，它提供了一个有用的视角，可以理解为什么一个人被某公司吸引，谁是在面试过程中被选中的人，谁是最终晋升的人，以及最终谁在自愿或者非自愿的基础上离开公司。ASA 框架认为：人们会被那些看似具有相同的个人价值观的组织吸引；人最喜欢当前的文化选择；那些与公司价值观和标准不一致的人最终会被公司淘汰。这些简单示例有助于充分发挥 ASA 框架的强大功能。

假设有三个不同的组织，这三个不同的组织分别是哈佛医学院、美国陆军和谷歌。你会认为这三个组织的申请人（试图进入或被聘用的人）是随机的吗？换句话说，选择任何一个你认识的人，甚至考虑你自己。你的朋友（或你）申请这些组织的机会是否相同？当然不是。这三个组织的申请人很可能是完全不同的群体，他们几乎没有重叠。这是因为人们对自己认同并希望与之联系的组织有自己的选择。这就是吸引力的力量。吸引力在人们成为组织的一部分之前就开始了它的社会化过程。例如，在美国陆军中，大多数新兵都知道他们将要面对的是什么。他们明白在军队里所需要的时间和奉献精神。人们不太会通过尝试参军来“看自己是否喜欢”。如果你发现军队的价值观和要求与你的价值观和技能相似，你会考虑参军。如果你的价值观和技能与军队完全相反，你就不太可能参军。

同样，人们也被各种不同类型的组织吸引。在大学里，如果兄弟会或姐妹会对大家有吸引力，人们就愿意加入，这个过程在你的组织生活中也会继续下去。如果你是一名医学预科生，学习成绩优异，那么哈佛医学院很可能是你感兴趣的组织。但对大多数人来说，哈佛医学院不是一个吸引他们的组织，因为他们有不同的兴趣、价值观和技能，这些与哈佛医学院并不匹配。

ASA 框架的下一步，即选择，将进一步细化最初的申请群体。谷歌从一大群聪明、有动力、有技术头脑的人当中挑选一小部分人，让他们成为 Nooglers（谷歌新员工的术语）。选拔过程的两个目标是挑选出那些表现出色又能适应组织文化的人。谷歌能够从最初的非常聪明的人群中挑选出它认为最适合的人。现在问你自己一个简单的问题：“适合的人有可能和组织里的其他人相似吗？”答案当然是肯定的。因此，从最初的小组开始，谷歌会倾向于选择与谷歌中的其他人相似的人。请注意，这不是针对任何一个组织的，但事实是它发生在所有的组织中，无论人们是否意识到它正在发生。

ASA 框架的最后一步称为磨合。随着时间的推移，某些人会表现得很好——他们适应环境，得到奖励，并可能晋升。剩下的人将更难融入他人当中，无法与老板和下属建立积极的关系，也得不到组织的重视和奖励。无论是出于自愿（例如，一个人因为对目前的工作不满意而另谋出路），还是出于不自愿（例如，被解雇了），都意味着随着时间的推移，这些人会离开公司。

## 管理实践 11.1

### “小公司的大智慧”中独特的高绩效文化

诸如此类的书籍和一般的商业教育都存在一个风险——所有的证据和案例都可以从几百家上市公司中获得。让人觉得遗憾的是，很少有关于小企业的研究。唯一让人眼前一亮的是，其中有一本书讲述了那些选择 不做大但做精的公司。作者仔细研究了分布在美国各地的各行各业的十几家企业，这些企业都选择让自身更强大而不是规模更大。事实上，它们的“更好”已经带来了相当可观的收入和利润增长。更重要的是，它们形成了强大的竞争壁垒。

作者给这些公司贴上了“小公司的大智慧”的标签，其中包括铁锚蒸汽啤酒（Anchor Steam Brewing)、Zingerman’s Deli 和悬崖酒吧（Clif Bar）等公司。这些“小公司的大智慧”文化的 7 个反复出现的元素如下：

1. 它们有意识地质疑人们对成功的定义，并想象出与普通定义不同的可能性。这个概念已经出现在专业领域，比如注册会计师、医生和建筑师，他们在一起谈论的是专业而不是工作。对于不同的建筑公司来说一个关键的区别是，它们是将自己视为企业还是事业。当它是一家企业时，财务标准是首要的；当它成为一种事业时，各种各样的其他标准被优先考虑。是的，当然，人人都需要谋生，但赚钱并不是最重要的目标。
2. 领导者必须克服巨大的压力，采取传统的成功之道。这往往意味着他们在本职范围之外拒绝外部资本和成长机会。
3. 每家公司都与其开展业务的当地社区建立了非常亲密的关系。
4. 每一家公司都通过个人对接、一对一互动以及在履行承诺方面的相互承诺，与客户和供应商建立起异常亲密的关系。
5. 它们拥有异常私密的工作场所，这些工作场所实际上是功能性很小的社区，致力于满足员工的广泛需求，包括情感、精神、社会以及经济需求。对于了解西南航空公司文化的人来说，这就是所谓的关系协调，它建立在兼顾人们生活的原则之上。
6. 这个样本代表了它们提出的各种各样的公司结构和治理模式，以帮助它们找到真正的驱动力。

7. 领导者对公司所做事情的热情——无论是音乐、安全、食品、灯光、特效，还是恒扭矩铰链，都是他们所热爱的主题。他们对自己的业务有着浓厚的情感，正如前面所提到的，这种情感延伸到了员工、供应商、客户和他们的团队。

资料来源：Burlingham，B.（2005）. Small Giants：Companies That Choose to Be Great Instead of Big. Portfolio；New York.

## 结语

当管理者和他们的员工认真对待文化时，神奇的事情就会发生。如果人们对自己的公司和工作充满热情，公司会以特殊的方式支持和奖励这些人，管理者的工作则会给人成就感和适当的回报。对营造高绩效文化和工作场所做出最大贡献的管理者往往会分享三件事：（1）相信人员管理的能力会影响组织成功；（2）了解对承诺和绩效影响最大的人员管理实践；（3）动机，甚至是勇气，以一种以人为本的方式进行管理，即使是在对这种行为几乎没有传统支持的组织中。

## 第 12 章

# 进行变革

## 在看起来不可能的情况下制造变革

### 案例 | 印第安纳州机动车管理局

2010 年，印第安纳州机动车管理局（BMV）在三年时间里第二次获得了“国际客户服务奖”，这说明此机构在该领域的客户服务是全北美领先的。在颁奖典礼上，州长米奇·丹尼尔斯（Mitch Daniels）宣布：“印第安纳州现在有全世界最好的机动车管理局了。”这句话激发了台下来自机动车管理局员工的欢呼。州长继续讲：“你们是首次在历史上重复获得该奖项的团队。你们从最差的车管局变成全北美最好的车管局也是我们在政府部门的变革中最佳的案例。”

就在五年前，印第安纳州机动车管理局还被州长调侃为该类机构中全国最差之一。全印第安纳州的州民都鄙视该机构，甚至还有一篇新闻提到有顾客失望地提起去车管局办理业务简直比去看牙医还痛苦。除此之外，该机构的开销也不断上升。州长发现了一个被众人摒弃，欺诈造假和管理混乱的车管局。它的客服质量未被衡量，部门的效率和效能报告也无从寻找，因其没人记录。员工的工作状态是浑浑噩噩，当时该机构里弥漫着一种人人想辞职的气氛。该机构还和很多其他政府部门一样资源匮乏，官僚作风严重，也就是说，任何想要做出重大改变的举动比如削减开支，必然会遇到阻碍。

进行变革作为本章开头和本书终章有它的合理性。不像其他的组织变革，本书主要关注的不是大范围的组织或公司文化改变，本书的目标是帮助你开发有效变革者所需的技能，不论你期待改变的范围和你所在公司职位的高低。

领导方式的变革能够也会发生在组织的每一个层级。企业在如今的商业环境下想要繁荣，就需要经历全面的变革。虽然很少有人可以负责一次新产品发布、一次国际迁移战略或一次大规模质量提升，但人人都能观察到公司内实际情况和理想状态的差距，即使是最基础职位的员工也有机会促进、支持并实施变革。

进行变革之所以成为本书的终章是因为变革能力是超越单维的技能的，它涉及前面所提到的几乎所有技能。例如，一个成功的改革者经常要确定问题的框架、有效地沟通、激励并领导团队、管理冲突、建设团队，等等。因此，你可以把进行变革看作之前学到的管理技能的融会贯通。

管理者在每一种组织（政府、企业、宗教、家庭）中总是会在变革中挣扎。其中的要素便是人，让人用新的方式去做事经常是困难的，几乎不可避免地会遇到阻碍。正如你在第 1 章中所见，显著地改变一个人（包括你自己）的行为是一件异常困难的事。记住，改变自己比改变别人容易，因为至少你有改变的意愿（假设你在尝试改变）。然而，其他人不一定有这样的意愿。这种情况又增加了改变行为的复杂度，这就是为何帮助别人改变他们的行为来促成组织变革会成为棘手的挑战了。

虽然使人们参与变革毫无疑问是富有挑战性的，但对于变革人们还是有很多了解，为什么它失败，以及为什么它成功。本章将复习之前对于成功变革的知识、实用框架、工具来帮助你有更强大的能力去识别和进行积极的变革。

## 变革的挑战

你加入的任何组织只要想生存并发展就必须经历变革。即使是 20 世纪八九十年代成立的公司，变革的需求也会让它和初创时截然不同。很多类型的变革会发生在组织中（新产品、新工作流程、新员工），很多变革是计划外的。也就是说，变革是组织对外力的反应和适应。本章的关注点在于：计划中的变革是管理者和其他员工仔细考虑后为了提升组织的工作效率而做出的。

在有些案例中，高级别的管理者有权力和影响力去强迫执行变革。通过利用权威控制组织的关键奖励体系，他们可以向下发号施令，组织里的人员只能被迫服从（至少暂时是这样）。然而，在多数情况下，尤其对低级别的管理者和员工，这样的方式不可能带来长期的成效，而且低级别管理者甚至不能在短时间里指挥下属。没有短时间的成果，更持久的计划自然泡汤。

在关注如何变革之前，先来消除一些关于变革的迷思（见迷思 12.1）。

**迷思 12.1**

### 进行变革

- 危机是变革的保障。紧急情况有它的价值，但是它很难保证变革就会出现。思考为什么 **90%** 曾做过冠状动脉旁路手术的病人还要继续以前那种不健康甚至威胁生命的生活方式。
- 变革需要由上至下。很多成功的变革都是从基层发起的。事实上，虽然上级的支持是关键的，但由下级自发的变革经常是最有效也是最快速的。
- 恐惧催生变革。让人们去否认可能发生在他们身上的坏事是容易的。对未来积极的远见才是激发变革的良药。
- 有说服力的事实是变革的关键。或多或少，变革的动力是由情绪和故事引导的，这些因素可能比事实更重要。当事实与人们的世界观冲突时，人们忽略或拒绝它。只靠事实，缺少了个人情感连接，有效的变革难以实现。
- 老狗学不了新把戏。大脑有很高的可塑性，人们终生都可以继续改变和学习新事物，关键看有没有动力以及对变革需求的理解，年龄不是停止学习的理由。

用更正面的态度看，虽然现在谈到变革就会让人想到失败，但是事实上有计划的变革依靠良好的架构一直以来都有很高的成功率。比如，一些综合审查总结了关于变革干预的研究证据后发现了良好的结果。又比如，一项研究针对35个变革干预进行了严格的评估，使用绩效、营业额、生产力等产出指标，研究者发现51%的案例都有明显进步。另一个评估甚至发现80%的案例在变革干预之后生产力得到提高。如此看来，当广义的变革是否成功还是未知数时，有计划的变革在正确实施时已经频繁地见效了。

## 变革过程的一般模型

事实上，很多变革的努力是失败的——即使它们看起来很合理或变革迫切需要成功。这样的现象频发是因为变革方案时常是随意的，而且没有实施最佳的管理。投资经理不会在不了解风险模型和资产组合时买下基金。医生不会在不了解药物药效时开出处方。但让人奇怪的是，变革的努力经常没有考虑采用变革过程模型来预测与解释变革何时及如何发生。与本书基于实证的方法一致的是，本章的目标是让你避免犯这样的错误。

接下来的部分简单解释了几种变革模型来帮助你思考变革是怎么发生的，还提供了一个具体的框架来计划行动，以及一组为了将组织难题化解为可达成方案的实用策略。本章的目的是帮助你知晓（变革怎么发生）与执行（成功地管理变革）。

### 勒温的解冻－变革－再冻结模型

著名的社会学家库尔特·勒温（Kurt Lewin）发展出了关于组织变革最经久不衰的概念，此概念正是他的场理论（field theory）的直接延伸。总体上，他将保持现状的力场描述为如图12－1所示。

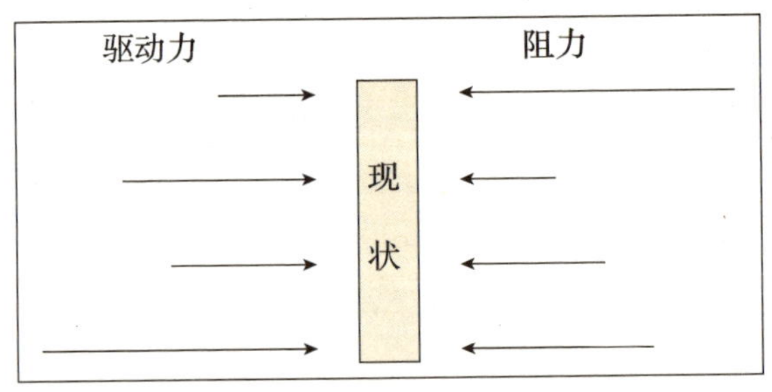


图12－1　勒温的力场分析

勒温的模型将变革描述为三个阶段，即解冻-变革-再冻结（unfreeze-change-refreeze model）。在该模型中，第一阶段解冻涉及了克服惰性和对现有思维的打破。阻力必须克服，准备参与变革的意愿亦需点燃。负责发起变革的人带着激动的心情常忘了识别、应对阻碍因素就开始兜售他们的变革方案了。

第二阶段勒温称为变革，指的是变革干预已开始或进行中。变革随着旧方式受到挑战，新现实在真正经历，过程经常是紧张焦虑的。新信息和奖励方式得以引进，舒适区也被突破。第三个也是最后一个阶段称为再冻结。在理想状态下，新思维和行为模式被参与者建立，变革使单位或组织受益。

勒温的模型在企业变革时给出了一个很好的起点，把注意力聚焦在几个最重要的问题上：

- 什么阻止了变革，为什么变革没能发生？
- 什么行为可能影响变革？
- 如何使变革持续下去？

基于他的理论，勒温发展出了力场分析（force field analysis）的流程（见管理工具 12.1）。该分析是一个适用于各种状况的强有力工具。基本的前提是，对于每个问题或目前的事态（现状），理想条件或未来状态未能达成。在组织体系里有两个力使现状保持不变：（1）驱动力；（2）阻力（问题的负面因素）。力场分析将帮助你理解两边的问题以及从何着手。

勒温的论点是，有效的变革途径的首要关注点是移除阻力而非明显地增加驱动力。虽然有些反直觉，但论点的逻辑在于提升驱动力时常会导致阻力的增加——人们固守陈规，背道而驰。因此，先移除障碍和限制因素是最不具破坏力及最快速的变革路径。

概念容易理解，勒温的模型提供了变革的宏大视角，影响了变革的研究和实践。事实上多数变革模型是建立在该模型的基础上，然后在简约的三部变革法上发展出更详尽的模式。

## 管理工具 12.1

### 执行力场分析

1. 在一张白纸或者挂板中写上“现状”，在其下方写上对问题的陈述。在现状的右边，写上你渴望的条件和假设问题解决后的理想状态。
2. 将现状左边的标记为驱动力、右边的标记为阻力。
3. 现在回答以下问题并将答案记录在合适的一侧。对于驱动力（因素），那些驱动你成功的是什么？对于项目或变革的阻力，阻止你达成目标的又是什么？
4. 在每一个阻力或者驱动力的下面画一个水平的箭头，将箭头指向“现状”。最长的箭头表示目前运行中最强的力，最短的箭头表示最弱的力，因此，箭头的长度应该是各不相同的。

现在有了关于影响变革的驱动力和阻力的图，以及这些力的强度，你就可以开始行动了。你的团队可以开始制定关于如何减少或移除变革阻力的方案了。

## 间断平衡

虽然勒温的模型提供了理解变革的基本理论，但是它可能会让人们认为变革过程是简明有规则的。在变革这件事上想要简约和想要准确之间有合理的偏差。勒温的模型有一个限制是，该模型的现状先保持一段时间的平稳，然后一个逐渐的变革改变了那种状况并建立了新的现状（这个现状又会持续相对长的时间）。

当问题涉及技术或者其他显著的变革时，勒温的模型貌似不能很好地描述现实。一群学者便提出了一个叫作间断平衡的新概念（见图 12－2）。在它最简单的形式里，间断平衡显示在特定环境下会出现一大段相对平稳的时期（比如，手机的设计和功能在 1990—2000 年之间是十分类似的），但是之后质的变革震动了该行业（智能手机开始出现）。因此，相较于机构变革那种有计划且较缓和的变革，间断平衡指的是变革是在短时间内跃进发生的，跃进发生后就产生了新的常态。这个概念对管理者很重要，因为它帮助识别何时大改变在发生，何时你的机构处于相对稳定状态。

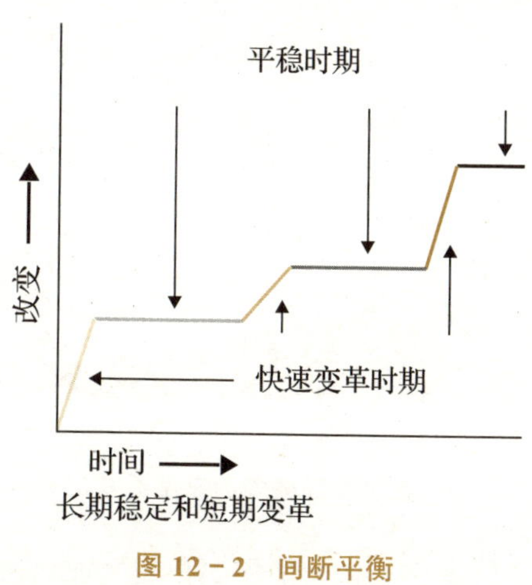


图 12-2　间断平衡

## 布里奇斯的过渡模型

另一个加深你对解冻-变革-再冻结模型和间断平衡模型理解的模型是由威廉·布里奇斯（William Bridges）构想的过渡模型（model of transitions）。该模型真正的贡献在于人性化了变革过程。布里奇斯的模型之所以重要是因为它让人们通过考虑实际需要在变革过程中所做的转变来理解变革中真实发生的事。

在学习很多失败的变革案例后，布里奇斯相信不去了解“人的需求”是无法达成任何目标的。他声明过渡不同于变革。变革发生是由于外部环境的改变，比如领导层、组织架构、职位设计、系统或流程。然而，过渡是人在遇到外部变革时所发生的心理变化。

据布里奇斯说，个人在经历组织变革时会经历三个阶段的过渡期（见图 12-3）。从更深的角度看，他认为不能够识别和准备由变革产生的不可避免的人类心理过渡是多数变革最大的问题，也是它们经常失败的原因。虽然很多变革在体制层面很快可以执行，但是心理层面的改变需要时间。事实上，假如没有得当管理，这种过渡需要相当长的时间。于是，对过渡的加速变得很重要。考虑下，公司不可能给每个人很长的时间在变革中消化及安顿下来。

假如它真的这么做了，那么竞争将把它快速甩下。

图 12-3 布里奇斯模型的三个重叠过渡阶段

对于任何能够存留的变革，人们需要把它当成自身的一部分。除非他们在心里接纳了这种改变，否则变革需要的新行为和态度是得不到发展的。结果，那些忽视人内心的变革很快失败了。学习的关键是既要认识个人转变的规律，又要掌握加速该过程的基本过渡管理方法。具体的方法在管理工具 12.2 中呈现。

## 管理工具 12.2

### 使用布里奇斯的模型

根据布里奇斯的模型，以下几点对管理者是重要的：

1. 识别员工失去了什么。
2. 接纳主观损失的现实及其重要性。不要和员工争论他们失去了什么，因为这是一种很主观的感觉（而不是客观的）。
3. 不要被过度的反应惊讶到。你将要看到的过度反应实际上是很正常的。这是过程的一部分，不应该忽视或否定。它只是需要发生。
4. 公开及有同情心地承认这种损失。不要担心事态会更加混乱。从长期看，最大的问题在于否认这种改变的存在。
5. 预料和接纳消极情绪。人们会经历愤怒、不实际的讨价还价、焦虑、悲伤、迷失感和抑郁。你的工作就是让人们去表达与合理接纳这些感受。

6. 对损失方进行补偿。提供一些能让天平恢复平衡的东西。比如，一个人的收入在新的工作安排后大幅度下降，你可以在职称上给予一些个人尊严的弥补。
7. 给人们全面的信息，并重复这样做。让人们得知并分享你处理的所有信息。你不能退回到“他们不需要知道”和“我们自己对所有细节都不了解”的状态里。
8. 定义那些已经结束和没有结束的事。要具体地让人知道哪些事情需要去执行，哪些是应该打住的。
9. 画上终止符。象征和仪式对于某件事的终止很有帮助。比如有人会破除旧政策或者拆除旧标志换上新标志。
10. 尊重过去。不要嘲笑或者蔑视过去。它对很多人有重要的意义，不尊重过去就会让你与经历过这个时期的人产生隔阂。
11. 让人们带回去一些过去的物品做纪念。具体的物品（比如，员工的工作椅）或者象征性的物品（比如，公司合并前有原公司标志的制服）。
12. 展示这些结束是如何与真正重要的事情挂上钩的。“过渡期让我们认识到什么是最重要的”是一个很好的理念。让人们知道新的方式是如何继承了过去做事的方式的。

资料来源：William Bridges，2004，Managing Transitions：Making the Most of Change，2E，p.100. Copyright © 2004 William Bridges. Reprinted by permission of Da Capo Press, a member of the Perseus Books Group.

## 科特的八个变革阶段

很多年来，变革领域的领导者都是约翰·科特（John Kotter），一位哈佛商学院的教授。科特的变革模型（change model）是另一个思考成功变革所需关键因素的方式。科特的变革模型基于分析变革方案错误的地方，然后解释如何在排除导致变革失败的漏洞后做出有效变革。这些阶段参见图 12－4。

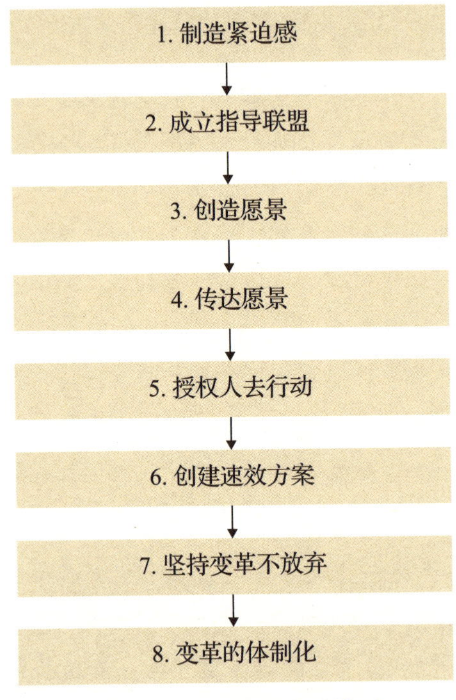


图 12-4　科特的变革模型

### 制造紧迫感

科特认为制造紧迫感是成功变革的第一个也是最关键的步骤。报告和电子表格是不够的，你需要直观演示来让人意识到，甚至是震撼到，这样人们才会理解你决心改变并不是随口说的。

目标就是要让人从往常行事流程和舒适区中走出来并准备行动。科特指出一个方法是制作带有说服力载体的夸张演示，这些是人们可以看到、摸到和感受到的。比如向客服人员展示愤怒客户的录像带就优于拿两页客户投诉的备忘录。你要让人有冲出门干事的冲动。

一个很好的例子就是科特从一家公司获得的一个碎片化、无组织的采购体系。该体系的一个结果就是公司在同一项物品的采购价格上是很不同的，但是由于不同部门的人员不清楚其他部门的状况，很少有人感到有变革的需要。为了让这种紧迫感提升，一位中层管理者对公司采购的 424 种橡胶手套的价格和型号进行了展示。这个展示在公司里得到了很高的曝光度，人们意识到公司在不同供应商处采购同样物品时的差价很大。虽然有人之前就意识到公司的采购系统有问题，但是这个展示给人们敲响了警钟："该行动起来了！"

### 成立指导联盟

每一个好的变革方案都需要一群有影响力、有效的胜利者。找到对的人很重要，他们能帮助你影响别人和管理阻力。在企业里有影响力的高管通常就是这样的胜利者。然而，在有些案例中那些胜利者却是对变革持保留态度的或者人们眼中的犬儒主义者。比如，那些提供青少年上瘾治疗的咨询师就依靠拿出上瘾者（那些经历过上瘾的低潮期的人的经历）的感人证词来给其他病人提供得胜的动力。

### 创造愿景

虽然建立共同的紧迫感能够推动人们行动，但能让人行驶在新的方向上的是愿景。科特强调，你需要构建美好的图景让人们渴望未来。变革后未来的理想图景需要在短时间内阐述清楚，用一页纸写明白。为了让人投入变革中，人们需要对目标有清晰的感觉，以及为什么未来会更好，或为何现状是亟须改变的。

### 传达愿景获得支持

一旦愿景和目标成形，它们就需要传达下去，这样才能提升理解。提供关于变革过程的清楚又合理的信息会让你获得支持，也让人投身于行动。

保持沟通的简约和真诚是最好的。找出人们真实的感受，并与之谈论焦虑、困惑、愤怒和怀疑。给人们特定的需求提供相关的信息。不要依靠备忘录或者报告，因为它们会让你迷失。科特指出，在三个月里员工的沟通信息量是 230 万个词或数字。典型的变革方案需要 13 400 个词，这意味着和变革相关的沟通只占员工工作词汇量的 0.58%。记住这一点以后，一些有效的沟通方式就显得很重要（见管理工具 12.3）。

#### 管理工具 12.3

**交流避免混乱**

- 简约。不要在沟通中出现行话或者专业术语。
- 类比和举例。一幅图、表格或者图解说明比长篇大论更有效。

- 不同的会议。大型论坛、小组讨论、留言板和实时通信都是有效传播消息的方式。
- 重复。理念的渗透是在不断听到的过程中实现的。
- 以身作则。员工行为和愿景的不一致会让很多沟通方式失效。
- 对貌似不一致的解释。未经处理的不一致性让沟通的可信度降低。
- 交流而非说教。交流需要有反馈，而不是单向的灌输。

### 授权人去行动

授权意味着能够增强完成工作的信心与用不同的方式承认和奖励来启发、提升乐观情绪以及建立自信。积极鼓励参与到变革中的人，尽可能地公开信息与反馈，继续让那些消极人员感觉到行动的需要。

比起把授权看作简单地给出权力，科特将其描述为消除障碍或解冻那些你想要他们参与到变革过程中的人。这类似于勒温对移除或减少阻力的建议。这个阶段的解除障碍使人采取行动而非持观望态度。

### 创建速效方案

创建速效方案是可循环的成功方式，也是很多流行变革模式所推崇的。速效方案的成功会让人对变革的努力更有信心，给努力工作的人以情感上的回报，让回馈即时送达。通过这么做以及真实面对反馈，变革就会见成效并且激发人们走得更远。

假如你可以在短时间内制造足够多的小成功，你可以激励你的变革拥护者。要仔细观察有没有那些小的可见、即时、清晰和有意义的方案。公开关注 2 ～ 4 个目标而不是 15 个，在新方案纳入前保证之前的目标已经达成并庆祝。

### 坚持变革不放弃

在变革渗入机构骨髓前，你的任务就还没完成。这也是重新复习勒温力场分析模型的好时机。频发的是，成功变革会在新行为没有常态化之后退回到过去的旧习中。成功变革需要管理者持续跟进来保障新变革得到支持，要继续曝光小的与大目标一致的成功方案和进步。

### 变革的体制化

最后的目标就是要把未来的变革在你的工作环境中变得稳固又有地位。

成功建立于一个变革激发了另外一个需要变革的方案的势头。强调变革和事业成功之间的关系，找到一些奖励冒险者和变革者的方式。目标就是帮助你的工作环境获得一种“准备改变”的文化。管理实践 12.1 给出了一个有趣的观点，即杰克·韦尔奇是如何看待使变革有效可持续的问题的。

### 管理实践 12.1

#### 学校、媒体和警察：变革的有力层级

通用电气前首席执行官杰克·韦尔奇曾注意到当变革发起者寻找并获得学校、媒体和警察的支持后，最快速的政治和社会变革就来临了。虽然这些变革的表现形式不一定相同，但假如你能在你的环境里对学校、媒体和警察施加影响，那么你就有很大的概率成功变革。

在公司中，学校是指培训、开展研讨会和不那么正式的论坛、电子课堂和职业辅导与训练。媒体包括企业内部刊物、员工杂志、时事通讯、电子邮件和小道消息。警察是指会计和管理者、那些审查决策和控制财务开支以及决定如何赏罚的人。

作为变革发起人，你要寻找最有影响力的杠杆来催化变革。公司中的“学校”“媒体”和“警察”是不可多得的有力工具。要制造变革，你需要找到人们所学、所闻以及他们接受赏罚的媒介。

资料来源：Tichy，N.，and Sherman，S.（1994）. Control your own destiny or someone else will：Lessons in mastering change—The principles Jack Welch is using to revolutionize General Electric. New York：Harper Business.

## 麦肯锡的 7S 框架

和科特的方法有很多类似的地方，麦肯锡（Mc Kinsey）7S 框架基于“基准”的理念。由汤姆·彼得斯（Tom Peters）和鲍勃·沃特曼（Bob Waterman）于 20 世纪 80 年代发展而来，麦肯锡 7S 框架识别了 7 个关键要素（在最开始的时候并不是全都以 S 开头），这些要素需要保持一致来实现公司的成功。因此，公司要用一种能够协同好这 7 个方面的变革方式进行管理。这些要素同时还能作为个人以及团队项目的参考坐标，甚至可以是多数与组织相关的活动的参照。7 个要素在图 12－5 中展示。

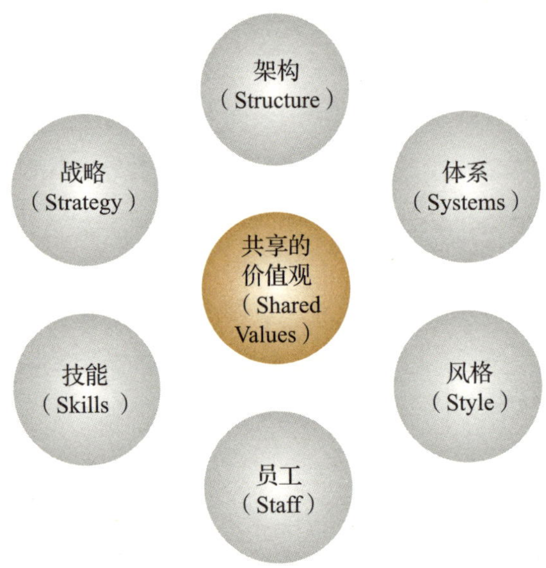


图 12-5　麦肯锡 7S 框架

分开来看这 7 个要素，它们分别是：

1. 共享的价值观，是公司的核心价值观，体现在公司的文化和职业伦理中。这样的价值观处于框架的中心，起到连接其他要素的作用。
2. 技能，代表公司雇员的能力。
3. 战略，是公司获取对于竞争对手优势的计划。
4. 架构，意味着公司是如何组织的以及上下级关系。
5. 体系，就是员工完成工作的流程。
6. 风格，是指公司采用的领导方式。
7. 员工，是指雇员的具体部署。

麦肯锡 7S 框架在公司分析层面会经常使用，它也能在特定的工作团队中运用。经验就是变革不会是一种孤立的状态。假如要改变一个因素（比如，改变销售人员的薪资结构），就要考虑到其他需要配合改变的地方。

## 一个实用计划变革模型

之前展示的变革实例希望能激发你思考关于为什么变革经常失败以及

一个人应该如何从宏观层面操作组织的变革。然而，很多缺乏经验的管理者需要一个更详尽的实用计划。下面带来并阐释一个模型，它参考了勒温、布里奇斯、科特、罗伯特·谢弗（Robert Schaffer）、彼得·布洛克（Peter Block）以及其他在研究变革领域成功的学者的成果。

其中最重要的几个方面如下：

1. 构建问题。
2. 将问题承包给关键部门。
3. 收集数据和反馈。
4. 实施干预。
5. 评估以及持续变革。

重要的是要明白如此分明的阶段只是为了解释和演示的目的。真实的组织变革很少有这么清楚直接的过程。通常这些阶段会重叠甚至跳跃。比如，数据收集会导致对问题的重述，更多的数据会在干预过程中出现，等等。

## 构建问题

虽然有时你会在紧急情况下忘了构建问题，但是任何有效的计划变革的第一步都是构建问题。

构建问题需要定义两个基本的问题：

- 变革的客户是谁？
- 变革的范围多大、程度多深？

除非详细地了解这两个问题，并在变革方案初期就考虑到，不然你就是在不清楚你要做的事和你要共事的对象的情况下冒很大风险。多数变革方案在组织里可能产生比预料中更广泛的影响，也可能产生不可知的结果。此外，变革会产生连锁反应，即使是一个组织中小的变革也会对其他领域的个人和团体产生影响。因此，阐明问题本质和关系人（利益相关者）就变得非常关键。

### 使用肯定探询来构建问题

PADIL 问题解决框架（在第 3 章讨论过）毫无疑问是非常有用的问题

构建方式，肯定探询（appreciative inquiry）给组织变革提供了一些独特的视角。肯定探询是一种在接触人员和公司时尝试关注“什么有效”的方法。肯定探询的核心就是要问一系列探索性的问题来强化系统的正面潜力。

肯定探询的出发点是要用一种深思熟虑的方式来发现“什么有效”，然后进入这个“积极变革核心”。可能听起来有一些抽象，但过程其实没什么神秘或复杂的。基本上，和企业相关的人员（通常指所有的管理层和职工）召集起来开一系列会议，甚至是一次大型会议。会议议程根据以下指导建立起来。

> 完整性。组织所有部门都需要参与。这意味着包括来自各部门的互相不认识的人和那些天天见面的人。完整性的目的是建立信任和连接，它迫使人们看到一个比自身更大的追求。很明显，假如目标是信任和连接，就不能把某些团队（比如，工程部）落下，让其他部门（比如销售部和市场部）主导这场讨论。
>
> 发现。在会议的开始，参与者要探索他们组织的“积极变革核心”。他们问：我们是谁？我们擅长什么？我们对未来的期待是什么？回答了这些问题，其他事就都容易解决了。重要的不是知道“什么弄错了？”“什么需要改变？”相反，整个会议是在强调“什么有效？”
>
> 梦想。在发现这一步之后，参与者分成小组讨论公司可能的积极影响：公司在2020年会是什么样？这个行业环境会有什么改变？我们能够想象的最大成果是什么？一个小组讨论之后向其他小组汇报。“梦想”这一步让“什么有效”有了努力的方向。
>
> 设计。参与者关注创造一个将积极变革融入每一个策略、流程和体系的公司。结果：组织将会如何运作的行为导向声明。这一步开始了制造变革的运动。
>
> 使命。在会议的末尾，参与者将前一步的设计归纳为“受启发的行为”清单。任务小组承包指定行为。假如成功，这些小组将会在会议结束后很长时间里继续下去。

正如管理实践12.2所示，构建问题和让人参与其中是两个紧密联系的问题。虽然肯定探询是一个重要的让人参与和承包任务的重要方式，但它显然不是唯一的手段。下一部分涉及关于常规变革模型的第二步——与参与到变革中的人定下合约。

## 管理实践 12.2

### 员工参与

当公路快运公司（Roadway Express）的员工和决策层聚集起来讨论公司未来的战略时，他们有一个惊人的发现：每一个人的愿景是一样的。以下是他们的顿悟：为了在一个丰年净利润只有 5% 的行业竞争（更别提市场收缩的年份）——每一个员工都必须成为领导。

“大约 2/3 的收益变成了工资和福利，”51 岁的董事兼首席运营官詹姆斯·斯特利（James Staley）说，“没有太多新技术能帮我们变得更加有效，因此未来的机会在于我们的员工对事业的参与度。”

如今，和凯斯西储大学（Case Western Reserve University）魏瑟赫德管理学院（Weatherhead School of Management）的副教授戴维·库珀里德（David Cooperrider）一起，公路快运公司正在把这样的设想在装货码头实施起来。用肯定探询的方式，这家运输巨头开始将其高度工会化的劳动力用五年前不可想象的方式进行变革。

在阿克伦码头，变革在 1 月份开始。一个员工指导委员会组建起来去规划一次关于未来课程设置的异地会议。他们的目标是决定码头的 687 名员工中的谁来参与。参与人员将创建一个微型的公司，里面有来自各部门以及不同职能的员工，他们对公司目标有不同的感受。

几个星期后，88 名员工聚集在当地的假日旅馆准备开展三天的异地会议。然后，库珀里德给出了他的第一个挑战：“谈谈你们在公路快运公司感觉最有活力、最有参与感的时候。”策划好的措辞说明这不是一次管理层对员工发牢骚的会议。他的第二个挑战紧随其后：“想象一下你沉睡了 5 年，醒过来之后希望公路快运公司是什么样的？”

当参与人员配对好去讨论问题时，他们有了惊讶的发现。“你的工作是什么不重要，”57 岁做了 24 年司机的约翰·邓肯（John Duncan）说，“每一个人的愿景是一样的。”比如持续成长、顾客满意和工作稳定性。简而言之，员工想要获得这些。

接下来的三天，会议成员从使命开始计划。他们画了“机会图”，里面显示了需求和优先级，然后开始投票决定哪一项最紧急。之后，他们组织成7个活动小组。一组处理管理层和工会的“信任沟”。另一组设计策略来使公路快运公司员工也就是司机——那些和公司客户接触最多的人——成为实际的销售代表。其他组研究雇员交流、绩效测量和指导及培训等。

## 与参与到变革中的人定下合约

永远不要独自变革。一开始就让人员感受到参与感的变革会更有效。太寻常的是，问题的联合诊断因为私利或快速行动而被遗忘。通过鼓励人们开发一种关于什么是错误、什么被需要的共享视角，一种自发地对变革的投入才可能建立和动员起来。

彼得·韦尔（Peter Vaill）提出了有说服力的复杂理论并提出没有高层管理者可以看见底层的变革出现时都发生了什么，只能在事后意识到。因此管理层需要放手让一线的员工快速有效地执行变革，然后给他们提供所需的支持。这对于很多管理者是困难的，他们觉得自己的工作就是控制方方面面。卓越管理者意识到需要和天天接触问题的相关项目负责人或雇员建立紧密的承包关系。

虽然承包（contracting）这个词经常意味着外部的供货商或咨询，但其实它还有更广泛的意义。这里的理念就是把那些和变革有关的人员聚集起来进行差距分析（gap analysis）。要考虑处境以及目标。你将关于变革的所有信息变得透明，同时提升和变革有关人员的参与度，你的成功概率才能提高。

聪明的变革经理人会使自己在变革过程中的角色更加明晰。意思就是，不同情况对他们的直接或支持性的变革咨询需求是不同的。沙因建议变革经理人的角色可以是“一双手”（pair of hands）（使用你的专业技能去亲自解决问题），也可以是医患关系（doctor-patient relationship）（提供诊断和推荐的治疗方式），还可以是过程顾问（process consultant）（以顾问或促进者的身份去服务）。当然，合适的角色在不同的环境中是不同的，但是可以假设人们会对你的议程和变革经理人的身份感兴趣。你越能够将信息分享给员工，员工也就越能够适应变革的过程，这样他们才更可能拥抱并投入变革。

你可能还记得第 3 章关于解决问题的内容，重复出现的陷阱是精确地解决错误的问题。因此，在你开始设置目标和干预时，先联系那些关键人员：（1）理解他们对问题的看法；（2）为他们承诺找出解决方案奠定基础。澄清你在变革中的角色和利益以及你是如何参与其中并决心渡过难关的。参见管理实践 12.3 来了解任何咨询项目早期会遇到的重要问题。

### 管理实践 12.3

#### 谢弗的五大咨询致命缺陷

在很多方面，变革经理人可以比喻为“内部咨询师”。一个好的咨询师和客户共同架构问题及收集数据来诊断形势并提出可能的方案。谢弗是《哈佛商业评论》的常客，他提出很多变革和咨询失败可以追溯到五个源头。当然，不是每个项目都会同时有五个缺陷，其中一部分缺陷就能阻止你成功了。

- 项目是由将要完成的工作定义的，而不是要达到的变革结果定义。
- 项目的范围未囊括实施的意愿。
- 项目目标是一个大的解决方案，而不是一系列递增的成果。
- 项目将客户和咨询师的责任分得很清晰，不留下什么合作的空间。
- 项目使用劳动密集型而非杠杆式的咨询，凭借杠杆变革目标可以独立运行。

谢弗指出通过积极地逆转以上五点常见的操作，变革方案能更大概率地达到设计好的目标。

资料来源：Schaffer，R. H.（2002）. High-impact consulting：How clients and consultants can work together to achieve extraordinary results. San Francisco：Jossey-Bass.

## 威胁 / 敌人的外部化

任何大的变革都不可避免地会有阻力。有一种方式肯定会造成更多的阻力，那就是把问题看成是来自内部的。也就是说，变革的动力被视为来自内部的无能和疏忽（比如，由目前的员工和管理者导致），于是变革肯定会遭遇来自感觉受到攻击者的防卫性抵制和对变革的轻视。因此聪明的变革经理人尝试外部化敌人或者威胁，也就是说，提供一个外部需求来变革。竞争对手、市场力量、快速的环境改变、政府和管制、更高的客户需求甚至是“时代改变”都可以是很好的外部敌人选项。

如果你想要快速动员员工，你需要关注一个外敌，比如不可预料的竞争。假如你们一起去对抗外敌，就能有更大概率团结并支持变革。注意问题的根源可能就在内部或者有多重原因。让人们在早期联合起来可以刺激他们将注意力放在解决手头的真实问题上。

## 依据结果定义目标而不是活动

假设你构建问题，选用精力充沛的人员执行变革，下一关键步骤是要建立一组可以衡量的目标。虽然看起来很明显，但这件事经常没有在变革项目开始时做到。变革项目常被定义为需要采取的行动或活动，而不是具体要达成的产出或结果。当然，总是假设活动会自己变成想要的结果。但这只是假设而已，它很少是正式架构变革或合同的一部分。事实上，把可测量的结果作为变革项目的主要即时目标是成功变革的最重要元素之一。

以结果为导向的目标有三方面的价值：

1. 它们导致更多直接和紧急的策略（如何最直接快速地达成这些目标？）。
2. 可以达成更客观、有意义的评估和测量（什么有效以及什么无效？）。
3. 这些目标可以有效统计并产生一种多劳多得的健康文化。

必须提到的是，达成并庆祝真实的增值产出是有回报感和有趣的。当目标参考的是产出时，你可以一开始就瞄准可掌控的结果——不仅仅是程序、报告或一系列建议。

关注那些可测量的结果后，第二个陷阱是只考虑单一的目标。最近的研究开始强调平衡计分卡（balanced scorecard）的价值，它要论证围绕多个方面发展目标。平衡计分卡的基础是，一个单一的目标经常无法充分地评测变革方案。因此，假如你有一个处理销售问题的变革方案，它的目标可能就是销售表现、客户满意度、新建立账户量以及销售人员的产品知识。

假如你的变革涉及削减开支和预算控制，那么目标可能就是节约资金、预算效率、流程步骤减少，等等。

常见的漏洞是建立针对新预订或库存体系的目标、新的员工佣金体系或新的供应商选择流程。这些可能是达成目标的路径，但它们是过程而不是结果。

## 收集数据和提供反馈

一旦构建了问题和签订合同来决定自身和其他人的角色，收集帮助决定什么干预或活动是最有可能达成目标并让变革有效的信息就变得很重要了。其中一个关注点就是去问："我们真正需要处理的痛点在哪儿？"挑战在于要透过症状去确认问题的根源。

### 不同的收集数据方法

很多方法可以用来收集数据（见表 12 - 1）。人们通常偏向于使用一种以上的方法去收集多重数据或看法。这样能产生更和谐的观点，只用一种方法去获得人们的支持是不太可能的，用多种收集数据的方法得出的结果才不那么容易引来争论。

表 12 - 1　不同收集数据方法的例子

| |
|---|
| 咨询和支持团队：被选择人的想法和观点 |
| 行为观察清单：关于观察参与者行为或动作的清单。每个观察的行为或动作要计数 |
| 案例研究：参与项目的被选择人的经历和特点 |
| 德尔菲法：重复调查同样一组对象针对同一个问题为了得出一种共识的调查研究 |
| 团队访谈：小组的反馈、意见和观点大体上以一种开放、允许对象详细说明答案的方式采集 |
| 个人面谈：个人的反馈、意见和观点大体上以一种开放、允许对象详细说明答案的方式采集 |
| 司法审查：关于活动的证据由专业的陪审团去权衡与评定 |
| 知识测试：关于一个人已经知道或学习了什么的信息 |
| 日志和日记：每天记录个人的行为和反应 |
| 观点调查：一个人或团体对于特定问题的评价 |

续表

| 委员会、听证会：用结构化的讨论去提出及阐述观点和理念 |
| --- |
| 表现测试：测试特定技能的表现和掌握情况的能力 |
| 物证：观察剩余物或其他物理上的副产品 |
| Q-分类：一个将主题分类排序的过程。参与者将代表特定主题的卡片分类以达到逻辑上有组织的结果 |
| 问卷调查：人们通常用书面的方式去回答的问题集 |
| 记录：来自记录、文件或收据的信息 |
| 自我评定：参与者评价自己的表现、知识和态度 |
| 模拟：在模拟环境中观察一个人的表现 |
| 时间序列：随时间推移不断测量一个变量（比如，每日、每周、每月、每年） |
| 磨损：测量物体上明显的磨损和堆积物，比如展品或展具 |

在多数的变革环境中，一个多重方法通常会包括面试（以个人或团体模式进行）和一些类型的调查。面试有很多优点，如获得大量信息的同时和被面试者建立关系。被面试者通常可能参与到变革过程中来，因此变革经理人可以在面试过程中解释所采用的方法，这样做也启动了必要的解冻过程。

然而，面试也有挑战和缺点。比如，面试需要大量时间，这个过程本身还会导致偏见和选择性信息。虽然面试总体上是多数变革数据收集的起点，但变革经理人应该注意多使用表 12－1 中的方法来保障他们的观察是由超过一种方法进行的。

### 诊断前先理解

失败变革的常见原因是，一个变革经理人太快做出判断，但是还没有真正理解变革环境。为了让你意识到这种常见的疏忽，下面描述一些更彻底和可执行的诊断的方法。

- 找出现状的受益者。很少有变革不会在过程中产生一些“失败者”（或者至少被认为是失败者）。这样的人可以成为你变革的转折点，尝试先了解谁会因你的提议损失最多。
- 写下所有你不知道的事。沙因建议，正式地写下你对于系统或流程如何工作所不知道的地方是一个刺激良好诊断的好方法。真实的调查和经历可以大大提升合作性以及减少变革过程中的不成熟诊断。

- 使用肯定探询方式。之前提到过，肯定探询涉及寻找系统里什么是正确的和有效的。正如其名，它能够发现什么是组织中最有效的因素。常常引入变革的尝试发出一种信号：之前的参与者失败了或他们的无能导致现在需要变革（也就是说，将危机内化而不是外化）。肯定探询寻找、强调什么是正确的和有效的，通过这样的方式来避免消极的语气和对薄弱处的强调。使用肯定探询是因为人们最能被他们自己的成功故事激励，并用这样的故事来让人们创新、创优以及提高生产力。
- 谈论那些禁忌。罗杰·施瓦茨（Roger Schwartz）发现变革经理人经常选择不去讨论那些最关键的问题，因为这些问题太微妙、政治化或是不确定。他们给出的理由是，讨论这些问题只会让一些人尴尬或反抗，讨论这些问题是不够敏感或有同情心的。然而结果是，忽视了那些由不提起这些问题而导致的后果和没有处理变革过程中最大的障碍而导致失败。带着同情心，为了别人和自己，去提出不想讨论的问题，尝试使用施瓦茨建议的方式：“我想分享一些看起来可能是讨论的禁忌的问题。提出这些问题不是想指责谁，而是为了看看有什么未处理的事项正阻止我们变得更有效。以下是我的观察所得……”

## 提供反馈

在数据收集过程中一个关键变革工具就是给任何收集的信息提供反馈。反馈提升了知觉以及增强了变革的紧急性。由反馈产生的能量有两个源头：过程和内容。正如之前提到的，人们的能量可以在参与其中时激发出来，即当他们看到现状和理想状态之间的差距时。数据收集最重要的方面就是“把数据带到房间里”，也就是说，假如有人直接地和数据有关联，那么这些人就需要在场。此外，假如一个团队要建立自身解决问题的能力，手握权力能做决定和影响变革的人需要到场。

然而，你要明白参与反馈会议的人会带着各种情绪。比如，可能会有焦虑和防御心态，当然也有对变革的期待。关键是，假如你要在你的组织里收集信息，你需要计划好你如何反馈信息以及反馈给谁。

#### 如何呈现数据

有很多呈现数据的好想法，彼得·布洛克（Peter Block）的《完美咨询》(*Flawless Consulting*) 被认为是最好的方法。

布洛克认为，一开始就记住呈现数据的目的是至关重要的，但是通常数据呈现人痴迷于数据本身，想要靠数据自己说话。当呈现数据时，很多人认为越多越好，结果用把听众淹没在数据里的方式来显示自己足够专业。真正的重点是要提供反馈，保持反馈问题在 10 个以内。

反馈是为了获得听众的承诺和认同，反馈会议可以以一种十分详细的流程进行。乍一听你可能会觉得奇怪，一个有效的反馈会议居然需要一种在 60 分钟内完成的精确模式。60 分钟的时间框架保证了会议流畅进行，人们有时间提问，等等。若会议时间拉得太长，人的注意力会分散，讨论的热烈程度也会减弱。

### 诊断变革意愿

世界上最好的变革是只有在变革对象准备好接受、实施和维持时才进行。谢弗用一个家居装潢顾问的例子来说明：他用新的方案重新设计了衣橱之后，那一家人都很喜欢，这个工程貌似很成功，但是几周之后，衣橱还是跟之前一样乱糟糟的。这里的问题就在于：那一家人没有在设计过程中贡献自己的方案，也没有准备好接受这样的理念。这个例子显示了勒温模型中在干预前解冻的重要性。

除了变革的合适性，变革成功还在很大程度上受目标是否准备好的影响。一些学者指出“切身需要”和进行变革的迫切性的重要性。在对肥胖和上瘾行为的治疗中，众所周知，接纳自身问题的病人（“我是蒂姆，我有严重的饮食问题”）和迫切要改变现状的人比起没有如此感受的人更可能成功。在企业环境中，意愿测试的一部分就是对员工切身需要的识别，员工的认同和合作将是成功的要素。其他因素还包括变革管理层的支持级别和现存的对之前变革的消极态度（在接下来管理阻力的部分有详细描述）。通常，如果变革能以小范围和快速开始的方式架构，那么人们接受的意愿会更高。

简单地说，你要保证不进行一个充满好意却注定要失败的变革。正如之前所讨论的，力场分析是一种对意愿的检测，它关注的是找到并减少导致自满的阻力和发现变革的参与者是否充分准备好实施。常见的自满来源包括没有紧迫感、对错误的容忍、缺乏外部反馈、对问题的否定以及太多对低效能常规做法的遵守和接纳。

### 寻找小成果来产生势能

对于任何变革，一种自然的趋势是野心勃勃并寻找对已识别问题的综合性解决方案。需求和问题被定义后，多数人喜欢想出一个完整的补救措施。为什么不一下子解决已经识别的所有问题呢？然而，只有短期的收获和高度可见的快速变革才能帮助变革落地，并使之产生势能。换种方式讲，大的方案需要太多时间，人们会在执行过程中丢失他们的目标。通过将变革化成更小的、更容易定义的单元，人们更容易看见进步和其中的原因，转而将注意力投入进行更多变革的过程中。因此，不要只考虑大目标和广大视野，关注那些小的成果和短期的胜利吧。

## 实施干预

有了对视野、目标以及基本原理的认识后，下一步就是真正执行那些最有潜力的、人们想要的变革方案了。当尝试处理一些企业问题时，一个变革经理人可能有理由问：“我都有什么选择？”“对于处理特别的问题有什么不同的事我能够做？”

### 干预的类型

当然，被选择的变革活动数量可能是无限的。然而，组织发展（organizational development）领域已经将变革干预概括为 4 个明确的类型，它们能够为将要进行的变革提供足够的选择和良好的开端。

**战略**

战略干预可能涉及组织的架构、报告关系、目标市场和客户以及新产品或服务的介绍。

- 文化变革。文化变革尝试通过改变基础价值观、常规和员工的信念根本地改变企业文化。目标是提升组织表现，但是很明显这样的过程不是短期的。文化变革需要用年作为衡量的尺度而非周或月。
- 开放系统规划。开放系统在很大程度上受彼得·圣吉（Peter Senge）和他的书《第五项修炼》(*The Fifth Discipline*）的影响。一个高效运作的系统使用来自各个部分的实时反馈使事务协调并关注达成更大系统的整体目标（这里通常指公司)。假如任何部分出现偏移，系统会自我调整来更高效地达成目标。麦肯锡 7S 框架就是开放系统变革的一个例子。
- 组织联盟。组织联盟通常意味着两个或更多公司的联合以产生一个新的组织实体（比如合资公司)，在这样的实体里每个公司保留自己的基因。新联合汽车制造公司就是一个关于组织联盟的例子，该公司是通用汽车和丰田汽车共同在加利福尼亚州研发汽车。此类联盟的常见目标是达成联盟战略目标、减少风险以及有效利用资源以获得更大回报。这样的案例在新兴市场最为常见（比如，很多美国公司与中国和印度公司成立组织联盟)。
- 战略规划。尽管有很多不同版本，但战略规划作为一个流程，帮助决定:（1）一个企业在未来几年将何去何从;（2）如何达成目标;（3）如何知道是否已达成目标。战略规划的关注点通常是整个公司。

### 社会和人力资源

社会和人力资源干预涉及有关文化、团队合作、人才选择、绩效评估、培训和奖励的问题。关注点是人们如何沟通、解决问题以及被选择、训练和奖励。

- 员工援助项目。这些项目是识别并解决可能影响员工表现的顾虑的支持性服务。具体服务种类繁杂，常见的有：员工在剧烈变革时期的支持、焦虑问题的咨询、休假后回到工作的支持以及养老方案。这些项目通常也包含帮助毒品和酒精上瘾者的条款。
- 私人指导。教练和客户的关系构成了一种指导的关系。它基于客户所表达的兴趣、目的和目标。私人指导是一种学习过程，使用探询、反思、请求和帮助客户识别个人或商业或关系的目标进而开发出策略、关系和行动计划以达成目标。一个教练为客户提供一个场地，通过观察客户的行动计划实施进度来对其进行指导。

- 帮带。帮带是指一个更有经验的员工（比如，师傅）和一个没有经验的员工（比如，徒弟）之间的一种发展式的关系。通过不间断的个人交流，徒弟要靠师傅的指导来培养技能、自己的观点和经验。帮带关系有很多形式：正式或非正式的、团体或一对一的、有结构或没有结构的。
- 团队建设。团队建设指一系列为了提升团队表现的活动。这些活动从相对简单的活动到复杂的模拟和多日团队建设培训。团队建设重在开发团队潜力以保障成员自我提升、积极地交流、领导力和密切团队合作解决问题的能力。

### 架构

对架构的干预涉及工作领域的变革、工作流程设计、劳动力的分工等。具体包括：

- 平衡计分卡。平衡计分卡是关注不同整体表现的工具，通常包括客户视角、内部事务流程，以及学习、成长和财务，这也是一个关注组织战略目标进度的工具。每个业务部门建立自己的平衡计分卡后，和其他部门的平衡计分卡共同构成达成企业整体目标的平衡计分卡。
- 业务流程重构。这个方法意图提升公司效能，通过重新设计公司架构和流程，在需要时甚至包括从头开始革命性地设计组织架构。
- 裁员。当正确实施时，裁员起到对公司核心流程以外的领域的战略削减作用。这些削减需要和整体战略目标一致，并能激发未来的增长，而非扮演为了提升效率而得罪人的角色。
- 外包。外包涉及第三方实施之前由公司内部完成的任务。当正确执行时，外包能让公司更专注于核心业务，同时让外部专家处理其他细节。这意味着大量原来会分散管理层时间和注意力的资源，现在能够投入更重要的为公司提升价值的活动中了。
- 目标管理。通过目标管理尝试使个人和公司目标一致来提升公司的组织效能。在理想的状态下，雇员和上级共同商讨目标来保证系统人员的最大参与度。目标管理包括通过对流程的实时跟踪和反馈来达到商议之后的目标。

- 组织任务、工作和角色。最常见的架构组织形式是通过职业设计的方式实现的。通过执行职业分析，由特定人员执行的任务能够获得重新组织以更好地支持公司整体目标，同时创造更多的能动性。

## 技术

技术干预涉及工具、装备和器械以及计算系统。

- ISO。ISO 是国际承认的质量标准，其中包括达到 ISO 质量标准的指导。公司可以争取获得 ISO9000、ISO9001 认证。
- 人体工程学。人体工程学是一个独立的学科。它在工作领域的目标是创造安全的设备和设计来供人使用，同时带来舒适、效率、安全和易用性等。近些年来，出现了大量人体工程学设计的桌子、椅子和计算机设备等。
- 六西格玛。六西格玛是一套严格和系统的方法论，利用信息（由事实管理）和数据分析来测量与提升公司的运行效率、实践能力和操作系统，通过识别并阻止生产过程和服务流程中相关的错误，以预期甚至超越所有利益相关者的期望，实现有效性。真正的六西格玛意味着 $3.4\times10^{-6}$ 的错误率。假如麦当劳使用该方法生产薯条，那就意味着 100 万根薯条中只有不到 4 根烧糊。
- 全面质量管理。由戴明最先提出，全面质量管理的本质是减少生产和服务环节的错误。全面质量管理经常与组织系统的发展、部署和维护有关，这些系统涉及多方面的业务流程。全面质量管理和六西格玛（是更新的概念）主要的区别是方法层面的。全面质量管理通过保证内部需求的一致性来提升质量，六西格玛侧重于减少流程中的错误来提升质量。

很明显，在追求变革过程中你可以做的事情是无限的。前面列出的分类的重要性在于它帮助在精确并有意义的方式下采取何种干预决策。根据组织挑战的性质，你手头可以使用的资源和努力的程度，需要应用不同的干预手段。可能最重要的是，很多组织挑战需要使用几种干预手段联合解决问题。选择一组干预手段并保证它们互相兼容也是关键的。干预手段必须仔细选择和协调，因为一种不合适的或缺乏统一口径的干预手段（这些干预会互相抵触，抵消彼此的效果）会使得努力付诸东流。

记住，这里提到的干预手段只是可供使用的一小部分。鼓励你在这个领域深入研究去学习更多对自己有用的干预手段。若讲述所有干预手段将大大超过目前本书的篇幅，因此，通过提供一些简单的解释，希望能给你一些在合理运用干预手段方面的初步指导。

## 架构、重构和选择干预

另一个帮助思考变革干预的实用模型是李·博尔曼（Lee Bolman）和特伦斯·迪尔（Terrence Deal）发展出的四框架模型（four frames model）。他们认为四框架在每一种组织中都存在：架构、人力资源、政治和象征。这四个因素可以分别比作工厂、家庭、丛林以及剧院或寺庙。

- 架构框架（工厂），涉及如何组织并架构团队以获得结果。
- 人力资源框架（家庭），关心如何调整组织以满足人的需求、提升人员管理以及建立人际和团队间的积极动力。
- 政治框架（丛林），涉及如何应对权力和冲突，建立联盟，磨炼政治技能，并处理内部和外部的政治因素。
- 象征框架（剧院或寺庙），关注如何形成一种提供工作目的和意义的公司文化，针对内外受众建立公司形象，以及用仪式、典礼和故事来提升团队士气。

博尔曼和迪尔指出框架是帮助变革经理人识别在不同情况下的不同选择的工具。他们认为重构（reframing）才是最有效的处方，重构意味着通过多方面的视角或框架探索组织问题以及使用那些框架去发现在困惑或模糊情况下的新机会和选项。

通过一个以上的框架审视处境能帮助你以不同的视角切换，不至于陷入困境或狭隘地用看似符合直觉或投射了自我风格和意愿的单个框架。使用多框架经证明能引领更好的决策和更少的无效变革努力。相反，不能够使用多框架观察问题的行为经证明与记录在案的重大组织错误有关。

为了方便说明，假设你的焦点组织问题是大学生高辍学率。架构框架能调查困难学生援助体系和现有行政体系的有效性。可能提出的问题是：目前能够给学生提供帮助的项目有什么？如何才能提前识别并帮助困难学生？

人力资源框架关注的是学生和他们申请进入大学的方式以及他们在校内的评分和发展。在这个框架里，人们可能对学生如何建立支持团队、在学校里的身份认同、与校园社团中他人的连接感兴趣。

政治框架将关注点聚焦在校园文化和谁将对学生辍学率负责的问题。可以探究教职工奖励体系，甚至不利于学生留在学校的因素（比如，更多精英学生的人数、补习时间过少、更多的研究和咨询时间）。不同小组应该如何共同工作来帮助处理这个问题，以及这么改革会有什么奖励和激励手段？

象征框架探究如何分类和讨论可能辍学的学生，以及提供帮助时如何避免让人尴尬。该如何减少与需要补习课程的那种耻辱感，然后为那些需要帮助的人创造一个更引人入胜的环境，这样他们自己就会主动寻找。

使用不同的框架使得重构框架成为可能，也就是说，看待同样的问题或挑战时用多重视角，避免过快靠直觉得出结论——通常这么做都是肤浅而且信息量不足的。当身边的环境看起来让人困惑、不知所措时，重构框架能让你获得更清晰的视角、产生新选择并找到有效的策略。

持久不变的是，没有一种干预或变革手段明显地优于其他。最好的干预手段依处境决定，因为没有一种干预手段是万全之策。因此，挑战在于拥有一个或更多框架来帮助你生成和探索不同的可能性。不管是组织发展的类型还是博尔曼和迪尔的四框架模型都是这方面经受了时间考验的有效工具。

## 沟通你正在做的事

成功的房地产经纪人的座右铭是：位置，位置，位置。对于变革经理人类似的格言应该是：沟通，沟通，沟通！不管你要做什么事，在你成功道路上的关键因素将会是你将变革的理由和内容清晰地经常地传达给他人，以及用尽可能不同的方式。最优秀的变革经理人从多媒体和有针对性的角度处理问题。换言之，一封没有针对性的电子邮件或备忘录是不太可能成功地传达你的信息的。反之，你要考虑如何才能影响变革的对象，真诚地处理他们经常询问的问题，识别并利用关键人员来有效地传达你的信息（见管理实践 12.4）。

**管理实践 12.4**

### 少数人法则：找到你的沟通精英

众所周知，沟通的关键因素是信息携带者的身份（或本质）。在格拉德韦尔（Malcolm Gladwell）的畅销书《引爆点》（*The Tipping Point*）中，他举了一个很有说服力的例子：在现实中，只有少数人能够制造大面积和快速的社会变革。关键是要找出这些有能力发起这样运动的人。格拉德韦尔具体指出三种信息传递者，将他们分成连接人、专家和销售。连接人认识很多人，对交朋友和社会关系十分精通。他们可以连接很多不同的领域，并将这些资源整合。专家是信息获取的高手，他们喜欢打破砂锅问到底，当他们知道答案之后，还乐于将知识分享给同伴。销售掌握说服人的技巧，当有人道听途说一些事并信以为真时，他们可以扭转僵局。从变革经理人的角度看，你利用时间最好的办法就是关注这三类人。在你的工作环境中，谁是这样的人？你如何找到他们并让他们为你的变革目标效力呢？

资料来源：Gladwell，M.（2000）. The tipping point：How little things can make a big difference. New York：Little Brown.

## 克服变革阻力

不管你把变革计划得有多好，都很难避免阻力。阻力是变革管理中不可避免的，大变革前面总有否定者、愤世嫉俗的人、受害者和坚持己见想要事态回到过去的人。人们很容易把否定观点看作消极因素，把阻止变革者看作闹事的人或需要清除的烂苹果。然而，不鼓励使用清除这样的词，换成克服或管理会更好。可能出现的合理阻力会有哪些？比如，提出的变革可能没有很好地管理，于是就变得不值得支持。即使变革是受欢迎的，阻力因素也能提供关于如何架构、交流和改变变革方案的最好信息。

变革的阻力可能来自很多方面（见表 12－2）。阻力往往来自对所提出变革的不确定感以及之前失败的变革经历。人们都享受那种有规律的工作，因此，任何方式或范围的变革都会有毁灭性，让人们生产力下降和感到不安。总体上，人们不情愿变革的原因可能是：（1）没有完全理解变革或它的需要（“我不知道我将不得不做什么”）；（2）害怕自己不能够在新的变革环境中发挥好（“我觉得我做不到”）；（3）没看到与变革过程相关的有效奖励和惩罚的措施（“这么做对我有什么好处？”）。人们并不是要阻止变革，他们主要是害怕改变。

**表 12－2　为何人们抵制变革**

| |
|---|
| • 失去控制感。人们认为变革针对的是他们，而不是他们对变革起了作用 |
| • 失去尊严。变革的提出可能意味着一些人会丢脸、失去地位 |
| • 失去身份。那些在自己的身份上建立了认同的人不愿意失去某种象征、传统或地位 |
| • 失去能力。人们不愿意看到原有的能力受到新环境挑战，新环境意味着他们缺乏新的能力 |
| • 过多个人的不确定性。个体意识不到或者不确定变革将如何影响自己 |
| • 更多的工作量。变革经常带来一种对更多工作量的恐惧 |
| • 意料外的后果。一个领域的变革很可能不小心就影响了另一个 |

## 加速变革，减少阻力

紧迫性——并非恐惧。最近比较流行一种关于变革阻力的观点，就是“燃烧的平台”（burning platforms）能让人被迫离开舒适区。这种方法可能有效，但是也会带来一种阻止行动的恐慌。除非恐惧变成积极的紧迫感，否则“燃烧的平台”只会带来阻力而不是促进。太多恐惧感会让人深陷焦虑中而丧失行动力。有些人会僵化、逃避或变得自我保护。恐惧能够产生动能，但这不是最持久的力量。迫切的感觉才是持续变革的功能。你不会想把自卫变成最重要的目标的。

在如今具有竞争力的组织文化中，现实是组织不仅需要进行变革，而且想要加速变革的进程。管理者通常要面对的处境是快速变革的需要。如勒温所说，优先发现并处理变革阻力会比直接制造一波变革动势更有效率。

事实上，加速变革的最大机遇就在于成功克服阻力的策略和因素。变革经理人的一种技能就是识别什么是适当的实施策略。一些常见的会影响选择变革策略的因素包括：

> 变革的紧迫性。威胁越大或变革的重要性越高，快速变革策略就越可能发生。
>
> 反对和怨气的程度。预期变革的反对越多，就越适用那些涉及大量核心人员的策略。你需要考虑变革程度，因为通常较大的变革需要更多时间。
>
> 实施变革的个人或团队的权力。即使在有反对派的情况下，只要执行变革的个人或团队足够强大，执行快速变革也是可能的。
>
> 信息和承诺的必要性。假如变革只能靠那些受影响的人的承诺和教育去达成和保持，那么全面的员工参与就很重要了。

最后，对阻力的诊断和管理阻力策略的有效性会成为变革成功与否最好的指示器。不要害怕阻力。阻力因素经常隐含很多变革经理人不愿意利用的价值。关键在于了解阻力的不同方面，寻找理解它们的方式，利用它们，并策划最有效的管理直至最终克服。

## 克服阻力的策略

这里共有六种克服阻力的策略。

### 教育和沟通

在变革环境下，伴随着教育的努力，一些专家指出过度沟通（overcon-municate）几乎是不可能发生的。只要有机会就要让人们知道什么以及为什么。一些成功的变革经理人会发布一套常见问题集（FAQ）来使人们加深了解。你需要注意不能只关注沟通的频率。每天都发同样的备忘录和信息不等于人们吸收了你需要他们了解的知识。沟通的质量比数量更重要。因此，你要针对不同的人群量身定制适合他们的信息。

### 参与度

如之前所强调的，让人们去阻止自己发起的变革几乎是不可能的。参与的感觉强化了掌控局势的感觉，它也相应减少了不确定性，以及提升了主人翁意识。

**促进和支持**

通过承认人的焦虑是合理的，你就有更大的机会获得支持来使变革有效。当你承认并响应常见问题集、关注和其他类似的信息需求时，你给人带来一种他们的心声能够让人听到并得到妥善处理的感觉。变革先锋的证言如果使用得当，就能够成为一股强大的影响力。

**谈判和协议**

当处理强大的阻力因素时，谈判和协议通常涉及具体激励和沟通以获得个人或团队对变革的支持。例如，保证员工不会因为公司重构而下岗，或特别强大部门的领导能够保住其原来的预算。

**操纵和选举**

操纵和选举涉及有选择性地使用信息和隐含的激励。这个带风险的目标是得到阻力因素的支持，通过承诺给他们特定的奖励和利益来获得变革过程中的和谐。

**明确和隐含的胁迫**

在有些情况下，使用权威和惩罚的威胁可能是必要的。如同操纵那样，使用胁迫同样会带来风险，因为人们很可能痛恨被迫改变。但是在有些案例中，变革速度很重要，当不管如何介绍变革都无法获得足够拥护时，胁迫就是唯一的选择了。

虽然六种策略是独立描述的，它们却不是互相排斥的，你可以同时使用几种策略来管理阻力因素。关键是要全面了解每一种策略的优缺点，然后需要审视你自己的变革处境。表 12－3 总结了这六种策略和它们的优缺点。

**表 12－3　克服阻力的不同策略**

| | 策略 | 何种情况下常用 | 优势 | 缺陷 |
|---|---|---|---|---|
| 1 | 教育和沟通 | 当出现信息和分析不足时 | 一旦说服，人们经常会帮助实施变革 | 如果参与者太多就会很耗时间 |
| 2 | 参与度 | 发起者没有所需足够的信息来设计变革，其他人又有相当的力量抵抗 | 参与者会投入变革过程中，他们持有的任何相关信息也会整合到变革方案中 | 如果参与者设计了不合理的方案，就会很浪费时间 |

续表

| | 策略 | 何种情况下常用 | 优势 | 缺陷 |
|---|---|---|---|---|
| 3 | 促进和支持 | 人们抵抗是由于适应的问题 | 没有其他策略比适应问题更有效了 | 很消耗时间，昂贵，可能仍然会失败 |
| 4 | 谈判和协议 | 一些人或团队持有相当大的权力，会在变革中失去对其的控制 | 有时候是相对简单的避免主要阻力因素的策略 | 假如它警告周围的人为了服从而谈判，可能会很昂贵 |
| 5 | 操纵和选举 | 其他策略不起作用或太昂贵时 | 面对阻力问题时是相对快速廉价的解决方案 | 会导致未来其他问题，假如人们感觉受到操纵了 |
| 6 | 明确和隐含的胁迫 | 速度很关键，而且变革发起人有相当大的权力时 | 迅速而且能克服任何阻力 | 如果让人对变革发起人感到愤怒，就有很大的风险 |

资料来源：Reprinted by permission of Harvard Business Review. Excerpt from " Choosing strategies for Change," by J.P. Kotter and L.A. Schlesinger，March-April 1979.Copyright © 1979 by the Harvard Business School Publishing Corporation；All rights reserved.

## 管理组织愤世嫉俗的情绪

最近几年，人们看待自己和公司的关系发生了巨大改变。肆虐的合并和收购潮常常导致大量裁员。即使分类为精简人员或调整结构，此类变革也没有得到不同级别劳动者的认可。不道德的领导行为、贪婪和外包业务更加深了员工的负面情绪。事实上，很多员工变得愤世嫉俗，漫画《呆伯特》和电视剧《办公室》的流行更说明了很多人对管理者和管理层的消极看法。

从变革经理人的角度看，一项对于组织愤世嫉俗情绪（organizational cynicism）的研究揭示了至少三个重要的看法。第一，这样的愤世嫉俗情绪可能是完全合理的。换言之，一家公司可能有一段不诚实和未达成承诺的历史，过去的公司行为导致了如今的行动力差。第二，不管是否合理，愤世嫉俗情绪的存在都会强化阻力。受雇员工经常会对组织变革抱消极态度，可能是因为他们是最频繁承受和直接受影响的群体。第三，假如公司的领导层也蔓延着愤世嫉俗情绪，那么这种情绪就最难克服。例如，中层管理者的愤世嫉俗情绪放大了公司变革的挑战难度。

一个愤世嫉俗的环境会使阻力更显著，使诊断的重要性和管理阻力变得更大。不过，一些研究也显示愤世嫉俗者通常更担忧公司，假如能够逆转这种趋势，他们能够成为最好的变革经理人。

## 评估和持续变革努力

成功的变革必须在开头制定的目标中显示有意义的进步。做一些评估，识别新活动或持续活动的必要性，提升变革进程本身，这些都是很重要的。这么做能够使得未来的干预更加有效。

任何变革的发起都可能产生不可预见和潜在的不需要的副作用。此外，变革会产生连锁反应，即使公司中很小的改变都可能对其他领域的个人或团队产生影响。为此，从所有利益相关者那里获取信息就变得十分重要。

很频繁的是，当新行为没有成为传统或典型的方式，一个成功的变革会退回原样。因此，保持勤奋很重要，还要尝试建立一个新的、有效的强力支持来使变革保留下来。不要太早就宣布成功，因为阻力总是等待复苏。

保持变革从来不是一件容易的事。布洛克指出让变革继续如此困难的原因在于人们天生就相信变革会被发起、管理、实施，最后遗忘。一个设计模型对解决机械问题很有效，但是对于管理人力系统是不充分的。变革不能像机器一样可以安装和建造，因此它总是要消耗更多时间，而且比人们想象的要更复杂。

衡量一个变革最好的工具是变革的目标和组织的目标。结果是，这使得平衡计分卡成为一个非常好的测评什么有效、什么无效的工具。仔细架构的平衡计分卡使用两组测量方式来获得整体效能的指标，这两组方式称为“引导测量”和“滞后测量”。

多数公司效能测量的问题在于使人们知道过去发生了什么，而不是未来的趋势。经常发生的是，标准效能测量方式（个人销售业绩、公司收入，等等）告诉人们上三个月发生了什么且做得很棒，但是一旦涉及未来三个月的表现，它就显得无力了。引导测量就是为了解决这样的问题出现的。基于平衡计分卡，你应该知道花在客户身上的小时数、花在广告上的资金以及接到的电话都是未来表现的很好指标。它们不能保证未来盈利，但是经验告诉人们这些指标是未来三个月表现很好的指标。因此，假如你能很好地使用引导测量（经证明能有效预测未来表现）和滞后测量（通常是收入、销售量、市场份额等指标），你就能对公司真实的表现有一个很好的了解——这就是平衡计分卡的概念。

同样的逻辑也可以运用在评估变革上。当变革方案开始时，一系列的目标应该得到识别（比如，下降的营业额、新产品的增加数量，等等）。为了有效地衡量变革努力，管理者需要回头看原来的目标然后进行引导测量和滞后测量。通过特别留意合适的引导测量，卓越管理者能够“修正路线”并更有效地管理来增加达成最终目标的可能性。没有评估，人们就不可能知道变革是否有效，也不能提升未来所需的变革能力。

## 结语

本章提供了几种不同的框架、模型和表格，它们可能会让你觉得十分抓狂。组织的变革是一个复杂的过程，关于如何进行变革，你很容易变得困惑和不知所措。好消息是，即使不同的作者和专家有不同的观点，也只有相对不多的核心理念能反复提及。以下是10个关于变革最基础的经验和教训。

1. 在必要时变革，不要为了变革而变革。
2. 了解你的客户。假如你没有客户，那就去找一个。
3. 在制订计划和执行的过程中去寻找合作伙伴和同事参与。
4. 用结果来定义你的变革目标。
5. 倾听产生阻力因素的理由，而不是对它们产生抵触。
6. 保证人们了解变革的原因。
7. 计划、寻找并庆祝变革过程中小的成果。
8. 频繁地和你了解的对象沟通，用不同的方式沟通。
9. 寻找你事业中关键的支持者。
10. 频繁地强调和讨论变革之后的未来。

以前，一个CEO或几个高层的领导人和一个变革议程就足够了，但是现在一家公司需要大量的变革经理人去真正适应环境和在这个充满竞争的世界里使公司繁荣。年轻的主管能够提高小时工的待遇，年轻的工程师能够指挥质量控制体系的重新设计，年轻的餐厅主管能够在服务用餐者上拥护新的方式。你不需要成为领导者才能带来新思维用于提升你的组织，你只需要对工作流程熟悉和愿意为工作场所增加价值的一点激情。不管你在组织中处于什么岗位，你都可以尝试。最后，对成为一个成功的变革经理人最重要的因素将是你衷心地相信变革的可能性和你让事物改变的动机。你身边的世界看起来好像是完全无法改变的，但从来都不是。在正确的地方正确地推动，智慧的行动将使事情完全不同。世界十分需要那些愿意而且能够积极变革的人。现在就行动起来吧！